浙江省教育厅教研室　组织编写

U0955259

透过数据
探寻教育发展的力量

——浙江中小学教育质量监测新构建

张　丰　主编

浙江教育出版社 · 杭州

浙江省中小学教育质量监测的迭代与创新

（前　言）

2013年，浙江省被列为国家中小学教育质量综合评价改革实验区。同年，浙江省与北京师范大学中国基础教育质量监测协同创新中心合作，联合开展"浙江省中小学教育质量综合评价"项目，随后陆续开展了三次"区域教育质量健康体检"。自2018年起，浙江省自主开展中小学教育质量综合评价监测工作，相继开展了小学监测和初中监测。经过第一周期的三年自主探索，浙江省中小学教育质量综合评价监测（以下简称"省教育质量监测"）工作已从借鉴发展阶段迈向了自主建构与研发阶段，逐步形成了具有浙江特色的教育质量监测模式。

一、浙江省教育质量监测的发展历程

十多年的发展历程大致可以分为三个阶段。

（一）初构与实践阶段（2011—2016年）

浙江省自2011年起将"构建素质教育质量监测体系"列入省教育体制改革试点项目。2013年，浙江省成立中小学教育质量监测中心，主动申请参与国家中小学教育质量综合评价改革实验，并印发《浙江省教育厅关于推进中小学教育质量综合评价改革的通知》，构建了学生学习状况、学生综合素质、学生成长环境三个维度、十五项指标的中小学教育质量综合评价指标框架。2013年10月，在北京师范大学刘坚教授团队的专业支持下，浙江省启动了省级教育质量综合评价监测工作。至2016年，以四年级、八年级为样本，开展了三次省级监测。

在这一阶段，省教育质量监测重在"价值导向"，构建了体现"四个关注"的综合评价监测体系，关注学生的全面发展、关注学生的学习品质、关注学生的成长过程与投入成本、关注影响学生成长的环境因素（以下简称"四个关注"）；以教育质量监测结果应用为契机，推动单一的学业成绩评价向教育质量的综合评价发展，推动统考统测向基于科学抽样的多样化质量调查发展，从重甄别与选拔的评价转向以达标为核心的标准评价，发挥了评价的学习功能。

（二）完善与发展阶段（2017—2019年）

2017年浙江省决定自主开展中小学教育质量综合评价监测工作，并调整了工作模式，启动小学、初中轮次进行“一年监测，两年改进”的新周期。依托在实践中成长起来的本土专家团队，在香港中文大学侯杰泰教授、教育部基础教育质量监测中心李凌艳教授等的指导下，在与浙江师范大学李菲茗教授团队的深度合作中，实现了自主开发工具、分析数据、撰写报告和应用反馈结果等计划，顺利完成了2018年的小学监测和2019年的初中监测。

在这一阶段，浙江省构建起“学生发展＋成长环境”的指标体系与分析框架，让“四个关注”更加落地，并掌握了工具开发、数据分析、报告撰写和结果反馈等技术方法，完善了教育质量监测工作流程与机制，特别是本土专业团队的迅速进步，使教育质量监测工作实现了从“专业委托”到“自主开展”的进步，从而能更好地关注本土教育的发展现状与需求，更好地反映学科教学的基本规律、现状与问题。

（三）迭代深化阶段（2020年至今）

2020年，浙江省重点落实第一轮自主监测的成果提升与反馈、应用工作，创新运用“县域教育质量综合评价报告单”，呈现各地的结构型质量、过程型质量与结果型质量，改变了对县域教育质量的描述，构建起具有浙江特色的三维质量评价体系，贯彻落实国家《义务教育质量评价指南》。同时，积极筹划第二周期自主监测的迭代发展。就监测指标体系、监测工具、数据分析、结果运用等方面征询国内外专家建议，进一步发展素养评价体系；组建包括区域教育管理者、区域教研员、校长、学科教师、班主任、心理教师、计算机网络实现专家等各类角色的专家团队，提升工具开发的综合水平；自主研发监测平台，构建集信息管理、工具管理、数据分析、报告生成等功能于一体的平台。

在这一阶段，浙江省教育质量监测工作加强了系统设计，凸显政策应用与实践指导功能，从“基本规范”迈向“品质提升”。在指标设计上，关注区域教育优质、均衡发展，立德树人和提升学校办学活力等价值导向；在分析反馈中，关注对区域结构型质量、教育均衡等方面的专题分析，引导行政层面科学解读、运用监测结果。通过大量个性化的专题分析，为改进学校管理、教师教学、家庭教育提供了实证依据，提高了教育教学的科学性，进一步体现出教育质量监测对教育实践的指导功能。

二、教育质量监测的功能与意义

教育质量监测被喻为“教育质量健康体检”，是学生发展以及成长环境的直接呈现,也是教育质量状况、教学工作状态与教育资源分布的间接折射,更是区域教育均衡水平等教育生态的综合体现。但在一些人的理解中,教育质量监测被误解为学业成绩的横向比较,被当作区域性统考的“马甲”。

教育质量监测不是以横向比较的惯性思维简单化地进行区域或学校评估、问责的依据,不是以监测结果简单化地评价学校教学质量、教师教学效能的唯一或主要依据,不能成为学校转嫁办学压力和升学要求的手段和方法,不能成为教师转嫁教学压力和升学要求的手段和方法。我们强调,教育质量监测必须是善意的、视角综合的,是以促进基层发展与学生进步为立场的发展性评价,其核心目的应是推动端正教育质量观,建立基于实证的诊断发展机制。

我们力求通过教育质量监测,全面呈现学生的发展状况,克服唯学业的评价惯性。教育质量监测以学生德、智、体、美、劳全面发展的关键要素为切入点,反映学生品德行为、学业水平、身心健康、兴趣爱好、实践创新等方面的发展,既兼顾整体,又有所聚焦。

我们力求通过教育质量监测,探寻学生进步的机制,形成优化学生成长环境的建议。在学生家庭、教师、学校与区域等成长环境的影响因素中,强调在教育管理、教育教学活动和家庭教育指导中起积极作用的影响因素,突出教师的教学方式和师生关系,关注学校教学管理、教师研修发展与学校办学活力,体现综合评价的引领作用。

我们力求通过教育质量监测,推进切合教学实践的研究,形成基于实证改进教学的工作机制。按照区域质量管理与校本研修同步推进的设想,实行“一年监测,两年改进”的基本模式,即2018年对浙江省小学教育教学状况及语文、数学和科学三科实施综合评价监测,2019—2020年小学阶段教学研究工作重点围绕监测结果进行综合改进;2019年对浙江省初中教育教学状况及语文、数学和科学三科实施综合评价监测,2020—2021年初中阶段教学研究工作重点围绕监测结果进行综合改进。

对区域行政部门来说,要通过教育质量监测全面了解区域教育教学现状,关注反映教育系统内部均衡、协调发展程度的具有结构意义的质量指标,通过学校布局、校长任用、师资配置、经费投入等规划手段逐步提升区域教育教学质量。

对教学业务部门来说,要基于监测数据,开展进一步的数据挖掘、解读与再调查,撰写结果分析报告,全面反思区域教育管理和教育教学工作,指导学校和教师提高评价能力,加强基于实证的教育教学改进。

对学校来说,要通过教育质量监测结果的反馈和运用,关注教育教学质量的过程性管理,通过基于学校情况的“诊断—改进”方式,提高学校的教育教学质量。

对教师来说,要通过教育质量监测,理解学科素养评价的方向与方法,了解学生学科学习的特点与方式，知晓学科教学的相关因素，促进教学方式的改进。

三、教育质量监测的实践要点与进展

浙江省教育质量监测围绕“评价什么”（指标体系）、“怎样进行评价”（测评工具）、“如何形成评价结论”（数据分析与专题研究）、“评价结果如何应用”（反馈与改进）四大实践要点展开研究和探索，并取得了一些标志性的进展。

（一）构建“学生发展＋成长环境”的评价指标框架，凸显“四个关注”的价值导向

教育质量监测的指标架构是通过“评价什么”来反映教育的价值导向的。以往一般采用“学生发展＋影响因素”的分析框架，从学生、教师、学校和家庭四个层面分析相关因素对学生学业发展的影响。浙江省教育质量监测旨在破解“唯学业”“唯分数”导向，将品德行为、实践创新、学习品质、兴趣特长、身心健康和学业水平一起，视为学生发展的重要方面；将教育实践视为学生的成长环境，从教师、学校、家庭和区域四个实践主体角度，分析对学生发展有重要影响的因素，构建以学生发展为宗旨的“学生发展＋成长环境”的分析框架。这样的指标架构体现了“四个关注”的核心精神（详见表1）。

表1　浙江省教育质量监测的指标架构

一级指标	二级指标	三级指标
学生发展	品德行为	理想信念、公民素养、人格品质、行为习惯
	实践创新	劳动实践、创新素养
	学业水平	学业达标、高层次能力
	学习品质	学习动力、学习习惯、学习方法
	兴趣特长	兴趣特长
	身心健康	运动健康、心理健康（涉及同伴关系、学校归属感、自我认知、主观幸福感等方面）
成长环境	教师层面	教师职业认同、教师教学方式、师生关系
	学校层面	学校教学管理、教师研修发展
	家庭层面	家长参与、亲子关系
	区域层面	教育均衡、学业负担（包括指向睡眠、作业、课外培训的客观负担和主观负担感受）、教育满意度（包括学生满意度、教师满意度、家长满意度）

关注学生的全面发展,努力克服唯学业的评价惯性。以学生德、智、体、美、劳全面发展的关键要素为切入点,全面考察其品德行为、实践创新、学业水平、学习品质、兴趣爱好、身心健康等方面的发展。在学业评价时,既要关注其学业达标状况,也要关注其高层次能力,还要重视其创新素养与实践能力,如小学科学实践监测(2018)与信息素养监测(2021)意在完善素养评价,引导课程学习。品德行为指标关注学生的理想信念、公民素养、人格品质和行为习惯,在2019年的指标、2021年的监测中进一步聚焦学生的责任感和行为习惯。身心健康指标既要看身体质量指数(BMI)与近视率等关键指标,也要看学生的体育运动习惯与现状,还要看学生的自我认知、人际关系等心理健康状况。

关注学生的学习品质,聚焦影响学生学习与成长的关键要素。从初期对学生学习动力与学习策略的分析,到后期从学习动力、学习习惯与学习方法三方面研究学生的学习品质,完善了学习品质的理论模型与分析框架。学习品质指标不仅关注学生综合性的学习习惯与方法,也关注不同学科个性化的学习习惯与方法;不仅关注学生当下的学习状态,也关注学生未来可持续发展所需要的持久的学习动力与学习素养。

关注学生的成长过程,分析学生的成长状态与投入成本。从学生的客观学业投入(睡眠时间、作业时间、课外培训时间)与主观负担感受两方面来刻画学生的学业负担以及学习体验。关注学生成长的人际环境(如同伴关系、师生关系、亲子关系)、心理环境等,如2021年涉及对学生学校归属感、主观幸福感等维度的监测。

关注学生的成长环境,凸显学生在其成长过程中的主体地位,揭示不同教育实践主体对学生成长的影响机制。既要分别探索学生家庭、教师、学校以及区域等因素对学生成长的影响,探寻学生进步的机制,也要据此分析教师工作体验与教学品质、学校教学管理风格与学校管理活力的关系,分析师生关系、同伴关系与亲子关系对学生成长的影响,改变对区域与学校教育质量的评价思路。

(二)优化测评工具的开发流程,融合传统命题经验与现代测量技术

教育质量监测工具的开发,是对“怎样进行评价”的研究与实现。它先是将评价指标这一抽象概念逐步具体化、显性化、行为化为测量目标与测量内容,继而就如何科学、准确地获得实证数据进行具体测量工具与方法的探索与建构。它是决定评价信息采集的科学性的关键环节。为提高从测量目标到测量内容再到测量结果的一致性,监测工具(主要是学科工具和问卷工具)的开发流程一般包括规划与研制两个阶段(见下页图1)。

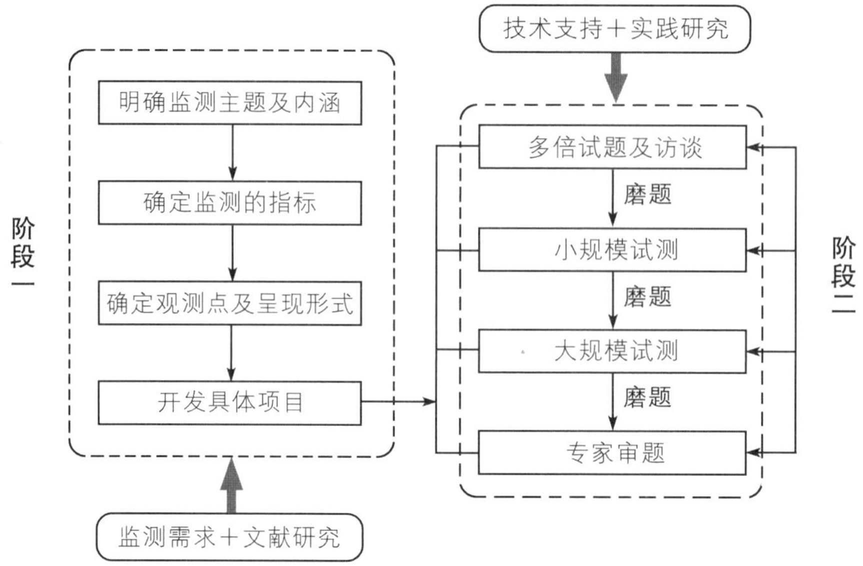

图1　监测工具的开发流程

规划阶段主要是基于监测需求，明确主题、构建框架与维度、确定具体观测点，形成监测工具的基本蓝图的过程。采取“监测需求＋文献研究”的方式，在关注需求的基础上，借助文献研究，确保监测框架更加成熟、科学。

研制阶段是基于监测框架，拟制试题或问题，组成整体工具的开发过程，采取“技术支持＋实践研究”的方式。在研制过程中，加强心理测量技术对工具开发的支持，实现命题经验判断与测量技术相结合的实践研究模式，从关注试题质量到关注工具整体质量。如图1所示，研制流程是循环往复进行的，访谈、小规模试测、大规模试测所反映出的问题、收集到的相关信息，为工具研发提供实证依据，使个性化的命题经验有了实证研究的补充，使抽象的测量指标有了具体的实践支撑；多种视角相得益彰，使传统命题经验与现代测量技术实现了深度融合，使教育质量监测工具既具备“测量功能”，也充分体现“教育价值”。

（三）聚焦数据背后的问题与规律，加强实践指导功能

数据分析与专题研究是教育质量监测的核心环节。面对海量的实证数据，“如何形成评价结论”，描述现状，揭示规律，构建新的分析模型，有效指导实践，是浙江省教育质量监测工作正在努力突破的领域。

当前的教育质量监测数据分析与研究，普遍存在两方面问题：一是报告体例限于结构化、统整性要求，数据分析思路相对单一，多轮监测后形成的结论固化、参考价值

不大；二是过于关注分析技术而忽略教育实际，虽应用了较多高级统计分析技术，但分析结论抽象，对教育教学的实践指导意义不大。

为此，浙江省采用“基础报告＋专题分析”的思路，以突出问题意识，实现专题聚焦，加强指导功能。具体思路见表2。

表2　浙江省教育质量监测数据分析与报告撰写的分析视角

	分析视角	涉及指数
基础报告	关注学生的全面发展	学业达标、创新素养、运动健康、行为习惯、劳动实践等
	关注学生的学习品质	学习动力、学习习惯、学习方法等
	关注学生的成长过程与投入成本	学校归属感、学业客观负担、学业主观负担、主观幸福感等
	关注影响学生成长的环境因素	教师研修发展、学校教学管理、家庭教育、区域教育满意度等
专题分析	组合分析	➢ 学生学业达标水平与高层次能力的组合分析 ➢ 学生自我责任感、学习品质与学业成绩的组合分析 ➢ 学生主观负担感受与客观负担（学习投入）的组合分析 ➢ 师生关系、同伴关系与亲子关系的组合分析 ➢ 有关教师工作状态中的指标（职业认同、教师满意度、教学方式、师生关系、教师研修发展）的组合分析……
	专题深入	➢ 学生学习品质的专题分析 ➢ 学生学业负担问题的专题分析 ➢ 农村教育状况与对策的专题研究 ➢ 抗逆学生与教育公平 ➢ 小学流动儿童成长状况 ➢ 初中生网络依赖现状及对学生成长的影响 ➢ 中小学生的阅读素养 ➢ 中小学生的数学解决问题能力 ➢ 中小学生的科学探究能力 ➢ 家庭教育现状及对儿童成长的影响……
	比较分析	➢ 教师课堂教学策略的国际比较及影响因素分析 ➢ 教师工作时间的国际比较与启示……
	模型构建	➢ 结构型质量：基于“优质均衡公平”的区域教育质量评价体系 ➢ 控制性管理与指导性管理——学校教学管理风格的模型构建 ➢ 初中学校发展类型的模型构建 ➢ 中小学生学习品质影响因素的模型构建……

基础报告主要围绕“四个关注”，全面、客观地反映教育质量监测结果，从四个维

度展开相应指数的现状分析、问题揭示与改进建议的探讨。

专题分析则结合基础报告撰写过程中发现的典型问题，在分析视角上做进一步的整合与聚焦，具体有以下四类：

（1）组合分析。在基础报告单一指标分析的基础上，将多个高敏感指标组合，探索不同指标间的相互作用与影响路径，从更加综合的视角看待教育系统。

（2）专题深入。一方面就基础报告中的典型问题做深入研究，通过全方位的数据监测，更加客观、全面地分析现状、剖析问题；另一方面，回应当前社会和教育关注的热点问题和难点问题，引导社会、教育工作者、家长树立正确的认识。

（3）比较分析。在监测中加入PISA（国际学生评价项目）、TALIS（教师教学国际调查）等国际测试共同关注的教师工作量、课堂教学策略、教师专业发展等测试题，站在国际化的视野上诊断浙江省教育质量综合发展现状以及影响因素。

（4）模型构建。为充分展现当下教育发展中的弊端与需要关注的问题，在专题分析中结合浙江省教育发展的自身特点，构建模型，将问题剖析得更为透彻，将价值导向揭示得更为深刻。

每一个专题分析都是一个小课题，按照“问题界定—数据选择—技术选择”的技术路线，“理论阐述—指标构建（分组分类）—结果呈现—规律探寻—改进建议”的思路开展相应的分析，聚焦问题，深入诊断，充分体现了教育质量监测的价值取向，为教育教学改进提供了实证依据。本书就是30余个专题研究的成果集。

（四）完善反馈和改进工作机制，充分发挥监测结果的诊断与导向作用

加强教育质量监测的诊断和改进，是实现教育质量监测功能的“最后一公里”。考虑到教育发展的稳定性和诊断、改进的持续性和深入性，浙江省采用“一年监测、两年改进”的工作模式。主要加强了四方面工作：

1. 依托教研工作与社会传播，丰富反馈渠道与形式。

教育质量监测不能止步于教育内部的结果反馈，监测功能的发挥更在于后期的反馈和改进环节。为此，浙江省逐步丰富面向多主体的监测结果反馈的渠道和形式。一是以“综合＋学科”的形式召开省级层面的监测反馈会议。综合反馈主要面向区域教育局分管局长、业务部门分管领导、负责教育评价的专业工作者和校长；学科反馈主要面向区域学科教研员、部分学校的学科教研组长和部分骨干教师等。二是通过学科教研的方式，进一步渗透质量监测的价值导向，揭露潜在问题。对学科监测结果的分析、反馈和改进为基于经验、重在质性研究的传统教研方式提供了循证依据，帮助相关人员对该学科做出更加客观的研判、更加精准的诊断和更有针对性的改

进。三是通过媒体向社会传达教育教学基本规律和热点问题。将监测中发现的规律、当下社会关注的教育热点问题，通过媒体向社会公布，逐步提高社会大众对教育教学的认知和理解。

2. 以点对点形式，将监测结果反馈到县（市、区）。

省教育质量监测以县（市、区）为最小单位，力求通过质量监测的方式获取区域教育发展信息，探求数据背后的影响因素，推动区域教育发展。为此向每个参与监测的县（市、区）提供监测报告（监测报告不仅包括基本的监测结果，也融入相关基础信息），供区域进一步自我分析、自我诊断。

在此基础上，应区域要求，提供个性化、点对点、面对面的结果反馈和指导建议：在综合分析质量的基础上，聚焦区域薄弱环节，联结基础数据，开展个性化的深度诊断；针对下一阶段的监测结果运用与改进，以专家团队会诊方式展开互动交流，就数据背后的问题与原因展开充分讨论，体现协商式、互动式的指导。

3. 研制面向各市、明确指向实践改进的反馈与建议。

为引导区域科学地解读监测结果，推动实践改进工作，浙江省中小学教育质量监测中心为各地市定向研制了《初中监测结果主要问题反馈与建议》，经浙江省人民政府教育督导委员会办公室发到各地市教育局。通过坚持“四个关注”导向，重在对监测结果的客观反馈和对典型问题的指导建议，体现教育质量监测作为教育体检的“善意”与“真诚”。

浙江省中小学教育质量监测中心加强对各市监测结果的分析与反馈，引导各地正确把握教育质量监测的功能，以区域质量管理和学校评价改进为抓手，避免出现将监测结果用作区域或学校问责依据的不科学做法，避免发生区域“指数无限追高”、片面追求数据导致学生“过度学习”等现象。

4. 开展“数据驱动教育教学改进”试点行动，促进区域自我诊断与改进。

为指导区域推进基于监测数据的教育改进行动，帮助区域构建自我诊断与改进的工作机制，浙江省在省级层面开展“数据驱动教育教学改进”试点项目，研究并探索科学运用监测结果的路径与方法，进一步发挥监测在改进教育和教学、完善督导评估、引导社会舆论中的作用，形成基于实证改进教育教学工作的新常态。

在推进过程中，强调“基于监测数据—开展诊断反馈—推进行动改进—实现追踪调整”的螺旋上升式的工作闭环。在行动改进过程中，及时进行跟踪与总结，对行动改进的方向、方式、策略进行过程性的监督与调控。在跟踪反馈之后，对原有的问题进行再次梳理，并针对新的问题，形成新的监测观察点，当地可以专项形式开展进一步的监测研究。为确保数据驱动教育教学改进稳步推进，在试点过程中，注重建立调研机制、研究机制、协调机制和推广机制四个机制。通过调研，回到教育现场，丰富诊断证据；借助研究，在项目驱动中，实现问题聚焦；加强协同，联合多部门，共同推进；辐射推广，成熟先行，实现“燎原”。

四、浙江省教育质量监测的成果创新

基于近三年的教育质量综合评价监测，浙江省有不少重要的发现和创新的构建。本书呈现了在区域教育评价、学校教学管理、学科教学、学生成长和家庭环境等方面的研究结论，其中较为突出的成果主要有：

（一）构建教育生态指数，凸显区域结构型质量

浙江省构建了以教育生态为核心的区域教育质量评价体系，采用结构型质量、过程型质量、结果型质量三维一体的评价框架，区别呈现不同层面的教育质量之实质。以结构型质量为教育生态指数，反映区域内教育资源配置的科学性与合理性、各类教育的协调发展以及发展状态的可持续性；以过程型质量反映学校教学活动与教育教学管理的状态；采用包含学习品质与学业成绩的结果型质量来衡量学生通过德、智、体、美、劳方面的发展和变化。三个层面的质量的具体内涵还将在实践中进一步丰富与发展。

具体工作为：根据监测结果，分别形成过程型质量和结果型质量；在此基础上，采用差异系数来表示城乡学校、公办和民办学校在结果型质量和过程型质量方面的差异，以及不同社会经济地位（Socioeconomic Status，简称SES）家庭的学生的学业差异，再按照权重将这三个差异系数合成为反映区域教育均衡、优质和公平状况的结构型质量；最终将结果型质量、过程型质量和结构型质量集成在区域教育质量综合评价报告单中，逐一反馈到县（市、区）。

区域教育生态指数通过对区域内城乡、公办和民办学校之间的资源差异、教师差异和生源差异以及不同家庭背景学生的学业差异、机会差异等具有结构意义的指标的评价，凸显了“生态意识”与“结构思维”，揭示了区域层面教育发展的深层次问题。

（二）关注学校的办学活力，推动学校教学管理的转型

浙江省充分发挥教育质量监测对学校改进教育教学工作的指导功能，在初中监测中，将学校发展、学校教学管理作为观测对象，综合关注学校的发展运作状态，寻找影响初中学校发展的关键因素，深入分析学校教学管理的特点及对师生发展的影响等。

在研究中,通过对24个综合评价指数的聚类分析,将初中学校分为均衡发展型、高分重负型、欠缺活力型和整体薄弱型四种类型。特别是对欠缺活力型学校的特点的描述,揭示了在当前“唯分数”的评价中被忽视的问题学校(约占35%)的存在,它们因学校教学管理问题而表现出较差的教师工作体验,虽学生的学业成绩尚可,但问题学校的消极态势不容忽视。

我们构建了学校教学管理的新分析框架,以控制取向与指导取向为两个维度将学校分成强控制强指导、弱控制强指导、强控制弱指导和弱控制弱指导四类。研究发现,强指导学校的学生发展相对更加全面、健康;虽然控制性管理对学生的学业有一定的促进作用,但它对教师的工作状态有消极作用;在指导性管理倾向相当的情况下,低控制学校的教师状态和除学业之外的学生发展状况均优于强控制学校。

通过对学校办学和教学管理的研究,我们提出不同类型的初中的振兴对策以及优质学校教学管理的主要特征等,很好地引导学校唤醒师生成长意愿,落实教学常规,转变教学方式,推动学校教学管理从“控制型”向“指导型”转型。

(三)透视学生学业负担的实质,探寻减负的多维对策

学生的学业负担问题一直是我国教育界的热点话题,也是社会关注的焦点。作为教育成本的一部分,“学业负担”一直是教育质量综合评价的重要因子。

我们首先构建了包括客观负担事实(学习投入)与主观负担感受的学业负担分析模型,认为学业负担的实质是学生面对学习压力的消极体验,不同个体面对学习压力(主要源于学习任务与学习、生活环境)的体验是有差异的,产生消极体验的阈值并不相同。因此,既要重视导致产生学习压力的客观负担事实的量,也要重视学生的主观负担感受(体验)。

研究发现:学生的学业负担主要来源于学校要求和家长要求,其次是自我要求及与同学间的竞争比较;只有在学生学业负担感受不重的情况下,适当的课外培训对于学生学业成绩的提高是有效的;对于小学生来说,作业是学生主观负担感受最大的影响因素;而对于初中生来说,学生主观负担感受与学习投入的相关性不显著,影响学业负担的机制较为复杂;学生运动健康的状况与兴趣爱好得到满足的程度,对学生的主观负担感受都有一定的调节作用。

这些研究揭示了负担的实质、负担的来源、负担的有限功能与负担对学生的负面影响。“减负”不能只是简单地减少作业量,更要关注学生的学习与生活体验,还可以通过加强体育锻炼与培养兴趣爱好来“曲线减负”。

（四）聚焦学习品质及影响机制，追求更有品质的学与教

学习品质是学生在学习过程中表现出来的相对稳定的心理及行为特质，这是一种指向学习的素养，是学生适应终身学习、未来发展所必备的个性特征和品质。浙江省教育质量综合评价关注对学生学习品质的评价，从学生学习动力、学习策略的群体特征与发展趋势把握教育教学的改进方向。研究发现，从小学到初中，学生的学习动力存在明显的下降趋势，女生与县城学生的学习动力退步更为明显；小学阶段存在较为明显的“男生抑制现象”，城市小学生学习体验的性别差比县城与农村更为突出，城乡小学生在学习信心与学习习惯上存在较为明显的差异。针对这些现象，学校教育与家庭教育需要做出积极调整。

研究还发现：父母的社会经济地位、亲子关系等家庭因素对学生的学习品质有着显著的影响。学生学习品质、学业水平、教师因素、家庭因素等之间存在错综复杂的关系，学习品质是其中影响学业发展的重要中间变量，要让教师的教学方式与师生关系转化为学生成绩提升的推力，必须借助学生学习品质提升这一“中间桥梁”。这些结论促使我们更加关注学生学习品质的形成与发展机制，以及教师教学—学习品质—学业成绩的转化机制，给予学校专业引领与技术支持，帮助教师更有品质地教、学生更有品质地学。

（五）揭示学生的成长机制，科学助力学生成长

教育质量监测是一项探寻规律的实践，通过对学生综合素养的评价与分析，揭示学生的成长机制，是探寻学生成长的助力器。研究发现：学习策略是对小学生学业成绩影响最大的因子，而对于初中生来说，学习动力则是影响最大的因子。加强劳动教育是培养学生责任感的重要途径。而责任感又可以通过学习品质（学习动力与学习策略）的提升，对学业发展产生显著作用。从学习负担看，一般对于男生来说，可以适当减少外部施压，注意引导其内在驱动力；而对女生来说，要注意防范自我焦虑，减少来自群体的压力。从人际关系看，对于小学生而言，师生关系是最容易出现问题的人际关系类型；而对于初中生而言，亲子关系最容易出现问题；在学业水平较高的学生中，也存在师生关系、同伴关系与亲子关系均不佳的学生；亲子关系对子女成绩的影响较小；师生关系和学生学业成绩的关联最为显著；同伴和亲子关系均不佳对自我认知的负向预测作用最大；师生和亲子关系均不佳对主观负担感、网络依赖和责任感有一定的负向预测作用。

这些分析结论进一步揭示了学生成长的密码，对引导教育工作者、家长和社会更

加客观地了解学生发展规律，引导社会和学校关注学生的全面、健康发展具有指导意义，有助于实现从片面“育分”走向全面“育人”的转变。

（六）改善家庭“软环境”，改进家庭教育方式

教育质量监测关注影响学生成长的环境因素。在家庭层面中聚焦亲子关系、家长参与、父母教养方式等视角，引导家长正确认识陪伴与参与，以科学的方式教育和引导子女成长。研究发现：当父母对子女的期望和子女对自己的期望相契合的时候，子女的网络依赖程度最轻，学业发展最好，两者期望偏差越大，情况越差；父母对子女期望相对偏低要比期望偏高的负面影响更小，父母对子女期望相对偏低对女生的保护作用比男生更大；父母关注子女成长的效用低于父母适当参与其成长，“父母与子女聊学习的事情”“父母与子女聊学校的事情”“父母与子女聊身边同学”对子女学业成绩均有显著正影响。

孩子如何学习成长是一门科学，家长如何陪伴、引导孩子成长也是一门科学。家长在子女成长过程中的有效参与与陪伴，需要建立在对子女充分了解的基础上。只有读懂孩子，才能更好地引导孩子。

五、致谢

教育研究的成果要写在大地上，教育质量监测要进一步发挥服务基层、指导实践的功能。为此，我们决定将教育质量自主监测第一周期的研究发现结集出版，以揭示教育规律，引导实践改进，深化学术研究，为教育评价与测量的理论发展与技术发展尽绵薄之力。本书是2018年11月出版的《制度与技术：教育质量管理机制在重建》的姊妹篇，作为浙江中小学教育评价改革实践中监测专题研究成果的记录。

历经十年的探索，浙江教育质量监测工作取得了长足的进步，成为浙江教育评价改革的重要亮点，在促进基础教育高质量发展、完善教育治理体系中体现专业价值。感谢省教育厅历任领导的重视，感谢督导处、基教处的指导与支持。

回顾浙江教育质量监测创新发展的脚步，我们感谢北京师范大学刘坚教授领衔的中国基础教育质量监测协同创新中心团队与浙江省前期合作，为自主监测打下扎实基础；感谢教育部基础教育质量监测中心副主任李凌艳教授在项目研究与实施中的专业引领与技术指导；感谢经济合作与发展组织PISA技术顾问委员、策略委员会委员，香港中文大学原副校长侯杰泰先生对本项目数据采集以及数据分析过程进行评估，并对如何做好数据挖掘工作进行面授指导；感谢上海、江苏教研同行的交流与促进。

我们由衷感谢参与项目的所有专家的辛勤付出，感怀我们一起在探索中成长的岁月！特别感谢浙江师范大学李菲茗教授自始至终对浙江省教育质量监测工作的技术支持！感谢在各自岗位上出色工作，还以业余时间参与研究的学科专家与综合研究团队。感谢支持教育评价改革的地方教育局、教研室和评估院。

由于时间仓促，编者水平有限，书中难免会有错漏之处，恳请谅解，并批评指正。

浙江省教育厅教研室
浙江省中小学教育质量监测中心
2022年1月

目 录

区域教育评价创新

构建以教育生态为核心的区域教育发展评价

——破解“唯分数”“唯升学”难题的建议

张　丰[1]

【摘要】 基础教育阶段“唯分数”“唯升学”问题的症结在于“学业成绩政绩化”的潜移默化，在于“经济模式”的教育质量管理机制的简单移植。习近平总书记指出“绿水青山就是金山银山”。这一重要思想不仅是生态环境保护工作的重要指引，也是指导教育事业科学发展的理论武器。要扭转不正确的教育评价导向，应以生态文明思想指导地方政府端正教育质量观，强调区域教育发展的“生态意识”与“结构思维”，以区域教育治理水平为评价的重点，构建以教育生态为核心的区域教育发展评价体系。区域教育发展评价应重点关注反映教育系统内部均衡协调发展的“结构意义”的质量指标，以及教育系统与外部社会环境的良好协调关系，以优化教育发展环境，维护区域教育发展的良好生态；应特别关注公办教育与民办教育的协调发展、普通教育与职业教育的合理比例、城市教育与农村教育的均衡发展等结构性的问题，促进教育事业科学协调地发展。

【关键词】 教育生态；区域教育评价；结构型质量；教育发展环境

在2018年全国教育大会上，习近平总书记指出，要深化教育体制改革，健全立德树人落实机制，扭转不科学的教育评价导向，坚决克服“唯分数”“唯升学”“唯文凭”“唯论文”“唯帽子”的顽瘴痼疾，从根本上解决教育评价指挥棒问题。

在基础教育阶段，习近平总书记批判的“唯分数”“唯升学”问题较为突出，由此导致学生课业负担沉重、学校应试倾向明显。表面上看，这是基层的一种社会现象，是因为家长焦虑的推波助澜，学校追逐分数的原始驱动；但深入来看，这是一种区域性的制度文化，是因为某些地方政府奉行“学业成绩政绩化”产生了潜移默化的影响，在将升学率视作考核教育部门的核心指标甚至唯一指标时，“唯分数”“唯升学”便成为自然导向。习近平总书记对“唯分数”“唯升学”“唯文凭”“唯论文”“唯帽子”的批判，正是对不正确的教育政绩观的揭示，是对教育事业科学和谐发展的重要指引。

---

① 张丰，浙江省教育厅教研室副主任，研究员。

习近平总书记在浙江工作期间指出"绿水青山就是金山银山"。党的十九大提出,建设生态文明是中华民族永续发展的千年大计。"绿水青山就是金山银山"科学论断不仅是生态环境保护工作的重要指引,也是指导教育事业科学发展的理论武器。要扭转不正确的教育评价导向,必须深入学习和践行"绿水青山就是金山银山"发展理念,强化教育事业的绿色发展理念,以生态文明思想指导地方政府端正教育质量观;要从区域教育发展评价的改革入手,制止"学业成绩政绩化",构建以教育生态为核心的区域教育发展评价体系,破解"唯分数""唯升学"的难题。

一、问题的表现:"学业成绩政绩化"

当前基础教育评价中的问题可以概括为"四个过度"——过度关注考试分数,过度依赖纸笔测验,过度采用横向比较,过度聚焦尖子学生。这是从评价内容、评价工具、评价功能以及管理者心态等方面对"评价指挥棒问题"的阐释。这些技术层面的问题背后,是机制的问题,是人们将"学业成绩"等同为"教育质量",并将这一"教育质量"直接用作政绩指标的简单逻辑。当人们多年浸淫在这一貌似合理的文化中以后,一些病态的现象反似理所应当。譬如:

(一)重奖"状元"

尽管很多省份已停止高考成绩的公开发布,只允许考生个人查询成绩与录取情况,教育部已明令禁止各地宣传"高考状元"和高考升学率,将"严禁炒作高考状元"上升为制度安排,纳为教育部对省级政府教育统筹权督导的内容之一,但不少地方政府仍然将高考一本率、被清华与北大录取的人数视作区域教育质量的标志,热衷于显性指标的横向比较。有的地方还以主要领导慰问"状元",表彰"功臣"的形式,强化这种狭义质量观下的学校荣誉。

聚焦尖子生和升学率的横向比较,推动着"状元攀比",加剧了校际竞争,迫使更多的学校、地方陷入"掐尖"的焦虑之中,加剧了招生阶段的生源抢夺,扭曲了教育工作的育人本质,成为强化"唯分数论"的现实推手。这一做法是纵容或逼迫学校违背教育规律,恶意争抢尖子生生源的重要原因。它所导致的学校间竞争有余、合作不足的局面,对教育事业发展的消极影响巨大。

(二)推行升学指标考核制度

尽管教育行政部门三令五申要求各地减轻中小学生过重的课业负担,不得以任何形式给学校下达升学指标,不得以任何形式公布学生成绩,不得以升学率或考试成绩对学校、班级、教师和学生进行排名，但部分地方仍然沿用经济工作的思路来管理教育，将学业成绩与升学率视若工业产值，视作教育政绩，采用指标管理的做法，明确提出各校升学的具体目标与增长要求，强化横向比较的鞭策作用。

教育的进步不同于经济生产。从整体看，升学的总份额是固定的，任何地区的升学率都不可能永远进步。但一些地方政府以中、高考升学率考核教育部门，坚持每年要有一定的增长率或增长数，甚至以此为依据直接影响教育局局长、学校校长的任免。在这样的制度背景下，指标层层分解，压力层层传递，学校、教师、学生不堪其重。同时，政策环境、学校育人环境、教育治理水平、教育系统内在结构、社会支持环境等代表区域教育发展水平的很多关键因素却被忽略。

（三）以统考代管理

正是因为对“教育质量”的狭义理解，不少地区简单化地将区域性统考视作提高教学质量的必需方法，将区域性统考视作区域教育管理的主要手段。也正是这一制度文化的自然传递，学校里“月月考”“周周测”司空见惯，“以考代学”成为一些学校教学活动的常态。这是有悖于学习规律与教育规律的。区域依赖统考统测，学校强调“教考分离”，教师便采用“题海战术”。当前教育教学活动中的许多问题其实是管理的问题，是“唯分数”“唯升学”文化的实践投射。

区域性统考的实质是什么？是通过统一的纸笔测试，形成学生、教师以及学校之间的横向比较。从积极方面看，它有利于统一学习要求，帮助学生了解相对位次，知耻而后勇，便于形成上级对下级的控制与指挥，统一步调。但细细剖析“统一”“纸笔测试”和“横向比较”这三个关键词，又会发现此中的漠然与无视。一是无视学校基础的差异，频繁采用统一要求考量，既束缚住了基础较好的学校，又逼迫基础薄弱的学校拔高要求；二是无视纸笔测试的局限性，将学生的学习成长简单聚焦到文化课的考试上，聚焦在记忆性的学习上；三是无视不同个体的激励需要，一律采用相对名次来形成催逼压力，对于领先者的影响可能是夹杂着焦虑的激励，但对于落后者的影响则可能以打击为主。

区域性统考只是管理的一种做法，它看似是行政作为的积极表现，但这一做法背后所隐藏的思想与逻辑却是消极的，甚至是破坏性的。

（四）“国有民办”学校“名亡实存”

在“学业成绩政绩化”的背景下，一些地方在义务教育阶段借道“国有民办”体制，设立集中优秀师资与生源的学校。但这种政策严重倾斜、借国有背景进行民办运作的义务教育阶段学校，对区域教育发展的影响是消极的。因为这样一个有招生选拔权的学校的存在，使幼稚孩童的学业竞争大大提前，普通家庭子女接受基本满意的教育的成本也将大幅增加。

尽管这样“一校兴起，众校衰落”的案例在不少地区出现过，但这一做法却在某些地区的决策层面被当作经验来推广。其实，“名亡实存”的“国有民办”学校是不少城市的社会之痛。在教育规模体量较大的城市，它对其他学校的冲击会有一个渐渐发力的过程；但在县城，这种学校的兴起将是对义务教育均衡发展的致命破坏。我们将这种现象的起因称为地方政府在义务教育均衡发展中的“逆向决策”。

在国家将义务教育均衡发展作为区域教育发展的基本制度的今天，还有地方正在或者已经通过“民办公助”的形式，举办起同时具有师资优势（国家编制）与生源优势（可以选拔招生）的“国有民办”学校（尽管名义上未承认这种形式的存在），去挤兑普通公办学校和纯粹民办学校。在其看似辉煌耀眼的背后，可能是国有资产的具体流失以及因教育生态恶化而导致的公办教育资产的集体贬值。

二、问题的实质：“经济模式”的教育质量管理机制

深入剖析“唯分数”“唯升学”问题，其实质在于“经济模式”的教育质量管理机制的盛行。尽管面向全体学生，促进学生德、智、体、美、劳全面发展的教育方针已在各个层面被强调，但学业分数与升学率这两个相对显性而且刚性的指标还是被过度信赖。要解决“唯分数”“唯升学”问题，必须深刻认识并阻断“经济模式”的教育质量管理机制。

（一）“唯分数”“唯升学”的背后是经济管理方式的简单移植

有些地方政府运用其习惯的“经济考核”办法和思维方式，将学业成绩视同“教育GDP”，将升学率视作教育考核指标，以此评价学校的办学绩效。在这样的背景下，不计成本、不择手段、忽视学生长远发展地提高学生考试分数，在不少学校是公开的秘密。

一旦地方政府以经济工作的思维模式来管理教育，将升学率视作教育考核指标，层层分解升学指标进行高利害管理，必然加剧学校间的升学竞争，强化“唯分数”的教育评价导向，冲击教师的正常教学状态与和谐师生关系，对学校教育教学产生明显的消极影响。

（二）“唯分数”“唯升学”反映了业务和行政不同管理的矛盾冲突

“以县为主”是我国基础教育管理体制的主要特征。一直以来，教育系统倡导素

质教育，力求促进学生全面发展、学校均衡发展；而地方政府则更多地傍借经济管理模式，以升学率作为考核、评价教育工作与学校的核心指标。这两种截然不同的理念与行为让地方教育行政部门和学校陷于矛盾指挥而左右为难。由于干部任命、财政供给等原因，地方政府的领导作用更为突出。这就导致越来越多的教育行政部门走在“学业成绩政绩化”的道路上，越来越强调升学率的作用。而且近几年各地非教育背景的市、县教育局局长的比例快速增加，也在一定程度上加速了“学业成绩政绩化”的蔓延。

（三）“唯分数”“唯升学”模糊了地方政府在区域教育发展中的责任

地方政府、地方教育行政部门、学校在区域教育发展中的责任是有区别的。但在“唯分数”“唯升学”的背景下，教育工作的绩效指标却被简单化地聚焦在升学问题上，这并不符合教育事业发展的规律。

地方政府在教育发展中的主要责任应在“教育发展环境”的建设，培育良好的教育生态环境以支持教育行政部门落实立德树人的教育目标。作为地方政府的职能部门，地方教育行政部门的职责应是区域内教育资源的运筹与管理，保持区域教育的可持续发展。学校是促进学生学习、成长的具体阵地，应实施优质课程，促进有效学习。政府在教育发展中的定位应是服务型政府，而不是指挥型政府，其作为方式应是支持，而不是干预。要防止一些本应由政府承担的职责被视作教育行政部门的任务，也要防止本是学校的责任被政府越位担承。在区域教育发展评价中，应区分不同责任主体，形成正确、合理的教育治理结构。

三、端正认识：强调区域教育发展的“生态意识”与“结构思维”

“唯分数”“唯升学”的教育评价，违背学生成长规律，破坏教育发展生态，是当前基础教育科学发展的重要阻力，是学生课业负担加重的机制性原因。习近平总书记的严肃批判，反映了党和国家对此的高度重视与改变现状的坚决意志。要树立正确的教育质量观，发挥教育评价指挥棒的积极导向作用，必须要有正确的理论指导与方法论指引。

（一）深入践行“绿水青山就是金山银山”发展理念，以生态文明思想指导地方政府端正教育质量观

党的十八大把生态文明建设作为中国特色社会主义“五位一体”的建设任务。党和政府已经意识到GDP指标考核办法在促进经济发展上的局限性。“GDP虽是反映一

国经济增长、经济规模、人均经济发展水平、经济结构和价格总水平变化的基础性指标之一,但它不是经济发展的全面反映,也无法反映经济发展的质量差异,特别是不能反映资源环境的变化,反映经济发展所带来的资源消耗成本和环境损失代价。"2013年底,中组部下发《关于改进地方党政领导班子和领导干部政绩考核工作的通知》,引入"绿色GDP"概念,不再仅仅把GDP及增长率作为政绩评价的主要指标。这些政策调整表达了党和国家坚持科学发展的坚定意志。

生态文明思想对于教育发展有着重要的现实意义。20世纪70年代,美国学者克雷明提出"教育生态学"的概念。教育生态理论主张运用生态学的原理,以整体联动思维和系统平衡思维,从教育生态环境、教育个体生态、教育群体生态和教育生态系统的相互影响和制约机理入手分析、解决教育问题,认为教育系统内的诸要素不仅在内部相互联系,而且在相互作用中形成一定的结构。

在我国社会主义现代化建设走进新时代的今天,党中央强调教育优先发展战略意义重大。教育事业的发展须按照"协调""绿色"的发展理念,切实制止部分地方将片面的做法、落后的思想移植到教育领域,破坏教育生态环境。教育不能在付出高昂代价后,再提绿色质量。

因此,要认真学习和践行"绿水青山就是金山银山"发展理念,强调区域教育发展的生态意识,及时、坚决地制止"学业成绩政绩化"倾向,用生态文明思想指导地方政府树立正确的教育质量观,重构科学的区域教育发展评价。国家应以法令的形式,明确地方政府在教育管理上的红线,要求各级党委、政府正确理解教育质量,淡化横向比较,尊重教育规律,优化教育生态,从支持教育科学发展的环境培育入手,正确指导教育改革与发展。停止显性或隐性的升学率比较,不能只是部门行为,必须是政府行为。

(二)改革区域教育质量管理机制,从结构的视角看区域教育的发展,从过程的角度评价学校教育的质量

改革教育质量管理机制是当下基础教育科学发展的重要任务。从教育管理的整个系统看,区域教育管理中存在三种"质量":一是"结果型质量",反映学生个体的学习进步情况,应由学生负责;二是"过程型质量",反映学校整体的课程实施水平,应由学校和教师负责;三是综合体现区域教育质量的"结构型质量",反映区域内教育资源配置的科学性与合理性、各类教育的协调发展以及发展状态的可持续性,这应由地方政府负责。

反思当前的教育评价,人们习惯以结果论英雄,将教育质量简单等同于学生学业

成绩或升学情况的统计，片面追求“结果型质量”；忽视反映学校教学活动的规范性与有效性的“过程型质量”；忽视以区域教育资源配置的科学性与合理性来整体反映区域教育发展可持续性的“结构型质量”。而“过程型质量”“结构型质量”对教育发展有着根本支持与长远影响。

区域教育发展评价不能只盯着显性的指标，而要着眼于长远的可持续发展，关注系统中各要素的合理结构。如城市教育与乡村教育、公办教育与民办教育、普通教育与职业教育、精英教育与大众教育等教育事业发展问题，都不能单一向度地加强或提高措施，而要建立“结构”的思维，按照“协调”“绿色”的发展理念，从教育生态的视角把握发展的方略。特别要关注贫寒家庭子女是否得到公平教育的机会，以保障其基本教育需求。

四、实践突围：构建以教育生态为核心的区域教育发展评价体系

要破解“唯分数”“唯升学”问题，扭转教育评价导向，必须从区域教育发展评价的改革入手，构建以教育生态为核心的新的区域教育发展评价体系。

区域教育发展的评价是一种政府行为。地方政府与教育行政部门均是被评价者。目前主要的评价思路有三类：一是从工作成效的角度对区域教育发展水平的评定，如教育现代化评估和一些重点工作的专题评估；二是以学生发展为核心来诊断、评价区域教育工作，如中小学教育质量综合评价或教育质量监测；三是从工作机制的视角对影响区域教育发展的深层次因素的评价，如2017年国家启动的对地方人民政府履行教育职责的评价等。

在多数人的认识中，优秀与否，结果说话；落实与否，实证展现。从工作成效切入评价理所应当。但是，从成效切入的评价与各地的基础相关，简单的横向比较有失公允；评价指标相对显性，功利应对容易滋生。因此，区域教育发展评价应谨慎运用结果评价，特别要避免将学业测评的结果引入区域教育发展评价中。

教育活动是一个复杂的系统，只看结果，或只看过程，都未必能把握区域教育发展的真实态势。对于区域教育发展来说，学生发展质量、学校发展水平只是成效的局部，而评价的真正对象应是地方政府的教育治理水平。要从工作机制的视角，通过对区域层面教育发展环境、教育资源配置、教育活动运作机制的评价，研究影响区域教育发展的深层次因素，评价一个地区教育生态的培育与维护能力。

所谓教育生态，是以教育为中心，对教育的产生、存在和发展起着制约和调控作用的多维空间和多元环境系统。其分析视角主要有三方面：一是以教育为中心，结合外部的自然环境、社会环境和规范环境，组成独立或复合的教育生态系统；二是以某

学校、某一教育层次或类型为中轴组成教育系统，反映教育系统内部的相互关系；三是以人的个体发展为主线，研究外部环境，包括教育在内的自然、社会和精神的因素所组成的成长环境系统，其中还要研究个体的生理和心理等内在因素。

因此，从教育生态的角度评价地方政府的教育工作，要从成长环境的角度关注学生的发展，并重点关注反映教育系统内部均衡、协调发展的“结构意义”的质量指标，以及教育系统与外部社会环境的良好协调关系，以维护区域教育发展的良好生态，促进教育事业科学协调地发展。具体建议有：

（一）以学生发展为核心，基于诊断归因优化学生成长环境的中小学教育质量综合评价

2013年，教育部启动中小学教育质量综合评价改革实验，意在督促各地积极推进旨在改进教育质量管理机制的教育评价改革，构建体现素质教育思想的科学多元的教育质量综合评价体系。浙江省借鉴北京师范大学“教育健康体检”项目的“教育质量健康指数”，完善了教育质量综合评价指标体系，通过刻画学生发展状况与描述学生成长环境两方面指数，体现了关注学生全面发展、关注学生学习品质、关注学生成长过程、关注影响学生成长的环境因素的改革方向。

学生发展状况主要从学生品德行为、学业水平、兴趣爱好与身心健康等四方面评价。指数有10项，具体是：品德行为指数、学业达标指数、高层次认知能力指数、实践创新能力指数、学习动力指数、学习策略指数、兴趣爱好指数、身体健康指数、自我认知指数及合作交往指数。

学生成长环境主要从教师、学校、家庭与区域四方面分析影响学生发展的相关因素。具体指数有10项，分别是：教师层面的教师教学方式指数、师生关系指数和教师职业认同指数；学校层面的学校教学管理指数与教师研修发展指数；家庭层面的家长参与指数（家校合作）与亲子关系指数；区域层面的服务对象满意度、区域教育均衡发展和学生课业负担三个方面。

教育质量评价不能片面重视智育成果，还必须是全面和多元的；即便关于学业的评价，也不能只追求外在、显化的分数或表现，而要重视隐性的、学生内在的学习品质的发展；不能无视学习过程的成本与代价，而简单追求成绩的提高；不能停留在对学生现状的孤立评价，而要将学生放置于成长环境中，整体地思考学生全面健康发展的促进之策。只有这样的评价，才能指导旨在立德树人的教育实践。

（二）以推动教育均衡为重点，关注各类教育协调发展的“结构意义”的区域教育评价

区域教育发展评价须强调“生态意识”与“结构思维”。前文已述，学生是“结果型质量”（个人成长与学业）的责任人，学校与教师是“过程型质量”（课程与教学活动的水平）的责任方，综合体现区域教育质量的“结构型质量”应由地方政府包括教育行政部门负责。评价地方政府的教育工作，应关注具有“结构意义”的质量指标，以维护区域教育发展的良好生态，促进教育事业科学、协调地发展。从教育生态切入的区域教育评价可以有以下视角：

1. 公办教育与民办教育的协调发展。

民办教育是教育事业的补充系统，是为了满足部分学生的个性化教育需求而设置的。它在基础教育普及与提高的过程中发挥了重要作用。但从系统整体看，民办教育应是激活、促进公办教育发展的一个因子，其与公办教育间应有合理的结构关系。扩大优质、均衡的公办教育的覆盖面，才是满足人民期盼的主渠道。公办教育的办学水平才是衡量区域教育发展水平的关键。

可以用两个指标来评价其间的结构关系。一是规模占比，民办学校的学额供给占学龄儿童总数的比例应该有一个合理区间，其区间范围与地方经济发展水平应有一定关系；二是公办学校的吸引力，这是针对当前民办初中（特别是“名亡实存”的“国有民办”初中）在优质高中升学率上的“垄断之势”的反向评价，公办初中与民办初中在优质高中升学率上的相对值，可以称为“公办学校吸引力指数”，这可以反映当地公办初中的办学质量。

2. 普通教育与职业教育的合理结构。

普通教育与职业教育并非两个不同层次的教育，而是两个不同类型的教育。初中毕业生在应用取向的教育与学术取向的教育间的分流是反映区域教育发展状态的重要结构关系。分析这对结构关系也有规模与质量两个维度。一是多年以来一直在调控的“职普比”，二是职业学校的吸引力。后者可以借中考录取的分数线来大略“标定”，即以当地中等职业学校的最高录取分与普通高中的最低录取分的区间大小来计算“职业学校吸引力指数”（为避免偶然性，可以用录取职高的前100名的平均成绩与普高录取的后100名的平均成绩来计算）。

3. 城市教育与农村教育的均衡发展。

教育公平是社会公平的基础。当前城乡义务教育发展不均衡问题相当突出，区域间优质教育资源向城市梯度化集中，“城镇挤、乡村弱”的问题相当突出。乡村教育

振兴、义务教育薄弱学校改造的落实程度是衡量区域教育发展的重要方面。

评价地方政府在这一方面的工作机制与成效，可以有三个指标：一是在无外力干预的情况下，农村小学毕业生继续留在本地初中就读的比例，这是反映乡村教育吸引力的指标；二是本地区内校际学业均衡指数；三是贫寒家庭子女学业成绩优秀的比例，这能在一定程度上反映当地提供的教育机会的均等性，体现地方政府保障普通家庭子女基本教育需求的能力。

以教育生态为核心的区域教育评价的视角还有很多，这里择要讨论，不过多展开。

（三）以教育发展环境为重点，评价政府保障、支持教育发展的职责履行

如果说第二个方案所关注的是教育系统内部生态的话，那么第三个方案“区域基础教育发展环境评估”所关注的则是教育系统的外部生态。这是对地方政府保障、支持教育发展的职责履行情况的评价要点，有利于引导地方政府将教育工作的重点放在教育发展环境建设上，通过培育良好的教育生态环境支持教育行政部门落实立德树人。

上海市2017年曾开展区域基础教育环境质量评估，从教育环境的角度反映区域基础教育发展的质量。评估内容主要包括五个方面：①地方教育政策对基础教育的基本保障水平，如教育经费保障、教育人力资源保障（生师比）等；②学校所体验到的办学制度环境，如保障学校办学自主权的制度、激发学校办学活力的制度、考核学校办学绩效的制度等；③社会氛围及对教育的支持，包括社会舆论媒体环境、社区资源的支持情况、家校协同教育情况、学校周边环境治理、青少年权益保护等；④学生所体验、感受到的学习与生活环境，如学生学习时间、休息时间、课业负担、对课程教学及人际关系的满意度等；⑤区域内各类教育发展的协调程度，从长远看的潜力与可持续发展的能力。这些方面能够综合反映当地教育治理的水平与学生的成长环境，并能具体到财政投入、人事编制、考核管理等政策及执行情况，有利于系统地优化教育生态，从推进教育治理现代化来促进实现教育现代化。2018年，上海市政府明确将“实施区域基础教育环境质量评估，为城乡学校办学、学生发展、师资建设等创造良好的发展生态”作为推进义务教育城乡一体化改革，促进优质、均衡发展的重要措施。

2017年，国务院办公厅下发《对省级人民政府履行教育职责的评价办法》，旨在对省级人民政府领导、管理、保障、推进教育事业改革发展稳定工作有关情况进行综合评价。这是一个非常综合且全面的、主要指向地方政府的评价办法。教育发展环境应该是这一评价的重点。

习近平总书记在全国教育大会上的讲话代表了国家最高层对教育评价问题的指

引,也必将促进科学的教育质量观的系统树立。改革区域教育发展评价是教育评价改革系统工程中的关键一环,是破解“唯分数”“唯升学”难题、扭转教育评价不良导向的重要对策。

(原载于《教育发展研究》2019年第12期)

【参考文献】

[1] 习近平.习近平谈治国理政(第二卷)[M].北京:外文出版社,2017.

[2] 张丰.教育质量管理机制的反思与建议[J].基础教育课程,2011(5):72-74.

[3] 浙江省教育厅教研室调研组.从校内考试制度看优质学校的密码[N].中国教育报,2018-1-25.

[4] 张丰.统考“批判”[J].基础教育课程,2018(3):72-73.

[5] 许宪春.GDP:作用与局限[J].求是,2010(5):24-26.

[6] 范国睿,王加强.当代西方教育生态问题研究新进展[J].全球教育展望,2007(9):39.

[7] 吴鼎福,诸文蔚.教育生态学[M].南京:江苏教育出版社,2000.

[8] 凌玲,贺祖斌.教育生态学视野中的区域教育规划[J].教育发展研究,2005(5):66.

[9] 上海市教育科学研究院.区域基础教育环境质量评估研究专家论证会[EB/OL]. https://www.docin.com/p-1999767444.html.2017-8-21.

[10] 上海市人民政府.关于深入推进本市义务教育城乡一体化改革促进优质均衡发展的实施意见[EB/OL].http://www.moe.gov.cn/jyb_xwfb/xw_zt/moe_357/jyzt_2016nztzl/ztzl_xyncs/ztzl_xy_dfjz/201803/t20180330_331927.html.2018-2-11.

[11] 国务院办公厅.关于对省级人民政府履行教育职责的评价办法[EB/OL].http://www.moe.gov.cn/jyb_xxgk/moe_1777/moe_1778/201706/t20170609_306673.html.2017-6-9.

聚焦结构型质量的初中教育生态指数研究

李　强　张　丰[①]

【摘要】 本文从教育均衡和教育公平两个角度分析区域教育生态的结构型质量，以公民办、城乡教育的差异度建构教育生态均衡度指数；以较低SES家庭、中等SES家庭与较高SES家庭子女的学习差异度建构教育生态公平度指数，运用2019年浙江省中小学教育质量综合评价数据对浙江省初中教育生态进行分析。结果表明，该指数能基本客观地反映出浙江省、市和区县初中教育的结构型质量及其特征；浙江省公民办、城乡教育差异度为中等显著水平。城区公民办学校的差异度大于城乡公办学校的差异度。浙江省在追求教育优质化发展的同时，还要兼顾教育的均衡性和公平性。

【关键词】 教育生态；结构型质量；教育公平度；教育均衡度

一、研究背景

教育生态是由学校内外部各因子相互作用而构成的多层次、多结构的整体，是一个地区教育现实状况以及教育发展环境的集中反映。教育生态学基本原理揭示，区域教育就是一个教育生态系统，该系统包含诸多因子，而且每个因子都有自己独特的“生态位”，借以发挥其独特的、应有的功用。在教育生态系统中，只有各因子之间建立起一种自然的、健康的、符合规律的、相互支持和互促互进的和谐关系，才能最大限度地保持系统的活力和张力，确保学校教育工作处于积极、高效的状态。时至今日，有关教育生态的观点和主张已然成为检验和评判一个地区教育高质量发展的重要标尺，其重要性越来越得到认可。

从近年来基础教育领域面临的现实问题看，一些地方政府将“经济指标考核”简单移植到教育管理领域，导致“学业成绩政绩化”和城乡义务教育发展不均衡问题日益突出，反映在教育评价上就是“过度关注考试分数，过度依赖纸笔测验，过度采用横

① 李强，浙江省平湖市教师进修学校科研员（评价教研员），副研究员；张丰，浙江省教育厅教研室副主任，研究员。

向比较,过度聚焦尖子学生";反映在区域教育结构上就是优质教育资源向城市学校和民办学校集中,导致城区强乡村弱、民办强公办弱。长此以往,学生健康成长将受到严重影响,普通家庭子女接受优质教育的成本抬高,基础教育生态将遭到严重破坏。为此,浙江省2019年初中教育质量监测以"促进基础教育优质均衡发展,为每个学生提供公平而有质量的教育"为价值导向,将区域教育生态作为监测重点之一,以形成促进地方政府端正教育质量观的正面导向。

二、研究综述

(一)关于教育生态

厘清教育生态的含义演变是建立基础教育生态质量监测模型的基础。自克雷明1976年在《公共教育》中正式提出"教育生态学"以来,理论界在区域教育、学校教育和课堂教学等不同层面开展了广泛的研究。关于教育生态学元理论的研究,已经形成两个明确的研究方向:一是研究教育与周围生态环境之间的关系,以吴鼎福、范国睿等为代表;二是研究教育生态系统本身的结构、功能及其演化规律,以任凯、白燕等为代表。基于这两个研究方向,研究者认为,教育生态环境和教育生态系统是两个不同的概念,前者侧重于教育系统之外的影响环境,如政治、经济、社会、文化等;后者更侧重于教育系统内部各因子的结构、功能及其相互关系。本专题研究着眼于后者,从教育均衡和教育公平两个视角来考察浙江省初中教育生态。其中,教育均衡包括:①区域之间教育发展水平的差异;②区域内部学校之间教育发展水平的差异。教育公平包括:①普通家庭子女接受基本满意的教育的难度与成本;②不同社会经济地位(Socioeconomic Status, 简称SES)的家庭子女在学业成绩和学习品质方面的差异。

(二)关于教育生态系统的层次与结构

明晰基础教育生态系统的层次和结构也是建立基础教育生态质量监测体系的重要基础。教育生态结构是一个规模庞大、因素纷繁、功能综合、目标众多的多层次生态结构系统,而且教育生态学的理论研究发端至今也不过半个世纪,因此国内关于教育生态系统层次和结构的研究尚未形成系统且一致的结论。从教育生态的层次看,有教育外部生态,包括自然生态环境、社会生态环境和文化生态环境或规范环境;有教育内部生态,包括学校生态和班级生态等,已有研究主要集中于学校生态和课堂生态。从教育生态的结构看,有学校结构、水平结构、年龄结构等。我们从教育管理的系统性视角,提出反映区域教育生态的三种质量:一是"结果型质量",反映学生个体的学习进步情况，应由学生负责；二是“过程型质量”，反映学校整体的课程实施水平，应由学校和教师负责；三是综合体现区域教育质量的“结构型质量”，反映区域内教育资源配置的科学性与合理性、各类教育的协调发展以及发展状态的可持续性，应由地方政府负责。这一教育生态质量的结构体系责任主体明确，具有很强的实践导向和操作性。目前的现实情况是，“结果型质量”受到过度重视而“结构型质量”乏人问津，但“结构型质量”是“过程型质量”和“结果型质量”的决定性因素，在基础教育生态中占据主导性地位。因此，本专题以上述理论为研究框架，重点从教育均衡和教育公平两个角度分析区域教育生态的“结构型质量”。

（三）关于教育生态质量的监测

教育生态质量监测属于教育生态学的应用研究范畴。从教育生态学理论应用研究来看，目前有两个较为清晰的路径，一是以教育生态学的理念与视角研究教育领域存在的问题及改进建议；二是在某些具体领域内开展优化教育生态的思考与实践，诸如构建生态课堂、生态教学、生态德育等。但关于教育生态质量监测与评价，从中国知网的检索情况看，仅有为数不多的关于生态型大学的评价指标体系和高等教育生态评价的理论研究，这些研究从评价指标与评价方法的角度做了阐述。而关于基础教育生态质量监测的研究在国内尚不多见。因此，我们呼吁，应以生态文明思想指导地方政府端正教育质量观，强调区域教育发展的生态意识与结构思维，以区域教育治理水平为评价的重点，着力于长远的可持续发展，关注系统中各要素的合理结构，构建以教育生态为核心的区域教育发展评价体系。

三、研究问题

基于上述研究回顾，本文以“促进基础教育优质均衡发展，为每个学生提供公平而有质量的教育”为价值导向，结合2019年浙江省中小学教育质量综合评价初中监测指标体系，旨在解决三方面的问题：

（1）如何建构聚焦结构型质量的初中教育生态指数？

（2）全省、各市、各区县城区民办初中、城区公办初中以及农村公办初中[①]教育均衡状况如何？

（3）全省、各市、各区县不同社会经济地位家庭的学生学业成绩平均水平与学习

① 因民办民工子弟学校学生仅占浙江省初中生人数的2.7%，因此，这里的城区民办学校不包括民办民工子弟学校。这里的城区学校包括城市和县城学校；农村学校指的是乡镇农村学校。

品质差异程度如何？由此反映出的教育公平状况如何？

四、研究过程

（一）监测样本基本情况

本次监测依托浙江省中小学教育质量监测中心于2019年10月采集的浙江省九年级学生、教师、家长问卷数据与学生学业质量监测数据进行分析。学生样本量为43668，有效样本为41382，覆盖浙江省11个设区市96个县（市、区）730所初中[①]。

表1　浙江省2019年初中教育质量监测样本基本情况

学校类型		学校样本数	占比	学生样本数	占比
城市	城市公办	141	19.3%	8072	19.5%
	城市民办	39	5.3%	2208	5.3%
	城市民工	8	1.1%	406	1.0%
县城	县城公办	142	19.5%	8186	19.8%
	县城民办	54	7.4%	3103	7.5%
	县城民工	2	0.3%	102	0.2%
农村	农村公办	318	43.6%	17946	43.4%
	农村民办	13	1.8%	754	1.8%
	农村民工	13	1.8%	605	1.5%
总计		730	100.0%	41382	100.0%

本次监测采用多阶段概率比例规模抽样方法，故各类型学校的样本数可以代表浙江省各类型学校数量的总体分布情况。鉴于样本学校中民办民工学校样本数和学生样本数占比较小，故在本专题中不作为研究对象，同时将城市和县城学校合并为城区学校，最终分析对象划归为城区公办学校、城区民办学校和农村公办学校三个类型。

① 在本专题报告中，由于新的数据分析方法对数据的完整性有更高的要求，故在原有效样本的基础上做了重新筛选。因此，各监测指标均值、标准差与综合报告中的数据会略有差异。

表2　合并分类后的样本基本情况

学校类型	学校样本数	占全省样本比	学生样本数	占全省样本比
城区公办	283	38.8%	16258	39.3%
城区民办	93	12.7%	5311	12.8%
农村公办	318	43.6%	17946	43.4%
总计	694	95.1%	39515	95.5%

（二）初中教育生态指数的研制

1. 初中教育生态结构因子。

2018年10月至2019年8月，在文献研究的基础上，研究组编制了初中教育监测的指标体系与监测工具。经过两次试测修订，于2019年10月运用于浙江省初中教育质量综合评价监测。由于教育生态系统的层次和结构极其复杂，故研究组在反复权衡监测的科学性、问题导向性和可操作性的基础上，征求国内相关专家意见，选择如下指标建构初中教育生态指数的因子，见下表：

表3　聚焦结构型质量的初中教育生态指数因子

<table>
<tr><th>一级因子</th><th>二级因子</th><th>三级因子</th><th>四级因子</th></tr>
<tr><td rowspan="8">教育生态均衡度</td><td rowspan="4">公民办教育差异度（城区公办初中与城区民办初中比较）</td><td rowspan="2">学生学习（结果型质量）</td><td>学生学业成就</td></tr>
<tr><td>学生学习品质</td></tr>
<tr><td rowspan="2">学校教学（过程型质量）</td><td>教师教学方式</td></tr>
<tr><td>学校教学管理</td></tr>
<tr><td rowspan="4">城乡教育差异度（城区公办初中与农村公办初中比较）</td><td rowspan="2">学生学习（结果型质量）</td><td>学生学业成就</td></tr>
<tr><td>学生学习品质</td></tr>
<tr><td rowspan="2">学校教学（过程型质量）</td><td>教师教学方式</td></tr>
<tr><td>学校教学管理</td></tr>
<tr><td rowspan="2">教育生态公平度</td><td rowspan="2">较低SES家庭、中等SES家庭与较高SES家庭子女的学习差异度①</td><td rowspan="2">学生学习（结果型质量）</td><td>学生学业成就</td></tr>
<tr><td>学生学习品质</td></tr>
</table>

① 较低SES家庭子女是指学生家庭的社会经济地位处于全省后25%的学生，较高SES家庭子女是指学生家庭的社会经济地位处于全省前25%的学生。

教育生态均衡度反映的是学校层面的教育公平情况，以城区公办与民办初中、公办城区与农村初中在教育过程和教育结果两个维度上的差异度来表示。教育生态公平度反映的是学生层面的教育公平情况，以不同社会经济地位家庭的学生学业成就和学习品质的差异度来表示。差异度值越小，区域教育均衡度和公平度越高。

2. 初中教育生态结构型质量的指数建构方法。

第一步，运用独立样本t检验结果，分别计算三级因子差异的效应量Cohen's d值。

第二步，将三级因子（学生学习、学校教学）合成二级指数，再计算二级因子差异的效应量，然后取二级因子差异的效应量均值作为教育生态均衡度和公平度的差异值。效应量均值越小，均衡度和公平度越好。

第三步，将教育生态均衡度与公平度的差异值加权平均，得到教育生态结构型质量指数。指数越小，生态结构型质量越好。

一般而言，差异值小于0.2为实际差异较小，0.2—0.5为实际差异中等，0.5—0.8为实际差异较大，0.8以上为实际差异很大。

五、研究结果

浙江省初中教育生态结构型质量

1. 浙江省初中教育生态均衡度。

研究组从城区民办、城区公办、农村公办初中三类学校在学生学习和学校教学两方面的差异度（效应量Cohen's d值）来分析教育生态均衡度。

（1）浙江省城区民办与城区公办初中的教育均衡度。

从浙江省城区民办和城区公办初中教育总体均衡度（见下页表4）来看，其差异度的效应量Cohen's d值为0.37，这意味着浙江省城区公民办初中学校教育实际差异已经越过了中等阈值警戒线。特别是两类学校学生的学业成就已经达到显著较大的差异水平（0.66），但两类学校教师教学方式的实际差异并不明显（0.09），学校教学管理与学生学习品质的差异较为明显。综合学生学业成就和教师教学方式数据，初步证实了浙江省民办初中的生源优势，“公民同招”政策是扭转这一现象的必要措施。

表4　浙江省城区公办与城区民办初中的教育均衡度

三级因子	四级因子	城区民办		城区公办		t值	Cohen's d
		平均值	标准差	平均值	标准差		
	学生学业成就	567.39	67.35	515.21	82.25	43.24***	0.66
	学生学习品质	66.78	15.13	62.92	15.78	14.33***	0.25
学生学习(结果型质量)		72.79	9.80	67.45	11.05	30.58***	0.50
	教师教学方式	66.61	18.55	64.84	18.75	5.12***	0.09
	学校教学管理	78.01	17.32	74.06	17.77	9.49***	0.22
学校教学(过程型质量)		72.84	12.92	69.69	13.42	10.02***	0.24
均衡度1							0.37

说明：***表示$p<0.001$，表示比较对象的因子水平存在极其显著的统计学差异。

（2）浙江省城区公办初中和农村公办初中的教育均衡度。

从浙江省城区公办、农村公办初中教育总体均衡度（见表5）来看，其差异度的效应量Cohen's d值为0.33，低于城区公民办学校之间的差异度，但也达到了中等差异水平。其中两类学校学生的学业成就差异较大（0.43），学生学习品质与学校教学管理的差异度和城区公民办学校间的差异度接近，教师教学方式的差异度0.16，明显超过城区公民办学校（0.09）。这在一定程度上反映了农村公办初中师资力量的相对薄弱。

表5　浙江省城区公办与农村公办初中的教育均衡度

三级因子	四级因子	城区公办		农村公办		t值	Cohen's d
		平均值	标准差	平均值	标准差		
	学生学业成就	515.21	82.25	479.13	87.24	36.23***	0.43
	学生学习品质	62.92	15.78	59.65	15.68	17.69***	0.21
学生学习(结果型质量)		67.45	11.05	63.47	11.15	30.48***	0.36
	教师教学方式	64.84	18.75	61.91	18.92	13.22***	0.16
	学校教学管理	74.06	17.77	69.67	19.22	15.80***	0.24
学校教学(过程型质量)		69.69	13.42	65.73	14.31	18.98***	0.29
均衡度2							0.33

说明：***表示$p<0.001$，表示比较对象的因子水平存在极其显著的统计学差异。

2. 浙江省初中教育生态公平度。

研究组从不同SES家庭的学生在学业成就和学习品质两方面的差异度来分析教育生态公平度。

（1）不同SES家庭的子女学业成绩和就读学校分析。

据PISA（国际学生评价项目）大规模测验的结论，学生家庭SES是影响学生学业成绩的重要因子，较高SES家庭的学生学业成绩优秀的概率相对更大。国际上以学生家庭SES与学生学业成绩的相关系数的大小来衡量区域的教育公平状况。据2018年PISA数据，浙江省教育公平度已高于76.3%的参测国家及地区，但本研究也发现了学生家庭SES与学生学业成绩的相关现象。浙江省初中学生家庭SES与学业成绩之间的相关系数为0.318，家庭SES是除学习品质（学生学习品质对学业成绩影响的标准化回归系数为0.314）外，影响学生学业成绩的第二重要变量（SES对学业成绩影响的标准化回归系数为0.252）。另外，调查发现，较低SES家庭子女就读于城区民办学校的比例仅占5.2%，而70%的较低SES家庭子女集中在农村公办学校。中等SES家庭子女进入城区民办学校的比例为11%，较高SES家庭子女进入城区民办学校的比例为26%。这组数据表明，家庭SES越高的学生，越有机会进入优质教育资源雄厚的城区民办学校，农村公办学校客观上承担了保障教育公平的主要责任。在促进教育公平这个意义上，农村学校更应当得到政府部门的大力扶持。

表6　浙江省不同SES家庭子女的学业成绩、就读学校情况

公平性因子		较低SES家庭子女	中等SES家庭子女	较高SES家庭子女
学业成绩优秀率		14.3%	22.8%	41.9%
学业成绩平均分		495.0	502.0	545.0
就读学校人数比例	城区公办	25.0%	40.5%	56.4%
	农村公办	69.8%	48.5%	17.7%
	城区民办	5.2%	11.0%	26.0%

（2）浙江省不同SES家庭的子女学习差异度。

从三类家庭子女的学业成绩、学习品质差异度分析来看，三类家庭子女的学业成绩和学习品质分别处于三个不同的水平层次上，而且也达到了中等差异的水平。数据分析也发现，三类家庭子女学业成绩的差异大于学习品质的差异，较高SES家庭与中等SES家庭子女的差异大于中等SES家庭与较低SES家庭子女的差异。见下页表7。

表7 浙江省不同SES家庭的子女学习差异度

三级因子	四级因子	中等SES家庭子女		较低SES家庭子女		*t*值	Cohen's *d*
		平均值	标准差	平均值	标准差		
	学生学业成就	502.97	84.49	474.18	90.30	24.08***	0.33
	学生学习品质	61.58	15.64	58.89	15.57	12.63***	0.17
学生学习（结果型质量）		65.95	11.03	62.73	11.27	21.17***	0.29
三级因子	四级因子	较高SES家庭子女		中等SES家庭子女		*t*值	Cohen's *d*
		平均值	标准差	平均值	标准差		
	学生学业成就	545.25	77.96	502.97	84.49	39.86***	0.51
	学生学习品质	65.72	15.75	61.58	15.64	19.91***	0.26
学生学习（结果型质量）		70.78	10.79	65.95	11.03	33.49***	0.44
三级因子	四级因子	较高SES家庭子女		较低SES家庭子女		*t*值	Cohen's *d*
		平均值	标准差	平均值	标准差		
	学生学业成就	545.25	77.96	474.18	90.30	53.88***	0.85
	学生学习品质	65.72	15.75	58.89	15.57	27.74***	0.44
学生学习（结果型质量）		70.78	10.79	62.73	11.27	46.51***	0.73
公平度							0.49

说明：***表示$p<0.001$，表示比较对象的因子水平存在极其显著的统计学差异。

3. 浙江省初中教育生态中优质与均衡、公平的关系。

研究组以区县为单位，将学生学业成就和学习品质作为教育结果型质量的两个指标，将教师教学方式与学校教学管理作为教育过程型质量的两个指标，与教育生态均衡度差异指数、公平度差异指数（结构型质量的指标）进行相关分析（见下页表8）。分析结果发现，教育结果型质量、过程型质量与教育均衡差异度之间不存在相关性，而同教育公平差异度之间存在显著的正相关，在教育水平较优质地区，公平差异度相对更大。

表8　教育优质与教育均衡、教育公平的关系

生态因子	学业成绩	学习品质	结果型质量	教师教学方式	学校教学管理	过程型质量	城区民办比例	较高SES家庭子女比例
公平差异度	0.21*	0.27**	0.29**	0.19	0.15	0.20*	0.15	0.35**
均衡差异度	−0.14	0.10	0.00	0.05	−0.11	−0.07	0.02	−0.11
结构型质量	−0.17	0.20	0.05	0.08	−0.12	−0.06	0.01	−0.09

说明：**表示$p<0.01$，*表示$p<0.05$。

上述结果表明，浙江省在教育优质和教育均衡、公平两方面尚未形成良性互动的教育生态，在追求教育优质化发展的同时，兼顾教育的均衡性和公平性尚存在困难，甚至在某种程度上，追求教育优质化发展的过程伤害了教育的公平性，这种优质只是部分学生的优质，或者是以牺牲其他学生为代价而取得的。由此看来，“不让一个孩子掉队”的理想，还需进一步努力才能实现。

六、结论与建议

（一）结论

1. 基于效应量的教育生态指数能基本客观地反映出浙江省、市和区县初中教育的结构型质量及其特征，但该指数未将区域行政部门对教育的经费投入、管理评价、学段间生源结构变化情况、普通教育和职业教育的结构关系、同一学段各类型学校数量比例以及家庭社会文化等因素纳入，因此并不能涵盖区域初中教育生态结构型质量的方方面面。研究组在完善该指数时，将逐步纳入上述因素，以使教育生态指数更具解释力。

2. 浙江省初中结构性生态指数为0.39，其中均衡差异度为0.35，公平差异度为0.49，城区公民办初中的差异度为0.37，城乡公办初中的差异度为0.32，都达到中等差异水平。城区民办初中的教育水平和较高SES家庭子女的学习水平均显著高于其他群体。城区公民办学校的差异度大于城乡公办学校的差异度。

3. 浙江省在初中教育优质和教育均衡、公平两个方面尚未形成良性互动的教育生态，在追求教育优质化发展的同时，兼顾教育的均衡性和公平性尚有一定困难。

（二）建议

1. 各级政府与教育行政部门需凝聚共识，树立结构型质量观和教育生态意识，坚决贯彻《浙江省中小学生减负工作实施方案》和《深化新时代教育评价改革总体方案》，通过“改进结果评价，强化过程评价，探索增值评价，健全综合评价”，努力扭转“唯分数”“唯升学”的评价机制，切实为学生减负提供政策指引和制度保障。

2. 各级政府与教育行政部门在制订区域教育优质、均衡发展规划时，首先要保障教育的公平性，加大对农村初中的扶持力度，为较低SES家庭子女提供更多的学业支持。

3. 区县政府和教育行政部门需要关照公办学校教师的教育满意度和职业认同感，从政策制定和管理机制上推动公民办学校在招生、待遇、社会地位等方面的均衡化，提升公办学校的吸引力，使得公办教师能产生与民办教师同等的获得感。

【参考文献】

[1] 王加强，范国睿.教育生态分析：教育生态研究方式初探[J].教育理论与实践，2008(7)：7－10.

[2] 范国睿，王加强.当代西方教育生态问题研究新进展[J].全球教育展望，2007(9)：39－45.

[3] 刘贵华，朱小蔓.试论生态学对于教育研究的适切性[J].教育研究，2007(7)：3－7.

[4] 陈如平.构建教育新生态需要各方协同发力[J].中国民族教育，2018(11)：10.

[5] 邓小泉，杜成宪.教育生态学研究二十年[J].教育理论与实践，2009(5)：12－16.

[6] 陈中，郭丽君.中国教育生态学研究述评[J].成都大学学报(社会科学版)，2016(3)：109－114.

[7] 周培植.以教育生态理论促进区域教育现代化——杭州市下城区“高位均衡、轻负高质”教育发展路径探索[J].教育研究，2009(10):90－96.

[8] 张忠迪.生态型大学评价指标体系研究[J].教育探索，2010(8)：20－22.

[9] 贺祖斌.论高等教育生态评价[J].山东高等教育，2015(5)：13－17.

[10] 吴鼎福，诸文蔚.教育生态学[M].南京：江苏教育出版社，1990.

[11] 张丰.构建以教育生态为核心的区域教育发展评价——破解“唯分数”“唯升学”问题的建议[J].教育发展研究,2019(12)：6－12.

结构型质量:区域教育生态水平的评价创新

马海燕　李　强　张　丰[1]

【摘要】 区域义务教育评价的重点应转向优化教育生态。良好的区域教育生态应体现区域教育的优质、均衡和公平发展。结构型质量整合学校办学质量和学生发展质量,从教育均衡、优质和公平三个维度,反映区域内教育资源配置的科学性与合理性、各类教育的协调发展以及发展状态的可持续性。评价区域的结构型质量,有利于缩小区域内公民办和城乡教育差异,缩小较低SES家庭子女与中等SES家庭、较高SES家庭子女的教育差距,实现区域教育质量的优质、均衡和公平发展。

【关键词】 区域教育评价;结构型质量;优化教育生态

2020年10月,中共中央和国务院正式印发《深化新时代教育评价改革总体方案》(以下简称《方案》)。《方案》增加了对党委和政府教育工作的评价、对社会用人评价的关注,从仅仅关注教育系统内部的评价发展为整体考虑教育系统内、外部的评价,积极回应了政府和社会对教育的重要关切,牵住了破解教育评价问题的牛鼻子。

基础教育阶段主要存在"唯分数""唯升学"的问题,其症结有学校不全面的育人观、不科学的教学观的影响,也有操作技术层面的局限,但更在于区域层面"学业成绩政绩化"的潜移默化,在于"经济模式"教育质量管理机制的简单移植。要打破"唯分数""唯升学"的局面,还得从改变区域教育评价的现状入手,改革技术和方法,端正教育质量观,引领全社会形成健康的教育生态。

一、当前区域义务教育质量评价的现状剖析

教育质量评价是当前我国基础教育发展面临的重要难题。一直以来,我们对教育质量的概念、内涵的理解存在分歧,对不同层面的教育质量的评价重点和评价主体缺乏清晰的认识。《中共中央　国务院关于深化教育教学改革全面提高义务教育质量的意见》的颁发,统一了县域义务教育质量、学校办学质量和学生发展质量这三个教

---

① 马海燕,浙江省教育厅教研室评价教研员,高级教师;李强,浙江省平湖市教师进修学校科研员(评价教研员),副研究员;张丰,浙江省教育厅教研室副主任,研究员。

育质量的核心概念，明晰了三个教育质量各自的评价主体和评价重点。教育部等六部委于2021年初发布的《义务教育质量评价指南》，研究县域义务教育质量、学校办学质量和学生发展质量的关键表现，指导各层面切实改进教育教学，提高教育质量。这其中，县域义务教育质量的评价最为困难。一方面，县域教育质量的评价主体更多是地方党委、政府和上级教育行政部门，这两类主体的评价难度大。另一方面，义务教育的行政主体是县级。但现实中除了县（市、区）这一实际存在的责任主体外，还存在类似主体如经济开发区、设区市的市辖区等，它们也享有同级义务教育阶段学校的评价权。区域教育评价能囊括对县域及其他行政主体的教育工作的评价。当前区域义务教育质量评价主要存在以下问题：

（一）对区域教育质量评价的概念理解不全面

很多地方未能正确理解区域义务教育质量、学校办学质量与学生发展质量评价等三个层面教育质量的内涵，直接将狭义的学生发展质量等同于区域教育质量。有些地方片面理解党委与政府在区域教育质量中的责任，只重视地方党委和政府对教育教学改革的组织领导和条件保障，忽略对地方党委和政府的教育评价应重点考察“对教育教学改革的价值导向、组织领导、条件保障和义务教育均衡发展情况等”。《方案》所提出的“三不得一严禁”中的错误做法，在不少地方领导的认识中并非是违反相关制度文件的负面行为，而是理所应当的“正确”措施。

（二）区域义务教育质量评价的重点不突显

区域义务教育质量的评价体系涵盖价值导向、组织领导、条件保障以及反映区域教育的均衡水平。当前，区域教育评价多以考核方式开展，对照要求核验达标程度，或采用综合性的指标体系进行考核。要么指标体系求全求多，重点指标不突显，没能发挥评价导向作用；要么各指标之间的权重设置不合理，没能倾向于重点指标，导致评分误差在结论概括中被放大。需深入、系统研究区域教育评价各指标间的逻辑、层级、权重和采集方法，提高重点指标的权重，发挥重点指标的导向作用。

（三）区域义务教育质量评价的操作方法有偏差

当前区域义务教育质量评价的操作中，多采用简单的评价方法，比如简单进行均分的横向或纵向比较，忽略了原始分因未经等值处理而不具可比性、平均分会因为极端值产生较大偏差等情况。这些缺乏评价知识的操作方法，非但没有引导学校和教师朝科学的方向改进，还会导致过度的压力传递，从而产生“唯分数”“唯升学”的短视行为。

区域义务教育质量评价的社会影响力大，利益相关者多，但实际评价中存在对教育质量概念理解有偏颇、评价重点不突出、操作方法有偏差等问题。究其原因，主要是对区域义务教育质量评价的研究并不多，其理论创新、制度设计和实践操作存在较多问题。但破解教育现实问题的迫切性、教育评价工作者的责任、社会价值导向引领的使命，使得区域教育质量评价的实践创新势在必行。

二、构建以优化教育生态为目标的区域义务教育质量评价体系

（一）现阶段区域义务教育质量评价需转向优化教育生态

随着教育评价理论和实践的深入，区域义务教育质量评价的目标在发生转移。2012年发布的《国务院关于深入推进义务教育均衡发展的意见》指出，义务教育的目标是让“每一所学校符合国家办学标准，办学经费得到保障；教育资源满足学校教育教学需要，开齐国家规定课程；教师配置更加合理，提高教师整体素质”。该文件明确了义务教育阶段学校的评价重点在于基础办学条件。

目前全国义务教育阶段学校已实现全域达标，已进入更高要求的优质均衡发展阶段。2013年发布的《教育部关于推进中小学教育质量综合评价改革的意见》提出“建立体现素质教育要求、以学生发展为核心、科学多元的中小学教育质量评价制度”，“把学生的品德发展水平、学业发展水平、身心发展水平、兴趣特长养成、学业负担状况等方面作为评价学校教育质量的主要内容”。该文件首次提出了囊括五个维度的学校教育质量，并提出用“综合评价”的方法来实施。到了2019年，《中共中央 国务院关于深化教育教学改革全面提高义务教育质量的意见》立足教育发展环境，从优化教育生态的角度提出了县域教育质量、学校办学质量和学生发展质量三个概念，明确各自的评价内容和评价重点。该文件区分了区域、学校和学生三级教育质量，从不同主体的责任范畴实施评价。2020年的《方案》进一步明确要立足教育所处的社会发展环境，从优化教育生态的角度来构建县域教育质量评价。由此可见，构建以优化教育生态为核心的区域义务教育质量评价体系，显得尤为重要。

（二）构建以优化教育生态为目标的区域义务教育质量评价体系

“教育问题不是教育自身的问题，而是社会问题在教育领域的反映。解决教育问题必须从教育与社会的互动中寻找改革发展的方法和策略，必须把教育放在整个社会系统中，从教育生态学的视角进行系统谋划。这是我国教育工作者教育认识论和

方法论的重要变革。”从教育生态学的视角看，当下义务教育阶段的教育生态遭到破坏，教育结构失去平衡。民办学校利用机制灵活、师资优良、生源优秀等优势占得发展先机，公办学校相对活力不足；城区学校利用地域优势、人才优势和资源优势占得发展先机，农村学校相对活力不足；家庭社会经济条件较好的学生拥有丰富的家庭资源、学校资源和社会资源，而较低SES家庭的学生相对发展困难。民办学校与城区学校的过度发展，制约了公办学校与乡村学校的发展，较低SES家庭学生得到发展的机会就会越少，这加剧了教育不公平感和教育生态的恶化。因此区域义务教育质量评价首先要以优化教育生态为目标，缩小差距，调整结构，促进辖区内教育朝着优质、均衡和公平的方向发展。再加强对区域义务教育质量评价的系统研究，深入分析影响区域教育生态的因素，从而构建合理的区域义务教育质量评价框架体系，以优化区域教育生态。

（三）关注结构型质量能实现优化区域教育生态的价值追求

教育生态是由学校内、外部各因素相互作用而构成的多层次、多结构的整体，是一个地区教育现实状况以及教育发展环境的集中反映。时至今日，有关教育生态的观点和主张已然成为检验和评判一个地区教育高质量发展的重要标尺，其重要性越来越得到认可。区域教育就是一个教育生态系统，该系统包含诸多因素，只有各因素之间建立起自然的、健康的、符合规律的、相互支持和互相促进的和谐关系，才能最大限度地保持系统的活力和张力，确保学校教育工作处于积极、高效的状态。这种关系，就是各因素组成的结构。因此，结构就成为考察教育生态的关键词，结构型质量就是衡量区域教育生态水平的关键指标。

从教育管理的系统性视角看，反映区域教育生态的质量有三种：一是“结果型质量”，反映学生个体的学习进步情况，应由学生负责；二是“过程型质量”，反映学校整体的课程实施水平，应由学校和教师负责；三是综合体现区域教育质量的“结构型质量”，反映区域内教育资源配置的科学性与合理性、各类教育的协调发展以及发展状态的可持续性，应由地方政府负责。该概念的提出，借鉴了微观、中观和宏观教育均衡的提法，与教育评价的CIPP模型具有逻辑上的一致性，其责任主体明确，具有很强的实践导向和操作性。

（四）以结构型质量为核心的区域义务教育质量评价的框架设计

以结构型质量为核心的区域义务教育质量评价体系是在系统思维指导下对区域教育生态及运作机制进行评估的框架。它以生态文明思想指导地方政府端正教育质量观，强调区域教育发展的生态意识与结构思维，着力于长远的可持续发展，关注教育生态系统中各要素的合理结构。浙江省2019年初中教育质量综合评价从公民办和城乡教育差异度，较低SES家庭和中等SES家庭、较高SES家庭子女的学习差异度以及不同层级学校C等和D等学生的占比情况，刻画浙江省区域义务教育生态水平即优质、公平和均衡发展水平（见表1），促进地方政府践行科学的教育质量观。

表1　区域教育生态的结构型质量指标框架①

一级指标	二级指标	三级指标	质量属性
均衡	公民办教育差异度（城区公办初中与城区民办初中的比较）	学生学业成绩	结果型质量
		学生学习品质	结果型质量
		教师教学方式	过程型质量
		学校教学管理	过程型质量
均衡	城乡教育差异度（城区公办初中与农村公办初中的比较）	学生学业成绩	结果型质量
		学生学习品质	结果型质量
		教师教学方式	过程型质量
		学校教学管理	过程型质量
公平	较低SES家庭、中等SES家庭与较高SES家庭子女的学习差异度	学生学业成绩	结果型质量
		学生学习品质	结果型质量
优质	公办教育C等和D等学生占比	学生学业成绩	结果型质量
	农村教育C等和D等学生占比	学生学业成绩	结果型质量
	较低SES家庭学生C等和D等学生占比	学生学业成绩	结果型质量

从表1可以看出，反映教育生态的结构型质量较好地整合了学校层面的过程型质量和学生层面的结果型质量，从教育的均衡、公平和优质三个维度来评价区域教育质量。其中教育均衡度反映的是学校层面的教育公平，以城区公办与民办初中、公办城区与农村初中在教育过程和教育结果两个维度上的差异度来表示。教育公平度反映的是学生层面的教育公平，以不同社会经济地位（Socioeconomic Status，简称SES）家庭

① 三级指标中，学生学业成绩是指监测中学生语文、数学、科学三门学科的标准分平均值；学生学习品质是指学生学习动力指数、学习策略指数和自主学习习惯三个指标的加权平均分。较低SES家庭子女是指家庭社会经济地位处于全省后25%的学生，较高SES家庭子女是指家庭社会经济地位处于全省前25%的学生。

的学生学业成绩和学生学习品质两个维度上的差异度来表示。差异度值越小，区域教育均衡度和公平度越高。教育优质状况由公办学校、农村学校和较低SES家庭学生在学业成绩上C等和D等的占比来反映。C等和D等占比越低，代表区域教育优质程度越高。

（五）以结构型质量为核心的区域教育生态水平的计算方法

以结构型质量为核心计算区域教育生态水平，先运用独立样本t检验结果，分别计算表1中三级生态指标差异的效应量Cohen's d值。再将三级指标（学生学业成绩、学生学习品质）合成二级指数，然后计算表1中二级生态指标差异的效应量，最后取二级指标差异的效应量均值作为教育均衡度和公平度的差异值。效应量均值越小，均衡度和公平度越高。最后，将教育均衡度与公平度的差异值加权平均，得到教育生态结构型质量指数。

研究中发现，由差异度构成的结构型质量指数描述抓住了教育均衡与教育公平的关键问题，简明地揭示了区域教育发展的基本态势。不过，它无法表征该区域是处于高水平均衡还是低水平均衡。运用C等和D等学生比例之和构成的调校系数，可以完善结构型质量算法，反映区域教育优质、均衡水平。

$$\text{调校系数}k=(\text{学业C水平与D水平比例之和})/2$$

$$\text{结构型质量}=\frac{(\text{公民办教育差异度}\times k\times 2+\text{城乡教育差异度}\times k\times 2+\text{教育公平度})}{5}$$

说明：①学业共有A、B、C、D四种水平，C水平即合格水平，D水平是不合格水平。取全省C和D占比之和的平均值为37.7%。90个县（市、区）中该值最高为55.3%，最低为17.0%。调校系数在0.34—1.10，学业高水平的区域得到一定的正向调节。 ②公民办教育差异度与城乡教育差异度加权为2，教育公平度加权为1，这是根据行政作为的效果来设定的加权系数。目前行政对教育公平度的作为较公民办教育与城乡教育相对更困难，效果更不明显。

一般而言，差异值小于0.2为实际差异较小，0.2—0.5为实际差异中等，0.5—0.8为实际差异较大，0.8以上为实际差异很大。结构型质量指数结果越小，说明该区域的公民办、城乡教育差异以及较低SES家庭的学生和中等SES家庭、较高SES家庭学生的差异越小，结构越优质、均衡，教育越公平，该区域的教育生态越好。

三、以结构型质量促进区域义务教育优质、均衡、公平发展

2019年浙江省初中教育质量综合评价的实践研究证明，结构型质量能较好地反映区域教育生态的优质、均衡和公平水平。

（一）追求教育优质、均衡发展，降低义务教育阶段不达标学生的比例，提升县域教育的整体水平，实现教育公平

教育优质、均衡发展是当前区域义务教育发展的中心任务。“义务教育优质均衡发展的提出既是一种实践上的阶段性跃进，也是一种思想上的理性超越。”更好地把握义务教育优质、均衡发展的理论和实践内涵，有利于推动义务教育实现高质量发展。但对于区域来说，差异客观存在且永远存在。以浙江省学业达标率的平均值为评价标准，有些区域会永远处在平均值以下从而无法达标。过度追求优秀率，会加剧变相追求优质生源的竞争。另外，“义务教育内涵性均衡发展的关键在于提高义务教育阶段薄弱学校的教育质量”。提高薄弱学校的教育质量可以通过减少C等和D等学生的占比实现。通过C等和D等学生的学生比例之和的加权比较可以引导区域更关注“后进学生”，关注薄弱学校，通过开足开齐课程、提高教师教学能力等满足这些学生基本的发展需求，更符合义务教育阶段的定位和任务，也利于教育公平和均衡的落实。

（二）缩小公民办教育差异，降低民办学校的生源优势，提高农村公办初中的师资水平，提升教育均衡度

从公民办差异看，浙江省城区民办和城区公办初中教育总体差异度的效应系数为0.47，特别是两类学校学生的学业成绩，已经达到显著较大的差异水平（0.67），但两类学校教师教学方式的实际差异并不明显（0.09）。综合学生学业水平和教师教学方式的数据，证实了生源是公民办学校最主要的差异所在。

从城乡差异看，浙江省公办初中的城区与农村的总体差异度为0.38，低于城区公民办初中的差异度。其中两类学校学生的学业成绩差异较大（0.42），学生学习品质与学校教学管理的差异度和公民办学校间的差异度接近，但教师教学方式的差异度（0.16）明显超过公民办学校间的差异度（0.09）。这在一定程度上反映了农村公办初中师资力量薄弱是影响教育均衡的关键因素。

（三）体现机会均等，保障较低SES家庭学生享受公平的入学机会，促进教育生态公平

再从不同SES家庭的学生在学业成绩和学习品质两方面的差异度来分析教育生态的公平状况。较高SES家庭与中等SES家庭子女的差异度（0.52）大于中等SES家庭与较低SES家庭子女的差异度（0.34），说明家庭SES在很大程度上影响着学生的发

展。数据分析表明,家庭SES是除学生学习品质(学生学习品质对学业成绩影响的标准化回归系数为0.314)外,影响学生学业成绩的第二重要变量(标准化回归系数为0.252),其影响力超过了教师教学方式(标准化回归系数为0.193)。较低SES家庭子女成绩优秀率(三科成绩总分的前25%)为14.3%,较高SES家庭子女成绩优秀率达到41.9%,约是较低SES家庭子女的3倍。另外,较低SES家庭子女就读于城区民办学校的比例仅占5.2%,中等SES家庭子女进入城区民办学校的比例为11%,较高SES家庭子女进入城区民办学校的比例为26%。以上分析表明,保障较低SES家庭学生的入学公平最能体现当地政府在促进教育公平方面的力度和效度。

(四)开展结构型质量评估,推进教育在优质、均衡和公平方面齐头并进

结构型质量能体现过程型质量和结果型质量,综合反映县域教育优质、均衡和公平水平。而过去的县域教育评价往往只重视学生学习成绩的结果型质量,忽视体现学校教育作用的过程型质量和体现县域优质、均衡水平的结构型质量的影响。数据分析发现:过程型质量较好的县域,其结果型质量也不差。图1是浙江省90个县域过程型质量和结果型质量的散点图。从趋势看,过程型质量与结果型质量高度正相关。较好的过程型质量是优秀的结果型质量的保证。

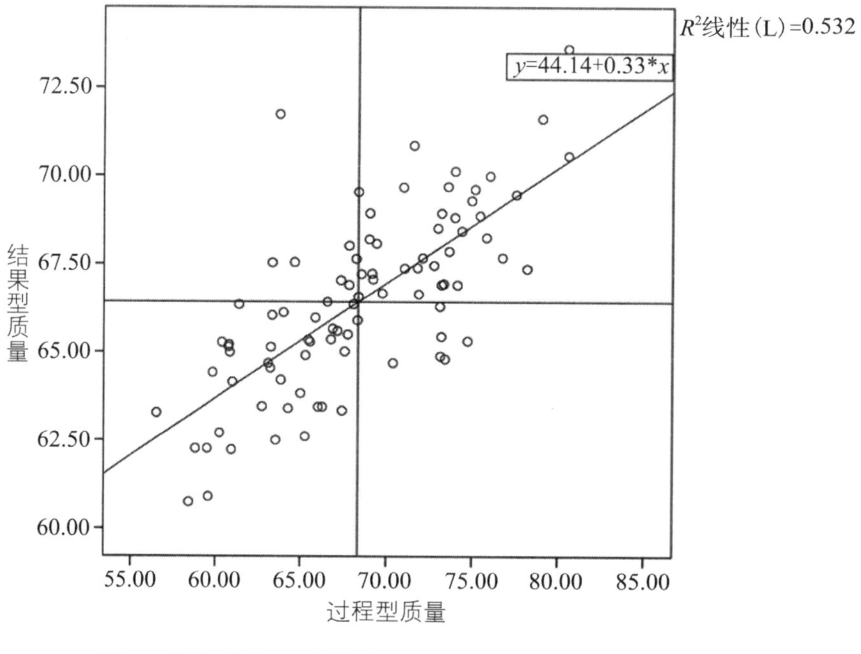

图1　浙江省各县域的过程型质量与结果型质量的散点图

以优化教育生态为目标、以结构型质量为核心的区域义务教育质量评价体系,将

学生学业成绩和学习品质作为结果型质量的两个指标，将教师教学方式与学校教学管理作为过程型质量的两个指标，再与结构型质量的关键指标即均衡度差异指数与公平度差异指数进行相关分析，体现了学生个体学习成效的结果型质量和体现学校办学水平的过程型质量，又较好地体现了区域教育的优质、均衡和公平水平。当前义务教育质量尚不能实现优质、均衡和公平三方面的良性互动。能在追求教育优质发展的同时，兼顾教育的均衡性和公平性的区域并不多，在某种程度上，有些区域甚至牺牲了教育均衡或教育公平来追求教育优质发展。加入结构型质量的评估，既有利于县域同步推进教育优质、均衡发展，又能兼顾教育公平，有助于引导地方重视教育生态与可持续发展的内在机制。

四、进一步完善以结构型质量为核心的区域义务教育质量评价的思考

（一）把握三种质量的实质，更好地体现价值导向

对结构型质量的研究是区域义务教育质量评价领域有意义的实践探索。结构型质量能比较客观地评价区域在教育发展水平（优质）、校际发展差异（均衡）和入学教育公平的总体水平。三种质量的提出，是对教育质量的理解的补充和健全，是对区域教育质量、学校办学质量和学生发展质量这三个层面教育质量理论诠释和实践探索，有助于正确把握三个层面教育质量的实质。以区域结构型质量为关键指标来考核、评估区域教育优质、公平和均衡水平，是将《方案》落地的积极的实践尝试，是区域教育评价制度的创新。

（二）丰富结果型质量的内涵，使“优质”更全面

结构型质量是在结果型质量与过程型质量的基础上对区域教育质量的描述。目前的结果型质量主要由学生学业成绩与学习品质来反映，虽然这较以往“唯分数”的分析已有所进步，但其内涵还不够全面，从“五育并举”看，还应探索将学生体育健康发展、艺术与劳动素养发展纳入结果型质量的内涵中，尝试将学生学业投入、人际关系状况也作为结果型质量的因素，使其更为全面。

（三）充实结构型质量的因素，完善区域评价体系

目前结构型质量反映的是公民办、城乡和三类家庭学生的教育差异，但区域教育中各因素交织而成的结构还有很多。因此，需进一步完善评价体系，健全评价指标，增加区域行政部门的教育经费投入、学校的师资配备和资源优势等因素，系统分析资

源、经费和机会这些因素对教育优质、均衡和公平的影响，力图涵盖影响教育生态结构型质量的各方面因素，更全面、更科学地体现区域教育质量的优质、均衡和公平水平。

（四）完善过程型质量的内容，彰显学校的价值

目前过程型质量主要体现学校教学管理和教师教学方式的水平。学校在促进学生发展中起到巨大的作用，除了教师教学方式和学校教学管理外，学校的办学规模、教学氛围、课程资源等都会对学生的发展产生较大的影响。对于公办学校、农村学校和较低SES家庭的学生来说，学校的作用则尤为凸显。因此，需加强对学校过程型质量的研究，充实其评价要素，吸纳对学生发展产生重要作用的因素，彰显学校的价值，实现评价对学校管理与发展的导向作用。

五、结语

当前，各级政府与教育行政部门已经意识到利用评价促进区域义务教育优质、均衡、公平发展的意义，但还需凝聚共识，坚决贯彻《方案》和《关于深化教育教学改革全面提高义务教育质量的意见》，构建并实施以结构型质量为关键指标的区域义务教育质量评价体系，完善结构型质量、过程型质量和结果型质量的内涵和算法，真正促进义务教育的优质、均衡和公平发展，切实为学生的健康发展提供政策指引和制度保障。

（原载于《教育发展研究》2021年第12期）

【参考文献】

［1］张丰.构建以教育生态为核心的区域教育发展评价——破解“唯分数”“唯升学”问题的建议［J］.教育发展研究，2019（12）：6－12.

［2］国务院关于深入推进义务教育均衡发展的意见（国发〔2012〕48号）. http://www.gov.cn/zwgk/2012－09/07/content_2218783.html.

［3］教育部关于推进中小学教育质量综合评价改革的意见（教基二〔2013〕2号）. http://www.moe.gov.cn/srcsite/A26/s7054/201306/t20130608_153185.html.

［4］中共中央　国务院关于深化教育教学改革全面提高义务教育质量的意见. http://www.gov.cn/zhengce/2019－07/08/content_5407361.html.

［5］张志勇.县域教育生态建设，路在何方［N］.中国教师报，2017年2月22日第

10版.

[6] 陈如平.构建教育新生态需要各方协同发力[J].中国民族教育,2018(11):10.

[7] 翟博.教育均衡发展:理论、指标及测算方法[J].教育研究,2006(3):16－28.

[8] 杨清溪,等.优质均衡:中国义务教育高质量发展的时代路向[J].东北师大学报(哲学社会科学版),2020(6):89－96.

[9] 熊川武,等.论义务教育内涵性均衡发展的三大战略[J].教育研究,2010(8):20－24.

[10] 马海燕,等.学校教育对抗逆学生学业逆袭的作用研究[J].教育测量与评价,2019(12):12－18.

关注学校教学管理

学校教学管理的转型：从“控制性管理”到“指导性管理”

陈荣荣　张　丰[①]

【摘要】 本研究从“指导性管理行为”和“控制性管理行为”两个维度，对学校教学管理风格进行分析，从“学业抗逆力”角度对学校进行分类并提炼了优质学校教学管理的主要特征。基于教育质量监测数据研究发现：县城初中存在“控制有余”，乡镇农村初中存在“指导不足”的现象；“指导性管理”对教师、学生发展存在积极影响，“控制性管理”对教师发展存在明显的消极影响，并影响学生的全面发展。建议：深刻理解与把握学校教学管理的“控制取向”与“指导取向”；结合实际，分析、反思地方行政管理与教研指导的经验与问题；重视在学校教学管理上的城乡差异，帮助县城初中与乡镇农村初中加强“指导性管理”，引导县城初中克制“控制性管理”。

【关键词】 学校教学管理；控制性管理；指导性管理

一、问题的提出

学校管理的核心是组织与指导，学校教学管理的核心任务应是发挥教学管理的指导功能，将教学管理转化为教师的研修提高活动，从而提升教师的专业素养，改进学校教育教学质量。但不少学校将管理视同为检查，提出一些细化的要求或规章，依靠定期检查制度落实工作；认为检查就应赋分量化，将质性的要求转化为逐项计分，以便累和与比较；将工作要求与教师利益具体联系起来；等等。类似的管理倾向非常普遍，这样的运作利弊共存，有时甚至会弊大于利。

本研究借鉴企业管理风格的研究思路，从“指导性管理行为”和“控制性管理行为”两个维度，对学校教学管理风格进行分析。“指导性管理行为”主要表现为：学校在教学管理过程中尊重教师的专业自主权，鼓励教师探索个性化的教学实践，同时注重构建多样化的专业力量来帮助、支持和引领教师改进教学。“控制性管理行为”主要表

① 陈荣荣，浙江省教育厅教研室评价教研员，副研究员；张丰，浙江省教育厅教研室副主任，研究员。

现为:学校在教学管理过程中,通过一系列的控制手段来减少实施过程中的偏差,力求教学的规范有序,追求管理和教学的效率,以实现预期的目标。相对来看,“指导性管理”主要是依靠专业的力量进行业务工作管理,而“控制性管理”主要是依靠强制的力量,代表的是一种秩序与指令机制。两种管理行为的具体比较见表1。

表1 “控制性管理”与“指导性管理”的比较

	控制性管理	指导性管理
特点	以事为本 重视计划与计划的实施	以人为本 重视教师的能力与成就感
管理策略	要求下级服从 通过执行管理者的意志,提高系统工作效能	激发教师的义务感 通过提高教师素质,提高系统工作效能
管理行为	建立规章,定期检查,量化评价,利益挂钩 以自上而下的督促与评价为主	确定方向,条件支持,能力立意,激励进步 以将心比心的携手相助为主
关注点	关注结果,重视显性指标是否达到要求	关注过程,将过程中的方法与细节转化为指导教师的素材

本研究以学校教学管理风格为切入点,着重分析当前学校教学管理现状,不同教学管理风格对教师状态、学生发展的影响;在此基础上,提炼优质学校教学管理的特征,为学校改进教学管理,促进师生共同发展,提供实证依据。

二、研究对象与方法

本研究的数据采集工作来自2019年浙江省中小学教育质量综合评价监测项目。2019年10月,浙江省11个地市730所初中的43668名九年级学生参加了语文、数学和科学学科测试,同时在线完成相关问卷调查;9779名教师和38794名家长分别参加了相应问卷调查。本研究所涉及的有关变量参见下页表2。

表2　研究变量说明

变量	说明
学校教学管理	从“指导性管理行为”和“控制性管理行为”两个维度分析学校教学管理风格 将“指导性管理行为”分为低指导和强指导两个水平，将“控制性管理行为”分为低控制和强控制两个水平 （数据来自教师问卷）
教师工作状态	主要从教师职业认同，教师满意度，教、学、评一致性，教师研修发展四个方面来反映；指数以百分制形式呈现，指数越高，表示情况相对越好 （数据来自教师问卷）
课堂教学策略	主要从课堂控制、讲授教学、认知激发三个方面来反映；指数以百分制形式呈现，指数越高，表示教师运用该策略的频率越高 （数据来自教师问卷）
学生发展	主要包括责任感、学业成绩、高层次能力、学习策略、学习动力、运动健康、兴趣爱好、同伴关系、师生关系、自我认知、主观负担感受等方面。学业成绩采用量尺分数，即语文、数学、科学测试成绩标准化后的平均值（浙江省平均值为500） 其他维度指数均以百分制形式呈现，指数越高，表示情况相对越好
家庭社会经济地位	将父母受教育程度、父母职业地位及家庭拥有物作为核心变量，得出家庭社会经济地位（Socioeconomic Status, 简称SES）
学业抗逆力	将学生学业成绩对SES回归的残差作为学业抗逆力 残差值越大，表示抗逆力越强；残差值越小，表示抗逆力越弱

三、结果分析与讨论

（一）学校教学管理现状

本研究将学校教学管理风格分为四类：强控制强指导、强控制低指导、低控制低指导、低控制强指导。

由下页图1可知，浙江全省低控制低指导、强控制强指导学校的比例分别为20%左右，低控制强指导、强控制低指导学校的比例分别为30%左右。

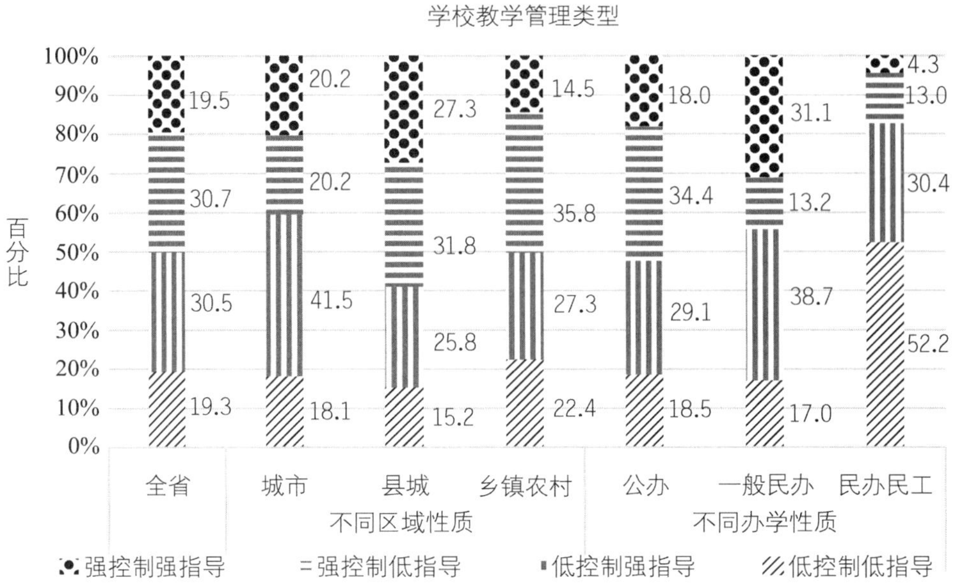

图1　不同区域性质、不同办学性质学校的教学管理情况

从不同区域性质的学校来看：县城初中存在“控制有余”的现象，乡镇农村初中存在“指导不足”的现象。具体来看：在城市初中里，指导性管理倾向的占61.7%，明显高于控制性管理倾向的40.4%；而县城与乡镇农村初中控制性管理倾向（59.1%和50.3%）高于指导性管理倾向（53.1%和41.8%）。进一步来看，城市初中里，低控制强指导类型学校的比例（41.5%）相对最高，低控制低指导学校的比例（18.1%）相对最低；县城初中里，强控制低指导学校的比例（31.8%）相对最高，低控制低指导学校的比例（15.2%）相对最低；乡镇农村初中里，强控制低指导学校比例相对较高（35.8%），强控制强指导学校的比例（14.5%）相对最低。

从不同办学性质的学校来看：公办学校教学管理存在控制偏重、指导不足的问题；而民办民工子弟学校不仅存在指导不足的问题，其基础性管理不到位的问题更为突出。具体来看：在一般民办初中，指导性管理倾向占69.8%，明显高于控制性管理倾向的44.3%，其中低控制强指导学校的比例相对最高（38.7%）；公办初中控制性管理倾向（52.4%）略高于指导性管理倾向（47.1%），强控制低指导学校的比例相对最高（34.4%）；在民办民工子弟学校中，控制性管理倾向（17.3%）不高，但低控制低指导学校的比例（52.2%）超过一半。

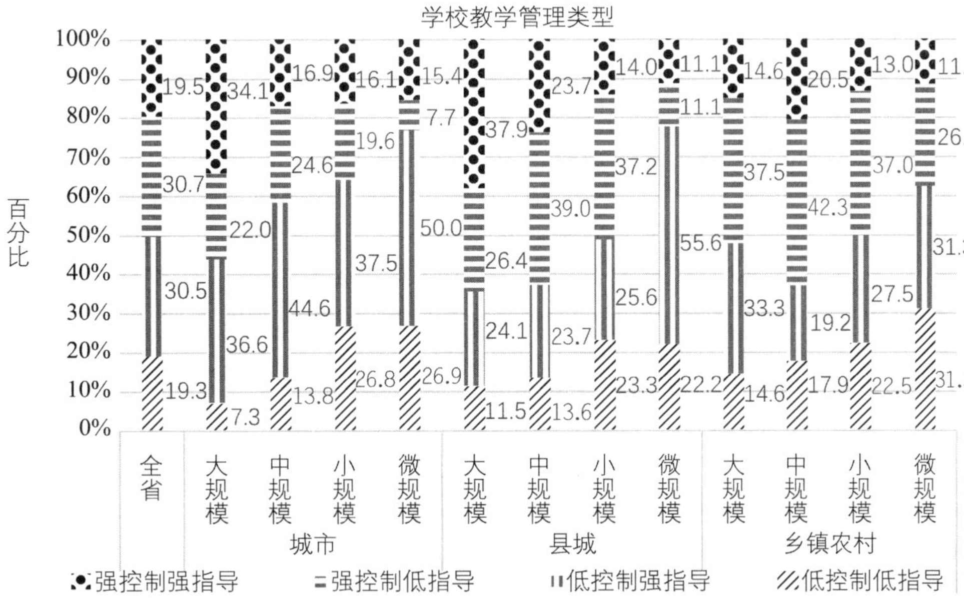

图2 不同区域性质、不同规模[①]下的学校教学管理分类

从不同规模的学校来看：随着学校规模的缩小，控制性倾向有降低趋势，但学校的指导性倾向并没有必然的加强。具体来看：对于城市初中来说，大规模学校的指导性倾向的比例相对最高（70.7%）；微规模学校的指导性倾向的比例仍然有65.4%，其中低控制强指导50%，强控制强指导15.4%，明显以低控制为主。对于县城初中来说，控制性倾向反转成为主流，除微规模学校外，比例基本在51%—64%；特别是强控制低指导的比例明显加大，中、小规模学校的这一比例接近40%。在乡镇农村初中，强控制低指导的占比进一步增加，除微规模学校外，比例基本在37%—42%；同时随着学校规模的渐小，低控制低指导的学校的比例从14.6%增大到31.3%。乡镇农村初中指导性倾向的比例整体偏低，比城市初中少二成左右。

（二）学校教学管理类型对学生发展的影响

结合下页图3，总的来看，强指导学校学生的发展相对更加全面、健康，强控制学校对学生的学业也有一定的促进作用。

① 学校规模根据学校九年级班级数进行分类，大规模指同年级班级≥13个班，中规模指9—12个班，小规模指5—8个班，微规模指1—4个班。

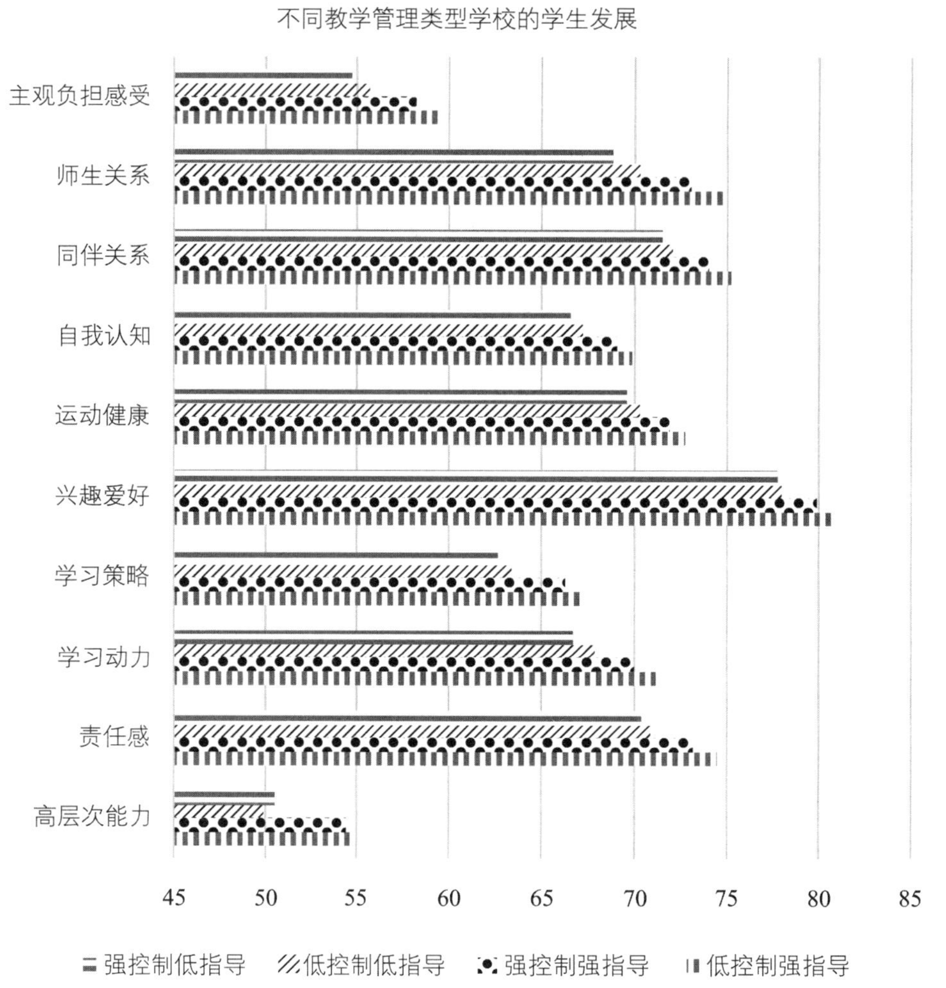

图3　不同教学管理类型学校的学生发展状况

具体来看:低控制强指导的学校与强控制强指导的学校除学业方面(高层次能力)无显著差异外,在学生发展的其他指标上,低控制强指导的学校均显著优于强控制强指导的学校。而且,低控制低指导的学校在学生发展的各项指标上(除高层次能力外),均显著优于强控制低指导的学校。这说明,指导性管理对学生发展有全面促进作用,控制性管理虽对学生学业有一定的促进作用,但从学生发展的其他方面看,控制性管理存在一定的消极影响。进一步研究发现,这种消极影响主要通过教师的工作状态体现出来。

（三）学校教学管理类型对教师的影响

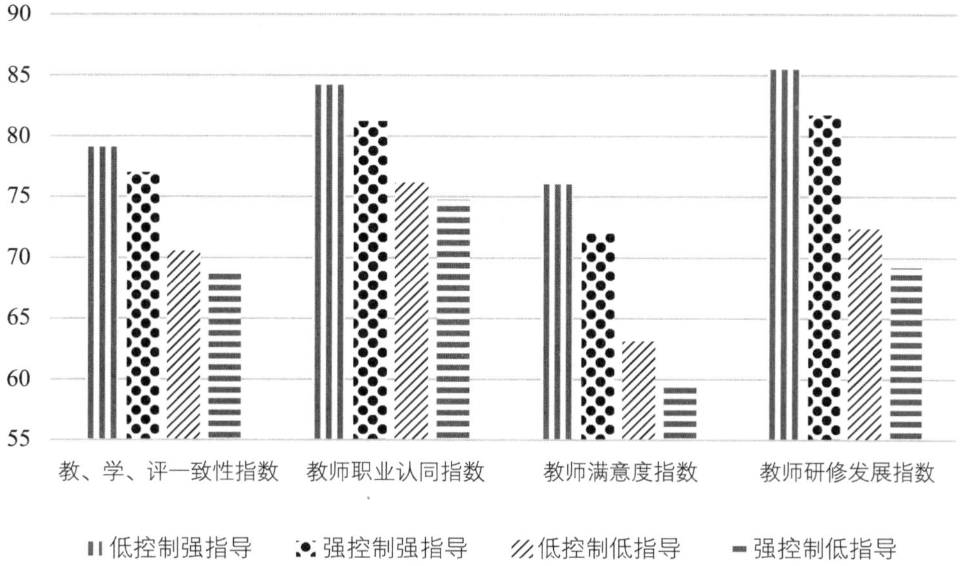

图4　不同管理类型学校的教师工作状态

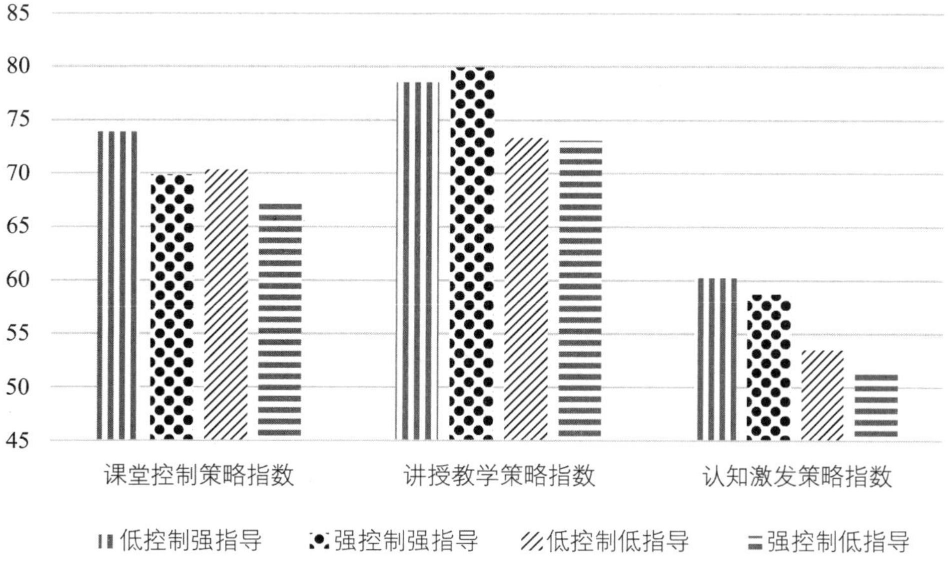

图5　不同管理类型学校的教师课堂教学策略

总的来看：指导性管理对教师工作状态有促进作用；在指导性管理倾向相当的情况下，低控制学校的教师状态相对优于强控制学校的教师状态。

经统计检验，在教、学、评一致性，教师职业认同，教师满意度，教师研修发展四个方面，低控制强指导的学校显著高于其他三类学校，强控制强指导的学校显著高于强控制低指导、低控制低指导的学校，低控制低指导的学校相对高于强控制低指导的学校。也就是说，强指导的学校的教师状态明显优于低指导的学校的教师状态；在指导性管理倾向相当的情况下，低控制的学校的教师状态相对优于强控制的学校的教师状态。

进一步分析学校教学管理类型与教师教学策略水平的关系，在认知激发与讲授教学方面，强指导的学校显著优于低指导的学校；在课堂控制方面，强控制的学校显著优于低控制的学校。强控制低指导的学校在课堂控制、讲授教学、认知激发三方面均最低。

表3　学校管理风格对不同区域教师状态的回归分析

			教师满意度	教师职业认同	教、学、评一致性	教师研修发展	课堂控制	讲授教学	认知激发
城市	控制性管理	标准化系数	−0.118	−0.225	−0.025	−0.186	0.159	−0.042	0.266
		t值	-2.448^{*}	-4.144^{***}	−0.384	-3.826^{***}	2.015^{*}	−0.692	4.069^{***}
	指导性管理	标准化系数	0.747	0.62	0.595	0.704	0.228	0.64	0.645
		t值	15.508^{***}	11.431^{***}	9.26^{***}	14.501^{***}	2.896^{**}	10.546^{***}	9.877^{***}
	R^2		0.64	0.544	0.36	0.634	0.037	0.428	0.338
县城	控制性管理	标准化系数	−0.076	−0.093	−0.074	−0.058	0.335	0.051	0.331
		t值	−1.602	−1.602	−1.245	−1.453	4.768^{***}	0.855	5.307^{***}
	指导性管理	标准化系数	0.749	0.599	0.584	0.825	0.24	0.613	0.551
		t值	15.81^{****}	10.327^{***}	9.829^{***}	20.548^{***}	3.424^{**}	10.232^{***}	8.835^{***}
	R^2		0.596	0.394	0.365	0.71	0.114	0.353	0.299

续表

			教师满意度	教师职业认同	教、学、评一致性	教师研修发展	课堂控制	讲授教学	认知激发
乡镇农村	控制性管理	标准化系数	−0.036	−0.18	−0.016	−0.049	0.22	−0.109	0.138
		t值	−1.067	-3.872^{***}	−0.306	−1.381	3.744^{***}	-2.235^{*}	2.632^{**}
	指导性管理	标准化系数	0.806	0.532	0.504	0.78	0.12	0.529	0.531
		t值	23.642^{***}	11.439^{***}	9.766^{***}	21.8^{***}	2.046^{*}	10.863^{***}	10.133^{***}
	R^2		0.675	0.395	0.256	0.642	0.034	0.337	0.233

说明：***表示$p<0.001$，**表示$p<0.01$，*表示$p<0.05$。

上页表3的数据结果进一步显示：学校教学管理风格对教师满意度、教师研修发展的影响相对比较大，对课堂控制的影响相对较小；除课堂控制外，指导性管理对教师状态不同维度的影响力均大于控制性管理对教师不同状态的影响力。从不同区域来看，学校教学管理风格对城市教师职业认同、讲授教学和认知激发的影响力要大于对县城、乡镇农村教师的影响力；学校教学管理风格对县城教师研修发展、课堂控制的影响力要大于对城市、乡镇农村教师的影响力；学校教学管理风格对城市、乡镇农村教师满意度的影响力要大于对县城教师的影响力。

从标准化系数和t值来看，指导性管理对不同区域教师状态均有显著正向预测作用；但控制性管理对不同区域教师状态的影响方式和程度不一。具体来看，控制性管理对不同区域教师课堂控制、认知激发均有显著的正向预测作用；控制性管理对城市教师的满意度、职业认同、教师研修发展均有显著的负向预测作用，对乡镇农村教师的职业认同有显著的负向预测作用。

上述结果表明，指导性管理对教师状态的积极影响相对更大，指导性管理对教、学、评一致性，职业认同，教师满意度，教师研修发展有促进作用；指导性管理对认知激发、讲授教学有促进作用；控制性管理虽对课堂控制、认知激发存在一定的积极影响，但对教、学、评一致性，职业认同，教师满意度，教师研修发展存在消极影响，尤其是对城市教师的消极影响相对更大。

（四）优质学校教学管理的特征

本研究在学校教学管理风格研究的基础上，进一步研究优质学校教学管理行为特征。“优质学校”不应只是单纯办学硬件条件好、生源好和师资好的学校；而是能够更大程度帮助学生克服自身家庭社会经济地位束缚，实现学业提升的学校。为此，本研究对优质学校的界定，引入“学校学业抗逆力”①。在学校层面取学生学业抗逆力均值，获得每所学校的学业抗逆力。通过聚类分析，将学校分成高抗逆学校、中抗逆学校和低抗逆学校三类。

表4　不同抗逆类型学校比例

		该类别学校数	低抗逆学校	中抗逆学校	高抗逆学校	低抗逆学校比例	中抗逆学校比例	高抗逆学校比例
全省学校数		729	368	233	128	50.5%	32.0%	17.6%
不同区域性质	城市	188	23	82	83	12.2%	43.6%	44.1%
	县城	198	58	103	37	29.3%	52.0%	18.7%
	乡镇农村	343	287	48	8	83.7%	14.0%	2.3%
不同办学性质	公办	601	336	185	80	55.9%	30.8%	13.3%
	民办民工	22	22	0	0	100.0%	0.0%	0.0%
	一般民办	106	10	48	48	9.4%	45.3%	45.3%

浙江省样本学校中，有低抗逆学校368所，占50.5%；中抗逆学校233所，占32.0%；高抗逆学校128所，占17.6%。从不同区域性质来看，城市学校中高抗逆学校和中抗逆学校占比较高，分别占城市学校样本数的44.1%和43.6%；乡镇农村学校中高抗逆学校比例相对较低，仅占乡镇农村样本学校的2.3%。从不同办学性质来看，公办学校中，高抗逆学校占比较低，仅占公办学校样本数13.3%；一般民办学校中，高抗逆学校和中抗逆学校占比较高，均占一般民办样本学校的45.3%；民办民工子弟学校无高抗逆学校。由此可以看出，城市学校和一般民办学校实现“逆袭”的可能性相对更大，乡镇农村、民办民工学校实现“逆袭”的可能性非常低。

① PISA（国际学生评价项目）在近几年测试的结果报告中均将学生的成绩对SES、SES平方项回归后的残差作为衡量学业抗逆力的指标。学校学业抗逆力可以理解为：学校帮助学生克服自身家庭社会经济地位的束缚，实现学业提升的能力。

表5　不同抗逆力学校教学管理的具体表现

教学管理行为	高抗逆学校	中抗逆学校	低抗逆学校	高低差别
学校要求各学科教师布置家庭作业时互相协调	49.6%	39.1%	28.2%	21.4%
备课组(或教研组)有自己编写的“校本作业”	39.6%	28.2%	18.5%	21.1%
学校组织关于如何编写作业或命制试题的教研活动	39.7%	30.3%	20.8%	18.9%
注重以数据驱动教育教学质量的诊断分析与改进	43.1%	35.4%	26.2%	16.9%
校内集体备课是很有效的教研活动	47.0%	38.7%	30.2%	16.8%
学校综合素质评价办法相对科学、可操作性强	39.4%	31.8%	22.6%	16.8%
学校有常态化的教学调研制度	47.1%	38.2%	30.4%	16.7%
制定了符合学校实际的教学常规制度	53.9%	44.8%	37.4%	16.5%
鼓励教师开展学情诊断与针对性指导	46.4%	38.2%	30.4%	16.0%
学校综合素质评价充分发挥了教育功能	38.9%	31.7%	23.0%	15.9%
学校的教学常规对教师有指导性帮助	46.7%	39.2%	31.3%	15.4%
优化教学质量团队评价,弱化个体评价	34.6%	25.8%	19.4%	15.2%
鼓励教师建立学习困难学生的帮扶档案	45.1%	38.6%	31.1%	14.0%
鼓励教师尝试探索新的教学方法	44.6%	37.2%	30.7%	13.9%
学校的备课检查与指导能常态落实	46.7%	39.4%	33.2%	13.5%
常态化反馈教师教学行为的优势与不足	37.6%	30.8%	24.3%	13.3%
考试后的质量分析报告对老师教学帮助很大	38.6%	32.5%	25.8%	12.8%
学校备课检查后的反馈对教师很有帮助	37.5%	32.2%	26.0%	11.5%
备课检查是为了督促教师书写教案	25.4%	21.4%	18.8%	6.6%
根据学生的考试成绩对教师进行绩效评价	28.8%	28.0%	25.0%	3.8%
学校的教学常规过于关注形式化检查与量化要求	20.0%	16.3%	16.6%	3.4%
学校没有及时反馈作业检查的具体内容与相关建议	8.4%	6.4%	5.1%	3.3%
对教师来说,听课、评课没有实质性的指导、改进作用	9.3%	7.1%	6.5%	2.8%
校领导来随堂听课会让教师有些不安	11.4%	9.5%	8.6%	2.8%
对教师来说,备课检查只是一种形式	14.5%	13.2%	12.5%	2.0%
学校作业检查只关注批改的数量,很少涉及作业形式与质量	6.5%	5.6%	5.3%	1.2%

从上页表5可以看出：不同抗逆力学校在教学管理行为上的作答差异非常明显（表5中，分别呈现了高抗逆学校、中抗逆学校和低抗逆学校选择“非常符合”的人数比例，高低差别为高抗逆学校人数比例减去低抗逆学校人数比例，并将学校管理具体行为按高低差别从大到小进行排列）。从高低差别从大到小的排列看，有三点值得关注：①高抗逆学校和低抗逆学校教师对教学常规符合实际、具有指导性帮助的认可有较大的差异，如“制定了符合学校实际的教学常规制度”“学校的教学常规对教师有指导性帮助”两项；②高抗逆学校和低抗逆学校在教学管理上差别最大的三项，均指向作业管理方面；③除作业管理外，高抗逆学校和低抗逆学校的较大差异集中体现在评价管理和学生指导方面（综合素质评价、评价结果的诊断性运用、学情诊断与学生指导等）。

综上，从备课管理、课堂管理、作业管理、评价管理和学生指导五个方面就高抗逆学校和低抗逆学校间差异较大（差异比例在10%以上）的教学管理行为做进一步分类梳理，提炼出以下有关优质学校的教学管理特征（见表6）。

表6　优质学校的教学管理特征

	具体表现
备课管理	● 集体备课是有效的教研活动 ● 备课检查与指导能常态落实 ● 备课检查后的反馈对教师有帮助
课堂管理	● 有常态化的教学调研制度 ● 常态化反馈教师教学行为的优势与不足 ● 鼓励教师尝试探索新的教学方法
作业管理	● 各学科教师布置家庭作业时互相协调 ● 备课组（或教研组）有自己编写的“校本作业” ● 组织关于如何编写作业或命制试题的教研活动
评价管理	● 综合素质评价办法相对科学、可操作性强、充分发挥了教育功能 ● 注重以数据驱动教育教学质量的诊断分析与改进，对教师帮助大 ● 优化教学质量团队评价，弱化个体评价
学生指导	● 鼓励教师开展学情诊断与针对性指导 ● 鼓励教师建立学习困难学生的帮扶档案

四、建议与反思

（一）深刻理解与把握学校教学管理的“控制取向”与“指导取向”

本研究发现：学校教学管理中“指导取向”与“控制取向”对学生学业均有积极作用，但从学生综合发展的角度看，“控制取向”存在负面影响。从对教师工作状态与教学行为的影响看，“强指导”优于“低指导”，“低控制”优于“强控制”。从教育内涵发展的角度看，“控制取向”的管理方式不利于师生共同成长。

“控制取向”的管理方式较多地借鉴了行政管理与企业管理的思维，依靠评价权与利益分配权来驱使或控制属下执行自己的要求。这对于管理者来说，操作上较为简单，自上而下的评鉴多，自上而下的规束多；但对于管理对象来说，容易产生对形式性要求的敏感和对该要求本质意义的忽略，容易量化的要求往往被放大，而重要的原则却可能被“软化”。像学校教育这样的专业领域，“指导取向”是学校管理专业性的必然要求。学校教学管理要回到初心，必须充分发挥其组织与指导功能，以提高教师的专业化水平和执教能力，实现学校教育教学质量的提升。

（二）学校教学管理要贴近实际需求、常态化操作、对教师有指导性帮助

学校是教师队伍培养、教师专业化成长的天然沃土和主阵地，学校的教学管理要以学校发展现状为基础，充分关注教师的发展方向和工作需求，通过常态化的教师研修发展活动，帮助教师理解教育教学的基本规律与基本原则，指导教师形成教育教学活动的基本规范与专业技能。

例如，备课管理应该重在帮助教师学会备课，而不是督促教师书写教案；作业管理应该重在提高教师作业设计与布置的能力，提高教师作业分析与反馈的能力，而不是检查每天的作业量，检查教师是否全批全改。尽管后者是重要的，但管理活动的重点应该围绕着前者的研讨与提高展开。只有将指导常态化地融入日常的教学管理，才能真正实现教师的专业成长，实现教学管理的目的。为此，学校教学常规的制订与执行要贴近学校实际需求，要常态化操作，重在对教师的引领和指导。

（三）重视学校教学管理的城乡差异，帮助县城初中与乡镇农村初中加强“指导性管理”，引导县城初中克制“控制性管理”

乡镇农村、民办民工子弟学校学生的家庭社会经济地位相对落后，成长的要求更迫切，成长进步的空间与可能性应该更大。但本研究发现，乡镇农村、民办民工子弟

学校实现“逆袭”的可能性非常低；而城市学校、一般民办学校实现“逆袭”的可能性反而更大。这是一个非常反常的现象。

学业抗逆力差异的背后，反映出城乡学校、公民办学校在教学管理方面的差异。公办、县城学校的教学管理存在“控制有余”的问题，县城、乡镇农村学校存在“指导不足”的问题；民办民工子弟学校不仅“指导不足”，更是存在“基本管理不到位”的问题。已有研究表明，积极的学校氛围是处境不利学生学业抗逆概率的显著预测变量；学校教师的教学质量能显著正向预测处境不利学生的学业抗逆概率，为学生提供更具差异化、合作性和探究性等有意义学习机会的学校能成功培养学生的抗逆力。由此可以看出，学校氛围、教师的教学方式和执教能力是实现学生抗逆的积极影响因素，而这些因素的改善均与学校教学管理密切相关。因此，必须重视学校教学管理方式的改进，帮助县城与乡镇农村初中加强“指导性管理”，引导县城初中克制“控制性管理”，改进民办民工子弟学校的常规管理和指导性管理。

（原载于《上海教育科研》2021年第5期）

【参考文献】

[1] 杜芳芳.从行政控制到专业引领——学校教学管理变革取向研究[D].华东师范大学，2011.

[2] 张丰.旨在理解并落实教学常规的校本研修[J].教育实践与研究，2017(5)：18－22.

[3] 张平平，胡咏梅.家庭处境不利学生如何实现学业成绩的逆袭——学校在其中的作用[J].教育经济评论，2019(3)：3－25.

基于聚类分析谈初中教学管理的精准施策

马海燕　冯娉婷[①]

【摘要】 本文基于浙江省2019年初中教育质量监测数据，对初中学校进行聚类分析，将学校分为均衡发展型、高分重负型、整体薄弱型和欠缺活力型四种类型，高分重负型和欠缺活力型较多，均衡发展型最少。四类学校呈现不同的特征：均衡发展型各方面比较均衡；高分重负型因学生高成绩、高负担而具有典型性；欠缺活力型学生成绩优于整体薄弱型，但教师专业活力不够；整体薄弱型各方面指标都较落后。基于每类学校的特征，提出精准改进对策：均衡发展型应重点提升学生的内在学习动力；高分重负型学校应着力于转变学教方式，端正对质量的理解；欠缺活力型学校应致力于推动管理转型，唤醒师生成长意愿；整体薄弱型学校应树立信心，改善学习体验。

【关键词】 初中；聚类分析；改进建议

2019年7月，中共中央、国务院印发《关于深化教育教学改革全面提高义务教育质量的意见》，提出了全面提高义务教育质量的主要任务，实施义务教育质量提升工程。各地教育行政部门纷纷通过政策制定、制度保障、工程实施等给初中提质强校。早在2018年7月，上海市教育委员会就出台了《关于实施百所公办初中强校工程的意见》，提出初中办学条件提升、名师名校长培养、名校集团化、特色项目培育等行动。继后，北京、成都、杭州等地相继出台类似的初中强校工程实施方案，主要措施都大同小异。相对教育行政部门的频频出台政策文件，学术界对初中学校本身的特征研究却很少。初中学校有哪些共性特征？又有哪些因素影响其质量发展？有必要对其进行精准诊断，这样才能对症下药，提升初中教育质量。

一、研究设计

近年来，初中质量提升的研究主要聚焦在学校外部因素。柏彬在《优质民办初中助力公办初中协同发展的实践探索》中提到，优质民办初中"辐射帮带"薄弱公办初

① 马海燕，浙江省教育厅教研室评价教研员，高级教师；冯娉婷，杭州市上城区教育评估与监测中心，二级教师。

中，促进公办初中协同发展。武向荣等提到借鉴西方国家的做法，通过学校质量督导评估促进学校改进提升。周文叶主张通过提升学校课程规划的质量来提升学校质量。学术界对学校自身特征的研究并不多，陈惠英在《四种类型学校中初中教育质量和优势的比较分析》中提到以学制划分的学校类型对初中教育质量有影响。李蓓蕾等在《学校类型对初中生班级环境与核心自我评价关系的调节作用》中也提到了学校类型会对初中生班级环境造成影响，从而影响学生的自我评价。北京师范大学张生团队相继刊发的用聚类方法分析中小学生负担类型的文章给笔者以较多启示：能否从学校类型入手，探寻影响不同类型学校质量发展的因素，从而为学校发展提供精准施策指导？

（一）数据来源

2019年10月，浙江省中小学教育质量监测中心面向全省96个县（市、区）730所初中43668名九年级学生及家长、相关学科教师组织测试与调查。学校、学生样本的抽取采用两阶段概率比例规模抽样调查法。先将每个县（市、区）中的学校以城市、县城、乡村为特征的地域性质和以公办、民办为特征的办学性质进行交叉分层，按各层学生人数比例确定各层学校数量，再根据不同人数规模抽出8所学校作为样本学校，然后在8个样本学校中以性别作为分层变量随机抽出60名学生参加监测。经数据清洗，最终确定729所初中41382名学生、9779名学科教师、38794名家长的数据为有效数据。

（二）监测工具和分析指标

监测工具分学科和综合两种。学科工具主要涉及语文、数学和科学的基础知识、基本技能和知识应用、问题创新及实验探究能力，经标准划定计算出学业达标指数、高层次认知能力指数以及三科标准分。综合工具涉及学生发展指标和影响因素指标，学生发展指标涉及品德行为、学业水平、学习品质、兴趣爱好和身心健康五个方面，影响因素涉及教师、学校、家庭以及社会经济等因素。结果用指数方式呈现。

根据监测框架，选择学校类型相关指标进行分析。社会因素选择了学生的家庭社会经济地位（Socioeconomic Status，简称SES），学校因素选择了办学性质、地域性质和办学规模，以及学校教学管理、教师教学方式、教师研修发展等，学生因素选择了学习动力、对学业负担的主观感受。

（三）分析方法

本文采用Excel2016和SPSS22.0对问卷数据进行处理和分析。分析之前，对测试工具进行检验，保证问卷和量表均具有良好的信效度。其中，测评框架和问卷经过多次专家论证，保证了框架的结构效度和问卷的内容效度。问卷方面进行了统计学检验，各问卷信度均超过0.7，符合统计学对于量表的要求。然后将同一量表的题目以学校为单位计算指数，参与后续分析。

对学校层面的24个指数进行K-means聚类分析，经过多次聚类与质量评估，729所初中被划分为四类。四个类别均有一定数量的学校分布其中，样本具有代表性和可操作性。从F检验的结果来看，各组在各个指数上的表现均具有显著差异。

为了比较不同学校类型下学业成绩的影响因素，笔者采用了R语言中的最小二乘法回归模型来分析。其他一般分析采用描述性统计的方式。

二、学校类型分布与发展特征

（一）类型特征

经过聚类分析，729所初中呈现出四种不同的发展类型：均衡发展型、高分重负型、欠缺活力型和整体薄弱型（详见下页表1）。均衡发展型学校的各指数表现比较均衡，学业成绩低于高分重负型学校，学业负担指数略低于整体薄弱型学校，说明该类学校各方面发展比较全面。高分重负型学校的学业成绩最高，学校管理与教师发展指数较均衡发展型学校有明显降低，而且学生在学业负担指数上的得分最低，说明该类学校学生的学业成绩最高，但学校教学管理以及对教师专业发展的重视不如均衡发展型学校。欠缺活力型学校的学业成绩与均衡发展型学校差异不大，但学生学习动力与学习策略明显降低，学生的学业负担介于均衡发展型与高分重负型中间，但主观负担感受非常重，教师专业发展和学校教学管理是四类学校中最低的，说明该类学校教师专业活力不足，学生学习愿望不强。整体薄弱型学校各方面表现都比较薄弱，是初中整体发展的底部学校。控制SES后，各类学校的成绩差异缩小，高分重负型学校的三科均分从540分降到522分，而均衡发展型学校的三科均分从505分升到511分，整体薄弱型学校的三科均分从451分升到466分，欠缺活力型学校的三科均分变化不大，只从497分变成499分，这说明高分重负型学校的学生成绩受SES的影响最大，均衡发展型和整体薄弱型学校中有较多SES相对劣势的学生。

表1　各类型学生在相关变量上的平均数、标准差及方差分析结果

变量		均衡发展（第Ⅰ类）		高分重负（第Ⅱ类）		整体薄弱（第Ⅲ类）		欠缺活力（第Ⅳ类）		
		平均数	标准差	平均数	标准差	平均数	标准差	平均数	标准差	*F*值
学业成绩	学业达标指数	89.16	10.47	95.06	4.13	75.75	13.53	88.59	6.46	163.32***
	高层次能力指数	52.93	8.38	58.78	5.63	43.25	6.52	51.49	4.91	209.03***
学习品质	学习动力指数	73.07	5.70	72.22	4.38	64.43	4.13	66.27	3.62	163.53***
	学习策略指数	70.11	6.55	67.86	4.53	60.79	4.20	61.83	3.61	155.70***
兴趣爱好	兴趣爱好指数	81.58	3.98	81.45	2.94	76.01	3.37	77.51	2.90	133.23***
责任感	责任感指数	76.28	4.83	75.09	3.94	68.59	4.08	69.82	2.97	159.15***
人际关系	同伴关系指数	76.11	4.90	76.01	3.85	69.57	4.15	71.13	3.37	125.26***
	师生关系指数	77.32	5.54	75.23	4.96	67.83	5.02	68.23	3.74	169.54***
	亲子关系指数	73.14	6.88	70.57	5.06	64.27	5.24	64.42	4.63	112.14***
教师专业发展	教师教学方式指数	71.37	6.55	67.01	6.30	59.65	6.28	59.54	5.26	140.66***
学校教学管理	学校教学管理指数	80.43	7.82	78.84	8.01	66.61	9.84	65.37	8.41	151.98***
学业负担	睡眠指数	58.96	16.76	33.91	11.50	58.65	14.26	41.02	13.95	150.39***
	主观负担感受指数	24.94	10.91	21.91	10.20	11.12	6.49	11.26	5.48	119.13***
	作业指数	29.59	12.52	22.47	9.41	30.97	10.62	24.57	9.31	28.60***

续表

变量		均衡发展（第Ⅰ类）		高分重负（第Ⅱ类）		整体薄弱（第Ⅲ类）		欠缺活力（第Ⅳ类）		*F*值
		平均数	标准差	平均数	标准差	平均数	标准差	平均数	标准差	
满意度	学生满意度指数	78.84	7.82	74.69	7.14	65.62	7.50	64.94	5.91	152.05***
	教师满意度指数	76.58	9.03	72.51	9.13	63.32	10.56	60.69	9.12	104.14***
	家长满意度指数	87.12	4.54	85.40	4.00	80.16	4.91	80.93	3.79	101.20***
学校数量（729所）		110（所）		247（所）		160（所）		212（所）		

说明：***表示$p<0.001$。*F*值越大，方差分析结果差异越显著。

（二）分布与特征分析

1. 四类学校的分布状况。

729所初中里，均衡发展型的学校占15.09%，高分重负型的学校占33.88%，整体薄弱型和欠缺活力型的学校分别占21.95%和29.08%。说明初中整体上是高分重负、欠缺活力型最多，离均衡发展尚有一定的距离。继续比较四类初中的公民办、城乡和规模分布情况（见下页表2），可以发现：

（1）公民办比较：公办初中欠缺活力型和高分重负型各占三成，民办初中半数高分重负型，二成均衡发展型。

公办初中里，欠缺活力型和高分重负型占了六成多，整体薄弱型占两成，均衡发展型只有一成多。民办初中里，半数学校是高分重负型，两成是均衡发展型，整体薄弱型和欠缺活力型学校比例明显低于公办初中。

通过公民办办学性质比较可以发现，公民办初中在学校发展类型上存在明显差异，民办初中里高分重负型和均衡发展型的学校比例明显更高，公办初中里欠缺活力型和整体薄弱型比例明显更高。可见，对公办初中来说，提升办学内涵、激发办学活力，才是促进公办学校质量提升的关键，而对民办学校而言，有效减少过度竞争，让教育回归常识、回归常态才是关键。

（2）城乡比较：乡村公办分化明显，均衡发展型不少，整体薄弱型较多，城市和县城学校差异不大。

从城乡分布看，城市初中高分重负型学校占六成以上，欠缺活力型占两成，整体薄弱型和均衡发展型比例很低，说明城市初中发展水平较高，薄弱型学校数量较少。县城初中里高分重负型和欠缺活力型依然占多数，但均衡发展型和整体薄弱型较城市有所提升。乡村初中分化明显，整体薄弱型、欠缺活力型和均衡发展型学校都不少，高分重负型占比很低，说明乡村学校整体落后于城市和县城，但乡村均衡发展型学校数量不少，说明乡村并不是落后的标志，有必要深入研究乡村初中，分析其政策环境、生源和师资，从而寻找乡村学校的突围之路。

（3）规模比较：整体没有明显差异，大规模学校中整体薄弱型明显偏少，小微学校半数为整体薄弱型，高分重负型较少。

从学校规模看，微规模学校中整体薄弱型学校最多，均衡发展型也不少。小规模的学校中欠缺活力型学校最多，其他三类学校分布比较均衡。中规模和大规模学校都是高分重负型学校最多，大规模学校中整体薄弱型学校最少。可见，一定的规模有利于提升学校整体水平，规模越大，整体薄弱型学校越少。但学校办学规模对均衡发展型学校和欠缺活力型学校的占比影响不大。学校是均衡发展型还是整体薄弱型，还是取决于其他因素。

表2　四类初中的分布情况

类型	办学性质(%)		地域性质(%)			学校规模(%)			
	公办	民办	城市	县城	乡镇农村	微	小	中	大
均衡发展	13.64	21.88	6.91	13.64	20.41	20.87	14.83	11.88	15.34
高分重负	30.28	50.78	64.89	44.44	10.79	10.43	26.27	43.07	48.86
整体薄弱	23.13	16.41	5.33	9.09	38.48	47.83	25.00	15.35	8.52
欠缺活力	32.95	10.94	22.87	32.83	30.32	20.87	33.90	29.70	27.27
合计	100.00	100.00	100.00	100.00	100.00	100.00	100.00	100.00	100.00

说明：①学校规模按照同一年级平行班数量分微规模（1—4个班）、小规模（5—8个班）、中规模（9—12个班）、大规模（≥13个班）四种类型。　②因采用四舍五入法处理数据，个别数据存在误差。

综合分析四类学校的分布情况后，可以发现，提升公办初中的办学活力、发展乡村初中提升底部质量以及给城市和县城初中减负成为初中提质强校的三大任务。

2. 不同类型学校的学生发展特征。

不同类型的学校有着不同的发展特征，体现在学生身上，既有学生学习动力上的差异，也有学生学业负担上的不同。

（1）四类学校的学生有明显的负担差异，高分重负型学校负担最重，均衡发展型学校的负担相对较轻。

表3　四类学校的学生负担（睡眠、作业）

	睡眠时间（小时）	学习日作业时间（小时）	周末作业时间（小时）
均衡发展	8.51	2.7	4.11
高分重负	7.95	2.75	4.55
整体薄弱	8.52	2.71	3.92
欠缺活力	8.08	2.81	4.34

聚类结果表明，学生的学业负担成为区分学校类型的典型指标之一。不同类型的学校在作业时间、睡眠时间以及主观负担感受上存在明显差异。均衡发展型学校学生的睡眠时间最长，达8.51小时，作业时间最短，可见学生的学业负担的确较低。而高分重负型学校学生的睡眠时间最短，只有7.95小时，周末作业时间最长，凸显了重负的特征。欠缺活力型学校的学生睡眠时间较少，学习日作业时间最长。

（2）四类学校的学生在学习动力上有明显差别，均衡发展型学校和高分重负型学校学生的学习动力更强，均衡发展型学校的学生从学习中获得的乐趣更多。

同时，四类学校的学生也表现出了学习动力上的差别。整体上均衡发展型和高分重负型学校学生的学习动力比较强，欠缺活力型和整体薄弱型学校学生的学习动力相对较弱。再深入分析，四类学校的学生都是外部动机强于内部动机，也就是外部激励等对学生的学习影响更大，相比较而言，均衡发展型和高分重负型学校学生的内部动机更强，但两者在遇到难题善钻研和喜欢挑战性任务方面表现无显著差异。均衡发展型学校的学生在学习中能够获得更多乐趣，这点和其他三类学校有显著差异，说明均衡发展型学校更利于学生遵从内心，享受学习的快乐。

3. 不同类型学校的教师发展特征。

教师发展决定着学校的办学质量。从表1四类学校的指数结果可以得出，不同类型学校的教师发展呈现明显的差异，均衡发展型学校的教师发展整体情况明显优于其他类型，欠缺活力型学校的教师各项指标明显弱于其他类型的学校，尤其在教师教学方式和教师满意度指数上与其他类型的学校差异明显，说明教师发展活力不足。

（1）四类学校的教师教学方式与学生成绩有一定的相关，高分重负型学校的教师教学方式与学生成绩表现正相关，其他三类学校教师的教学方式达到中等水平后，学生的成绩增速减缓。

进一步分析四类初中在教师发展水平上的差异，为排除生源影响，特意选择了学业达标率进入全省前25%的四类初中的教师进行比较。结果表明，学生达标率越高，教师的发展指数整体反而降低，说明过于追求成绩并不利于激发教师发展活力。均衡发展型学校的教师发展相较其他类型依然是得分最高的，教师教学方式指数有明显提升，说明均衡发展型学校的教师教学方式在促进学业达标上有明显作用，也说明学校有好的生源，并不会改变教师教学方式。欠缺活力型学校的教师依然表现最不理想。再将四类学校的学业成绩和教师教学水平做分析，四类学校中只有高分重负型学校的教师教学水平和学业成绩呈现正相关，也就是教师教学水平越高，学生的成绩越好。其他三类学校里，教师的教学水平达到中等水平后，学生的成绩增速减缓。可见，教师的教学水平处于从低水平到中水平发展时，对学生的学业成绩有较大的影响，等教师的教学水平提升到中等水平后，学校可以把重心从改变教学方式改为关注学情，调动学生层面的影响因素。

（2）四类学校在营造良好的研修环境上差异最大，均衡发展型学校更具课程领导力，欠缺活力型学校教师专业活力不足。

教师研修发展是学校教师培养的重点。下页表4说明，均衡发展型学校的学校领导基本具有一定的课程领导能力，能通过机制助推教师发展，能营造良好的研修氛围，教师能稳步发展。高分重负型学校在营造良好的研修氛围中的“学校常态开展教师阅读活动”行为方面相对比较薄弱。欠缺活力型学校各项得分甚至比整体薄弱型学校还要低，进一步验证了教师专业发展上的活力不足。在四类学校中，常态开展教师阅读活动的得分比其他行为得分低，说明初中学校都没有重视教师阅读对教师专业发展的促进作用。

表4　四类学校在引领教师研修发展的行为差异

维度	典型行为	均衡发展	高分重负	整体薄弱	欠缺活力
管理者具备课程领导力	教研组长有着较强的管理、策划和指导能力	4.49	4.39	4.02	3.97
	校领导对校本研修开展起到了很好的指导作用	4.44	4.28	3.95	3.81
体制、机制助推教师发展	校内研修活动关注教师执教能力和学科专业素养	4.46	4.33	3.97	3.87
	在学校引导下，教师有明确的专业发展目标与计划	4.42	4.26	3.94	3.81
	教师专业发展考核体现基础性与发展性	4.42	4.28	3.94	3.80
营造良好的研修环境	教师对所在教研组的教研氛围感到满意	4.49	4.41	4.10	3.99
	学校在教师研修发展方面有许多好的措施与办法	4.40	4.26	3.88	3.77
	学校常态开展教师阅读活动	4.24	4.06	3.63	3.51
教师得以稳步成长	校内教研活动对教师有吸引力	4.31	4.18	3.77	3.64
	教师对自己这两年教学工作中的进步感到满意	4.35	4.24	3.94	3.86

(3) 四类学校对“学校管理”和对“教师培养机制与发展机会”的满意度差异最大，均衡发展型学校的教师满意度最高，欠缺活力型学校的教师满意度最低。

教师对学校的满意度是学校管理的直接折射。四类学校教师对于“学校管理”的满意度和对于“教师培养机制与发展机会”的满意度差异最大，均衡发展型学校教师对“学校管理”和“教师培养机制和发展机会”的满意度最高，达4.2，欠缺活力型学校教师对该两项的满意度最低，只有3.5，高分重负型和整体薄弱型学校的得分分别是4.0和3.6，也就是说学校教学管理以及学校的培养机制和发展机会成为影响教师满意度的关键。欠缺活力型学校的教师对所有方面的满意度都低于整体薄弱型学校，在学生成绩与均衡发展型、高分重负型相差不大的情况下，欠缺活力型学校有必要进一步反思在学校管理与教师培养方面所存在的问题。

(4) 学习策略和学校教学管理对均衡发展型学校的学业成绩有影响，教师教学方式对高分重负型学校的学业成绩有影响，学生学习策略和改进教师教学方式对整体薄弱型学校的学业成绩有影响，地处农村对欠缺活力型学校的学业成绩的影响比较明显。

通过回归方程对四类学校的学业成绩影响因素做了分析(见下页表5)，发现学生的学习动力和所在家庭的SES对全体学生的学业成绩影响显著。其中学习动力影响最大，说明想要提升学业成绩，首先要靠学生自己对学习的兴趣和坚持。

表5　四类学校的影响因素分析

学校类别	影响因素	回归系数	标准误	t值	p值
均衡发展型	办学性质(公办/民办)	6.135	8.622	0.712	0.478
	是否城市	−44.953	11.748	−3.827	0.000231***
	是否农村	−4.356	8.079	−0.539	0.590976
	学习动力	6.683	1.729	3.866	0.000201***
	学习策略	−4.217	1.546	−2.727	0.007599**
	教师教学方式	−1.878	0.987	−1.902	0.060194
	学校教学管理	1.495	0.667	2.243	0.027201*
	家庭社会经济地位(SES)	64.553	9.672	6.674	0.0000000016***
高分重负型	办学性质(公办/民办)	27.516	3.069	8.965	0.0000000000000002***
	是否城市	−5.745	2.971	−1.934	0.05431
	是否农村	3.901	3.795	1.028	0.3051
	学习动力	3.241	0.593	5.469	0.000000116***
	学习策略	−1.139	0.585	−1.946	0.05284
	教师教学方式	−1.234	0.407	−3.034	0.00269**
	学校教学管理	−0.067	0.213	−0.314	0.75357
	家庭社会经济地位	36.629	2.833	12.930	0.0000000000000002***
整体薄弱型	办学性质(公办/民办)	−30.830	8.831	−3.491	0.000636***
	是否城市	−29.418	12.409	−2.371	0.019061*
	是否农村	−9.147	8.290	−1.103	0.27163
	学习动力	4.476	1.240	3.611	0.000419***
	学习策略	−3.041	1.285	−2.367	0.019222*
	教师教学方式	1.381	0.591	2.338	0.02072*
	学校教学管理	0.314	0.337	0.932	0.35265
	家庭社会经济地位(SES)	46.065	12.053	3.822	0.000195***

续表

学校类别	影响因素	回归系数	标准误	t值	p值
欠缺活力型	办学性质(公办/民办)	35.723	6.282	5.687	0.000000046***
	是否城市	−6.777	4.147	−1.634	0.1038
	是否农村	−8.640	3.584	−2.411	0.0168*
	学习动力	2.794	0.687	4.070	0.000068***
	学习策略	−1.255	0.727	−1.727	0.0857
	教师教学方式	0.051	0.393	0.129	0.8974
	学校教学管理	0.314	0.337	0.932	0.35265
	家庭社会经济地位(SES)	26.475	4.634	5.713	0.0000000402***

说明:***表示$p<0.001$,**表示$p<0.01$,*表示$p<0.05$。

在均衡发展型学校中,是否地处城市对学业成绩的影响最显著,学生学习策略和学校教学管理对学业成绩有一定的影响。这说明对均衡发展型学校而言,要想提升学业成绩,要从提升学生学习策略和改善学校教学管理入手。在高分重负型学校中,是否是民办学校和教师教学方式对学业成绩的影响显著,说明在这类学校,想要提升学业成绩,更多靠学校的竞争氛围和教师的教学。整体薄弱型学校中影响显著的因素较多,除了提升学习动力外,提升学生学习策略和改进教师教学方式也有一定的作用。而对于欠缺活力型学校,是否地处农村对学业成绩的影响更显著。四类学校中,学校规模和教师研修发展对学业成绩没有直接影响。

三、对策建议

综上所述,浙江省的初中学校可分为均衡发展型、高分重负型、欠缺活力型和整体薄弱型四种类型,每类学校呈现不同的发展特征,也有各自不同的发展问题,更有各自影响学业成绩的影响因素。基于初中学校所呈现的多种特征,必须客观看待学校的发展特征以及存在的问题。初中学校呈现了极大的复杂性,需要教育决策者和管理人员坚定不移地沿着以改革推动发展、提高质量、促进公平、增强活力的总体思路,因类施策,多措并举,促进学校公平而又高质地发展。

（一）均衡发展型学校：应在保持良性状态、继续稳步发展的基础上，重点提升学生的内在学习动力

均衡发展型学校的学生发展更全面，教师专业发展更有活力，学生的学习动力对学业成绩的影响更大。可以说均衡发展型学校代表了学校的理想境界。而且均衡发展型学校不受规模、公民办、城乡的影响，只要学校内涵建设好，教师发展的内在机制比较合理，整体都会比较好。这一类学校可在保持良性状态、继续稳步发展的基础上，重点提升学生的内在学习动力，改变学习策略和改善教学管理，改变目前学生更多依靠高投入、高付出来提升学业成绩的现状，让更多的学生能从自身的好奇心、求知欲和理解力出发去学习，而不是更多受外部动力影响而学习。

（二）高分重负型学校：应着力于转变学教方式，端正对质量的理解，为高分高质而努力

高分重负型学校优秀的学业成绩和学生过度的投入掩盖了教师发展活力不足和学生对学习本身的兴趣匮乏等问题。学生有着优秀的学习成绩，也有着高度的自律意识，所以会宁愿睡得更少，也要做更多的作业。教师高度专业，在学校灵活的管理机制、适宜的奖励机制下，用超长的工作时间、超强的工作投入换取了学生的高成绩。分析表明：高分重负型学校的学生更依赖于外在学习动力和教师教学方式。所以可以从提高学生的内在学习动力、改变教师的教学方式入手，让学校朝着高分高质努力。

（三）欠缺活力型学校：应该积极推动管理转型，唤醒教师的成长意愿

欠缺活力型学校的学生作业不是最多，但是学生的主观负担感受很重，也就是说学生的学习体验并不好。除此之外，学生的发展没有呈现特殊的问题，教师专业发展活力问题却凸显。究其原因，学校在教学管理中对教师专业发展不重视，导致了教师专业活力不足，从而影响了学校整体办学水平的提升。需改变学校评价方式，激发教师的专业自觉；需从读懂学生开始，激发学生的内生学习动力，唤醒师生的成长意愿。同时分析表明，除了SES和学生学习动力因素外，是否是农村学校也成为影响欠缺活力型学校的学业成绩的关键因素。所以，要想改变欠缺活力型学校，不妨从农村学校入手。

（四）整体薄弱型学校：应注意树立发展意愿和提升信心，从教学常规入手，改善学习体验

整体薄弱型学校处于教育质量的底部，学生学业成绩不理想，负担相对较重，教师专业发展基础较不理想，发展意愿低于欠缺活力型学校。相比较而言，整体薄弱型学校可改进的方面很多，首先学校要有发展意愿，有提升办学水平的自信。其次，可想方设法单点突破，由点到面，提升整体办学水平。数据表明，整体薄弱型学校学生的兴趣爱好比较单一，这说明学校提供的拓展性课程比较少，可从培养学生的兴趣爱好入手，通过培养学习常规、渗透学科兴趣，改善学习体验，提高学校的发展活力。

（原载于《上海教育科研》2021年第5期）

【参考文献】

[1] 上海市教育委员会关于实施百所公办初中强校工程的意见（沪教委基〔2018〕45号文件）[Z].

[2] 成都市教育局关于印发《成都市公办初中强校工程实施方案》的通知（成教办〔2019〕13号文件）[Z].

[3] 柏彬.优质民办初中助力公办初中协同发展的实践探索[J].上海教育科研，2019(6)：72－76.

[4] 武向荣.美国、新加坡等国家和地区学校质量督导评估实践及其启示[J].教育测量与评价（理论版），2016(3)：7－11.

[5] 周文叶，崔允漷，刘丽丽，等.学校课程规划方案质量的实证研究——基于Z市初中学校课程规划方案的文本分析[J].全球教育展望，2016，45(9)：53－61.

[6]陈惠英.四种类型学校中初中教育质量和优势的比较分析[J].教育科学研究，2014(9)：32－36.

[7] 李蓓蕾，等. 学校类型对初中生班级环境与核心自我评价关系的调节作用[J].教育学报，2018(6)：113－121.

[8] 张生，等. 人工智能时代下的精准减负：提升减负政策效能的关键——基于小学生学习投入与主观课业负担类型的划分及特征分析[J].中国电化教育，2020(1)：114－121.

[9] 方丹，等. 精准减负：提升减负政策效能的关键——基于初中生学习投入与主观课业负担类型的划分及特征分析[J].上海教育科研，2020(2)：82－88.

农村初中教育质量影响因素分析

——基于浙江省2019年中小学教育质量监测结果

王　洁[①]

【摘要】 基于浙江省2019年初中教育质量监测数据分析发现,家庭社会经济地位、学生学习动力、学校的作业设计、学生的阅读量是农村初中学生学业落后的重要影响因素。学校的流动学生数量并不会严重影响学校的总体学业成绩,学生如能流动,则不要留守。农村抗逆学校是大多数农村学校可以借鉴的榜样。

【关键词】 农村初中;家庭社会经济地位;学习动力;作业设计;阅读;流动学生;抗逆学校

本文以浙江省2019年中小学教育质量综合评价中初中监测的数据为基础,研究农村初中学生发展的影响因素并提出相应的建议,以期为教育部门改进城乡教育决策提供依据。

一、农村初中教育质量的影响因素

(一)学校社会经济地位的差异是导致学校成绩差异的重要因素

家庭社会经济地位(Socioeconomic Status,简称SES)是指一个家庭的社会地位或社会等级,通常以父母受教育水平、家庭收入、父母职业三个指标来衡量。学校社会经济地位指的是学生家庭SES的平均数,它在一定程度上反映学校的生源状况。通过统计方法控制SES后,城市初中下降11.75分,县城初中下降1.71分,农村初中增加12.80分。与小学相比,城市初中和农村初中控制SES后的差异仍然非常明显,但是县城初中的差异明显比小学小。这有可能是因为小升初时,县城部分较高SES家庭子女生源流向了城市,而经济条件一般或薄弱的生源留在县城,农村生源的流动不显著。

---

① 王洁,北京师范大学博士研究生,台州市教育监测与科学研究院助理研究员。

（二）学习动力是影响初中生学业成绩的重要因素，城乡学生的学习动力差异在增大

为量化浙江省监测各指数对学业成绩的影响程度，本文采用Shapley值分解的方法对各影响指数的贡献度进行测量。研究发现，学习动力指数、网络成瘾、睡眠时间、学习策略指数、家长参与指数以及师生关系指数对学生学业成绩的影响相对较大，而学习动力是对学业成绩影响最大的指数，具体结果见图1。

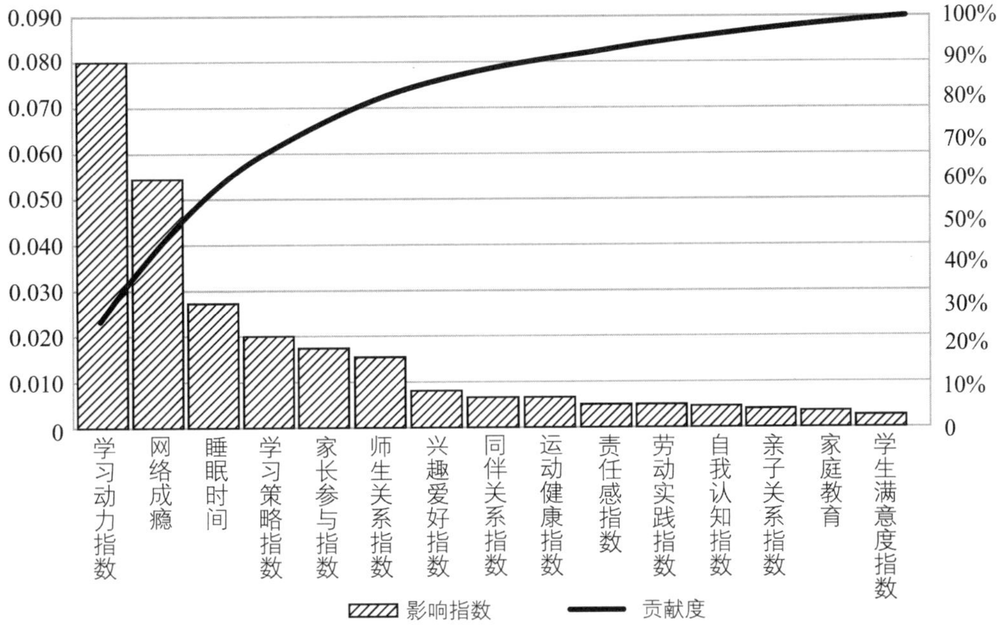

图1　监测指标对学业成绩的贡献度

小学阶段学习动力指数最高的是县城学校，其次是城市学校，农村学校最低，而初中阶段学习动力指数最高的是城市学校，其次是县城学校，最低仍然是农村学校。从整体看，初中生的学习动力指数明显低于小学生的学习动力指数，说明初中生的学习动力在下降。在城市与县城初中，男生的学习动力指数均高于女生，而在农村初中，男女生在学习动力上无显著差异。这一分布态势与小学阶段迥然有异：除了城市初中与县城初中学生学习动力的比较发生反转外，城市与县城男女生学习动力的比较也发生明显反转。总体上初中生学习动力显著低于小学生，但女生学习动力的减退更是明显。

（三）农村学校学生的阅读量、阅读类型与学业成绩显著相关

对家庭藏书与各学科进行回归分析可发现，家庭藏书量对各学科都有显著的预测作用，且对三门学科的预测作用差异并不大，说明家庭藏书对各门学科都具有同等的正向作用。对学生喜欢阅读的书籍与语文成绩做回归分析可发现，除漫画书外，其他书籍的阅读对学生的语文成绩都有显著的预测作用，其中阅读小说和阅读传记、纪实作品对学生语文成绩的影响最大，每增加一个单位，学生的语文成绩分别会提高46分和31.6分。统计各地域学校语文成绩为A水平的学生所阅读的书籍情况后发现，语文A水平学生阅读小说的比例最高，其次是散文，历史、文化、哲学、科普作品，城乡学生在阅读不同类型书籍的比例上的趋势基本一致，可见阅读小说等书籍对学生的学业成绩非常有益。

（四）城乡初中学校在作业设计方面差异明显

城市初中周末作业时间指数为4.48，县城初中为4.34，农村初中为4.14。可见城市初中周末作业时间显著长于其他学校。且周末作业时间对学业成绩具有显著的预测作用，说明周末作业是提高学业成绩的重要途径。城市初中注重对各学科家庭作业时间的调控，注重对作业和命题的教研，编制校本作业，城乡之间的差异分别达到了15.2%，14.2%以及12.6%（见图2）。

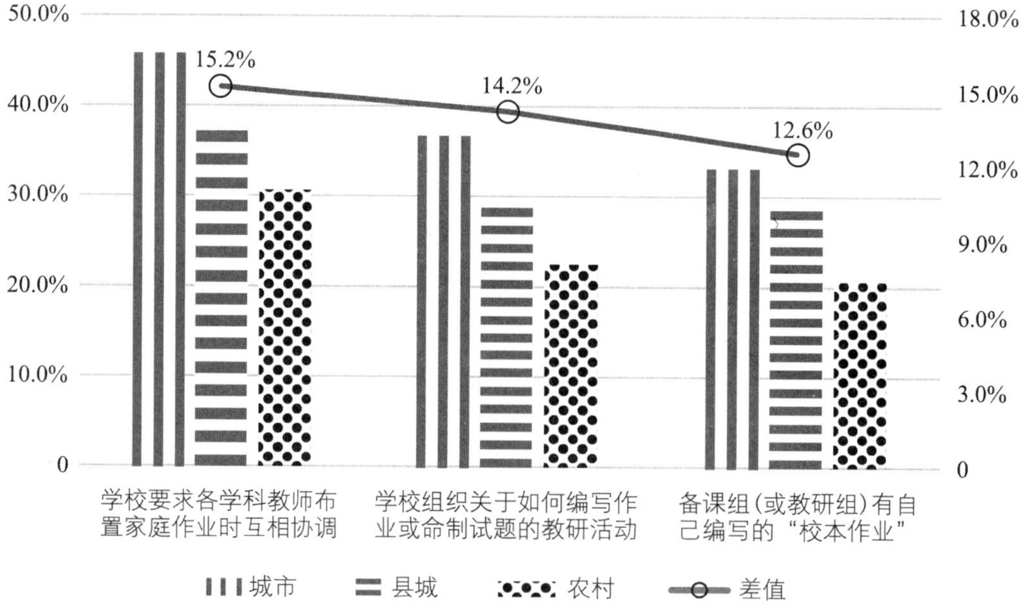

图2　不同区域学校在作业设计方面的差异

（五）留守不如流动，流动学生占比10%—60%对学校的成绩无显著影响

在留守学生中，城市学生的学业成绩比县城和农村学生高，而在流动学生中，县城学生的学业成绩比城市和农村学生高。相对来说，流动学生的学业成绩高于留守学生，但是整体上，流动和留守学生的学业成绩要显著低于本地正常情况下的学生。在监测中发现，流动学生比例小于5%的学校平均成绩最高，比例在10%—60%的学校平均成绩无显著差异且与本籍学生几无显著差异，两者都显著优于留守学生。由此可见，学生如能流动，则不要留守，公办学校适当增加流动学生并不一定会影响全校的整体成绩。

（六）低SES的农村学校如管理得当，仍有抗逆可能

在318所农村初中学校中，有74所公办初中学生平均分在500分以上，我们定义这些学校为抗逆学校（学校社会经济地位指数为－0.17）。农村抗逆学校的平均分为516.3分，与城市学校（524.5）、县城学校（520.3）差异不大，但在学校SES上显著低于城市学校和县城学校，说明生源好并非是学校成绩好的必要因素。将农村抗逆学校与其他地域学校在同伴关系、师生关系以及学生满意度上比较后发现，抗逆学校在三个指数上的得分都较高，只比城市学校略低，可见抗逆学校的学生具有非常强的学校归属感，具有较强的学校归属感对学生的学业成绩也具有较大帮助。

二、提高农村初中教育质量的对策

（一）提升学生的学习动力，切实激发农村学生的学习动机

初中学生的主观负担感受逐渐增加，学习的兴趣和动机下降，农村学校学生在学习动力上显著低于城市和县城学校的学生。学生的学习动机主要有四种：为得到家长和教师的表扬或为得到奖励而努力学习；为履行集体和组织交给自己的任务或者为集体和组织争光而学习；为个人前途、理想和未来幸福学习；为祖国的前途、人民的利益等而勤奋学习。前两种是外部学习动机，后两者是内部动机。通常学生初始的学习动机都是由前两种开始的，但是随着年龄、阅历的增长，后两者开始产生。建议：一是适当减轻学生学业负担，保护学生学习动力。从学生的长远发展看，学生的内部学习动机是学生毕生学习的动力源泉，但较高的主观负担感受可能会影响学生的学习动力。学校应该适当减轻学生主观负担感受，让学生明确自身学习的目的，开阔眼界，提高格局，激发自己的内部学习动机。二是培养学生的自主学习能力，增强学习

信心。监测发现，农村学校学生的自主学习能力显著低于城市、县城学校学生，建议农村学校要加强对学生自主学习能力的培养，增强学生的学习自信心，有效提升学生的学习动力。三是注重家校沟通与联系，减少学生网络依赖现象。网络依赖不仅影响学生的学业成绩，还影响学生的身心健康，影响学生的学习动力。形成网络依赖的原因一方面是学生自身控制能力较弱，另一方面是家庭教育可能存在问题。家庭教育对青少年发展的影响是长远而深刻的，家庭教育是学校教育的基础，学校教育是家庭教育的延伸和扩展。只有将二者有机整合，教育连续性的作用才能充分发挥出来。因此，探索有效的家校合作之路，能为学生的健康成长搭建起一个稳固的脚手架，促使他们更好地成长。

（二）关注流动与留守儿童教育，提高微规模学校的师资水平

监测发现，当前浙江省最薄弱的是乡村微规模学校（同年级平行班在4个班以下）的教育状况与流动、留守学生的教学质量。微规模学校主要是整体薄弱型和欠缺活力型，在丽水市和温州市分布较多。建议：一是注重教师业务，优化校内教师培养机制。监测发现乡村微规模学校教师入职时从师范专业毕业的比例低于其他类别学校，教学经验也少于其他类别学校。完善微小规模学校教、研、训一体教师专业发展机制，构建师德规范、教学核心能力、教师综合素养培育课程体系，提升师范专业技能，做好微规模学校年轻一代教师的帮扶工作，为各类教师专业成长搭建多元学习与发展平台，形成促进内部自觉与外部推动有机融合的教师职后培养模式，促成每名教师在不断学习中提高自身的业务水平。二是在职称评定和荣誉评比上对微规模学校教师有所倾斜。监测发现，微规模学校教师的职称主要集中在中级，高级职称比例明显少于其他类别学校，获得荣誉主要在区县级及以下，获得地市级及以上的比例相对较低。教育部门应增加农村学校高级职称的指标，分地域进行评比，增加农村学校教师在地市级及以上评比中的表现机会。三是积极关注留守学生学习和生活状况。监测发现，留守学生的学业成绩显著低于流动学生和本籍学生，学校和教师不仅应关心学生的学业成绩，还应该关注学生的生活状况、心理健康状况，给予他们家庭般的关怀。四是适当增加公办学校流动学生的比例。监测发现，在适当的流动学生比例下，学校中流动学生的学业成绩与本籍学生的学业成绩无显著差异，建议各地公办学校在能力范围内，适当增加公办学校流动学生的比例，促进外来流动学生的整体发展。

（三）研究学生作业的设计，开展提升作业质量的校本研修

从监测的结果可以看出，学生的作业量并非是提高学生学业成绩的唯一路径，关

键在于学校教师对作业的设计质量。农村学校的作业设计能力普遍弱于城市学校,因此有四个建议:一是进行学校层面的校本作业研修。各类学校应注重对各学科家庭作业时间的调控,注重对作业和命题的教研,编制校本作业。二是对各学科作业进行各种渠道的有效调查与分析。研究导致作业效果欠佳的真实原因,建立作业情况基本数据集,供教师分析研究。三是研制不同类型作业设计的质量标准。基本标准包括目标一致、内容科学、体现差异、类型多样、难度适宜、时间适当、结构合理等。四是提高作业的形成性评价功能和诊断功能。通过诊断将详细的有效信息反馈给教师,精准指导学生的学习,避免题海战术,达到轻负高质的效果。

（四）增加课外阅读指导,提高学生的阅读能力

监测发现,增加藏书、鼓励阅读对提升学生学业成绩的作用较为明显。而且农村初中学生的学业成绩要显著地落后于城市学生,其中语文成绩是各学科中差异最大的。在小学阶段,语文成绩较弱是农村学生各学科成绩落后于城市学生的一个重要原因。初中阅读成绩的差异会进一步扩展到学生其他学业成绩的差异。因此建议增加学生课外书籍的阅读量,并指导学生阅读。以往认为阅读课外书籍对学业成绩有负面影响,但是此次监测发现,除了漫画书外,阅读其他书籍对学生的学业成绩有促进作用,而阅读小说的作用最大。学生目前不再局限于纸质书籍的阅读,电子阅读已成为常见形式。多次的监测发现,在所有的读书形式中,纸质阅读对学生最有利,它除了能让学生更纯粹、静心阅读以外,还可以避免电子阅读对眼睛造成的损害。还应当指导学生灵活运用阅读的方法,提高阅读能力,譬如选读法、精读法、速读法、摘录批注法等。

（五）培育抗逆学校,实现全面优质均衡

监测发现,农村学校、民办民工子弟学校是浙江省当前教育的短板,尤其是农村微小规模学校的发展状态、流动和留守学生的教育状态,是制约浙江省教育优质、均衡发展的绊脚石。对此,一是要加强对薄弱学校的帮扶。当前浙江省城市与县城学校学生的学业成绩差异不显著,而农村学校显著落后于城市、县城学校,农村学校俨然成为教育的洼地,当地政府应该加大对这些学校的投入,城区优质学校可以结对帮助农村学校的管理和师资培养。二是重视学校师生关系、家校关系的建立。抗逆学校在师生关系、学校满意度上与城市学校的指数非常接近,可见,学校不仅要关注学生的学业成绩,更应该关注学生的师生关系、对学校的满意度,也应该指导学校做好家长课堂,指导家长建立良好的亲子关系,这些看似与学业成绩无关的因素,潜移默

化地影响着学生的学业成绩和其他方面的发展。学校和教师应该重视留守和流动学生的身心发展,帮助他们适应紧张的初中学习生活。三是学校应减轻对教师的管控力度,从制度和时间上指导教师专业发展,要求教师不仅学习本校骨干教师和区域名师的成长模式,少走弯路,还要自主学习现代教育理论和新课程理念,更新教育观念,形成自己的教育理念,提出自己独到的见解,甚至在一定范围内引领、指导教育教学工作。

（六）切实保护区域教学生态,保证学校教育公平

监测发现,SES对学校的教学质量具有重要的影响,且学校的SES对学生学业成绩的影响更大。学校的SES在一定程度上反映学校的生源状况,农村家庭SES较高的学生一部分流向城市与县城公办学校,一部分流向民办学校,而城市与县城家庭SES较高的学生流向民办学校,其中县城学校学生流向民办学校尤其多,导致本地县城和农村地区“教育失血”现象越来越严重,破坏了区域教育生态。浙江省基础教育呈现出明显的城市、县城公办学校强,一般民办强,农村学校弱的现象,这与农村生源流失和民办学校“掐尖”抢生源不无关系,以往民办学校和部分公办学校层层“掐尖”,不仅影响区域教育均衡,更严重的会导致无法自主招生的公办学校产生“懒教”行为,致使教师的责任心渐次下降。为了保障学生的健康成长,有关部门应大力整治教育生态,严格划定招生范围,严格控制招生规模,严格遵守公民办同招政策,从源头上杜绝违规招生行为,杜绝学校“懒教”现象。

改进农村小学教育的策略

王 洁[①]

【摘要】 本文基于浙江省2018年小学教育质量监测的数据，探究农村小学教育存在的问题与改进策略。结果发现，各类学校科学、体育、音乐、美术教师较为短缺，尤其是农村学校，地区性质、学校规模在教师感受上主效应显著，且有交互作用，地区性质和学校规模在课程建设上主效应显著，无交互作用；浙江省学校的组内相关系数(ICC)为22.4%，其中教师教学方式、认知策略、动机策略、学校类别和规模、家庭社会经济地位对城乡学校的学业成绩都有预测作用；语文积累和语文阅读对数学应用具有预测作用，且科普书、故事书、报刊阅读对学生学业成绩的正向影响最大。

【关键词】 农村学校；监测；多水平模型；改进策略

一、引言

乡村教育的振兴是促进乡村振兴的关键因素之一。随着区域间教育硬件设施达到基本均衡，义务教育均衡的主要矛盾也随之改变，提高乡村教育质量、促进学校多元发展成为义务教育均衡发展的新目标。城乡间的差异不再是硬件上的差异，而在于城乡学校师资配备、教师专业发展、校长教育理念上的差异。教育部于2012年印发《县域义务教育均衡发展督导评估暂行办法》，对实现县域义务教育发展基本均衡县进行了督导评估认定，其中在国家义务教育质量监测中，如果县域教育质量要达到优质、均衡，则相关科目学生学业水平需达到Ⅲ级以上，且校际差异率低于0.15，这说明必须重视县域内农村学校的教育质量。

因此，本文以浙江省2018年小学教育质量监测的数据为依据，研究农村小学教育中存在的问题，构建城乡教育均衡模型，并就促进农村小学教育提出针对性的建议。

① 王洁，北京师范大学博士研究生，台州市基础教育质量监测中心助理研究员。

二、研究方法

（一）研究对象

本研究基于2018年浙江省小学教育质量监测结果，采用多阶段概率比例规模抽样调查法（PPS），以县为单位，抽取全省所有98个县（市、区），1269所小学36730名五年级学生，另外抽取校长2400名，小学教师11240名，家长35927名。

（二）研究工具

小学教育质量监测的学科涉及数学、语文、科学基础以及科学实践，学业成绩通过项目反应理论获得能力值，并将其转换成平均分为500分、标准差为100分的量尺分数。此外，监测还包含小学生问卷、教师问卷、校长问卷以及家长问卷，全部通过网络调查获取数据并计算相关影响因素，指数均由李克特量表计分法获得，各指数信度良好。

（三）统计方法

采用SPSS、Mplus等统计软件进行，运用方差分析、回归分析、混合模型等统计方法。

三、结果

（一）城乡学校建设情况

1. 师资配备。

全省小学科学教师和体育教师满足需求的比例最低，两者均只有27.9%，其次是音乐教师和美术教师，分别是30.9%和30.4%，比例最高的是英语教师和数学教师，分别是48%和38%。

2. 教师感受。

对教师感受进行方差分析发现，地区性质、学校规模在学校教学管理和职业认同上主效应显著［学校教学管理的$F_{(地区性质)}=10.45^{***}$①，$F_{(学校规模)}=3.21^{***}$；职业认同的$F_{(地区性质)}=5.44^{***}$，$F_{(学校规模)}=8.16^{***}$］，且有交互作用［学校教学管理的$F_{(地区性质\times 学校规模)}=3.04^{***}$，职业认同的$F_{(地区性质\times 学校规模)}=2.39^{***}$］，而在教师满意度上，学校规模的主效应显著［$F_{(学校规模)}=3.98^{***}$］，学校规模与地区性质有交互作用［$F_{(地区性质\times 学校规模)}=2.70^{***}$］，地区性质的主

① ***表示$p<0.001$，差异极其显著，F值越大，方差分析结果差异越显著。下同。

效应不显著[$F_{(地区性质)}=0.34$]。从学校管理看,城市中规模学校的管理最好,其次是城市超大规模的学校,而城市小规模学校的管理与乡镇农村小规模学校的管理最差。从教师满意度看,农村大规模学校、小规模学校教师满意度最高,而各地区中、小规模学校的教师满意度都要显著高于超大规模和大规模学校的教师满意度。从教师的职业认同看,城市小规模学校的教师职业认同感最高,而各地区中、小规模学校的教师职业认同感也显著优于超大规模和大规模学校的教师职业认同感,小规模学校的教师职业认同感在各地区中最高。

3. 课程建设。

课程建设指数由校长问卷获得。对学校的课程建设进行方差分析发现,地区性质($F=9.08^{***}$)、学校规模($F=14.51^{***}$)在课程建设上主效应显著,但是两者无交互作用($F=1.75$)。事后检验发现城市和县城学校的课程建设要显著优于农村学校的课程建设,而大规模的学校课程建设要优于小规模学校的课程建设。

(二)城乡教育均衡模型建构

1. 城乡教育均衡。

本研究通过多水平模型对浙江省学校的学业成绩进行分析获得组内相关系数(Intraclass Correlation Coefficient,简称ICC),用ICC来评估区域的均衡情况。ICC可以表示群组在个体因变量变化上的解释程度,即学生成绩在多大程度上可以用校间差异解释。从数据看,浙江省的ICC为22.4%,说明浙江省的学生学业成绩有22.4%是因为学校因素造成的。城市、县城以及农村的ICC分别为22.2%,18.2%以及15.5%,虽然农村的ICC数值最小,学生间差异最小,但是从学业成绩看,农村的均衡属于低质量均衡状态。

2. 城乡影响因素分析。

采用Shapley值分解的方法对各影响指数的贡献度进行分析,发现教师教学方式、认知策略、动机策略对学生的学业成绩影响最大,因此对三个因素进行回归分析。分别对不同地区性质学生的学业成绩进行多元回归分析发现,教师教学方式、认知策略以及动机策略对学业成绩都有显著的预测作用,其中提高认知策略更能提高农村学生的学业成绩[$\beta_{(农村)}=9.42$,$\beta_{(县城)}=4.26$,$\beta_{(县城)}=3.75$]。

3. 城乡教育均衡模型。

进一步对地区性质进行三水平模型分析,不仅纳入教师教学方式、认知策略、动机策略,还纳入学校类别和学校规模、家庭社会经济地位(Socioeconomic Status,简称SES)。从三水平的零模型可以发现,学校的ICC占16.0%,地区性质占8.1%,说明有必要进行多水平模型分析。model1 到 model3 分别纳入解释变量(教师教学方式、认知策略、动机策略、SES、学校规模、学校类别),根据劳登布什(Raudenbush)和布里克(Bryk)的方法,水平 1 的方差都减少了 11.6%,水平 2 分别减少了 30.3%,53.4%,72.7%,水平 3 减少了 16.9%,24.9%,45.2%,说明纳入的解释变量可以显著地预测学生的学业成绩。

(三)阅读对农村学生的影响

1. 阅读对数学应用的影响。

控制 SES 变量后,从语文的积累和阅读对数学问题解决能力进行回归分析发现,语文积累回归系数为 0.23,R^2 为 0.144,语文阅读回归系数为 0.339,R^2 为 0.449,说明学生的语文积累和阅读对数学的问题解决具有正向预测作用,且语文阅读能力的预测作用更大。通过城乡之间语文积累和阅读对数学问题解决能力的回归分析发现,学生的语文阅读能力能显著地预测数学问题解决能力,农村、县城、城市在语文积累和阅读上的 R^2 分别为 0.083 和 0.433,0.118 和 0.398,0.143 和 0.411,说明语文阅读对学生数学问题解决能力影响较大,而农村学生的阅读情况则更能预测其数学问题解决能力。

2. 如何选书。

通过不同书籍类型的阅读量对学业成绩的回归分析发现,科普书(β=14.46)、故事书(β=13.66)、报刊(β=9.27)对学生的学业成绩影响最大,且在统计学上显著,而漫画书(β=－7.64)、网络小说(β=－6.54)对学生的学业成绩呈现显著的负向作用。

四、结论与建议

(一)结论

从学校建设的情况看,浙江省小学的科学、体育、音乐和美术教师配备不足,而农村学校的配备更加欠缺。邬志辉、秦玉友的调查显示,农村小规模学校的音、艺、科、英等课程专任教师缺编率超过 30%,这一结果与本次研究一致。缺少相关教师会影响学校相关学科教学活动的开展,如果由其他学科教师兼任,这种教非所学的现象不仅会影响教学质量,还会严重影响学生对相关学科的学习兴趣,阻碍学生的全面发展。对教师感受进行方差分析发现,地区性质、学校规模在学校教学管理和职业认同上主效应显著,且有交互作用,而在教师满意度上,学校规模的主效应显著,学校规模与地区性质有交互作用,说明不同学校教师的感受差异显著。从校长问卷的情况看,大规模学校的课程建设良好,小规模学校的课程建设意识相对落后。数据显示在课程建设上城市学校要优于县城和农村学校。

通过多水平模型对浙江省小学的均衡情况进行分析，发现浙江省小学的组内相关系数（ICC）为22.4%，说明学生学业成绩有22.4%是因为学校造成的，而城市、县城以及农村的ICC分别为22.2%，18.2%以及15.5%。通过Shapley值分解的方法对各影响指数的贡献度进行分析，发现教师教学方式、认知策略、动机策略对学生的学业成绩影响最大，将教师教学方式、认知策略、动机策略、SES以及学校的性质纳入多水平模型，发现这些变量对学业成绩具有较强的解释力，且不同规模、类别的学校在学生学业成绩的变化趋势上也有显著差异。

控制SES后，语文的积累与阅读对数学问题解决能力有显著的预测作用，且科普书、故事书、报刊对学生学业成绩的正向影响最大。农村学生学业成绩落后于城市、县城学生，主要原因可能是农村学生的阅读量远落后于城市、县城学校的学生，阅读量不仅直接影响学生的语文学业成绩与语文理解能力，而且间接影响农村学生在题干阅读量较大的数学应用题和科学实践创新题的理解，从而影响数学和科学学业成绩。

（二）建议

1. 优化农村学校的部分教师配备。

配齐、配足师资是保证教育优质、均衡的充分条件。要为各类学校配足相关的教师。监测发现，科学教师是所有学校都缺少的，可见，当前浙江省对小学阶段的科学并不重视。另外小规模学校除了英语老师和数学老师相对充足外，其他师资配备都比较欠缺。

2. 提高农村学校的课程建设水平。

监测发现，不同规模的学校在课程建设的理念上差异显著，中小规模学校的管理层对校本课程建设的重视度不够，因此建议城市大规模学校继续做好学校的精品课程，农村的中、小规模学校增强课程建设意识，向优质学校学习取经，加强校本课程建设，提升学校品质。

3. 转变农村学校教师的教学方式。

一要培养学生独立思考的习惯。未来的学科不会是孤立的学科，而将是几门学科的综合，在小学教学中教师应该教会学生正确的学习方法，有效培养学生独立思考的能力。学生对学习产生浓厚的兴趣，就会更加积极主动地投入到学习中。

二要培养学生的自我管理能力。学生是学习的主体，教师在教学环节中应注重学生的主体地位，培养学生的自主学习能力。长期以来我国都习惯采用比较单一的

“师说生听”的教学方式，忽略了学生的主体地位。自我管理能力较高的学生会主动预习、复习功课，会主动订正错题，查找自己的薄弱点。培养学生的自我管理能力，能够使学生主动构建自己的学习方法，释放学习的主动性，提高学习效率。

4. 改善农村学校教师的工作环境。

首先，注重农村大规模学校教师的职业和工作感受，从监测的数据看，大规模学校教师的工作感受明显低于全省平均水平，这些学校教师工作倦怠感更强，职业效能感更低。学校不应该只注重教师的教学成果，还应该注意教师的工作感受，这样学校才能可持续发展。其次，注重农村小规模和超大规模教师的专业发展。从监测的结果看，农村学校教师的职业感受良好，但是小规模的学校和超大规模的学校在教师专业发展上明显比中间规模学校的教师差。由此可见，农村教师专业水平需要得到进一步的提升。

5. 培养农村学校学生的学习品质。

通过教师教学方式、学生的认知策略以及动机策略对学业成绩进行回归分析发现，这些因素对学业成绩的影响显著，且对农村学校的学生、留守多数公办学校的学生影响更加明显，说明城乡之间的差异一部分来源于生源，另一部分来源于学校的教学方式和学生的学习策略。首先要激发内部学习动机。学生的学习动机主要有四种：为得到家长和教师的表扬或为得到奖励而努力学习，为履行集体和组织交给自己的任务或者为集体和组织争光而学习，为个人前途、理想和未来幸福学习，为祖国的前途、人民的利益等而勤奋学习。前两种是外部学习动机，后两者是内部动机。通常学生初始的学习动机都是由前两种开始的，但是随着年龄、阅历的增长，后两者开始产生。学生要明确自身学习的目的，开阔眼界，提高格局，激发内部学习动机。其次要培养学生的学习方法。不同的学科有不同的学习方法，针对每一门学科，学生应该养成不同的学习方法，如语文应该注重阅读、培养阅读方法，数学应该培养逻辑思维能力、应用数学解决实际问题的能力，科学应该培养观察自然、探索自然的能力等。

6. 提升农村学校学生的阅读质量。

阅读能力不仅影响学生的语文成绩，还影响学生的数学问题解决能力与科学探究能力。因此建议要培养学生良好的阅读习惯，指导学生学会阅读。一是指导读什么书。小学生年龄小，阅历浅，鉴别能力和抵御能力都相对较弱，如今的课外书良莠不齐，有些并不适合小学生阅读，学校要根据学生的年龄特点和知识水平，做好读物的推荐工作，尤其推荐一些科普读物和短小精炼的故事书。二是指导学生选择阅读方式。当前科技发展，学生不再局限于纸质书籍的阅读，他们还可以通过电子阅读器等方式来阅读。监测发现，在所有的读书方式中，纸质的阅读对学生最有利，纸质阅读不仅可以培养学生阅读的感觉，还可以避免电子类阅读器对眼睛造成损害。三是指导怎么读书。应当教会学生自主阅读的方法，让学生调动多种感官，发展多种思维，指导学生运用正确的读书方法，提高阅读能力，譬如选读法、精读法、速读法、摘录批注法等。四是上好阅读指导课。语文教师要与学生一起制订切实可行的读书计划，指导学生共读几本好书，通过阅读指导课进行“导读”。

（原载于《浙江教育研究》2019年第5期）

【参考文献】

[1] 姚永强.我国义务教育均衡发展方式转变研究[D].华中师范大学,2014.

[2] 李凌艳，任晓琼，江照富.我国区域基础教育质量监测的探索与思考[J].中国教育学刊，2017(12):37－41.

[3] 王孟成.潜变量建模与Mplus应用进阶篇[M].重庆：重庆大学出版社，2018.

[4] Ita Kreft, Jan De Leeuw，邱皓政，郭志刚.多层次模型分析导论[M].重庆：重庆大学出版社，2007.

[5] 邬志辉，秦玉友.中国农村教育评论[M]. 北京：北京师范大学出版社，2013.

[6] Shin J, Lee H, Kim Y. Student and school factors affecting mathematics achievement: International comparisons between Korea, Japan and the USA[J].School Psychology International, 2009(5): 520－537.

[7] Mcgraw K O, Wong S P. Forming inferences about some intraclass correlation coefficients[J]. Psychological Methods, 1996(4): 390－390.

[8] Silber J H, Rosenbaum P R, Ross R N. Comparing the contributions of groups of predictors: Which outcomes vary with hospital rather than patient characteristics[J]. Publications of the American Statistical Association, 1995(429): 7－18.

促进学生健康发展

中小学生责任感水平结构与影响机制的比较研究

李　强[1]

【摘要】 为探索中小学生责任感的发展规律与影响机制，本文对浙江省2018年、2019年中小学教育质量监测的相关数据进行比较分析。结果表明，与小学生相比，初中生个人责任感有相对上升趋势，公民责任感有相对下降趋势；中小学生的责任感与学习品质均呈显著的中度相关，小学生责任感不会直接影响其学业成绩，但初中生责任感则会直接影响其学业成绩，而且中小学生责任感均可以通过学习品质对学业成绩产生显著的影响作用；初中生责任感受兴趣爱好、自我意识等个体性因素的影响最大，小学生责任感受师生关系、同伴交往等社会性因素的影响最大；但家庭教育在中小学生责任感培育方面所发挥的作用并未达到我们的预期。

【关键词】 责任感；公民责任感；个人责任感；结构方程模型

一、研究背景

责任感也称作责任心，是一种自觉主动地做好分内分外一切有益事情的精神状态，是建立在对责任认同的基础上衍生出的一种认知与情感。现代汉语中的“责任”有三层含义：①使人担当起某种职务职责；②分内应做的事；③做不好分内应做的事而应该承担的过失。按照发展心理学的观点，责任感是通过社会的价值观与行为规范内化而形成的，是个体对其所属群体和相应社会角色所承担的义务和过失的认识、情感和行为，是一种既成的心理准备状态或心理倾向性。

关于责任感的结构，国内主要有两种划分角度，一种是从责任感的心理结构来划分，以朱智贤、张积家、李伯黍等为代表，他们认为责任感由责任认知、责任情感和责任行为三个维度构成。另一种是以责任关系的对象划分，以庞丽娟、姜勇等人为代表，他们把责任感划分为自我责任感、他人责任感、集体责任感、社会责任感等。对于初中生而言，自我责任感主要表现为珍视自己的身体健康、人格、名誉；捍卫尊严，理

① 李强，浙江省平湖市教师进修学校科研员（评价教研员），副研究员。

想明确而努力上进，并勇于为自己的行为承担责任。而社会责任感可以包含家庭责任感、他人责任感、集体责任感、国家责任感、环境责任感。其中，家庭责任感和他人责任感突出体现在对父母的感恩、对他人的诚信方面，而集体责任感、国家责任感与环境责任感主要体现在学生的公民素养方面。

责任感是道德品质的核心要素。人只有有了强烈的责任感，才能具有驱动自己一生都勇往直前的不竭动力，才能感受到自我存在的价值和意义，才能真正得到人们的信赖和尊重。中小学生作为中国社会未来发展的支柱，其责任感的高低直接决定着中华民族未来的发展前景。因此，2018、2019年浙江省中小学教育质量监测都把学生责任感作为核心监测指标，以引导家庭、学校、教育行政部门以及全社会关注学生责任感的培养及其发展。

二、研究过程

（一）研究样本

2018年10月，浙江省举行了小学教育质量监测，2019年10月，又进行了初中教育质量监测，两次监测均涵盖全省11个地市96个区县。2018年浙江省监测五年级小学生共36730人，有效样本31610人；2019年参加监测的初中学生共有43668人，有效样本41382人。

（二）研究工具

关于学生责任感监测，主要通过学生自陈问卷来进行，其中小学生问卷主要以评价同伴的责任感行为为主，初中生问卷主要以评价自身的责任感行为为主。小学生责任感问卷与初中生责任感问卷虽然在具体项目上略有不同，但均涵盖个人责任感和公民责任感两个维度。本研究采用SPSS和AMOS软件进行分析，其信效度分析结果见下页表1。

由下页表1可知，无论是小学生责任感问卷还是初中生责任感问卷，其维度信度均在0.75以上，收敛效度均在0.5以上，区别效度中，AVE的开根号值均大于维度间的相关系数，这表明，初中、小学学生责任感问卷效度均达到了理想的测量学要求。

表1　浙江省中小学生责任感问卷信效度检验结果

问卷	责任感维度	收敛效度	区别效度		信度	
		AVE	个人责任感	公民责任感	组合信度	内部一致性信度
小学生问卷	个人责任感	0.60	<u>0.74</u>	/	0.86	0.85
	公民责任感	0.55	0.69**	<u>0.78</u>	0.91	0.90
初中生问卷	个人责任感	0.66	0.81	/	0.85	0.76
	公民责任感	0.59	0.58**	<u>0.77</u>	0.81	0.77

说明：区别效度中，带下划线数据为收敛效度AVE的开根号值，带**数据为维度间相关系数，**表示$p<0.01$。

三、研究结果

（一）小学生与初中生责任感的发展趋势

初中生与小学生相比，个人责任感有上升趋势，公民责任感有下降趋势。小学生公民责任感水平高于个人责任感，初中生个人责任感水平则高于公民责任感。

研究者将两次监测中的责任感维度均转化为百分制分数，将中小学生的维度分数与责任感指数一同进行比较。结果发现，浙江省中小学生责任感及其两维度呈现不同的发展水平和结构特征。从整体上来看，随着年龄的增长，学生责任感有下降趋势。但是初中生个人责任感高于小学生个人责任感，而初中生公民责任感低于小学生公民责任感。小学生公民责任感高于个人责任感，而初中生则正好相反，个人责任感高于公民责任感。无论是男女学生、公民办学校学生，还是城乡学生，均具有上述特征。这表明，小学阶段的学生由于其自我意识发展水平不高，对自我责任的认知还比较模糊，学校的公民责任教育对其影响占主导地位。随着年龄的增长、自我意识的发展以及学习竞争压力的加剧，在学校和家庭教育的影响下，初中学生更加关注自身的发展以及在发展中应承担的自我责任，在某种程度上，这种自我责任感的强化抵消了学校、家庭对其社会责任感教育的功效。在此消彼长的过程中，导致个人责任感逐渐强化，公民责任感则逐渐淡化。详细统计结果见下页表2。

表2 浙江省小学生与初中生责任感发展水平与结构特征比较

变量		小学生			初中生		
		个人责任感	公民责任感	责任感	个人责任感	公民责任感	责任感
性别	男	71	80	76	76	66	71
	女	74	82	78	78	70	74
办学性质	公办	72	81	77	76	67	72
	一般民办	75	83	79	78	70	74
	民办民工	70	79	75	76	68	72
区域性质	城市	75	82	79	78	70	74
	县城	75	83	79	77	68	73
	乡镇农村	70	80	75	75	66	71
全省		72	81	77	77	68	72

（二）责任感与学习品质及学业成绩的相关性

中小学生的责任感与学习品质均呈显著的中度相关，与学业成绩呈低度相关。除此之外，初中生责任感与兴趣爱好、自我认知等个体性因素的关系密切，小学生责任感与师生关系、同伴交往等社会性因素的关系密切。

研究者将中小学生责任感与其他监测指标进行相关分析，结果表明，无论是初中生还是小学生，其责任感与学习品质（学习动力、学习策略以及自主学习习惯）之间均呈显著的中度相关，且相关系数达到了0.5以上，但与学业成绩之间的相关系数仅为0.2左右。这表明，学生责任感与学习品质之间存在着某种更为密切的关联，而与学业成绩之间的关联并不明显。此外，初中生责任感与兴趣爱好、自我认知的相关性在0.5以上，超过了同伴关系、师生关系等社会性因素；而小学生责任感与师生关系、同伴交往的相关性在0.5以上，超过了自我认知、兴趣爱好等个体性因素。这表明小学生责任感与师生关系、同伴关系之间存在着更为密切的关联度。相关分析结果见下页表3。

表3　浙江省中小学生责任感与其他监测指标的相关系数

变量	小学生			初中生		
	个人责任感	公民责任感	责任感	个人责任感	公民责任感	责任感
学业成绩	0.25**	0.16**	0.23**	0.20**	0.14**	0.19**
兴趣爱好	0.43*	0.42**	0.46**	0.48**	0.45**	0.52**
运动健康	0.43**	0.46**	0.48**	0.37**	0.43**	0.45**
自我认知	0.44*	0.44**	0.48**	0.49**	0.49**	0.55**
学习动力	0.48**	0.50**	0.53**	0.51**	0.48**	0.55**
学习策略	0.53**	0.54**	0.58**	0.56**	0.59**	0.65**
同伴交往	0.49**	0.49**	0.53**	0.34**	0.38**	0.41**
师生关系	0.48**	0.49**	0.53**	0.39**	0.44**	0.47**
亲子关系	0.38**	0.40**	0.42**	0.34**	0.37**	0.40**
学业负担	0.34**	0.33**	0.36**	0.22**	0.23**	0.25**
劳动实践	/	/	/	0.25**	0.36**	0.35**
自主学习习惯	/	/	/	0.47**	0.53**	0.56**

说明:**表示$p<0.01$,*表示$p<0.05$。

（三）小学生与初中生责任感的影响因素

初中生责任感受兴趣爱好、自我意识等个体性因素的影响最大,小学生责任感受师生关系、同伴交往等社会性因素的影响最大。

研究者将中小学生责任感作为因变量,将师生关系、自我认知等监测指标作为自变量,在控制学生家庭社会经济地位(Socioeconomic Status,简称SES)的前提下进行回归分析。结果表明,影响小学生责任感最重要的因素是师生关系和同伴交往,家庭因素和自我认知的影响力较小;影响初中生责任感最重要的因素是兴趣爱好和自我认知,家庭因素的影响力较小。这个结果在一定程度上印证了柯尔伯格的道德认知发展阶段论:小学四五年级学生的道德发展多数处于习俗水平的3、4阶段,这个阶段的学生大多以维持良好关系、受他人赞扬以及维持权威规则为道德发展的基本特征,因此,在这个阶段,师生关系和同伴关系就是其道德发展特别是责任行为的主要标准参照。而八年级、九年级多数学生的道德发展已经处于后习俗水平的5、6阶段,在这个阶段,学生因自我意识的迅速发展,多以自我认可的道德原则为责任行为的主要标准参照。这种标准参照或主导影响因素由外而内、由他律到自律的变化趋势，正是学生成长的最好见证，这一规律也为中小学生的责任感教育提供了某些有价值的启示。回归分析结果见表4。

表4　浙江省中小学生责任感影响因素的回归分析[①]

小学生				初中生			
影响因素	非标准化系数	标准化系数	t值	影响因素	非标准化系数	标准化系数	t值
师生关系	0.17	0.21	34.98***	兴趣爱好	0.24	0.23	48.80***
同伴交往	0.19	0.20	31.51***	自我认知	0.22	0.22	42.98***
运动健康	0.10	0.11	18.74***	师生关系	0.13	0.16	34.91***
兴趣爱好	0.09	0.09	15.39***	劳动实践	0.17	0.16	39.11***
家长参与	0.07	0.09	17.36***	运动健康	0.09	0.12	26.66***
亲子关系	0.05	0.06	11.11***	家长参与	0.08	0.08	16.57***
自我认知	0.05	0.05	8.03***	亲子关系	0.03	0.04	8.04***
R^2	0.396			R^2	0.479		

说明：***表示$p<0.001$。

（四）责任感通过学习品质对学业成绩有显著影响

中小学生责任感均可以通过学习品质对学业成绩产生显著的影响作用，小学生责任感不会直接影响其学业成绩，但初中生责任感则会直接影响其学业成绩。

研究者运用结构方程模型对中小学生责任感、学习品质、学业成绩之间的影响机制进行了分析。根据前述相关分析和回归分析结果，研究者建立如下假设模型：中小学生责任感对其学习品质有显著影响作用，同时，责任感可以通过学习品质对中小学生学业成绩产生显著的间接影响，而责任感对学生学业成绩的直接影响不显著。研究者将小学生监测数据代入假设模型，发现上述假设成立（见下页图1）。

① 本次监测所采用的回归分析方法均为逐步回归，无显著影响的自变量被逐步排除，剩下的因素都是对因变量有显著影响的。此外，所有的回归分析都是控制了学生家庭SES变量后的结果。

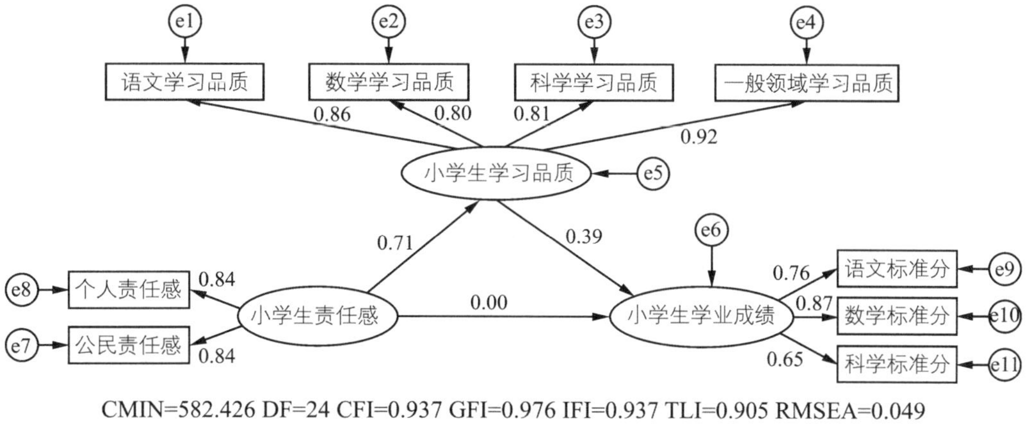

图1　浙江省小学生责任感、学习品质与学业成绩的影响机制模型

由上图数据分析结果可知，小学生责任感对学习品质的影响力为0.71（$p=0.002$），学习品质对学业成绩的影响力为0.39（$p=0.002$），影响力均极其显著。因此，小学生责任感对学业成绩的间接影响力为$0.71\times0.39\approx0.277$。而小学生责任感对学业成绩的直接影响力接近于0，且不显著（$p=0.877$）。Bootstrap中介效应检验结果表明，在95%置信区间内，$p=0.002$，表明学习品质的中介效应显著。

研究者将初中监测数据代入该假设模型，结果发现，初中生责任感对其学习品质同样具有显著性影响，影响力为0.80（$p=0.001$），而学习品质对学业成绩的影响作用也极其显著，影响力为0.69（$p=0.002$），因此，初中生责任感对学业成绩的间接影响力为$0.80\times0.69=0.552$。Bootstrap中介效应检验结果表明，在95%置信区间内，$p=0.001$，表明学习品质的中介效应显著。学生责任感对学业成绩的直接影响力为0.31，极其显著。这意味着初中生责任感对学业成绩的总影响力为$0.552+0.31=0.862$，远远大于小学生责任感对学业成绩的影响力（见图2）。

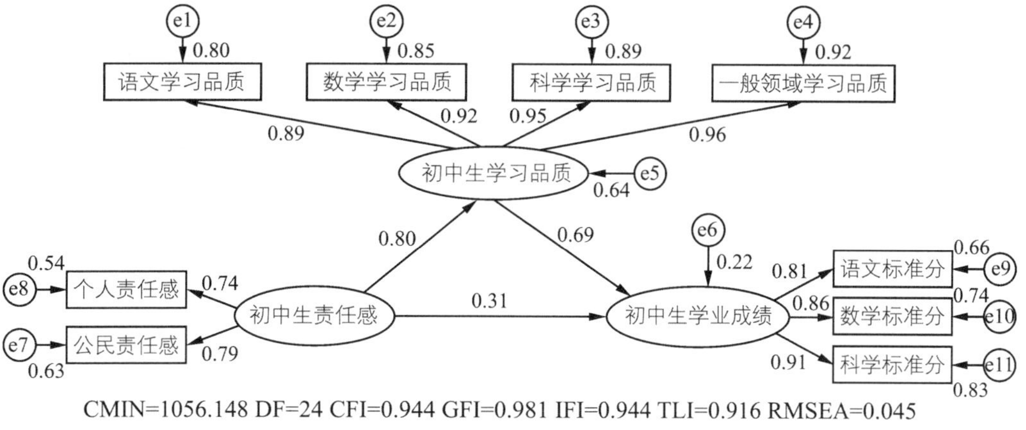

图2　浙江省初中生责任感、学习品质与学业成绩的影响机制模型

研究者继续探讨了中小学生责任感维度与学习品质维度之间的交互影响。结构方程模型分析结果显示，小学生个人责任感与公民责任感对其学习动力的影响力（分别为0.30和0.33）明显高于对学习策略的影响力（分别为0.08和0.05），初中生个人责任感对其学习动力的影响力（0.35）明显高于其对学习策略的影响力（0.07），但初中生公民责任感对学习动力和学习策略的影响力相当（均为0.28）。同时，小学生学习动力对学习策略的影响力（0.83）高于初中生学习动力对学习策略的影响力（0.49）。这一结果表明，要想提升中小学生的学习动力，责任感的培养应该是一条行之有效的途径；至于优化学生的学习策略，责任感培养并不是一个很好的突破口（见图3与图4）。

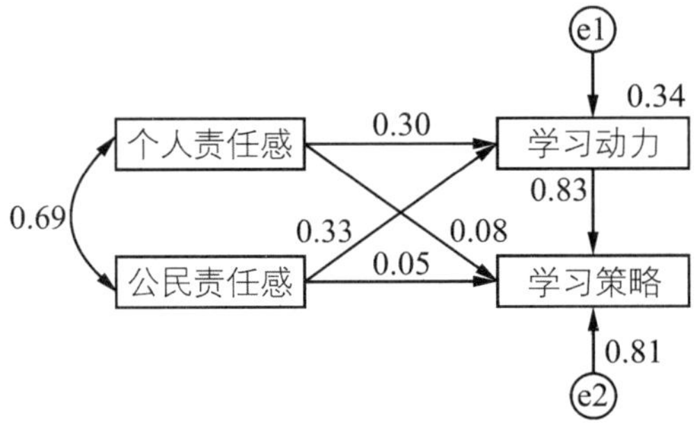

图3　浙江省小学生责任感维度与学习品质维度的交互作用

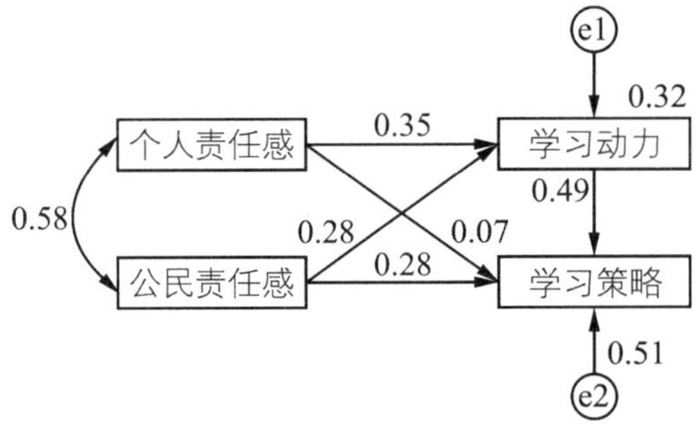

图4　浙江省初中生责任感维度与学习品质维度的交互作用

四、结论、讨论与建议

（一）结论

根据上述研究结果，笔者得出如下结论：

1. 初中生与小学生相比，个人责任感有相对上升趋势，公民责任感有相对下降趋势，这个趋势与学生生理年龄和心理年龄的成长有关。小学生责任感的养成更多是他律道德在起作用，他们更多地关注他人的评价、引导和约束，而初中生的责任感已经开始向自律道德过渡,他们更多地关注自己的内在需求与自身发展所应承担的责任。

2. 中小学生的责任感与学习品质均呈显著的中度相关,且在所有监测指标中,责任感与学习品质的相关性最高,但责任感与学业成绩相关性较低。

3. 初中生责任感受兴趣爱好、自我意识等个体性因素的影响最大,小学生责任感受师生关系、同伴交往等社会性因素的影响最大。但是,无论初中生还是小学生,家庭教育在学生责任感培育方面所发挥的作用并未达到我们的预期。

4. 中小学生责任感均可以通过学习品质对学业成绩产生显著的影响,这种影响更多地体现在责任感对学习动力的影响上。小学生责任感不会直接影响其学业成绩,但初中生责任感会直接影响其学业成绩。

(二)讨论与建议

1. 初中生责任感培育方式需要遵循初中生认知与情感发展的规律性特征。建议参照杜威的道德教育理论,认知先行,以探究、协商和讨论的方法将责任感培育有机渗透于学科教学之中,联系学科知识和社会生活,使学生受到启发,理解对他人、对社会应有的责任、应尽的义务和应持的态度。在形成这种共识的基础上,通过多种生活化的体验活动强化认知与认同,最终将公民责任感内化为学生的行动自觉。

2. 小学生责任感培育方式应区别于初中生。在小学阶段,学生的抽象思维能力尚未形成,对事物的认识还处在直观水平上,对社会关系的理解和把握也主要是在直接关系的层面,如亲子关系、师生关系、同学关系、伙伴关系等,对更高层次、更抽象的关系虽有认识,但较模糊和表面化,这个阶段只能让学生在生动的活动中体验和模仿,为责任生成积累感性材料和情感基础。因此,建议充分发挥学校教育的主导性作用,根据"最近发展区"的原理,充分利用师生关系与同伴关系的正面影响,通过建立良好的班级文化,树立身边典型,发挥集体与榜样的教育功能,引导儿童从具体的、较低水平的责任阶段循序渐进地向较高水平阶段发展。

3. 鉴于两次监测结果反映出的家庭教育在学生责任感培育中的缺位问题,有必要重新审视家庭教育在中小学生责任感培育中的角色与功能,建立健全家长学校,强化家校合作,使得家庭教育与学校教育真正形成合力。

【参考文献】

[1]《汉语大词典简》编委员会.汉语大词典简编[M].上海:汉语大词典出版社,1998.

[2] 林崇德.发展心理学[M].北京:人民教育出版社,2003.

[3] 李伯黍,燕国材主编.教育心理学[M].上海:华东师范大学出版社,2002.

[4] 张积家.试论责任心的心理结构[J].教育研究与实验,1998(4):43-47.

[5] 庞丽娟,等.幼儿社会性品质的结构维度及其对社会性行为的影响[J].心理发展与教育,2000(4):14-19.

[6] 金芳,杨丽珠.儿童责任心研究述评[J].辽宁师范大学学报(社会科学版),2004(5):40-43.

[7] 郭本禹.柯尔伯格道德发展的心理学思想述评[J].南京师大学报(社会科学版),1998(3):67-73.

[8] 刘长海.杜威教育思想与中国德育变革[D].华中师范大学,2006.

[9] 崔欣颇.学校责任教育论纲[D].南京师范大学,2006.

小学生学业负担来源、影响及减负对策分析

马　婷[①]

【摘要】 本文基于2018年浙江省小学教育质量监测数据，从实证的角度系统分析学生学业负担相关因素。研究发现，学生学业负担主要来源于学校要求和家长要求；学生平时作业时间是学生主观负担感受最大的影响因素；学生主观负担感受不仅会影响学生的学习动力与学业成绩，还会影响学生的全面发展。因此建议，关注教育质量形成的过程与成本，改善学生的学习生活状态，激发其积极体验，切实减轻学生过重的学业负担。

【关键词】 学业负担；主观负担感受；小学生

中小学生学业负担问题一直是中国教育界一个热点话题，也是社会关注的焦点。迫于家庭、学校和社会的压力，中小学生为了取得更好的考试卷面成绩不得不花费大量的时间和精力去应试。但是，当一个学生所承载的学习任务和学习时间超过其身心所能承受的限度时，将会严重影响其身心健康，导致厌学、焦虑情绪蔓延，体质减弱，近视率上升，甚至在极端情况下造成一些悲剧事件。

浙江省自2013年起实施中小学教育质量综合评价改革，旨在端正质量管理，彰显"四个关注"：关注学生全面发展、关注学生学习品质、关注质量形成的过程与成本、关注学生成长环境。其中"学业负担"作为教育质量形成的过程与成本的一部分，一直是综合评价改革关注的重要因子。我们认为，中小学生面对学校、家庭安排的各类学习任务以及学习、生活环境，都会产生一定的学习压力。如果学生面对压力的体验是积极的，那压力即为动力；如果学生面对压力的体验是消极的，那压力即为负担。学业负担是学生面对学习任务与环境时的一种消极体验。

学界已有大量有关学业负担的研究，综观这些研究，主要从两方面入手，一种是经验性分析，主要从学业负担的概念、内涵、"减负"政策展开；另一种为实证性研究，主要是通过调查了解现状，提出对策。既有的研究中经验性分析研究占主导，实证性研究还比较少，而且实证性研究使用的往往只是一些简单的描述性数据，未做更深入

① 马婷，浙江省教育厅教研室评价教研员，一级教师。

的数据挖掘。本研究基于2018年浙江省小学教育质量监测数据，从实证的角度系统分析学生学业负担相关因素。主要包括：①不同群体学生的学业负担来源差异分析；②学生的主观负担感受受哪些因素影响；③主观负担感受对学生发展有何影响。

一、概念界定

对于学业负担这一概念，不同学者从不同的视角及立场给出了不同的解析。与之相近的说法还有“课业负担”“学习负担”等概念。“课业负担”是官方政策文本中较多采用的一种定义，例如《国家中长期教育改革和发展规划纲要（2010—2020年）》在义务教育的发展任务中明确列出“减轻中小学生课业负担”，胡惠闵、王小平等人将其定义为“学生在为了完成或者更好地完成课业所实际承受到的负担”。肖建彬采用“学习负担”这一名词，并将其定义为“人类个体以个体经验的方式，在对人类经验吸纳、加工以认识和适应生存环境的过程中，对认定的目标、承担的任务和责任所带来的压力的一种体验，以及为此而消耗的生命”。

“学业负担”是教育学理界普遍采用的一种概念。娄立志认为“学业负担”即“学生在学业方面应当担负的责任、履行的任务和承受的压力，其根本目的是促进学生人格的完满发展”。刘合荣将“学业负担”定义为“当代中小学生在学校里承担的学习任务，所履行的‘学生职责’，以及因为学业、生存和发展竞争所承受的生理心理压力，同时包括所付出的身心发展代价”。本研究的研究内涵与这一概念更为接近，因此采用“学业负担”这一名称。

本文将从主观负担感受与客观负担事实两方面描述学生学业负担。客观负担事实是一组客观指标，具体包括平时每日作业时间、周末每日作业时间、每日睡眠时间、校外培训科目数、每周校外培训时间等指标。主观负担感受是影响学生学习与成长的关键变量，它与客观负担事实相关，但同时与学习者个体的负担阈值（耐受力）有关。

二、研究设计

本研究主要通过网络形式，向五年级学生及他们的家长发放问卷，共回收有效学生问卷31610份，以及与之匹配的家长问卷。

学生问卷主要采集学生学业负担信息，包括主观的学业负担感受，和学生客观经历的作业、睡眠以及课外培训三方面负担。负担感受主要表现在学生就学过程中所承受的学习压力，以及自己对所承受的学业负担的认识和看法。作业负担通过采集学生问卷中关于校内教师布置的家庭作业时间的信息而形成。睡眠负担通过采集学生问卷中睡眠时间的信息而形成。课外培训负担通过采集学生问卷中参加课外培训的信息而形成。同时也采集了诸如学生学习情况、运动健康、兴趣爱好、人际关系等信息。家长问卷主要采集家长对孩子的期望、对孩子学业负担来源的看法等信息。

三、研究结果

（一）学业负担来源分析

通过询问家长"您认为您孩子的学业负担主要来自哪里"分析不同群体学生的负担来源是否存在差异。

1. 不同性别。

图1为男女学生学业负担主要来源比例分布情况。

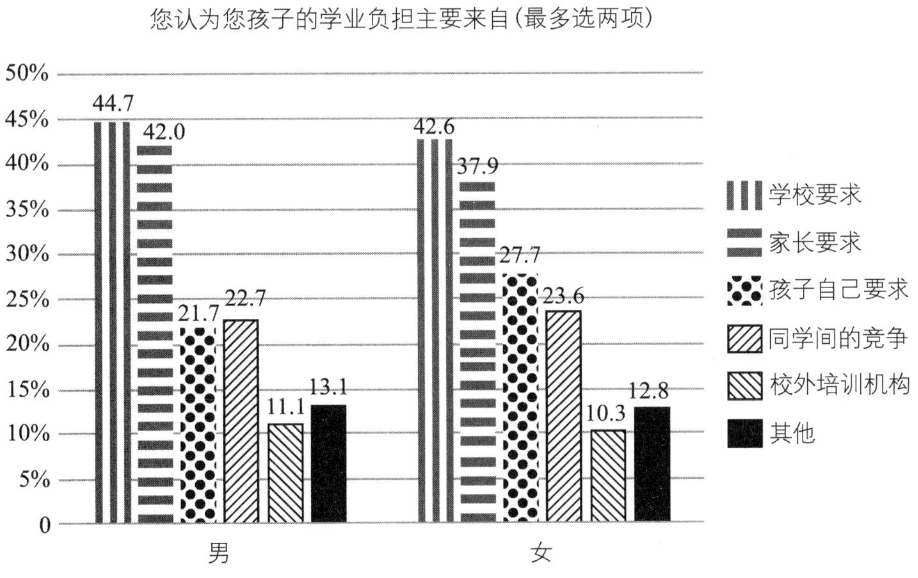

图1　男女学生学业负担主要来源

从不同性别看，男生的学业负担主要来源排名为"学校要求""家长要求""同学间的竞争""孩子自己要求""校外培训机构"。从比例看，前两者负担感受最重，"孩子自己要求"与"同学间的竞争"次之，来自"校外培训机构"及"其他"的负担最轻。女生的学业负担也主要来源于上述几方面，但与男生不同的是，女生的"孩子自己要求"要比"同学间的竞争"占比稍高，女生"孩子自己要求"的比例比男生多6个百分点。

2. 不同地区性质。

下页图2为城市、县城、乡镇农村学生学业负担主要来源比例分布情况。

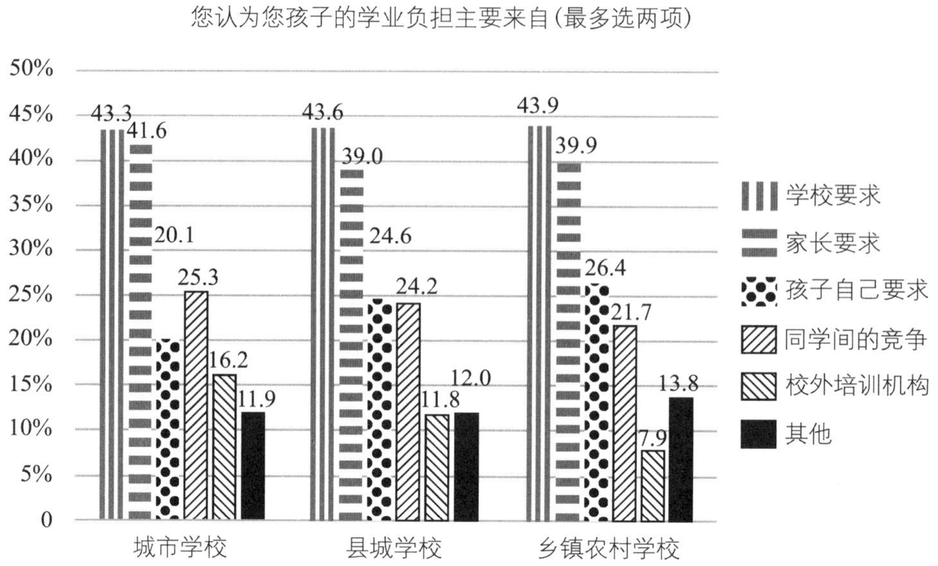

图2　不同地区性质学校学生学业负担主要来源

从不同地区性质看,县城和乡镇农村学校的学生学业负担来源排名均为"学校要求""家长要求""孩子自己要求""同学间的竞争""校外培训机构",但城市学校学生"同学间的竞争"造成的压力要比"孩子自己要求"的压力大,而且城市学生"校外培训机构"的压力比县城和乡镇农村的分别高出4.4%和8.3%。

3. 不同办学性质。

下页图3为公办、一般民办、民办民工子弟学校的学生学业负担主要来源比例分布情况。

从不同办学性质看,公办学校学生的学业负担来源排名依次为"学校要求""家长要求""孩子自己要求""同学间的竞争""校外培训机构"。民办民工子弟学校学生与之不同的是最主要的学业负担来源于"家长要求",而且该比例远高于公办和一般民办学校,分别高出6.1%和10.2%,从侧面反映了民办民工子弟学校的学生家长望子成龙、翻身逆袭的心理更迫切。"校外培训机构"造成的压力在各性质的学校中总体不大,在民办民工子弟学校学生学业负担来源中造成的压力更小,仅为4.5%,比其他两者分别低6.5%和8.7%。上述两组数据也从侧面反映了民办民工子弟学校的学生家长满足孩子参加校外培训的能力不足。

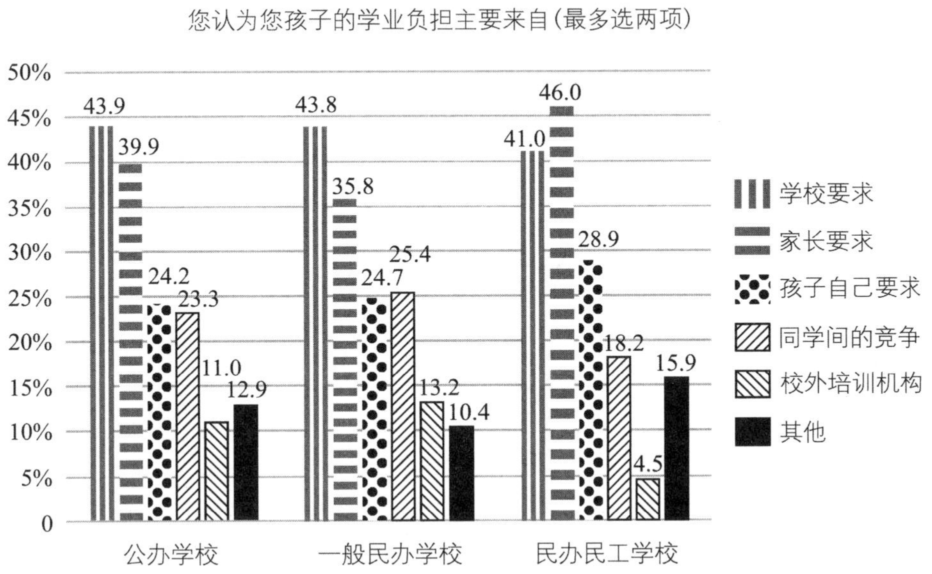

图3　不同办学性质学校学生学业负担主要来源

4. 家长期望值。

将家长的期望值分为较低、一般、较高三组。图4为不同家长期望值的学生学业负担主要来源比例分布情况。

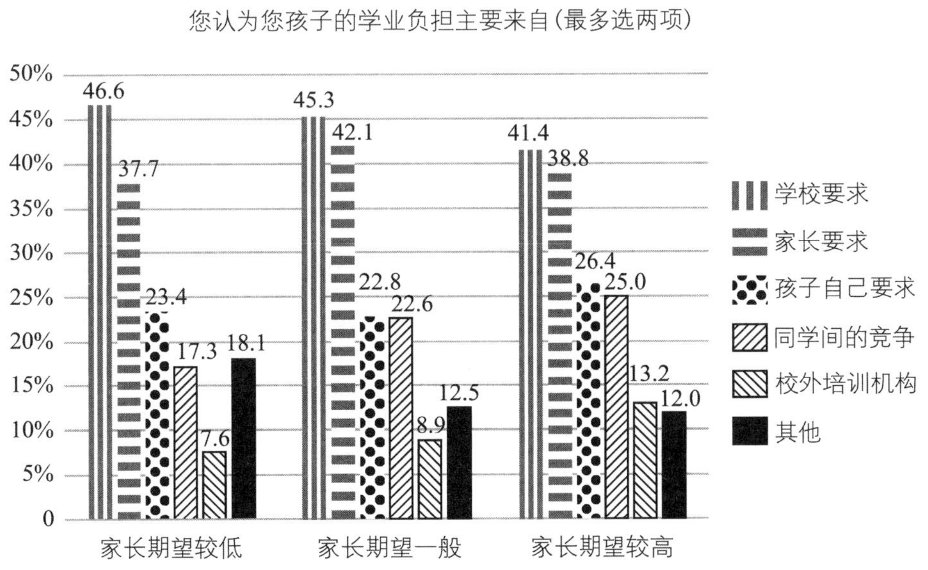

图4　不同家长期望值的学生学业负担主要来源

从家长不同期望值看，学生学业负担来源排名基本一致，但是我们可以发现，家长期望值较高的学生，学业负担来自“孩子自己要求”的比例分别高出家长期望值较低和一般的3.0%和3.6%，来自“同学间的竞争”的比例分别高出7.7%和2.4%，来自“校外培训机构”的比例分别高出5.6%和4.3%。这说明家长对学生学业负担的传递作用较大，并且是学生参加校外培训的主要推动力量。

综上分析可见，学生学业负担来源主要是“学校要求”和“家长要求”。其他方面的压力源虽在不同群体之间占比稍微有差异，但都明显小于“学校要求”和“家长要求”。

（二）影响学业负担感受的因素

1. 客观负担事实与主观负担感受之间的关系。

学生主观学业负担感受通过学生对作业量、考试频率、作业难度、考试难度、课堂教学内容难度、考试焦虑、父母期望压力等方面的主观体验来衡量，每道题均为5分，将均分作为该维度的评价指标，分数越高表示主观负担感受越轻。

图5给出了学生主观负担感受与客观负担事实的一些指标间的联系。在控制了学生的学业平均成绩和家庭社会经济地位（Socioeconomic Status，简称SES）的情况下，

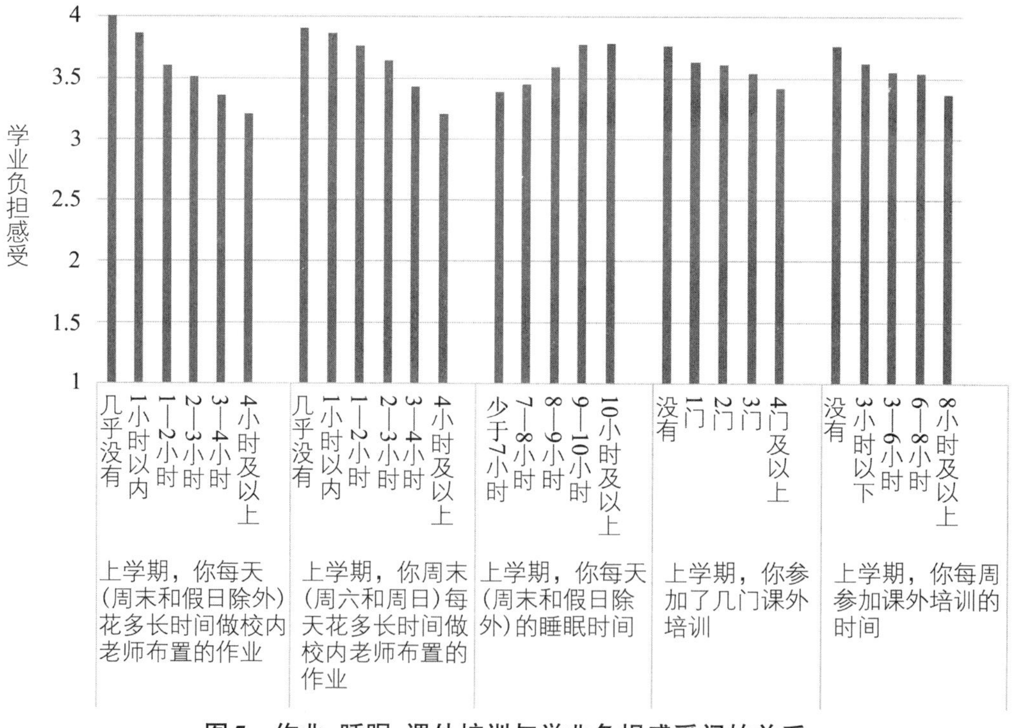

图5　作业、睡眠、课外培训与学业负担感受间的关系

平时校内作业时间、周末校内作业时间、睡眠时间、课外培训时间和课外培训科目数5个客观反映学生学业负担的具体指标中，作业时间特别是平时校内作业时间，对学生学业负担的主观感受最为敏感（差值为0.806），随着作业时间的增加，学业负担感受明显变重（学业负担感受维度均分逐级下降），其次是周末校内作业时间（差值为0.698）和睡眠时间（差值为0.404），课外培训对其影响最小（课外培训时间差值为0.396，课外培训科目数差值为0.342）。可见平时学校布置的作业对学生的主观负担感受影响最大，其次是周末作业，因为学校布置的作业学生不可选择，学生对此有一定的抵触情绪，自然负担感受就重了。

2. 学生个体因素与学业负担感受间的关系。

以对学业负担感受最敏感的平时作业时间为例，分析运动健康、兴趣爱好、人际关系（亲子关系、师生关系、同伴关系）等因素对学业负担感受的影响。

（1）运动健康。

运动健康指标主要反映学生拥有良好的运动习惯、身体素质的情况。根据测量结果将学生分成运动健康一般、运动健康较好、运动健康好三组，选取运动健康一般和运动健康好两组，分析在同等作业时间条件下，他们的学业负担感受情况。如图6所示。

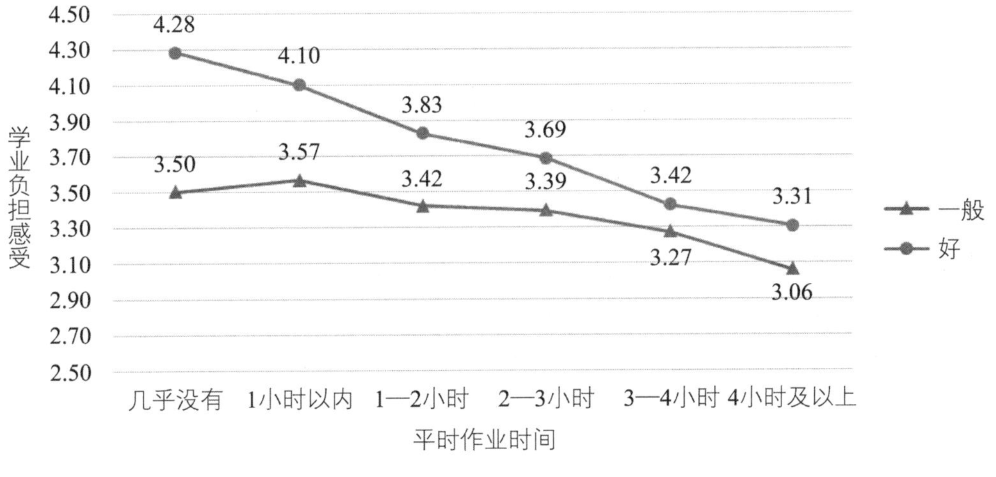

图6　运动健康对学生的学业负担感受影响

从图6可以看出，在控制变量为学生的家庭社会经济地位的情况下，运动健康好的学生随着作业时间的增加，他们的负担感受变化幅度要大于运动健康一般的学生，但是在同等作业时间条件下，运动健康好的学生感受到的学业负担比较轻。前者作业时间在3—4小时时感受到的负担与后者在1—2小时时的负担感受相当。可见学生平时参与体育运动的情况可以调节作业时间对学生主观负担感受的影响。这个结论既说明了拥有健康体魄可以有效提高学习效率，又说明了运动就是休息，是减轻学业负担的重要手段与措施。

（2）兴趣爱好。

兴趣爱好指标关注的是学生是否拥有自己的兴趣爱好，是否能较长时间持续关注并主动参与该爱好。根据测量结果，将学生分成兴趣爱好一般、兴趣爱好较强、兴趣爱好强三组，选取兴趣爱好一般和兴趣爱好强两组，分析在同等作业时间条件下，他们的学业负担感受情况。如图7所示。

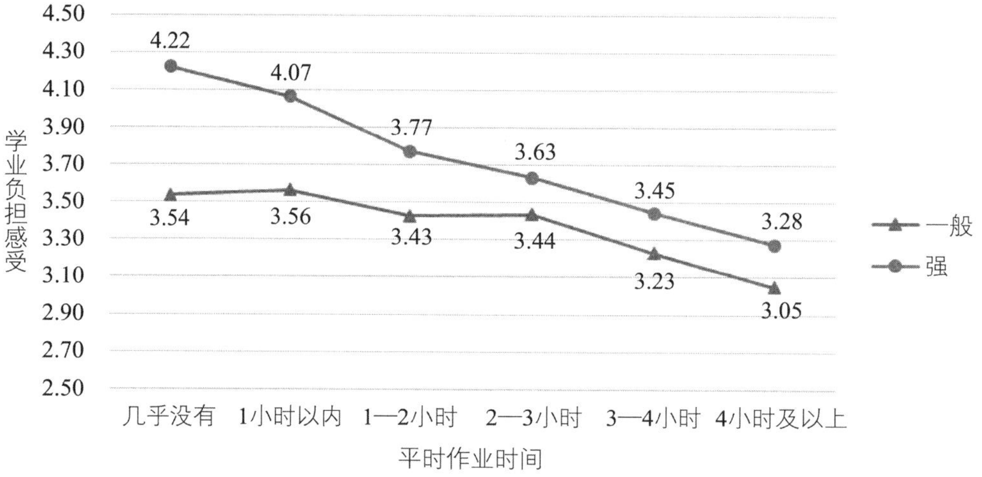

图7　兴趣爱好对学生的学业负担感受影响

从图7可以看出，在控制变量为学生的家庭社会经济地位的情况下，兴趣爱好强的学生随着作业时间的增加，他们的负担感受变化幅度要大于兴趣爱好一般的学生，但是在同等作业时间条件下，兴趣爱好强的学生感受到的学业负担比较轻。前者作业时间在3—4小时时感受到的负担与后者在1—2小时时的负担感受基本相当。可见学生兴趣爱好如能得到较好满足，可以调节作业时间对学生主观负担感受的影响。这个结论同样表明发展兴趣爱好可以有效提高学习效率，减轻学业负担。

（3）人际关系。

人际关系指标主要反映学生的亲子关系、师生关系和同伴关系情况。根据测量结果，将学生分成人际关系一般、人际关系较好、人际关系好三组，选取人际关系一般和人际关系好两组，分析在同等作业时间条件下，他们的学业负担感受情况。如后页图8至图10所示。

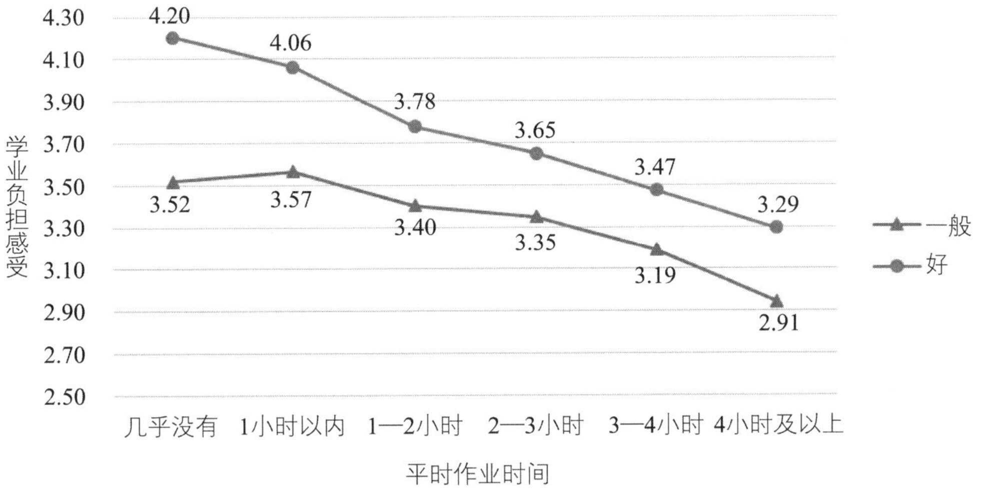

图8　亲子关系对学生的学业负担感受影响

从图8至图10可以看出，在控制变量为学生的家庭社会经济地位的情况下，人际关系好的学生随着作业时间的增加，他们的负担感受变化幅度要大于人际关系一般的学生，但是在同等作业时间条件下，人际关系好的学生感受到的学业负担比较轻。而且从图9可以看出，师生关系好的学生，他们的作业时间在4小时以上所感受到的负担与师生关系一般作业时间在1小时以内的学生相当。可见人际关系，特别是师生关系对相同作业时间学生主观负担感受的调节作用更明显。这里揭示的结论解释了为何“亲其师信其道”。学生不像容器，可以硬生生灌满它，学生是种子，学校要营造合适的土壤与环境，使之内生性地发芽、成长，这才是教育的真谛。

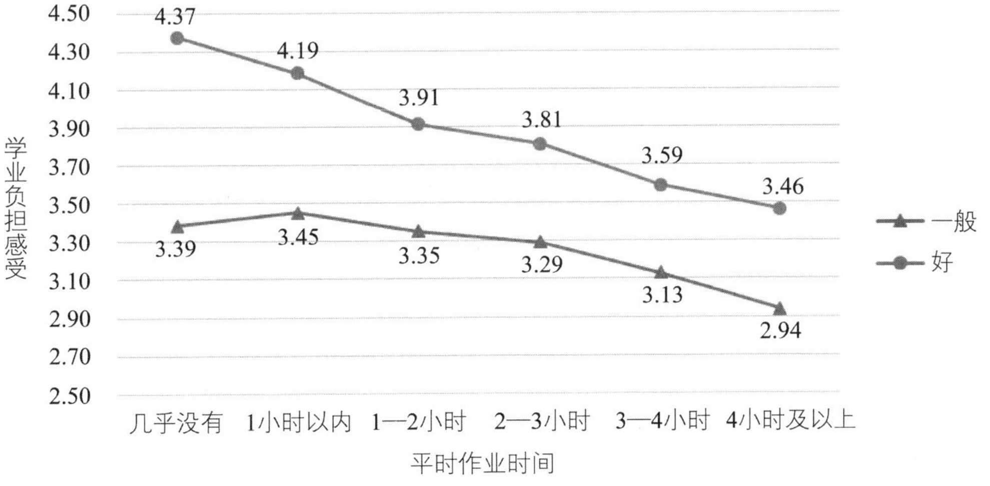

图9　师生关系对学生的学业负担感受影响

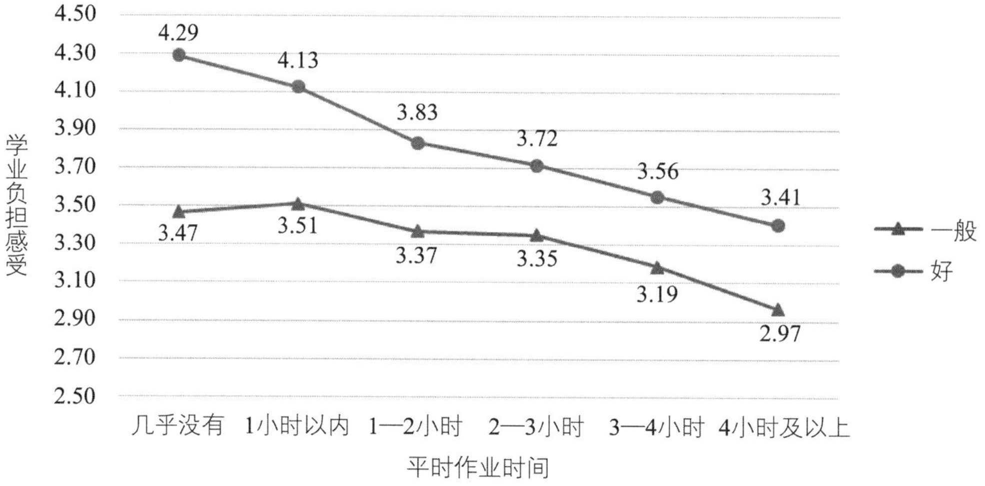

图10　同伴关系对学生的学业负担感受影响

（三）学业负担感受对学生发展的影响

学业负担感受可能会对学生的学业及身心健康均带来影响。以下重点探讨学生学业负担感受对其学业成绩、课外培训有效性、学习动力、阅读活动、体育运动、兴趣爱好等方面的影响。

1. 学业负担感受与学业成绩的关系。

将学业负担感受维度均分作为自变量，学生学业平均成绩作为因变量，在控制变量为学生的家庭社会经济地位的情况下，回归分析发现，学业负担感受对学业平均成绩有显著预测作用，解释率为0.194，即总体而言，学业负担感受越轻，学生的成绩越好。下页图11给出了各县（市、区）学生学业负担感受与学业平均成绩的关系。从图中可以看出，浙江省学生学业负担感受重的县（市、区）比较多，但是也可以看到有不少县（市、区）学生学业负担感受轻，学业平均成绩高。笔者曾做过研究，将学生学业平均成绩作为自变量，学业负担感受维度均分作为因变量，在控制变量为学生的家庭社会经济地位的情况下，回归分析发现，学业平均成绩对学业负担感受的解释率仅为0.064，远不及前者的0.194。因此虽有不少个例，但“负担感受越轻，学生成绩越好”的结论在统计学上是成立的。

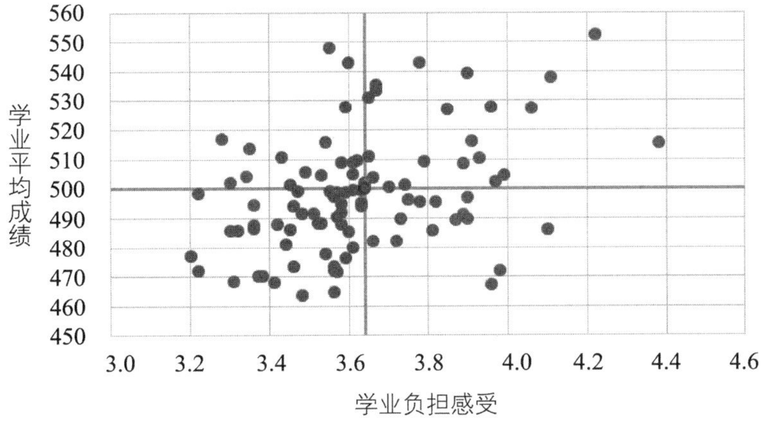

图11　浙江省各县(市、区)学生学业负担感受与学业平均成绩关系

2. 学业负担感受对课外培训有效性的影响。

将学生的学业负担感受按照维度均分划分为学业负担感受较重、学业负担感受中等、学业负担感受较轻三组。图12和下页的图13给出了不同情况下,课外培训科目数量不同的四年级学生的平均学业成绩。

由图12可知,当不考虑学生的学业负担感受程度时,如果控制变量为家庭社会经济地位,随着课外培训科目数目的增加,学生学业成绩是下降的。但将学生细分成学业负担感受较重、中等、较轻三组时,课外培训与其学业成绩的关系出现了不同的情况。从图13中可以发现,只有在学生学业负担感受不重的情况下,适当的课外培训对于学生学业成绩的提高是有效的。否则,不仅无效,还会加剧学生对学习压力的消极体验。

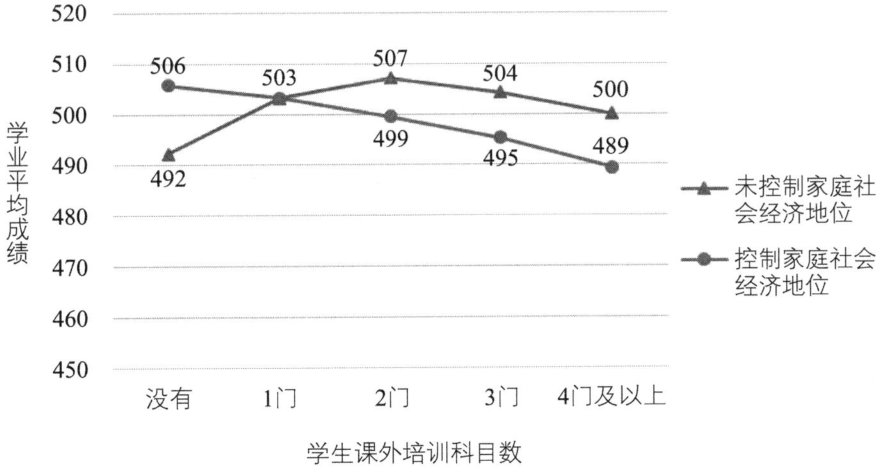

图12　课外培训科目数量不同的学生的学业平均成绩

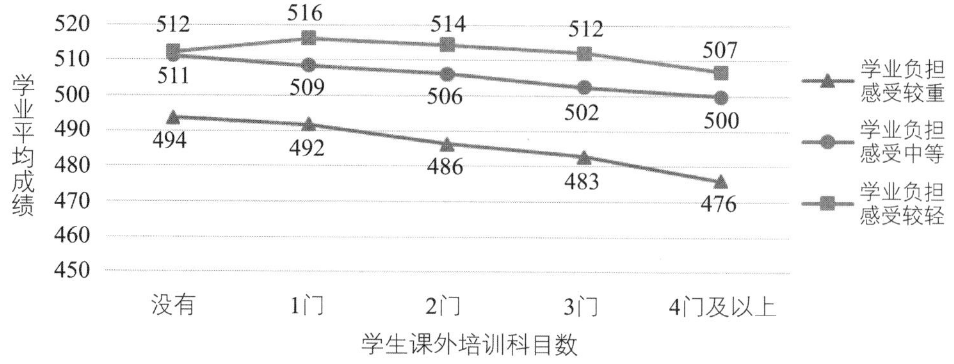

图13　不同学业负担感受的学生课外培训科目数与其学业平均成绩关系

3. 学业负担感受与学习动力的关系。

学习动力指标以百分制计算，分数越高代表学习动力越强。以学生的学业负担感受均分作为自变量，学习动力作为因变量，在控制变量为学生的家庭社会经济地位的情况下，回归分析发现，学业负担感受对学习动力有显著预测作用，解释率为0.151，即学业负担感受越轻，学生的学习动力越强。

图14和下页的图15分别给出了在控制变量为学生的家庭社会经济地位的情况下，不同群体学生学业负担感受不同水平时的学习动力情况。

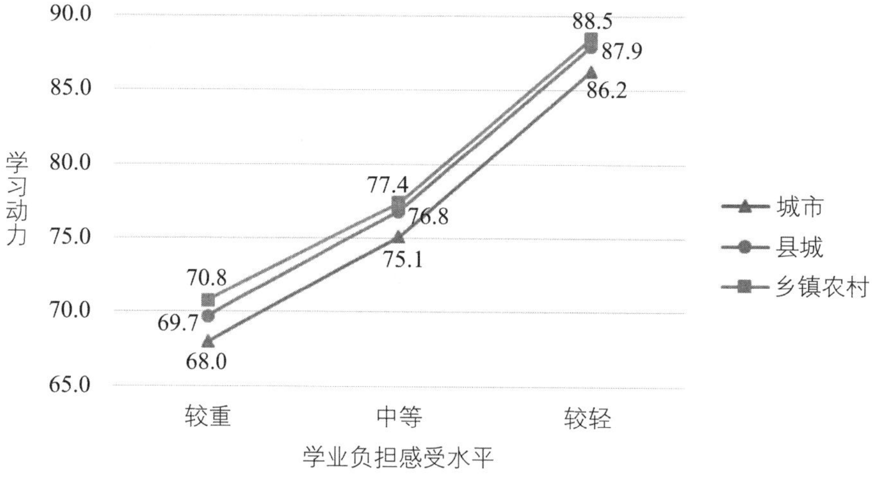

图14　不同学业负担感受学生的学习动力情况（不同地区性质）

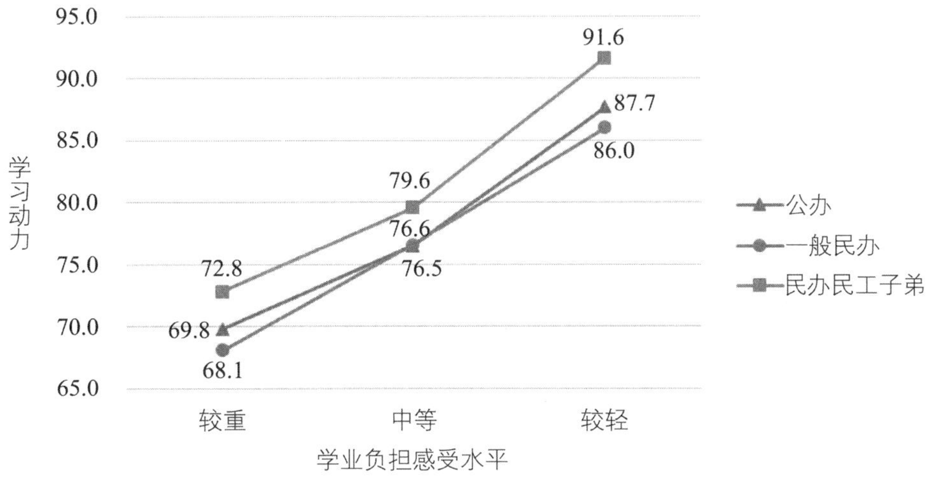

图15　不同学业负担感受学生的学习动力情况(不同办学性质)

从图14和图15可以看出,学生学业负担感受越轻,其学习动力越高。而且在控制变量为学生的家庭社会经济地位的情况下,乡镇农村学生的学习动力要强于县城学生,也强于城市学生,民办民工子弟学校学生的学习动力强于公办学校学生,也强于一般民办学校学生。当然这是在控制变量为学生的家庭社会经济地位情况下得到的结论,与我们平常的感觉会有所差异,但从另一个侧面说明了家庭社会经济地位较低的学生渴望通过教育逆袭的愿望起着较强的作用。

4. 学业负担感受与阅读活动的关系。

(1) 阅读书籍类型

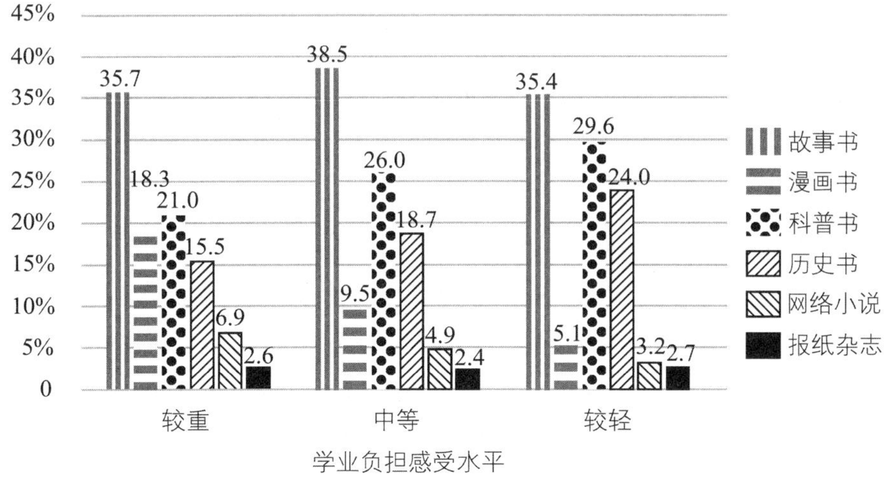

图16　不同学业负担感受学生阅读书籍类型

由图16可知，学生最经常阅读的是故事书，最不经常阅读的是报纸杂志。对于其他书籍，学业负担感受不同的学生阅读的书籍类型不同。学业负担感受较轻的学生更偏爱科普书和历史书，其比例分别比学业负担感受较重的高8.6%和8.5%。而学业负担感受较重的学生更偏爱漫画书，其比例比学业负担感受较轻的学生高13.2%。

（2）阅读书籍数量

由图17可知，不同学业负担感受的学生每月阅读的书籍数量不同。阅读数量在4本及以上的学生，学业负担感受较轻的比例明显高于学业负担感受较重的和学业负担感受中等的比例，分别高出16.9%和12.8%。

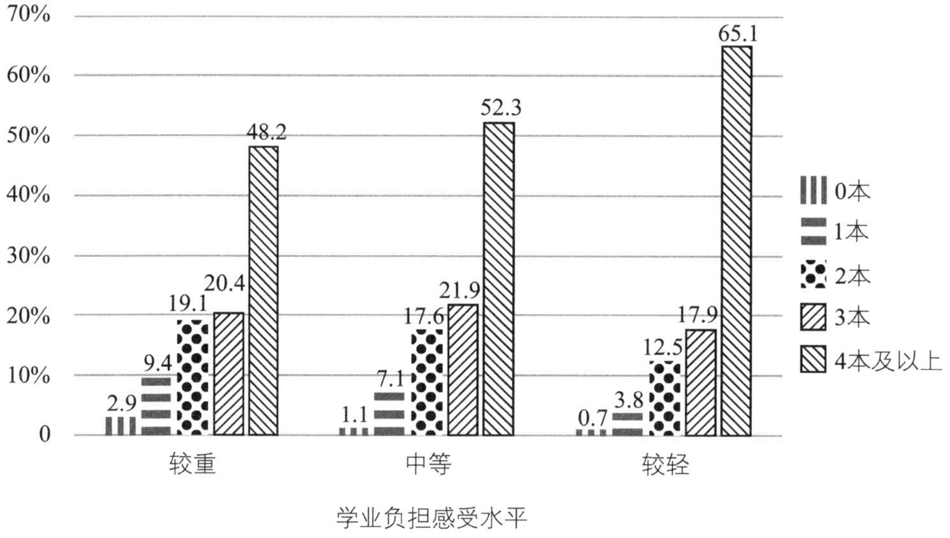

图17　不同学业负担感受学生阅读书籍数量

图16和图17表明：学业负担感受轻的学生才有余力学习知识性较强的科普书与历史书，并且阅读量也较大。因此学校和家庭要站在学生全面成长和终身学习的大教育观角度深刻领悟中小学生减负的重要性与迫切性。

5. 学业负担感受与体育运动的关系。

由图18和图19可知，学业负担感受较轻的学生每天校内体育锻炼时间在1小时以上的比例为60.3%，明显高于学业负担感受较重和学业负担感受中等的学生的比例，分别高出22.2%和16.2%。对于每周校外体育锻炼时间，学业负担感受较轻的学生运动时间也要明显长于其他两组学生。校外体育锻炼时间每周在2小时以上的，学业负担感受较轻的学生有50.3%，比学业负担感受较重的和中等的学生的比例分别高出16.7%和12.9%。

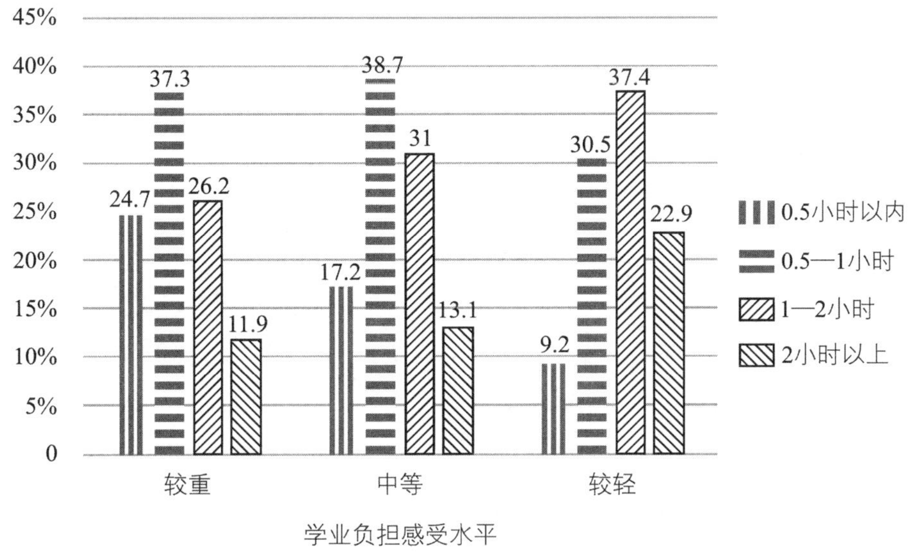

图 18　不同学业负担感受学生每天校内体育锻炼时间

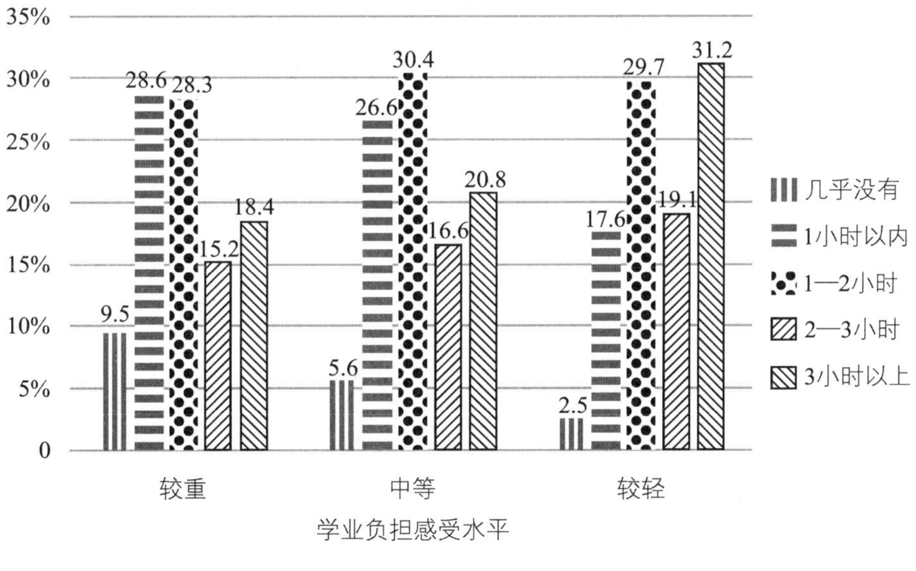

图 19　不同学业负担感受学生每周校外体育锻炼时间

学生每天可自由支配的时间是一定的，只有把学生的学业负担和学业焦虑降下来，才能真正有效地提高学生自觉进行体育锻炼的意识，增加运动时间。

6. 学业负担感受与兴趣爱好的关系。

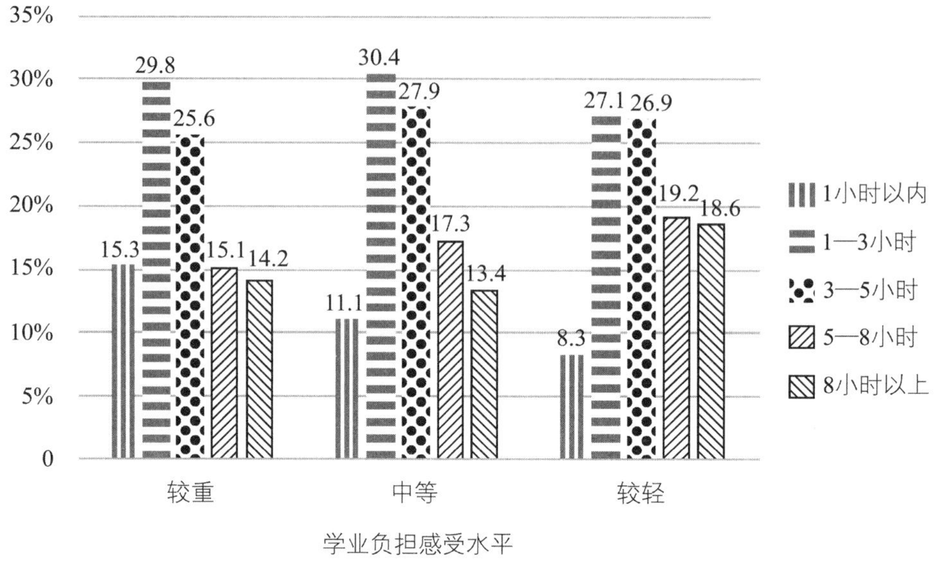

图20　不同学业负担感受学生每周花费在兴趣爱好上的时间

由图20可知，学业负担感受较轻的学生中，每周花在兴趣爱好方面时间在5小时以上的比例为37.8%，明显高于在学业负担感受较重和学业负担感受中等的学生中的比例，分别高出8.5%和7.1%。

发展兴趣爱好是培养学生德、智、体、美、劳全面发展的重要举措。数据表明为了培养全面身心健康的学生，学业“减负”已刻不容缓。

四、结论与建议

（一）学生学业负担主要来源于学校要求和家长要求，其次是自我要求与同学间的竞争比较

因此，首先需要形成正确的育人观，建立起与之配套的学生综合评价指标体系，促进学生德、智、体、美、劳全面发展。其次，关注教育质量形成的“过程与成本”，倡导能力立意的考试评价导向，让“题海训练”不再获益。再者，改进教师教学方式，提升教学效率，摒弃“满堂灌”的教学模式，以学生为中心，倡导讨论式、参与式教学，鼓励小组合作，帮助学生学会学习。同时，教师需根据学生的不同特点因材施教，关注个性差异，激发每一个学生的发展潜能，在提升教育质量的同时关注学生的全面发展。

家长也要树立正确的成才观。目前由于就业压力巨大，家长无奈地把孩子未来

的就业压力提前转嫁到小学生成绩的竞争中。但本次监测也发现外部压力大对学生提高成绩无益。家长应该为激发孩子的内驱力、发展孩子的兴趣爱好、培养孩子的多种思维能力与学校教育配合，立足孩子的长远发展，不必分分计较，以免加重孩子不必要的学习负担。

自我要求与同学间的竞争比较相对学校要求和家长要求已是降幅较大的压力源，这个压力应该说是较适度的，可以理解为这两者是家庭与学校给学生的巨大压力下移传递给学生产生的内生性反应。也是学生成长过程中应该承受的经历。

本研究还发现学校因材施教的个性化教育还不能满足学生的需求。这与现在学校班额大有关，也与学校的课程设置有关，由于一时无法解决学生的个性需求，部分学生只能在外寻找帮助。希望这一监测结论能够引起各级教育行政部门的重视。

（二）作业是学生主观负担感受最大的影响因素

国家政策规定，小学三至六年级家庭作业不超过60分钟。研究分析可知，作业时间的增加会加重学生主观负担感受。由此需改进学校作业管理机制，精简作业数量，删除那些枯燥乏味的、机械重复的无效训练；提高作业质量，改变教师简单的“拿来主义”，过于依赖教辅材料的现状，鼓励教师共同研究、设置作业，根据自己学生学情提供更有针对性的作业。

研究还发现在同等作业时间下，学生的运动健康水平、兴趣爱好水平、人际关系等可以调节学生的学业负担感受。如果一个学生拥有良好的运动习惯，或养成了良好的兴趣爱好，或者与老师、同伴、家长等方面人际关系较好，其感受到的学业负担会适当减轻。由此可见，应改善学生的学习、生活状态，激发其积极体验，大力提倡并保证校内每天1小时体育锻炼时间，鼓励学生培养良好的兴趣爱好，改善学生与老师、同伴及家长等方面的人际关系。

（三）学生主观负担感受不仅会影响学生的学习动力与学业成绩，还会影响学生的全面发展

过重的学业负担影响着学生的方方面面，不仅影响其学习状态，还影响其身心发展，“减负”行动势在必行。此外还需要“加负”，一定要把德、智、体、美、劳中的短板补齐，通过评价的杠杆引导学校和家庭树立正确的人才观，引导学生树立终身学习与全面发展的理念。

此外本研究还发现在同等的家庭社会经济地位条件下，乡镇农村的学生学习动力强于城市的学生。但在不考虑学生家庭社会经济地位这个控制变量时，研究结果

确实是城市学生的学习动力强于乡镇农村学生。虽然可能存在着控制变量的误差，但趋势表明逆境教育仍具一定的有效性。这说明需要为学生提供优秀教学资源，呵护学习环境相对较弱势的学生，帮助他们更好地成长。同时也需要激发学习环境较好学生的内驱力，教育他们树立远大理想，发挥自身潜能与优势，提升自我。

（原载于《考试研究》2019年第6期）

【参考文献】

[1] 胡惠闵，王小平.国内学界对课业负担概念的理解：基于500篇代表性文献的文本分析[J].教育发展研究，2013(6)：23.

[2] 肖建彬.学习负担：涵义、类型及合理性原理[J].教育研究，2001(5)：53.

[3] 娄立志.关于学生学业负担的理性思考[J].教育理论与实践，1999(9)：21－26.

[4] 刘合荣.事实与价值[D].华中师范大学，2007.

从初中生的人际关系现状谈良好心理环境的构建

段少华　李菲茗[①]

【摘要】 初中生的心理环境建设是学校和家庭教育关注的热点，而人际关系是心理环境建设的重要组成部分。本研究基于浙江省2019年初中教育质量监测，调查了八年级学生的人际关系，结果表明全省有超过半数的初中生面临一种或多种人际困扰，不良人际关系会负向预测影响个体成长的四个关键因素，即自我认知、责任感、网络依赖、主观负担感。本研究说明初中生的人际关系现状令人担忧，必须重视人际关系在初中生心理环境建设中的作用。

【关键词】 初中生；人际关系；心理环境

近年来，我国中学生心理问题呈逐年增多趋势。特别是新冠肺炎疫情发生后，学生轻生自杀等极端事件有所增加，到底是什么原因导致这些正值花季的少年选择走上错误道路，这不仅是广大教育从业者关注的焦点，而且是整个社会的心之所系。其实任何一个人的心理崩塌都并非在一朝一暮间突然发生的，如果回溯这些少年的成长经历，大都可以在其糟糕的人际关系中找到缘由。有研究发现，人际关系对中学生的心理发展起重要作用，良好的人际关系可以促进其心理健康的发展，而人际关系较差的学生更容易出现抑郁和更严重的网络依赖，也更容易被卷入校园欺凌。

进入初中后，学生直面更加复杂的人际关系。一方面，学生因为日益加重的学业压力和青春期自我意识的迅速觉醒，与家长之间的摩擦频频；另一方面，在社会化的过程中，同伴和教师对学生的影响变得更加重要。本文基于浙江省2019年初中教育质量监测（以下简称"监测"）对八年级学生的亲子关系、师生关系和同伴关系的调查，聚焦初中生中不良人际关系的基本情况和群体差异，研究影响不良人际关系的环境因素和不良人际关系对个人成长的潜在危机，以期引发社会关注重要人际关系在中学生心理环境构建中的作用，为改善中学生人际关系提供有针对性的对策建议。

---

① 段少华，浙江师范大学硕士研究生；李菲茗，浙江师范大学特聘教授。

一、初中生不良人际关系的现状

（一）不良人际关系的分类

本研究的数据来源于对刚从八年级升入九年级的浙江省学生的调查，本次监测抽样采用多阶段概率比例规模抽样调查法，在全体学生中抽取7%作为样本，共有730所初中的43668名学生参与调查，完成学科试题以及其他问卷，本研究选取了学生问卷中人际关系的相关题目，有效问卷为37228份。

初中生的交往对象主要有同学、教师和家长三类。因此本研究从同伴关系、师生关系、亲子关系来研究初中生的人际关系。三种关系的测量均使用五点量表，将平均分2分以下划定为关系不佳，统计在本次监测中初中生三种关系不佳各自所占的比例。

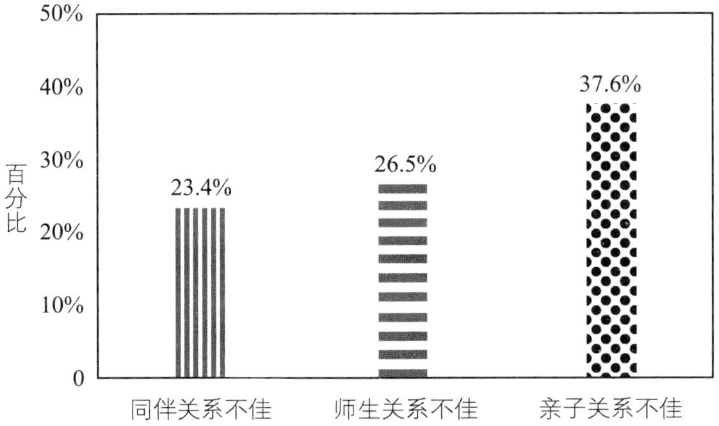

图1　本研究中初中生三种人际关系不佳的比例

由图1可知，初中生在人际关系中困扰最大的是亲子关系（37.6%），其次是师生关系和同伴关系。

为了对初中生的各种人际关系有更明晰的认识，根据三种人际关系状况的组合，将学生划分为八种情况，即三种关系均不佳、三种关系中有两种关系不佳、三种关系中仅一种关系不佳以及三种关系均良好，如下页表1所示。

表1　人际关系分布情况

	同伴关系不佳	师生关系不佳	亲子关系不佳	占比(%)
三种关系均不佳	✓	✓	✓	9.6
同伴和亲子关系不佳	✓		✓	5.3
同伴和师生关系不佳	✓	✓		3.4
师生和亲子关系不佳		✓	✓	7.6
仅同伴关系不佳	✓			5.2
仅师生关系不佳		✓		6.0
仅亲子关系不佳			✓	15.1
三种关系均良好				47.9

观察表1可知，全省样本中有52.2%的学生面临一种或多种人际关系不佳的困扰，其中仅亲子关系不佳的学生比例最高，为15.1%，师生关系和同伴关系均不佳的比例最低，为3.4%，可见在所有的组合中亲子关系不佳更易伴有其他关系不佳；值得关注的是，三种关系均不佳的比例也高达9.6%，这部分学生的心理状态令人担忧。

（二）人际关系不佳学生的典型表现

为了探究人际关系不佳学生与人际关系良好学生在不同人际关系中的差别，发现其在人际交往中实际面临的困扰，我们比较了三种关系均不佳与三种关系均良好的学生在同伴关系、师生关系以及亲子关系典型例题上的平均分。

通过对比三种关系均不佳和三种关系均良好学生在不同典型例题上的平均分，我们发现，三种关系均不佳的学生五道典型例题的得分都低于三种关系均良好的学生，从中可以窥见不良人际关系对学生学习、生活的广泛影响。

在同伴关系中，在“我觉得身边的同学关心我”这道题上，差异最大(见下页图2)；在师生关系中，在“我和我的老师相处融洽”和“我的老师会倾听我的话”两道题上，差异最大(见下页图3)，说明人际关系不良的学生在师生关系方面面临最大的困扰是倾听和融洽相处；在亲子关系中，在父母支持孩子学习方面，两种学生的差距最小，而在父母对孩子的尊重和理解方面，两种学生的差距最大(见后文图4)，说明相比人际关系较好的学生，三种关系均不佳的学生的亲子关系困扰主要集中在父母缺少对孩子的尊重和理解方面。

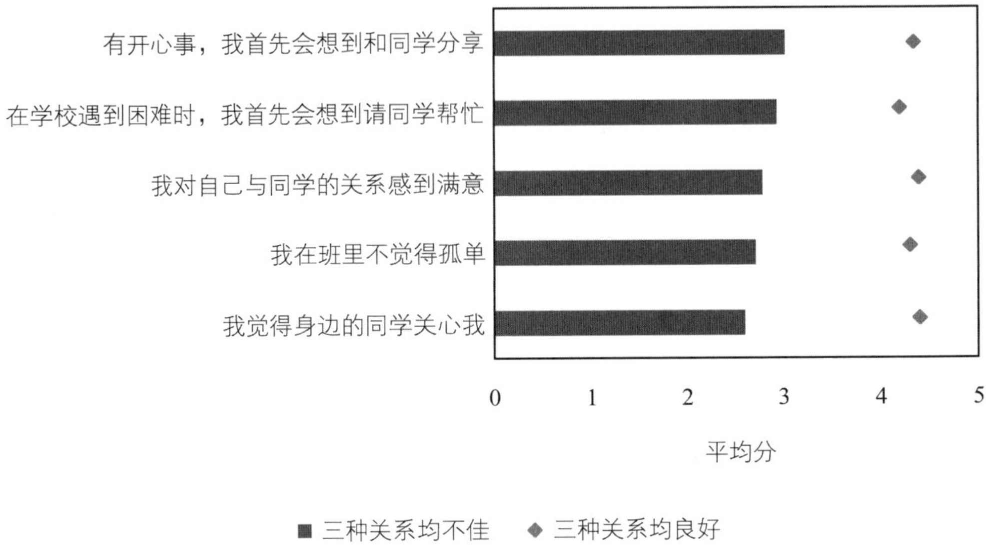

图2　同伴关系典型题对比

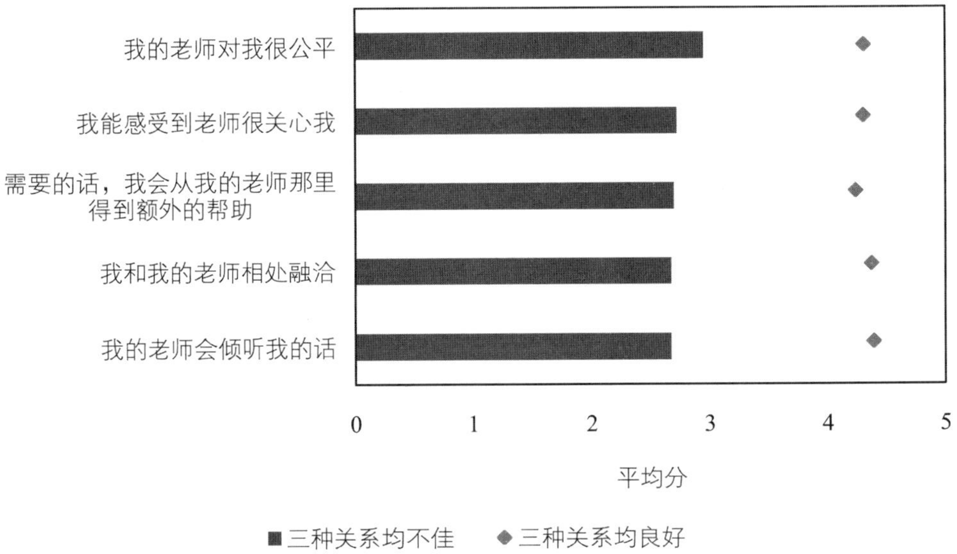

图3　师生关系典型题对比

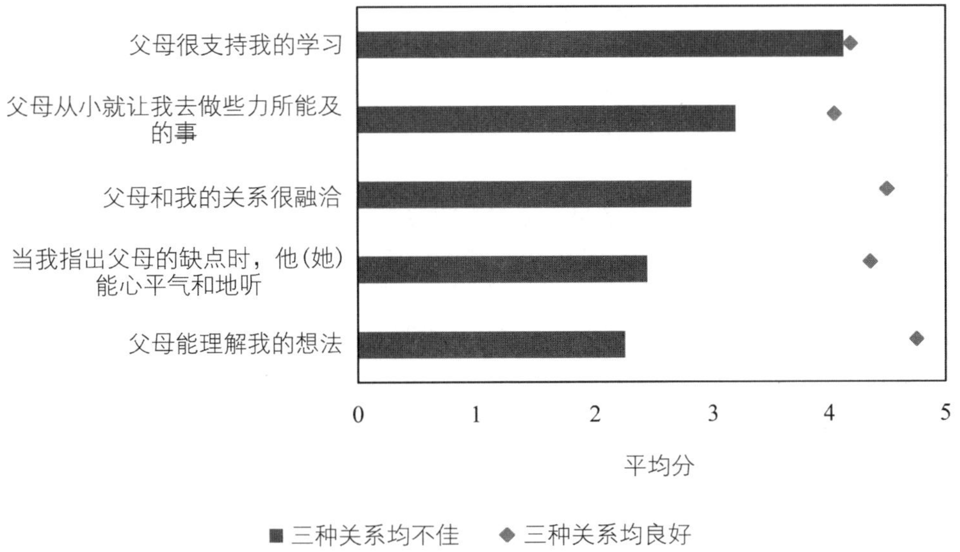

图4　亲子关系典型题对比

二、不良人际关系的群体差异

为了探究不良人际关系的学生在不同群体中的区别，我们分别比较了同伴关系不佳、师生关系不佳、亲子关系不佳三种类型的学生在不同群体中的分布比例，并利用卡方检验验证该群体之间是否具有统计学上的显著差异。

（一）不良人际关系的性别差异

表2　不良人际关系的性别差异

	性别		χ^2
	男	女	
同伴关系不佳	23.1	23.6	1.19
师生关系不佳	27.3	25.7	13.19***
亲子关系不佳	39.5	35.6	60.85***
三种关系均不佳	9.8	9.4	2.88

说明：***表示$p<0.001$。

从表2可知，男生的师生关系不佳（$\chi^2=13.19$，$p<0.001$）和亲子关系不佳（$\chi^2=60.85$，$p<0.001$）的比例显著高于女生，而女生的同伴关系不佳的比例高于男生（$\chi^2=$

1.19，$p>0.05$），但没有显著差异。这说明相比女生，男生在师生关系和亲子关系上面临的困扰更大。

（二）不良人际关系的地域性质差异

表3　不良人际关系的地域性质差异

	地域性质			χ^2
	城市	县城	乡镇农村	
同伴关系不佳	21.0	21.7	25.7	98.09***
师生关系不佳	22.3	25.7	29.3	162.81***
亲子关系不佳	35.9	34.8	40.1	90.73***
三种关系均不佳	8.0	8.6	11.0	93.19***

说明：***表示 $p<0.001$。

从表3可知，不同地域性质的学生在四种不良人际关系上比例均有显著差异，其中乡镇农村学生在四种不良人际关系上的比例均高于其他群体，县城学生的师生关系和同伴关系不佳的比例高于城市，而城市学生亲子关系不佳的比例略高于县城。这说明乡镇农村学生在各种人际关系方面的困扰是最多的，县城学生在师生和同伴关系方面存在较多困扰，而城市学生的亲子关系相对较差。

（三）住校生与走读生的不良人际关系差异

表4　住校生与走读生的不良人际关系差异

	住校	走读	χ^2
同伴关系不佳	25.1	22.5	31.17***
师生关系不佳	27.1	26.2	3.41
亲子关系不佳	35.2	38.7	43.10***
三种关系均不佳	9.7	9.5	0.31

说明：***表示 $p<0.001$。

如表4所示，住校生同伴关系不佳的比例显著高于走读生（$\chi^2=31.17$，$p<0.001$），师生关系不佳的比例略高于走读生（$\chi^2=3.41$，$p>0.05$），而走读生亲子关系不佳的比例显著高于住校生（$\chi^2=43.10$，$p<0.001$）。这说明住校生在同伴关系和师生关系上有

更多困难,而走读生在亲子关系方面面临更大困扰。这可能是因为初中生正值青春期,情绪具有不稳定性和两极性,走读生和父母接触的时间和机会比较多,更有可能产生摩擦和冲突,另一方面,也可能是因为住校生在校与同伴相处的时间更长,更易卷入同伴间的人际问题中。

(四)照顾者不同的学生的人际关系差异

表5 照顾者不同的学生的人际关系差异

	主要照顾者				χ^2
	父母双亲	父亲	母亲	其他亲朋	
同伴关系不佳	21.7	31.1	28.0	30.1	214.83***
师生关系不佳	25.2	33.2	29.6	32.0	124.36***
亲子关系不佳	35.4	49.3	42.7	45.9	275.29***
三种关系均不佳	8.7	14.6	11.4	13.5	138.42***

说明:***表示$p<0.001$。

表5结果表明,不同照顾者对三种人际关系的影响规律相近。父母双亲一起照顾的最好,主要照顾者仅是母亲的次之,再次的是委托其他亲朋照顾,当主要照顾者仅是父亲时,各种人际关系不佳的比例最高。当主要照顾者仅是父亲时,对亲子关系的影响较大,对其他关系也有一定影响。当主要照顾者是父亲时,初中生亲子关系不佳的比例最高(49.3%),当主要照顾者是父母双亲时,亲子关系不佳的比例相对较低(35.4%)。这可能和父母与孩子的相处模式的差异有关,中国人讲究“严父慈母”,父亲更多时候扮演严格的角色,当父亲与子女发生冲突时,母亲可以在中间起调节作用,减少亲子冲突,当父亲单独照顾子女时,这种调节消失,亲子冲突加剧。进一步来说,这可能与母亲的女性特质有关,女性在教育孩子中有更加细腻和耐心的一面,这是男性相对比较缺少的,这也解释了为什么其他亲朋(往往是女性)照顾下的孩子的亲子关系优于父亲单独养育情况。

（五）留守儿童与流动儿童的人际关系差异

表6　留守儿童与流动儿童的人际关系差异

	留守儿童	流动儿童	χ^2
同伴关系不佳	31.2	24.0	65.07^{***}
师生关系不佳	33.1	26.6	50.39^{***}
亲子关系不佳	46.1	40.5	31.33^{***}
三种关系均不佳	14.0	9.9	40.04^{***}

说明：***表示$p<0.001$。

从表6可知，留守儿童在同伴关系不佳（$\chi^2=65.07$，$p<0.001$）、师生关系不佳（$\chi^2=50.39$，$p<0.001$）、亲子关系不佳（$\chi^2=31.33$，$p<0.001$）以及三种关系均不佳（$\chi^2=40.04$，$p<0.001$）的比例均显著高于流动儿童，这说明农村的留守儿童面临更多的人际关系的困扰。其中接近一半（46.1%）的留守儿童存在亲子关系不佳的困扰，这个比例不仅显著高于流动儿童（40.5%），更显著高于全省平均比例（37.6%），这说明留守儿童在亲子关系方面的问题最大。这些可能和父母长期在外工作导致儿童和父母之间的关系生疏有关，得不到良好的家庭教育也会对孩子的成长造成一定的负面影响。

（六）不同学业水平学生的不良人际关系差异

由图5可知，初中生的学业水平对其人际关系有一定影响。随着学业水平的提高，各种人际关系不佳的比例均呈现下降趋势。其中师生关系低的比例变化最大（27.8%），这既说明成绩对师生关系的影响最大，也说明良好的师生关系有利于学生取得好成绩。尽管学生的学业成绩对亲子关系有一定的影响，但从统计结果来看，亲子关系受子女成绩的影响最小。可见，目前学生面临的人际关系问题中有一部分来自学习问题或者因为学习问题而加剧。然而，图中也显示，即使是学习成绩最优秀的学生中也有5%在三种关系上都不佳，这些学生学业的优秀常常使我们忽视他们潜在的心理隐患。

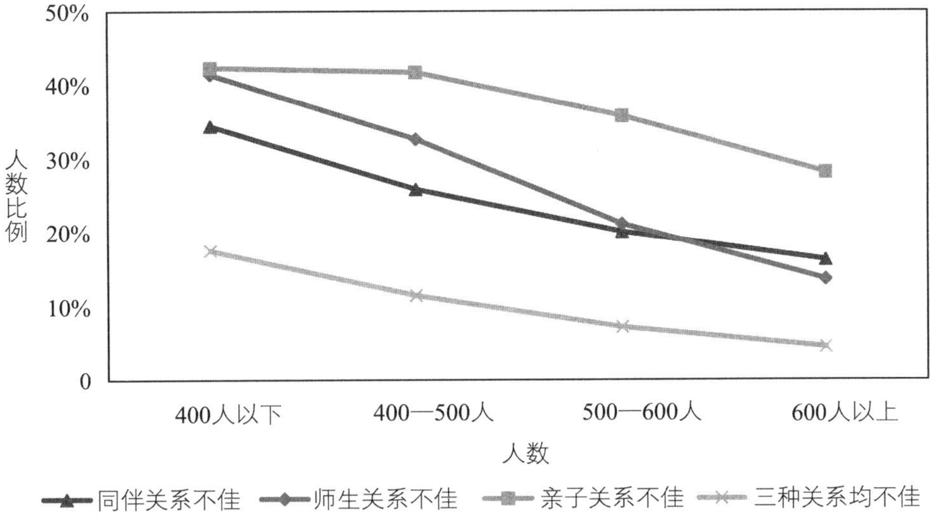

图5　不同学业水平学生的不良人际关系差异

三、不良人际关系对个体成长的影响

初中生正值自我意识发展的重要时期，受生理上身体迅速发育的影响，自我意识也开始快速发展。自我认知是自我意识的重要组成部分，反映了个体在成长过程中对自身的连续性、同一性的认识；责任感是社会和谐安定的重要保障，初中阶段正值自我责任和社会责任形成和发展的重要时期。而在这个过程中，初中生也易面临一系列的心理社会问题，比如网络成瘾和学业压力。

为了深入探究初中生在自我意识飞速发展阶段的人际关系对个体成长的影响，我们重点分析了人际关系不良的初中生的自我认知、责任感、网络依赖、主观负担感等四个与心理问题最相关的指标，分别比较各种不良人际关系组合形式下，不良人际关系对四种因素的影响。从结果呈现的可读性以及结果的可比性角度出发，图6是两种关系不佳和三种关系均不佳的比较，图7是仅一种关系不佳与三种关系均不佳的比较。

对比图6和图7可以发现，三种关系均不佳的学生在自我认知、责任感、网络依赖和主观负担感上得分均低于仅一种关系不佳以及两种关系不佳的学生，表现出不良人际关系对四个因素的负向影响，说明不良人际关系确实影响学生心理。

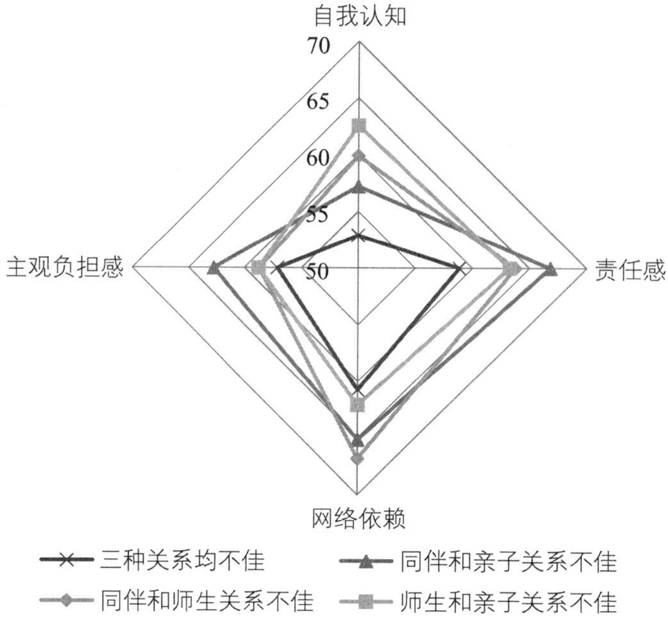

图6　三种关系中两种人际关系不佳对个体成长的影响

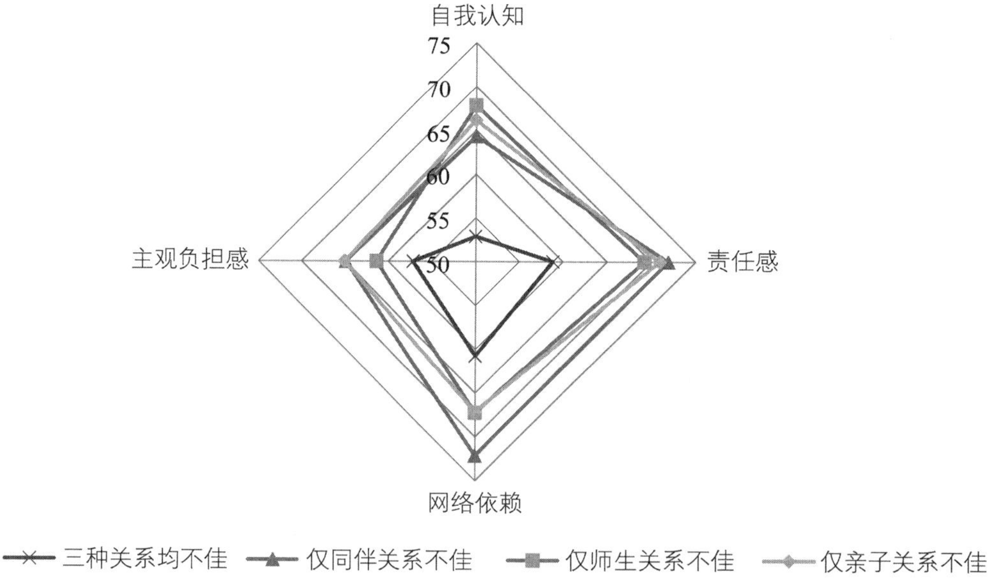

图7　三种关系中仅一种人际关系不佳对个体成长的影响

观察图6可以看出，两种关系不佳的学生在自我认知等因素得分上表现出差异，同伴和亲子关系不佳的学生在自我认知上得分最低，即负向影响最大；同伴和师生关系不佳对主观负担感的负向影响最大；师生和亲子关系不佳的学生对网络依赖和责任感的负向影响最大，对主观负担感的负向影响也较大。而观察图7发现，仅同伴关系不佳对自我认知的负向影响最大，仅亲子关系不佳对网络依赖的负向影响最大，而仅师生关系不佳对主观负担感的负向影响最大。

为了进一步探究三种不良人际关系对个体成长的影响，在控制家庭社会经济地位（Socioeconomic Status，简称SES）后，以同伴关系不佳、师生关系不佳以及亲子关系不佳为自变量，分别以自我认知、责任感、网络依赖、主观负担感为因变量做回归分析。

表7　不良人际关系和影响因素的回归分析

	自我认知	责任感	网络依赖	主观负担感
同伴关系不佳	−0.254***	−0.132***	−0.044***	−0.087***
师生关系不佳	−0.140***	−0.229***	−0.154***	−0.213***
亲子关系不佳	−0.236***	−0.194***	−0.214***	−0.126***
R^2	0.234	0.187	0.133	0.121

说明：***表示$p<0.001$。

表7的回归结果显示，三种不良人际关系均对自我认知、责任感、网络依赖、主观负担感有显著的负向预测作用，其中同伴关系不佳（$\beta=-0.254$，$p<0.001$）和亲子关系不佳（$\beta=-0.236$，$p<0.001$）对自我认知的预测作用更大，师生关系（$\beta=-0.229$，$p<0.001$）对责任感的预测作用更大。三种不良人际关系对自我认知、责任感、网络依赖、主观负担感的解释率分别为23.4%，18.7%，13.3%，12.1%，可见不良人际关系对自我认知的综合解释率最高。

进一步观察，我们可以发现，亲子关系不仅对自我认知（$\beta=-0.236$，$p<0.001$）的影响比较大，而且对责任感（$\beta=-0.194$，$p<0.001$）、网络依赖（$\beta=-0.214$，$p<0.001$）、主观负担感（$\beta=-0.126$，$p<0.001$）这三个因素的影响也很大。因此在所有的负向影响中，亲子关系不佳对这些与心理相关的指标危害最大。

再进一步，不良人际关系对个体发展的负向影响是否会受到其他因素的调节？如果存在调节变量，那么这些调节变量既可以用来帮助个体缓解不良人际关系对其发展的负面影响，也可以为教育者开阔帮助学生健康成长的视野。兴趣爱好和体育锻炼是丰富个体精神世界、缓解压力以及建立友谊的重要媒介，因此我们选择兴趣爱好和体育锻炼来检验其是否能够调节不良人际关系对个体成长的影响。

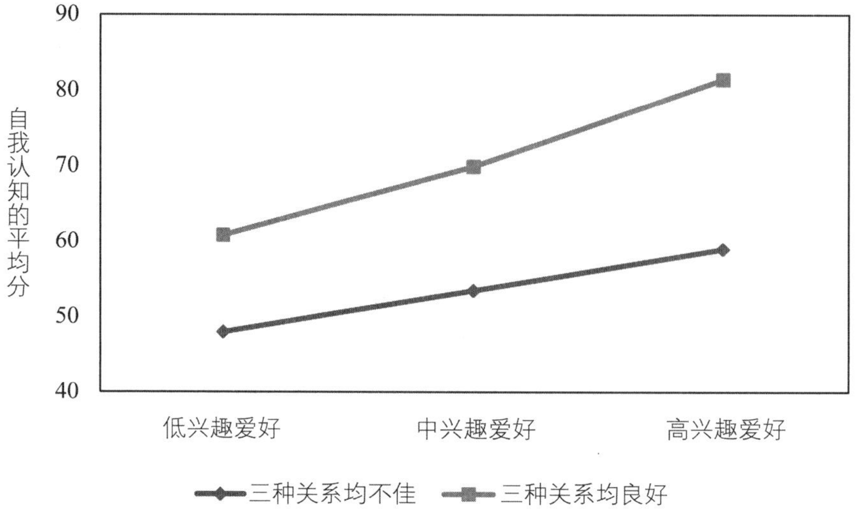

图8　兴趣爱好对人际关系和自我认知的调节作用

图8的简单斜率分析表明，三种关系均良好的学生的自我认知可以随着兴趣爱好的增加而有效提高，而三种关系均不佳的学生的自我认知受兴趣爱好的影响比较弱。统计发现，体育锻炼在人际关系和自我认知中也起相似的调节作用。这说明人际关系较好的学生可以通过培养兴趣爱好或者加强体育锻炼来提高自我认知，但对于人际关系较差的学生而言，这种方法对自我认知的提升比较微弱。

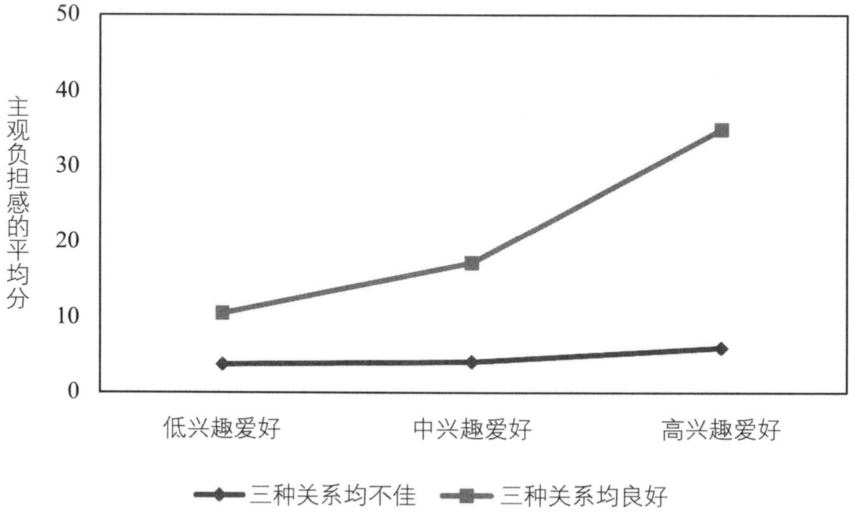

图9　兴趣爱好对人际关系和主观负担感的调节作用

观察图9可知，三种关系均良好的学生的主观负担感随着兴趣爱好的增多而明显改善（主观负担指数越高，主观负担感越小），而三种关系均不佳的学生的主观负担感受几乎没有因为兴趣爱好增加而改善。体育锻炼对人际关系和主观负担感的调节作用与兴趣爱好相似。这说明对于人际关系较好的学生来说，培养兴趣爱好或者加强体育锻炼可以显著改善主观负担感，但是对于人际关系较差的学生而言，兴趣爱好和体育锻炼对主观负担感的影响几乎没有。

通过以上结果可以看出，不良人际关系对个体成长的负面影响是比较深入的，很难通过兴趣爱好、体育锻炼等方法来削弱。对教育者而言，如果想要学生更健康地成长，建设良好的心理环境，那么帮助学生建立和维持良好的人际关系是未来工作中绕不开的课题。

四、结论及建议

（一）结论

本文基于监测数据，研究了初中生人际关系的现状以及其与个体成长的关系，得出以下结论：

一是初中生的人际关系整体情况堪忧，52.1%的初中生面临一种或多种人际关系困扰，9.6%的学生同时面临亲子、师生与同伴关系的三重困扰。

二是初中的不良人际关系存在群体差异，比如乡镇学生、留守儿童等群体的人际关系问题亟待关注。

三是初中生的不良人际关系会负向影响个体成长的四个关键因素，即自我认知、责任感、网络依赖、主观负担感。兴趣爱好和体育锻炼对这种影响的调节作用也十分微弱。

（二）建议

鉴于以上结论，为帮助初中生建设良好的心理环境，我们提出如下建议：

1. 认识青春期发展规律，建立平等、尊重的亲子关系。

在不良人际关系中，亲子关系不佳的情况最为严重，有37.6%的学生存在亲子关系困扰。观察亲子关系典型题的分析可以发现，亲子关系问题主要体现在父母对孩子理解和尊重不足等问题上，而且在对群体差异的分析中也可看到亲子关系好坏与主要照顾者有关。

初中生进入青春期，自我意识增强，内向的体验更加深刻，情感生活越来越重要，强烈追求独立和自尊。他们容易将父母曾经给予的各种生活和情感上的照顾和关心看作对自身独立的阻碍，也容易将教师和其他人的指导和教诲看作对自身发展的束缚。从亲子关系的典型题测试看，这一年龄段亲子关系的主要矛盾在于理解和尊重。父母应该正确认识青春期发展规律，停止大包大揽的关怀，认真倾听子女的意见，尊重他们的选择，要给子女犯错的机会和成长的空间，建立平等、尊重的亲子关系。改善亲子关系的关键是改进父母的教育理念和教育行为，学校、社区应定期组织家长沙龙，普及家庭教育的正确理念和行为模式，关注特殊家庭，并给予必要的干预。

2. 关注乡镇农村学生人际关系困扰，为住校生营造良好的校园氛围。

学生人际关系问题存在地域差异，并因生活环境而有所不同。乡镇农村学生的人际关系困扰显著高于城市和县城学生，而和其他地域差异相比，差异性最大的是师生关系，这可能与乡镇农村学校留守儿童较多，家校沟通交流受阻有关，也与教师、学生间心灵沟通不足有关。另外，住校生的同伴关系和师生关系较差，这也是现实中存在的情况，住校生与同学、教师的接触多、冲突多，矛盾自然更多一些，问题是如何化解，这需要学校和教师的共同努力，在校园文化建设与学校管理的精细化以及学生自主管理相结合上多做些文章。

这提示我们必须关注乡镇农村留守儿童和住校生的心理健康建设。对于留守儿童，由于家长的缺位，以及家长各方面条件的限制，要家长在教育和培养孩子的过程中多付出一些精力和时间恐怕是力所不能及的，学校和教师只能提醒家长在思想和行动上通过各种方式关心孩子的一言一行和心理健康，做好家校沟通工作，多从学校、同学等多方面了解孩子的情况，通过线上等多种形式多陪伴孩子，让孩子感受到温暖如一的爱与关怀。学校也要加强对留守儿童的关注，关注留守儿童的心理健康，为其营造良好的成长环境，要加强和家长的沟通，家校合作，共同帮助留守儿童健康成长。对于住校的学生，应该致力于创造温馨的集体环境，师生齐心缔造“校家”，建立健全精细化自主管理，让学生度过有归属感、有安全感的校园生活。

3. 学业成绩与师生关系相关性很大，应该端正教师的学生观与业绩观。

相对于其他人际关系，初中生的师生关系不佳与学业成绩的相关性更显著，学业表现更差的学生，师生关系的困扰越大。这种情况可能和教师对学生学业成绩的过度关注使师生关系较为脆弱有关。这也和现实情况比较吻合，因为现行的升学制度以及教师的绩效考核大多以学生成绩为主要考量，所以很多教师在和学生相处时容易受到成绩的影响，更为器重学业成绩优秀的学生。教师应该正确定位育人角色，认识到育分仅仅是其中一个重要环节而已，一定要真正做到有教无类，真正平等地看待每一个学生。

在现实中，师生关系和学生的学业表现是相互影响的关系，良好的师生关系有助于提高学生的学习热情和学习兴趣，促进学业进步，而学生良好的学业表现有助于教师提高教学热情和增加与学生的良好互动。构建和谐的师生关系，互动行为至关重要，比如关心学生、表扬学生、鼓励学生都是非常有效的互动行为；教师注重自我认知的多元化发展，由教导者向研究者、合作者和引路人的角色转变，多从学生角度思考问题，建立平等、互相尊重的师生关系。学校也应该为师生相互了解创造更多的机会，开展丰富多彩的师生同乐活动。更深一层来说，当前对教师的考核制度也应该因时因地制宜，不应该只以学生的学业成绩为主要指标，当前教育改革的政策也应该更加落地，将学生的身心健康发展放在更重要的位置上。

4. 同伴关系对自我认知的影响较大，构建包容合作、自尊互爱的校园氛围。

本研究发现，相比亲子关系和师生关系，同伴关系对学生的自我认知的影响更大。同伴关系是青少年社会化过程中的重要因素，良好的同伴关系有助于青少年形成正确的世界观、人生观、价值观，有利于青少年自我和人格的健康发展，同时同伴关系还是儿童未来心理健康水平的预报因子。

学校应致力于构建包容合作、自尊互爱的校园氛围，为学生发展良好的同伴关系提供保障。提供更加多元化的课程选择和社团组织体系，为学生提供更多的机会去自主构建同伴关系。在传统的模式下，学生的同伴关系的建立主要围绕同班同学展开，这就极大地限制了学生关系建立的范围和方式，但是多元的课程和社团可以给学生更多的机会去自主选择自己的同伴关系，在多元化关系的构建中学生的社会化也会得到极大的发展。

5. 重点关注“三低”学生，为其提供必要的心理援助。

同伴关系、师生关系和亲子关系构成学生的心理环境。安全的心理环境是学生健康成长的基础支持。我们要关注同伴关系、师生关系和亲子关系均不佳的学生（简称为“三低”学生），预防他们面对挫折或冲突时出现极端反应。根据本研究，“三低”学生约占全体学生的9.6%，不良的人际关系对学生成长的消极影响很难通过兴趣爱好或体育锻炼等外部的调节来改善。这可能是因为“三低”学生一旦遇到压力或者挫折事件，消极反应较为强烈。而且，如果这三种社群关系不能及时为“三低”学生提供支持和帮助，这类学生很容易陷入孤立无援的境地。联想现在社会上发生的一系列学生自杀事件，除了学业压力大，最重要的原因是得不到家人和同伴的理解和支持，在遇到困难的时候，没有及时获得可利用的社群关系支持，从而陷入孤独和无助的境地。因此“三低”学生是需要重点关注的群体，需要提供特殊的持续的干预。

学校应该加强对“三低”学生的关注，建立数据库，持续追踪这类学生的心理健康动态，进行有针对性的团体辅导和心理咨询。通过心理健康课程等各种课内外的丰富活动帮助学生唤醒获得支持的主观感受，增加和提升他们可接受求助的机会和水平，提高学生在遇到挫折时能有效利用周边社会支持的能力，以及时求助他人或者整合资源解决问题。

【参考文献】

[1] 席玮，马立平.青少年心理健康的影响因素与群体差异——基于CEPS数据的多水平分析[J].统计与信息论坛，2018(4)：117－124.

[2] 李菲菲，罗青，周宗奎，等.大学生羞怯与网络交往依赖的关系：人际交往困扰的中介作用[J].中国临床心理学杂志，2012(2)：182－184.

[3] 胡咏梅，李佳哲.谁在受欺凌——中学生校园欺凌影响因素研究[J].首都师范大学学报(社会科学版)，2018(6)：176－190.

[4] 林崇德.发展心理学(2版)[M].北京：人民教育出版社，2009.

[5] 叶嘉妮.初中生师生关系结构与学业成绩的实证研究——以上海市某中学为例[J].当代教育论坛，2019(2)：98－104.

浙江省中学生的理想期望现状调查

周孟秋　李菲茗①

【摘要】 本研究基于2019年浙江省初中教育质量监测数据，调查了中学生的职业理想选择现状。通过调查发现，中学生的职业理想选择多元、丰富且出现了新兴职业，但传统职业依然占主流；中学生选择的理想职业相对于社会需求的职业仍存在差距；男生、女生在职业理想的选择上有较为明显的差异；学生的家庭经济状况、兴趣爱好类型与其确定自己的职业目标有关。调查结果表明，职业生涯教育作为学生了解不同职业的重要途径之一，在中学设置相关课程十分有必要。

【关键词】 中学生；职业理想；职业选择；职业生涯教育

一、引言

青春期作为个体发展的重要时期，是自我认知整合和发展的关键阶段，个体由于没有形成稳定的个人特质和兴趣，也没有发展和形成自我同一性，因此会不断探索对自我的认识。舒伯的生涯发展论认为，个人生涯受到自我概念的影响，而职业的选择也是个体自我概念的实现。中学生正处在职业认同阶段的探索期，也处在未来职业生涯发展探索的重要时期。目前高考改革中的自选科目模式和志愿填报模式，正倒逼中学生更早考虑与选择未来的生涯发展方向。他们虽然离实际择业还有较长的时间，但个体已经开始形成朦胧的职业倾向性并逐渐明确自己初步的职业选择范围，并为此进行知识储备和技能训练。

但是，由于缺乏引导，很多学生和家长到高考填报志愿时才来考虑未来的发展方向，匆忙寻求学校和专业人士的帮助，这一现状恰恰说明了职业生涯教育的迫切性。首先，当下学校实行的课程授课模式让学生更加重视短程的学习目标，却鲜有时间去思考自己长期的职业生涯目标，而只有当学生更恰当地认识目标，才能更好地将外部诱因变为内部需要，使其进一步成为学习的动力；其次，职业生涯发展是一个贯穿个体始终的过程，本应从小渗透，然而目前学校缺乏这方面的辅导，学生缺乏接触和了

① 周孟秋，浙江师范大学硕士研究生；李菲茗，浙江师范大学特聘教授。

解社会的途径,对职业的了解甚少,难以使用准确的语言描述自己的志愿。

因此,2019年浙江省初中教育质量监测中加入了对中学生理想志向的调查。一方面了解和掌握中学生的理想现状,另一方面基于不同区域性质、性别、家庭经济情况、偏科、兴趣爱好,对学生理想选择的群体差异进行分析和讨论,并结合国际上职业生涯教育的经验,进行建设性的讨论。

二、研究设计

(一)研究问题

1. 当下浙江省中学生的理想期望情况如何?
2. 不同地区、性别、家庭经济情况、偏科、兴趣爱好的学生在理想志向上有什么不同?
3. 仍未确定理想志向的学生有怎样的特征?

(二)数据样本

本次监测对象为2019年9月刚从八年级升入九年级的学生。抽样采用多阶段概率比例规模抽样调查法,在全体九年级学生中抽取约7%(共43668名)的学生参加调查,回收到有效问卷回答37228份,具体的群体信息见表1。

表1 参与调查学生的性别、所属地区的人数情况

变量		频次	占比(%)
性别	男	18762	50.4
	女	18466	49.6
地区性质	城市	9498	25.5
	县城	10182	27.4
	乡镇农村	17548	47.1
偏科	全科均衡	4353	11.7
	语文偏科	2027	5.4
	数学偏科	2460	6.6
	科学偏科	2260	6.1

本研究还依据本次监测的三个重点科目成绩是否为A等将学生进行分类,重点关注全科均衡、语文偏科、数学偏科、科学偏科的四类学生。语文、数学、科学均为A等的学生为全科均衡,仅有一门为A等的学生为语文偏科、数学偏科或科学偏科。

（三）数据处理与使用工具

通过学生问卷中的“我未来的理想职业是(请填写一个)________”一题获得学生填写的职业理想,使用SPSS软件对职业理想进行处理和归类,将部分非常类似的职业合并归类,最终得到106种职业。

同时,一个时代的职业丰富性是体现社会多元化和包容性的途径之一,因此本文引用了生态学的Shannon-Wiener多样性指数和Pielou均匀度指数分别用于描述学生理想期望的丰富和均匀程度。Shannon-Wiener多样性指数(H')用于测量群落的异质性,即H'越大则不确定性越高,意为学生的理想丰富性程度越高,反之则越低;Pielou均匀度指数(J')是对不同物种在数量上接近程度的衡量,即J'越接近1则均匀度越高,意为选择每种职业的人数越接近,反之越接近于0则均匀度越低。丰富度和均匀度指标的计算使用R语言中的vegan包。

三、研究结果

（一）全省分布情况

在浙江省参与调查的学生中,有91.3%的学生已有明确的理想职业,还有8.7%的学生没有填写或填写无效,这个结果并不奇怪。因为青春期是个体形成自我同一性的关键期,是个体对“我是谁”“我将来的发展方向”以及“我如何适应社会”等问题的主观感受和意识进行探索的时期,对处于这个迷茫与探索未来的特殊时期的个体而言,该情况符合他们的特点。

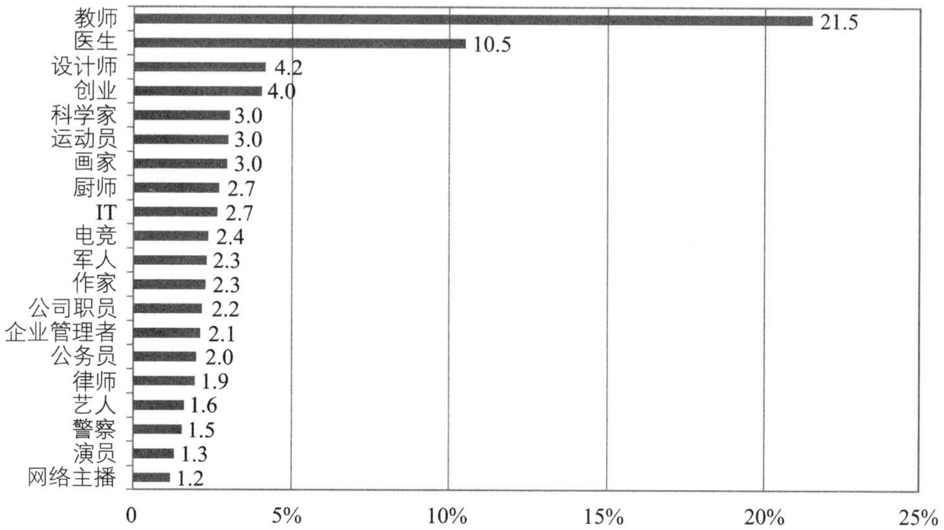

图1　浙江省学生选择的前20种理想职业

由图1可知，在全省学生选择的前20种理想职业中，选择“教师”的比例最高（21.5%），其次是“医生”（10.5%），再次为“设计师”（4.2%）。虽然选择传统职业的人数的占比较高，但也出现了“电竞”（2.4%）、“网络主播”（1.2%）等新兴职业。全省的学生群体对应的Shannon-Wiener多样性指数为3.251，Pielou均匀度指数为0.699，说明全省学生的职业选择丰富度高，但中等均匀，中学生主要选择了“教师”和“医生”。

（二）性别

表2　男女生选择的前10种理想职业

排名	职业（男生）	百分比（%）	职业（女生）	百分比（%）
1	教师	13.1	教师	30.1
2	医生	7.4	医生	13.6
3	创业	5.5	设计师	6.7
4	运动员	5.5	画家	4.5
5	科学家	5.2	作家	3.0
6	IT	4.7	律师	2.8
7	电竞	4.5	创业	2.6
8	军人	4.0	护士	2.2
9	厨师	3.7	艺人	2.0
10	企业管理者	3.1	公务员	1.9
	无	12.4	无	5.0

表3　男生和女生的理想职业选择情况

仅男生有			共同职业					仅女生有		
			男生		职业	女生				
百分比（%）	位次	职业	百分比（%）	位次		位次	百分比（%）	职业	位次	百分比（%）
			13.1	1	教师	1	30.1			
			7.4	2	医生	2	13.6			
			5.5	3	创业	7	2.6	设计师	3	6.7

续表

仅男生有			共同职业					仅女生有		
			男生		职业	女生				
百分比(%)	位次	职业	百分比(%)	位次		位次	百分比(%)	职业	位次	百分比(%)
5.5	4	运动员						画家	4	4.5
5.2	5	科学家						作家	5	3.0
4.7	6	IT						律师	6	2.8
4.5	7	电竞						护士	8	2.2
4.0	8	军人						艺人	9	2.0
3.7	9	厨师						公务员	10	1.9
3.1	10	企业管理者								
			12.4		无		5.0			

由表2与表3可知，男女生在前10位的职业理想选择重合度不高，共同职业理想仅有教师、医生、创业，其中只有创业的排名不一致，并且男生的选择人数占比高于女生；而虽然男女生的理想职业选择的前两位均为“教师”和“医生”，但女生选择“教师”和“医生”的占比分别为30.1%和13.6%，明显高于男生的13.1%和7.4%。男女生的理想选择从第3位起出现差异，相比男生，女生更加集中偏好专业技术人员类的职业，但是不论男生还是女生，都没有涉及农、林、牧、渔业生产及辅助人员和生产制造及有关人员类的职业。从尚未确定理想职业的学生占比看，男生(12.4%)明显高于女生(5.0%)，说明女生对于未来的职业选择更加明确，而男生相对较为模糊，这符合不同性别个体在青春期的认知发展差异。

男生和女生的Shannon-Wiener多样性指数均大于2.5，分别为3.324、2.877，说明男女生所选的理想职业都较丰富，但是男生选择的多样性比女生高。在Pielou均匀度指数上，男生的均匀度指数高于女生(0.628)，为0.720，说明女生的选择更加集中，男生的选择更加均衡。

（三）地区性质

表4　不同地区的学生群体选择的前10种理想职业

排名	职业（城市）	百分比（%）	职业（县城）	百分比（%）	职业（乡镇农村）	百分比（%）
1	教师	19.9	教师	22.2	教师	22.0
2	医生	10.2	医生	11.2	医生	10.3
3	设计师	5.0	设计师	4.4	创业	4.1
4	创业	4.0	创业	4.0	厨师	3.8
5	科学家	3.8	科学家	3.5	设计师	3.6
6	画家	3.2	画家	3.2	运动员	3.1
7	运动员	3.2	作家	2.7	电竞	2.7
8	IT	3.1	运动员	2.7	画家	2.7
9	作家	2.7	公务员	2.7	军人	2.5
10	律师	2.3	IT	2.7	IT	2.4
	无	8.3	无	7.5	无	9.7

由表4可知，所有地区排名前两位的职业均为“教师”和“医生”，其中县城学生想成为“教师”的人数占比最高（22.2%）。城市和县城的学生前6位理想职业的选择一致，第3至6位依次是“设计师”“创业”“科学家”和“画家”，而乡镇农村学生的第3至6位选择依次是“创业”“厨师”“设计师”和“运动员”。据此可合理推测乡镇农村学生相对更愿意选择实务性的工作。在未确定理想职业的学生占比中，乡镇农村学生最高（9.7%），其次是城市学生（8.3%），最少的是县城学生（7.5%）。而在丰富度上，均是城市学生的Shannon-Wiener多样性指数和Pielou均匀度指数最高，分别为3.311、0.721，县城学生分别为3.200、0.699，乡镇农村学生分别为3.218、0.700，说明城市学生的职业理想选择更广、更均匀。

（四）家庭经济情况

在该部分中，我们定义：较高SES家庭子女是指社会经济地位位于全省从低到高的后四分之一学生，较低SES家庭子女是指社会经济地位位于全省从低到高的前四分之一学生。

表5　较高SES家庭子女和较低SES家庭子女选择的前10种理想职业

排名	职业（较高SES家庭子女）	百分比（%）	职业（较低SES家庭子女）	百分比（%）
1	教师	19.1	教师	23.7
2	医生	11.1	医生	9.7
3	设计师	5.5	厨师	4.4
4	科学家	4.5	创业	4.0
5	创业	3.9	设计师	3.3
6	画家	3.4	运动员	2.9
7	律师	3.3	军人	2.8
8	IT	2.9	画家	2.7
9	作家	2.9	科学家	2.5
10	运动员	2.8	公司职员	2.5
	无	7.3	无	10.0

表6　较高SES家庭子女和较低SES家庭子女的职业理想选择情况

仅较高SES家庭子女			共同职业					仅较低SES家庭子女		
			较高SES家庭子女		职业	较低SES家庭子女				
百分比（%）	位次	职业	百分比（%）	位次		位次	百分比（%）	职业	位次	百分比（%）
			19.1	1	教师	1	23.7			
			11.1	2	医生	2	9.7			
			5.5	3	设计师	5	3.3	厨师	3	4.4
			4.5	4	科学家	9	2.5			
3.3	7	律师	3.9	5	创业	4	4.0	军人	7	2.8
2.9	8	IT	3.4	6	画家	8	2.7			
2.9	9	作家	2.8	10	运动员	6	2.9	公司职员	10	2.5
			7.3		无		10.0			

由上页两表可得，较高SES家庭子女和较低SES家庭子女的职业理想选择重合较多，共同职业包括教师、医生、设计师、科学家、创业、画家、运动员，其中教师和医生为前两名，更多的较低SES家庭子女选择“教师”（23.7%），而更多的较高SES家庭子女选择“医生”（11.1%）；排名相差最大的是“科学家”的选择，较高SES家庭子女更愿意选择“科学家”（4.5%）。两类学生的选择从第3名开始出现差异，相比而言，家庭条件好一些的学生更倾向于选择创造性工作，而家庭条件一般的学生更倾向于选择实务性工作，如较高SES家庭子女的第3名是设计师，而较低SES家庭子女的第3名是厨师。这可能是由于家庭经济原因，较低SES家庭子女更希望找到前期投入不过大且短期回报稳定的工作以更好地保障生活，而有意识地避开需要前期教育投入大的职业，如“科学家”等。而在尚未确定职业理想方面，较低SES家庭子女（10.0%）比较高SES家庭子女比例更高，说明家庭经济情况的好坏会对学生的选择产生影响。而在丰富度上，较高SES家庭子女的Shannon-Wiener多样性指数和Pielou均匀度指数均更高，分别为$H'=3.280$，$J'=0.715$，而较低SES家庭子女为$H'=3.164$，$J'=0.696$，说明家庭条件稍差学生的职业理想选择更加集中。

（五）偏科

表7　不同偏科的学生选择的前10种理想职业

排名	全科		语文偏科		数学偏科		科学偏科	
	职业	百分比（%）	职业	百分比（%）	职业	百分比（%）	职业	百分比（%）
1	教师	22.6	教师	25.3	教师	21.7	教师	26.2
2	医生	12.3	医生	11.5	医生	12.1	医生	12.8
3	科学家	8.2	设计师	5.6	创业	4.6	科学家	4.2
4	IT	4.2	作家	4.1	科学家	3.9	设计师	4.1
5	设计师	4.2	创业	3.8	设计师	3.8	公务员	3.3
6	作家	4.1	画家	3.6	运动员	3.4	IT	3.3
7	律师	3.8	律师	3.1	IT	3.2	创业	3.2
8	公务员	3.3	公司职员	2.7	公务员	2.8	画家	2.9
9	创业	3.3	企业管理者	2.5	电竞	2.5	公司职员	2.7
10	企业管理者	2.7	IT	2.5	画家	2.5	律师	2.7
	无	4.3	无	5.9	无	7.7	无	4.9

由上页表7可知，前两位均为教师和医生，其中选择“教师”作为职业理想比例最高的是语文偏科学生（25.3%），最低的是数学偏科生（21.7%），选择“医生”的占比语文偏科的学生最低（11.5%）。而在第3—10名的职业理想中，语文偏科的学生更偏好于选择文科相关的职业，如“作家”（4.1%）、“律师”（3.1%），而数学偏科、科学偏科的学生更偏好于选择理工科相关的职业，如“科学家”；全科均衡的学生选择得更广一些，偏文科的“作家”“律师”以及偏理科的“科学家”这些职业的排名都较为靠前。说明学生的理想职业选择可能与其擅长的学科有关。在未做出理想职业选择上，四类学生均低于全省水平，其中全科均衡的学生最低，为4.3%。

（六）兴趣爱好

表8　不同兴趣爱好的学生选择的前5种职业

排名	体育运动		文学类		口语交际类		思维训练类	
	职业	百分比（%）	职业	百分比（%）	职业	百分比（%）	职业	百分比（%）
1	教师	19.3	教师	23.6	教师	25.5	教师	19.4
2	医生	9.8	医生	11.7	医生	8.9	医生	10.9
3	运动员	5.0	作家	6.3	律师	4.1	科学家	6.4
4	创业	4.8	设计师	4.6	设计师	3.7	IT	4.5
5	科学家	3.7	科学家	3.8	作家	3.4	创业	4.3
	无	8.8	无	6.1	无	6.2	无	7.3

排名	音乐类		美术类		科技类		网络游戏	
	职业	百分比（%）	职业	百分比（%）	职业	百分比（%）	职业	百分比（%）
1	教师	24.7	教师	24.7	教师	15.1	教师	17.1
2	医生	10.8	医生	10.8	医生	9.5	医生	9.1
3	设计师	5.3	设计师	5.3	科学家	6.3	创业	4.9
4	艺人	3.6	艺人	3.6	创业	5.1	电竞	3.9
5	创业	3.4	创业	3.4	IT	4.9	运动员	3.6
	无	5.9	无	5.5	无	8.5	无	10.5

排名	棋类		其他兴趣爱好		没有兴趣爱好	
	职业	百分比(%)	职业	百分比(%)	职业	百分比(%)
1	教师	17.1	教师	20.8	教师	16.9
2	医生	9.3	医生	10.7	医生	10.6
3	科学家	5.3	创业	4.3	厨师	4.3
4	创业	5.1	设计师	4.1	公司职员	3.5
5	IT	4.0	科学家	3.2	作家	3.1
	无	9.6	无	9.5	无	31.9

由表8可以发现,学生个人的爱好与其职业选择存在相互影响的关系,学生偏好某一类职业会促使他们培养相应的爱好,而不同的兴趣爱好也能促使学生选择和自己爱好相关的理想职业。比如,爱好体育运动类的学生更偏爱运动员等需要灵活运用身体的职业,爱好文学类的学生更偏爱作家等文字相关的职业,爱好口语交际类的学生更偏爱教师、律师等要求高口语表达能力的职业,爱好思维训练类和科技类的学生更偏爱科学家、IT等与科学学科相关的职业,爱好美术类和音乐类的学生更偏爱设计师、画家等人文艺术类相关的职业,而喜欢网络游戏的学生则更偏爱电竞、创业等新兴职业。而在未做出职业理想选择上,除去有其他兴趣爱好和没有兴趣爱好的学生,音乐类(5.9%)和美术类(5.5%)等艺术类爱好的学生的占比相对更低,或许是因为这些学生更有可能已经确定选择当艺术生,比起其他学生更早地明确了自己的职业理想。值得注意的是,没有兴趣爱好的学生中有31.9%还未明确自己的未来职业,这个占比高于排名第一的教师(16.9%),这也从侧面说明个体是否有兴趣爱好、有怎样的兴趣爱好,对其未来职业生涯的选择有影响。

四、结论

(一)中学生职业理想选择多元、丰富且出现了新兴职业,但传统职业依然占主流

浙江省八年级学生的职业理想选择具有较高的丰富性和均匀性,其中选择人数最多且在所有学生分类中均为前两位的职业是教师与医生。这可能是因为中学生接触到的环境还不够宽阔、对于职业的了解甚少,所以在选择自己的理想时,更容易激活和考虑在平时学习和生活中接触最多、最了解的教师与医生。同时,受到个体发展阶段的限制,中学生对职业理想的选择更多是一种倾向性的表达,是对某一职业代表的价值观的认同。因此我们应当重视选择体现了新时代特征和主流的新兴职业作为

自己理想的中学生。特别是不少学生选择了创业,表明这些学生可能认同创业者代表的创新这一价值观,响应了新时代发展的号召。

(二)中学生的理想职业分布相对于社会需求职业仍存在差距

职业生涯规划应结合考虑个人发展与社会组织发展,在分析各种主、客观因素的基础上确定个体的职业目标,并为此付出努力。而在《2019中国统计年鉴》中,至2018年底,教育行业就业人员占所有就业人员的10.1%,卫生和社会工作行业就业人员为5.29%,而中学生选择该类相关职业的占比均高于全国水平,说明学生进行职业理想选择时可能没有考虑社会需求,而且由于对自我的认知不够完全和客观,虽然部分学生对自己未来的学历获取有一定的规划,但是在理想选择上未做规划的仍较多。

(三)男女生在职业理想的选择上差异较大

男女生的职业选择重合度较低,并且在各自仅有的职业理想中能发现学生的选择有受到性别刻板印象的影响,男生的职业选择更偏向社会大众常识中认为男性会从事的工作,女生的职业选择同样如此。最能体现这一点的是有关STEM(Science, Technology, Engineering And Math,即科学、技术、工程和数学)学科相关职业的选择,比如科学家、IT,在男生中排在前十,但是在女生中分别排在第20、25名。同时,在大众媒体中,这些职业的宣传形象多以男性展示,再加上女生相对缺乏有关这些职业的知识,就可能使得她们认为自己不适合做这些工作。

(四)讨论与建议:初中职业生涯教育课程的设置刻不容缓

一方面,全省仍有8.7%的中学生没有得出一个较为明确的理想期望;另一方面,中学生的职业选择集中在自己接触过的职业,使得他们选择与社会发展要求不协调。再加上男女生的选择差异大,越发体现职业生涯教育的重要性。在美国、日本、德国等国,职业生涯教育课程被定为中学生的必修课,但在我国,大多正式的职业生涯教育课程设置在了大学,而初中少有学校设置相关课程,这对处在发展关键期的中学生是不利的。这会导致他们在高中选课、大学选专业时陷入迷茫,因为职业生涯教育的缺失而损失了一条了解和参加不同职业的重要渠道。过分强调学习的“唯分数论”也更加促使学生忽视对未来发展选择的考虑,即使较为明确自己的兴趣,但是对从事相关职业所需的知识和技能也缺乏充足的了解。

因此有必要统合社会、学校、家庭三方,努力开展职业生涯教育课程,比如出台相关政策将职业生涯教育课程纳入中学生必修课程;设立协调部门整合社会资源来建立校企合作，帮助学生进行实地体验和操作来更好地理解不同的职业；成立专业的职业生涯教育教学团队并要在通过相关课程知识的培训后再对学生进行指导，帮助学生树立非静态的职业发展观和正确的职业选择观；同时应发动家长参与进来，家长作为学生的第一任教师，对学生各方面的影响都非常大，家长要在和学生一起规划未来理想的过程中给予他们关心与鼓励，帮助他们更好地探索世界、了解自己，从而做出最适合自己的选择。这不仅有助于他们更好地整合自我认知，而且可以帮助他们站在更加客观和广阔的角度看待各色各样的职业，在了解更多的职业的同时发现自身的优势与劣势并努力补足相关知识和技能，以此建立起良好的职业观，培养职业自信心。

【参考文献】

[1] 林崇德.发展心理学(第二版)[M].北京：人民教育出版社，2009.

[2] 彭聃龄.普通心理学(第四版)[M].北京：北京师范大学出版社，2012.

[3] 罗双平.职业生涯规划[M].中国人事出版社，1999.

[4] 国家统计局.中国统计年鉴[M].北京：中国统计出版社，2019.

[5] OECD. "Students' attitudes towards science and expectations of science - related careers", in PISA 2015 Results (Volume I): Excellence and equity in education[M]. Paris: OECD Publishing, 2016.

[6] Hill, M. O. Diversity and evenness: a unifying notation and its consequences[J]. Ecology, 1973(2): 427-432.

中学生科学职业理想现状及影响因素的探索

李菲茗 周孟秋①

【摘要】 本研究基于2019年浙江省初中教育质量监测数据，调查了中学生科学相关职业理想现状，并对影响他们做出选择的因素进行了探索。研究结果发现，选择科学相关职业的学生人数占比与2015年OECD（经济合作与发展组织）的平均水平接近，其中选择人数最多的是健康相关职业，最少的是科技辅助职业，而选择科学家的学生占比不高；通过性别、数学与科学成绩、科学探究兴趣可以有效预测学生是否选择科学相关职业、理工科职业以及科学家，且这些因子对是否选择科学家的预测效果最佳。

【关键词】 中学生；科学职业理想；影响因素；Logistic 回归

近年来，许多国家的学者调查发现，科学相关领域的入学率和毕业率下降、劳动力市场上科学专业毕业生短缺，致使STEM（Science, Technology, Engineering, and Math，即科学、技术、工程和数学）人才数量越发无法满足社会需求，人力储备问题成为难以忽视的问题。

我国由于长期重视理科教育，科学素质建设取得了显著成绩，但是近几年特别是在浙江省高考改革的过程中发现选考物理的高中生数量大幅下降，这一现象令人担忧。当下我国社会的经济高速发展和民生改善对科学技术解决方案提出了比以往更高的要求，创新是第一动力、人才市场第一资源的重要作用日益显著。因此教育部在2020年年初提出了“强基计划”，促进各方关注基础学科（如数学、科学、化学、生物等）中拔尖创新人才的培养和选拔，并据此向国家重大战略领域输送后备人才。2020年9月11日，习近平总书记在科学家座谈会上进一步强调，对科学兴趣的引导和培养要从娃娃抓起，使他们更多了解科学知识，掌握科学方法，形成一大批具备科学家潜质的青少年群体。2021年6月，国务院印发了《全民科学素质行动规划纲要（2021—2035年）》，再一次明确了提升国民科学素质的重要性，认为科学素质不仅是国民素质的重

① 李菲茗，浙江师范大学特聘教授；周孟秋，浙江师范大学硕士研究生。

要组成部分,也是社会文明进步的基础,并在“十四五”时期实施的五项提升行动中将青少年科学素质提升行动放在了首位。当下大学生的专业选择受到高中科目选择的限制,而高中生的科目选择可溯源至初中阶段。因此,了解与调查学生在初中阶段的职业理想倾向尤为重要。本研究基于2019年浙江省教育质量初中监测(以下简称“初中监测”)的部分数据,旨在了解中学生有关科学相关职业的理想现状,重点关注选择了理工科相关职业和科学家的学生,并探索促使学生选择科学相关职业的因素及其影响程度。

一、相关研究回顾与问题的提出

科技的高速发展使国家和社会对科技人才的需求日益增长,然而年轻人对科学专业和科技行业兴趣持续下降,科技人才出现短缺,这极大地影响了国家的经济竞争力。国外大量决策者和教育研究者关注年轻人对科学相关职业的兴趣和理想。经过文献梳理,发现此类研究多聚焦中学生的科学职业理想,其主要原因是:初中是个体形成性别认同和自主性的重要阶段,学生开始自主决定选择上什么课,花多少时间在每门课上。这一阶段对科学的职业理想会对高中生决定选考什么科目和投入多少时间产生重要影响,从而左右其选择大学专业和毕业后的职业方向。同时,大部分学生早期喜欢科学,到了中学由于无法感受到它跟实际生活、个人目标的关联性而失去对科学的兴趣。林达尔(Lindahl)通过纵向研究发现学生的职业抱负和对科学的兴趣主要形成于13岁,并且让年龄略大的学生参与科学研究活动将变难。同样,阿施巴赫(Aschbacher)等人发现若学生在十年级时对科学的兴趣还是中低水平,那么他几乎不可能在将来对科学保持浓厚兴趣。由此可见,在中学阶段发展和保持对科学及科学相关职业的兴趣,对促使学生在未来选择科学类职业至关重要。

基于此,该领域的研究内容主要围绕发现和探索影响中学生科学职业理想的因素及其影响,这些因素可以大致划分为客观背景因素和主观经历因素。客观背景因素探讨了如性别、年级、种族、学校教学方式、社会经济水平、社会文化背景以及科学资本水平等因素,主观经历因素探索了如动机、能力信念、兴趣爱好、个体对职业的认识等因素带来的影响。

通过整理发现,目前大部分研究除了存在样本量较小的不足外,还受到两个方面的限制。一是选择研究因素的限制。虽然研究设计的影响因素都较为全面,但大多仅讨论了单个因素与科学理想的关系,或虽控制了其他因素但未系统比较所有因素的影响程度并发现关键因素。只重点关注个人因素或社会背景因素,很少有研究同时探讨两者或两者中的部分因素给学生带来的综合影响。并且大多研究讨论的因素相对集中于客观因素（如家庭背景、科学资本等）对科学职业理想的影响上，然而大部分客观因素是个体无法改变的，这使得针对改进的建设性意见较难提出。二是数据采集的限制。科学职业理想的采集大多基于从事科学相关职业倾向的量表题（如“我希望在科学领域工作”“我愿意成为一名科学家”），实施李克特五级量表计分法，获取学生对科学相关职业理想的真正意愿。在这样的量表上，得分高并不等同于学生确实会在实际中选择科学相关职业理想，且量表的弊端之一便是得分趋于集中，即平均值、极值的差距偏小，使个体间的分值变异缩小。因此量表结果只能体现出学生相对含糊的倾向，并且量表回答容易受到社会赞许性的影响，使得该种测评方式难以准确体现被测者的真实想法。

本研究使用了拥有大样本量的浙江省初中质量监测数据，使用文本开放题的形式让学生直接写下未来的理想职业，同时评估客观因素和主观因素对科学相关职业理想的主观限制，特别是科学探究兴趣对科学理想职业选择的影响。

二、研究方法

（一）研究问题

本研究通过描述统计及二元Logistic回归研究下列问题：学生科学职业理想的总体分布与国际比较；具有不同背景的学生群体选择科学相关职业的差异分析；综合分析影响学生选择科学相关职业、理工科职业以及科学家的关键因素及探索关键因素之间的作用机制。

（二）数据样本

本次监测的测试对象为2019年9月升入九年级的学生。抽样采用多阶段概率比例规模抽样调查法，在浙江省11个市96个县（市、区）的730所初中内抽取约7%的九年级学生，共43668名学生参加监测。通过数据清洗，学生问卷与学科测试同时有效的样本为37228人，其中男生占50.4%，女生占49.6%。

（三）研究变量

1. 结果变量。

根据学生在问卷开放题“我未来的理想职业是？”的填写，进行文本处理和归类，得到106种职业。而后，根据2008年版国际职业标准分类（ISCO－08），将选择理工科职业（science and engineering professionals，如科学家、工程师等）、健康相关职业

(health professionals，如医生、护士等)、信息技术职业[information and communication technology (ICT) professionals，如IT等]、科技辅助职业(science-related technicians or associate professionals，如科研人员等)四类职业的学生定义为选择了科学相关职业的学生。本研究的结果变量根据职业与科学的关联程度从低到高设为三个二分变量(1=是，0=否)：是否选择科学相关职业，是否选择理工科职业(四类科学相关职业之一)，是否选择科学家职业(理工科职业之一)。

2. 自变量。

本研究选择了三类自变量：个人背景、科学探究经历、科学探究态度。

个人背景包括性别、学校所在区域(城市/乡镇)、家庭的社会经济地位(Socioeconomic Status，简称SES)、科学社会资本、科学素养水平。SES是对父母学历、父母职业和家庭收入进行主成分分析(Principal Component Analysis，PCA)提取的因子。科学社会资本是问卷中学生的社区、学校、家庭为学生在科学探究学习上创造的氛围、环境和支持的总和。科学素养水平是科学学科监测(以科学探究为主要测试内容)中对学生答题进行项目反应模型分析，并通过标准划定将学生的科学素养能力分成A、B、C、D四等。

科学探究经历包括校内和校外科学探究经历。校内科学探究经历指校内科学学习中各个环节(如对探究问题提出猜想、设计实验、交流评价实验方案、进行实验操作等)发生的频繁程度，以反映学生是否拥有充分、全面的科学探究实践。校外科学探究经历指是否具有科技类兴趣爱好且每周至少投入一小时，反映学生自发参与科学活动的程度。

科学探究态度包括科学探究兴趣和科学探究自信。科学探究兴趣包括对具体科学议题(如“天空为什么是蓝色的”“我国嫦娥四号探测器成功降落月球背面”等)的兴趣，以及体现在日常行为(如阅读科普类书籍、与教师或同学讨论科学问题等)中的兴趣。科学探究自信即科学探究效能感，指对执行科学探究各个环节的自信程度。

同时，本研究中校内科学探究经历、科学探究兴趣和科学探究自信来自问卷自我报告，其信度分别为0.67、0.86、0.85。为了检验是否存在共同方法偏差，利用Harman单因素法构建了单因素模型，结果发现模型拟合不佳(χ^2=409981，df=989，CFI=0.55，TLI=0.53，RMSEA=0.11)，说明本研究数据不存在严重的共同方法偏差。

(四) 数据收集与处理

本研究使用初中监测中学生综合问卷的数据进行分析，职业理想的归类使用SPSS进行，并对不同群体的理想期望进行分析，对影响学生选择科学相关职业进行二元Logistic回归。

三、研究结果

（一）科学职业理想的总体分布及国际比较

表1　全省选择科学相关职业的学生对应的人数与占比

理工科职业			信息技术职业		
职业	人数	占比(%)	职业	人数	占比(%)
设计师	1551	4.2	IT	989	2.7
科学家	1130	3.0	技术人员	141	0.4
工程师	416	1.1	**小计**	1130	3.0
建筑师	90	0.2	**科技辅助职业**		
数学家	55	0.1	**职业**	**人数**	**占比(%)**
小计	3242	8.7	宇航员	124	0.3
健康相关职业			科研人员	98	0.3
职业	**人数**	**占比(%)**	汽修	40	0.1
医生	3914	10.5	修理工	13	0.0
护士	417	1.1	社会工作者	9	0.0
药剂师	31	0.1	环保工作者	6	0.0
营养师	9	0.0	木工	2	0.0
小计	4371	11.7	气象观察员	1	0.0
			小计	293	0.8
			科学相关职业	**9036**	**24.3**

说明：因采用四舍五入法处理数据，个别数据存在误差。

在全省学生中，91.3%的学生填写了未来的理想职业，剩余8.7%的学生没有填写或填写无效。由表1可知，在全省学生选择的科学相关理想职业中，选择健康相关职业的学生最多，占全省学生数的11.7%，其中医生的比例最高，占全省学生数的10.5%；选择最少的是科技辅助职业，占全省学生数的0.8%；选择理工科职业的学生占全省学生数的8.7%，其中，选择成为科学家的学生占3.0%，虽然在选择理工科职业的学生中占比排第二，但从全省来看，选择成为科学家的学生并不多。

表2　2019年浙江省学生的科学相关职业选择情况的国际比较

	理工科职业	健康相关职业	信息技术职业	科技辅助职业	合计
OECD平均水平(PISA 2015)	8.8%	11.6%	2.6%	1.5%	24.5%
北京、上海、江苏、广东(PISA 2015)	6.7%	7.5%	2.1%	0.4%	16.7%
浙江	8.7%	11.7%	3.0%	0.8%	24.3%

将2019年浙江省学生的科学相关职业选择情况与2015年PISA报告中的OECD平均水平和我国四省市(北京、上海、江苏、广东)的情况进行比较发现(见表2):浙江省学生比四省市学生更愿意选择科学相关职业作为自己的理想职业,四类职业选择比例均高于四省市水平;浙江省学生的选择总体接近OECD平均水平,具体在理工科职业、健康相关职业、信息技术职业上与OECD平均水平接近,而在科技辅助职业的选择上与OECD平均水平相比仍有一定差距。

(二)不同群体学生的科学职业理想分布

本部分讨论了不同群体的学生在科学职业理想选择上的差异,结果如表3所示。

表3　不同群体学生的科学职业理想差异分析表

变量	变量属性	科学相关职业	四类科学相关职业				科学家
			理工科职业	健康相关职业	信息技术职业	科技辅助职业	
性别	男生	23.7%	9.6%	7.5%	5.3%	1.3%	5.2%
	女生	24.8%	7.8%	16.0%	0.8%	0.2%	0.9%
	χ^2	6.385^{*}	37.719^{***}	646.614^{***}	643.629^{***}	135.066^{***}	588.370^{***}
学校所在区域	城市	25.7%	10.5%	10.8%	3.5%	0.8%	3.8%
	乡镇	23.8%	8.1%	12.1%	2.9%	0.8%	2.8%
	χ^2	13.326^{***}	51.302^{***}	10.605^{**}	11.391^{**}	0.028	22.668^{***}
SES	较高	27.9%	12.1%	11.7%	3.3%	0.8%	4.5%
	较低	21.8%	6.9%	11.6%	2.5%	0.8%	2.5%
	χ^2	82.787^{***}	129.072^{***}	0.008	9.262^{**}	0.377	46.126^{***}

续表

变量	变量属性	科学相关职业	四类科学相关职业				科学家
			理工科职业	健康相关职业	信息技术职业	科技辅助职业	
科学素养水平	A	30.9%	12.9%	12.7%	4.3%	1.0%	6.4%
	B	24.9%	8.7%	12.4%	3.1%	0.6%	2.7%
	C	20.8%	6.3%	11.7%	2.1%	0.7%	1.1%
	D	14.3%	3.9%	7.6%	1.8%	0.9%	0.4%
	χ^2	560.097***	437.629***	83.137***	116.051***	7.906*	652.878***
校外科学探究经历	有	32.9%	14.2%	8.5%	8.7%	1.5%	8.1%
	无	24.0%	8.5%	11.9%	2.9%	0.8%	2.9%
	χ^2	46.320***	44.027***	11.842**	123.325***	8.157**	99.792***

说明:***代表$p<0.001$;**代表$p<0.01$;*代表$p<0.05$。

女生选择科学相关职业的比例显著高于男生。男生的选择相对均衡地分布在理工科职业、健康相关职业和信息技术职业,而女生的科学相关职业理想主要集中在健康相关职业,健康相关职业的男女选择比例差距最为显著,为8.5%;选择科技辅助职业的男女生占比均为最低。全省选择成为科学家的男女生间差异极其显著,男生选择成为科学家的人数占比几乎是女生的6倍。由此可见,虽然男女生期望从事科学相关职业的人数占比均超过各自的20%,但仍差异显著,而所呈现出的男生选择相对更均匀、女生集中于健康相关职业且少有女生选择科学家的趋势与PISA 2015的结果类似。

城市和乡镇学生选择科学相关职业的人数占比存在显著差异。其中,只有在科技辅助职业上,城市和乡镇学生的选择上没有显著差异,除了健康相关职业乡镇学生占比显著高于城市学生外,其他均为城市学生占比显著高于乡镇学生,并且在理工科职业上的选择差异最大,相差2.4%。同样,有更多的城市学生愿意成为科学家。这些城乡间的差异与我国国民科学素质城乡区域发展不平衡的现状一致。

较高SES家庭的学生在科学相关职业上的占比显著高于较低的,其选择的差异主要体现在理工科职业上,相差5.2%。在科学家的选择上,相较而言,有更高比例的较高SES家庭的学生期望成为科学家。

学生选择科学相关职业的占比按科学素养水平高低依次递减。其中,A水平学生选择理工科职业的占比最高,其余水平的学生均集中选择了健康相关职业。在科学家的选择上，不同科学素养水平的学生分布也出现了同样的情况，即A水平最高，D水平最低。

学生选择的校外兴趣活动类型在一定程度上能体现他们的兴趣领域和专业倾向，因此检验了有无校外科学探究经历的学生的选择情况。有校外科学探究经历的学生选择科学相关职业的人数占比显著高于没有校外科学探究经历的学生。其中，有校外科学探究经历的学生集中选择了理工科职业，没有校外科学探究经历的学生集中选择了健康相关职业，并且在其余两类职业上，均为有经历的学生占比明显更高。和预想的一样，有校外科学探究经历的学生有明显更多的人愿意以科学家作为自己的未来职业，二者之间的差异较大，相差5.2%。

总体而言，所有背景变量下不同群体间在科学相关职业上选择的人数占比存在显著差异，且在科学素养水平上具有最大的差异。其中，科技辅助职业占比均为最低且差异不显著的情况相对最多，选择理工科职业和健康相关职业的学生偏多。进一步考察科学家职业的选择情况发现，虽然同样都差异显著，但在性别和科学素养水平上不同类别的学生选择差异最大。

（三）影响学生选择科学职业理想的因素

在未控制其他变量影响的情况下，研究单个变量对因变量的影响往往会掺杂着其他变量的影响而产生片面的结论。为综合考量上述因素对学生选择科学相关职业为理想的影响程度，发现其中起真正预测作用的关键因素，本部分使用二元Logistic回归模型分别对影响学生是否选择科学相关职业、理工科职业、科学家的因素进行分析，根据统计显著性进行变量筛选，最后发现三个模型（如表4所示）中显著的预测变量是性别、科学素养水平、校外科学探究经历、科学探究兴趣，它们均有高水平的显著性，但它们的预测程度是不同的。

表4　选择科学相关职业、理工科职业、科学家的影响因素Logistic回归模型结果

	科学相关职业		理工科职业		科学家	
	回归系数	优势比	回归系数	优势比	回归系数	优势比
个人与社会背景						
SES	0.07***	1.07	0.16***	1.17	0.07*	1.07
科学社会资本	/	/	/	/	/	/
学校区域（城市=1）	/	/	/	/	/	/

续表

	科学相关职业		理工科职业		科学家	
	回归系数	优势比	回归系数	优势比	回归系数	优势比
性别(男=1)	-0.15^{***}	0.86	0.10^{**}	1.11	1.68^{***}	5.36
科学素养水平(A=1)	0.37^{***}	1.44	0.47^{***}	1.60	1.18^{***}	3.26
科学经历						
校外科学探究经历	0.34^{***}	1.41	0.45^{***}	1.57	0.78^{***}	2.17
校内科学探究经历	/	/	0.07^{*}	1.06	0.30^{***}	1.35
科学态度						
科学探究兴趣	0.23^{***}	1.26	0.30^{***}	1.35	0.52^{***}	1.68
科学探究自信	0.07^{*}	1.08	0.12^{*}	1.12	0.20^{*}	1.22
调整 R^2(NKR)	0.032		0.048		0.194	

说明：***代表$p<0.001$，**代表$p<0.01$，*代表$p<0.05$，－代表$p\geq0.05$。

职业理想是否为科学相关职业($\chi^2=639.05$，$p=0.000$)、理工科职业($\chi^2=650.81$，$p=0.000$)、科学家($\chi^2=1422.59$，$p=0.000$)的Logistic回归模型均有统计学意义，而前两个模型的解释率R^2太低，说明还有一些更为重要的因素在左右学生的职业理想，比如社会和个人的价值取向、对职业的认知和认同感；而根据表4三个模型中回归系数的显著性检验，自变量除科学社会资本、学校所在区域之外，其余预测变量对学生科学相关职业选择的影响在不同水平上显著。由于本数据的样本量很大，较微小的差异也会导致统计检验的显著，因此本研究通过优势比来观察自变量的影响程度和重要性。根据优势比，所有变量从预测最宽泛的科学相关职业，到聚焦理工科职业，到纯粹的科学家，其预测的效力逐级变强，即这些自变量在预测是否以科学家为职业理想时最有效力。结果发现，除学校区域和科学社会资本外，其余变量对学生是否选择科学相关职业、理工科职业、科学家有显著的预测力。

在科学相关职业上女生选择的可能性更高，在理工科职业上男生选择的可能性更高，性别差异显著但优势差异不大，而在预测是否以科学家为职业理想时的男女生优势比高达5.36，即男生以科学家为职业理想的概率是女生的5.36倍。进一步的分析发现，男女生在科学水平为A的比例、科学探究经历、科学探究自信上均没有显著差异，而男生在科学探究兴趣($t=15.67$，$p<0.001$；Cohen's $d=0.28$)和校外科学探究经历率($t=46.83$，$p<0.001$；Cohen's $d=0.50$)上显著高于女生，并分别具有较小和中等的效

应量。这说明男女生除了自身在职业倾向的差异，还可能通过科学探究兴趣和参与科学活动的主动性影响科学相关职业理想。

在科学素养水平上，是否为A等作为预测变量具有较强的预测效力，选择科学相关职业、理工科职业、科学家为理想的概率依次是非A学生的1.44、1.60和3.26倍。说明学生选择科学相关的职业，尤其是选择科学家时可能会把是否具有优异的科学成绩作为前提条件。而科学水平是否为A在科学探究兴趣（$t=4.22$，$p<0.05$；Cohen's $d=0.20$）、校外科学活动参与率（$t=2.49$，$p<0.05$；Cohen's $d=0.25$）和在校内科学探究经历（$t=16.16$，$p<0.001$；Cohen's $d=0.36$）上虽然有显著差异，但效应量较小；而在科学探究自信（$t=18.88$，$p<0.001$；Cohen's $d=0.60$）上的显著差异具有中等效应量。这说明科学水平主要影响的是科学探究自信，对科学探究活动参与和科学探究兴趣影响不大，因此科学水平除了自身直接影响科学相关职业理想，也可能通过科学探究自信影响科学相关职业理想。

科学活动的经历既包括校内的群体性的科学探究经历，也包括校外的个性化的活动参与。总体而言，校外科学探究经历比校内更具区分效果。拥有科技类兴趣作为自主的实践活动，在预测是否选择科学相关职业理想上有较强的区分度并在科学家上效果最佳，即校外科学活动参加者期望成为科学家的概率是非参加者的2.17倍。校内科学探究经历在科学家上的区分度相对最大，即越频繁参加校内科学学习的学生越愿意选择科学家作为自己的未来职业，但在科学相关职业上不具有区分效果。

进一步将校内科学探究经历与科学态度综合分析发现，三者中影响最大的因素是科学探究兴趣，其每增加一个单位，选择科学家为理想的概率就增加68%；在校内科学探究经历和科学探究自信上，每增加一个单位选择科学家为理想的概率分别增加35%和22%。三者在科学相关职业和理工科职业理想上的优势比相对变弱，说明科学家比其他科学相关职业理想需要学生具备更强烈的信念，特别是兴趣。校内科学探究经历的影响之所以不显著，可能是因为在同样的探究经历下，学生只有点燃了科学探究兴趣，提升了科学探究自信，科学探究经历才能对其真正起作用。

四、讨论与建议

（一）拓展职业探索渠道，克服职业的信息不对称，打破刻板印象

本研究发现，虽然女生在科学相关职业的选择比例上显著高于男生，但是在理工科职业，特别是科学家的选择上，显著低于男生。在2015年PISA有关科学相关职业

的结果报告里，参加的国家中，男生同样比女生更有可能参加与科学相关的活动。说明此种差异并非一朝一夕产生，调查和了解这些差异产生的原因可帮助教育者采取措施以缩小差距。很多研究表明，男女在科学相关职业上的偏好和差异可能是受到了性别规范和刻板印象社会化带来的影响。如学校里教师更倾向于接受男生有更强的数理能力，媒体上多以男性形象宣传和展示科学家、偏爱报道女工程师和程序师受到职场隐性歧视等，这种社会化的刻板印象会阻碍女生追求STEM领域的职业，让女生更容易产生此类职业只适合男生的认知，从而降低对STEM学科的学习兴趣。因此，需要进一步拓展学生的职业探索渠道，解决学生和STEM职业之间的信息不对称的问题，以缩小男女生的偏好差距，打破此类刻板印象，这对培养女生对STEM学科兴趣十分必要。这一方面需要协调教师，尤其是理科教师，注重对不同性别学生进行基础学科学习兴趣的激发和信心的引导，培养学生研究难题的毅力，避免出现打击女生学习理科自信的情况；另一方面学校与教师可以通过介绍更多科学相关领域的科学工作者及其突出贡献，尤其是女性工作者，给学生树立榜样，营造支持与鼓励女生在理科上大展身手的校园氛围，让女生建立理科学习的信心。

（二）加强科学教育社会性支持体系，削弱SES的不利影响

在控制了学生的科学学业水平、学习经历和态度这些变量的基础上，本研究发现SES、科学社会资本和学校所在地这些社会背景变量对科学职业理想的影响并不显著。然而进一步的分析显示，这些社会背景因素却在很大程度上影响着学生科学学习经历的丰富程度和科学学习兴趣，进而影响其科学学业水平和科学学习自信心，间接地影响着学生对未来科学职业的选择。在一个良好的教育生态环境中，SES对学生的不利影响一定程度上可以通过教育的社会支持体系来削弱。比如博物馆、科技馆、图书馆是学生在校外接触非正式科学教育的场所，是学生不经意间萌发科学兴趣、憧憬科学相关职业的重要地方。因此，此类场馆需要探索更丰富的活动样态和交互形式，成为吸引青少年经常光顾的地方，如可以引进VR设备增加探索沉浸感、购置增添更多的科学知识技能书籍等。教育部门可以与当地社区、企业和科学教育研究机构合作，以开放日的形式为学生提供更多元的科学实践活动和科研调查机会，促使学生从小贴近科学、参与科学。虽然相对城市而言，乡村学生得到上述环境和资源较为困难，但是乡村与自然的贴近是其得天独厚的科学学习资源，当地教育部门应鼓励和资助学校根据当地的环境特点，开发有地方特色的校本科学拓展项目，培养乡村学生对科学的积极情感。

（三）改进学校科学教学模式，促进学生科学探究的自信和兴趣

本研究发现校外的科学经历对学生科学相关职业理想选择有正向的影响，然而校内科学学习经历在控制其他变量时是负向影响。同时科学探究的兴趣较之科学探究自信对科学相关职业的选择影响更为强烈。这说明只有激发了兴趣的科学学习经历才能促进科学相关职业理想的形成，这与以往研究结果类似。美国大学考试服务中心在2015年发现大量对STEM感兴趣的学生因不愿意选有难度的科学和数学而无法进入大学STEM专业。与此相反，在全球PISA测试中，中国的学生数学和科学得分处于领先地位，但在科学兴趣上相对不足。显然，科学和数学学业上的优异与最终能选择科学相关职业之间存在距离。崔俊卿等人发现学生虽对科学课抱有积极态度，这却难以成为主要的支持动力，因此将科学家作为未来职业的学生不多。由此带来的启示是，学校课程设计要在为将来科学领域专业学习做准备的基础上兼顾学生的体验，开展更多以启发式、探究式、开放式为主的教学活动，充分调动学生的积极性，保护学生的好奇心和想象力，培养他们追求科学相关职业的信心，将弘扬科学精神贯穿于教师育人的全过程。相关研究发现，能同时促进学生在学习科学中的精熟度和兴趣的课程实践的共同特征是学习活动具有挑战性、能动手操作、与真实世界关联，并辅有一名对教学充满热情和专业的教师。这对教师的科学素质和科学教育水平的提升提出了一定的要求。科学探究经历虽对科学相关职业理想的影响不强烈，但是会显著影响学生的科学探究兴趣。国内学校近年来在STEM教育上的实践和努力在激发学生学习科学的兴趣上有一定的成效，但STEM课程不仅要注重项目式学习和动手操作，还需要帮助学生找到知识与个人和真实世界生活的连接点。只有这样，才能从更深的层面激发学生的内在学习动力。另外，教育技术的发展使很多科学现象和实验的模拟成为可能，让学生通过技术身临其境地面对和探索本来无法在真实世界触碰的自然和科学现象，其场景式、体验式、沉浸式的技术在激发学生的科学求知欲上能够起到极为强大的辅助作用。有实力的学校应该适当投入这些设备和技术，鼓励和培训科学教师在课堂中使用，促进学习科学的趣味性和丰富性。这样才能让课堂成为滋润科学精神的沃土，让科技教育融入青少年的日常生活。

（四）注重早期和持续的科学相关职业生涯教育，提升学生对科学相关职业的认知

在整个职业调查中，教师和医生是学生职业选择的前两名，分别占全体学生的21.5%、10.5%，并且选择医生的学生占选择科学相关职业学生的43.2%。这反映出学

生倾向于选择日常生活中比较熟悉的职业和社会认可度高的职业，并在侧面呼应了我国科学科普有效供给不足、科学理性的社会氛围不够浓厚的现状。本研究的局限是，监测数据没有调查学生对科学相关职业的熟悉程度和认知程度，但已有很多研究表明缺乏对科学相关职业的兴趣是因为没有在足够早的年纪了解这些职业的可能性，继而因为缺少对这些职业的信息而没有考虑这个职业。值得注意的是，在中学阶段表示对科学相关职业感兴趣的学生在大学里获得科学学位的可能性比没有表示出兴趣的学生高出三倍。同时，由于中学生的职业偏好和职业抱负与他们对职业形象的认知有很强的相关性，所以有必要通过推进科学相关职业的科普工作、提供科学相关职业生涯教育以唤醒学生的科学相关职业意识。但是与国外设定职业生涯教育课程为必修课不同，我国正式的职业生涯教育课程大多设置在大学，而少有初中学校设置相关课程，这对处在发展关键期的中学生是不利的，因为他们需要外界提供机会意识到科学相关职业可以是未来自己职业的选择之一。一方面，学校应当为学生进行职业生涯探索提供充分的支持，职业生涯教育课程需尽早纳入中学生必修课程，组建相关的专业教师团队，建立与补充学生对科学相关职业的理论认识；另一方面，学校可以与社会科技企业和高等院校建立合作，通过参观科技企业、高等院校或科研机构的实验室等方式增强学生对科学相关职业的实践认识，让学生了解真实的实验环境，体验科研人员严谨的科学态度，帮助学生通过亲身实地观察、体验和交流，从而站在更加客观和广阔的角度了解和体验科学相关职业，获得更可靠的信息，破除刻板印象，发现并建立科学和自己的联系，培养从事科学相关职业的兴趣与自信。

【参考文献】

[1] 翟俊卿，祝怀新.我国中学生科学职业理想的调查与分析[J].科普研究，2015，10(1)：42－48.

[2] 李玲，朱海雪，潘士美.科学资本对西部学生科学职业理想的影响研究[J].华东师范大学学报(教育科学版)，2020，38(7)：117－126.

[3] 中华人民共和国教育部.关于在部分高校开展基础学科招生改革试点工作的意见[EB/OL].http://www.moe.gov.cn/srcsite/A15/moe_776/s3258/202001/t20200115_415589.html. 2020.

[4] Aschbacher P R, Li E, Roth E J. Is science me? High school students' identities, participation and aspirations in science, engineering, and medicine [J]. Journal of Research in Science Teaching, 2010, 47(5): 564－582.

[5] Aschbacher P R, Ing M, Tsai S M. Is science me? Exploring middle school

students' STEM career aspirations[J]. Journal of Science Education & Technology, 2014, 23(6):735－743.

[6] Bahar A, Adiguzel T. Analysis of factors influencing interest in STEM career: Comparison between American and Turkish high school students with high ability [J]. Journal of STEM Education: Innovations & Research, 2016, 17.

[7] Blotnicky K A, et al. A study of the correlation between STEM career knowledge, mathematics self-efficacy, career interests, and career activities on the likelihood of pursuing a STEM career among middle school students[J]. International Journal of STEM Education, 2018, 5(1):1－15.

[8] Bouvier S. Increasing student interest in science, technology, engineering, and math (STEM): Massachusetts STEM pipeline fund programs using promising practices [R]. Report prepared for the Massachusetts Department of Higher Education by the University of Massachusetts Donahue Institute. Retrieved from http://www.cssia.org/pdf/20000062－Increasing Student Interest in Science, Technology, Engineering, and Math (STEM).pdf, 2011.

[9] Charleston, Lavar J. A qualitative investigation of African Americans' decision to pursue computing science degrees: Implications for cultivating career choice and aspiration [J]. Journal of Diversity in Higher Education, 2012, 5(4):222.

[10] Christensen R, Knezek G. Relationship of middle school student STEM interest to career intent[J]. Journal of Education in Science, Environment and Health (JESEH), 2017, 3(1):1－13.

[11] Dickerson D L, Eckhoff A, Stewart C O, et al. The examination of a pullout STEM program for urban upper elementary students[J]. Research in Science Education, 2014, 44(3):483－506.

[12] Gago J M, et al. Europe needs more scientists, European Community Conference increasing human resources for science and technology[C]. European Commission, 2004.

[13] Gottfredson L S. Circumscription and compromise: A developmental theory of occupational aspirations[J]. Journal of Counseling Psychology, 1981, 28(6):545－579.

[14] Hiller S E, Kitsantas A. The effect of a horseshoe crab citizen science program on middle school student science performance and STEM career motivation [J]. School Science and Mathematics, 2014, 114(6):302－311.

[15] Holdren J P, Lander E, Varmus H. Prepare and Inspire: K- 12 Science, technology, engineering, and math (STEM) education for America's future[M]. President's Council of Advisors on Science and Technology, Washington, DC, 2010.

[16] Lindahl B. A longitudinal study of students' attitudes towards science and choice of career [R]. Paper presented at the annual meeting of the National Association for Research in Science Teaching, New Orleans, LA, 2007.

[17] Moakler M W, Kim M M. College major choice in STEM: Revisiting confidence and demographic factors[J]. The Career Development Quarterly, 2014, 62(2):128 – 142.

[18] Moss-Racusin C A, Dovidio J F, Brescoll V L, Graham M J, Handelsman J. Science faculty's subtle gender biases favor male students[J]. Proceedings of the National Academy of Sciences, 2012, 109(41): 16474 - 16479.

[19] Nugent G, Barker B, Welch G, Grandgenett N, Wu C, Nelson C. A model of factors contributing to STEM learning and career orientation [J]. International Journal of Science Education, 2015, 37(7): 1067 - 1088.

[20] OECD. PISA 2015 Results (Volume I): Excellence and equity in education [M]. OECD Publishing, Paris, 2016.

[21] Olitsky N H. How do academic achievement and gender affect the earnings of STEM majors a propensity score matching approach [J]. Research in Higher Education, 2014, 55(3):245 – 271.

[22] Olson S, D Gerardi Riordan. Engage to excel: Producing one million additional college graduates with degrees in science, technology, engineering, and mathematics[M]. President's Council of Advisors on Science and Technology, Washington, DC, 2012.

[23] Stout J G, Grunberg V A, Ito T A. Gender roles and stereotypes about science careers help explain women and men's science pursuits[J]. Sex Roles, 2016, 75(9 – 10): 490 – 499.

[24] Tai R H, Liu C Q, Maltese A V, et al. Planning early for careers in science[J]. Science, 2000, 312(5777):1143 – 1144.

[25] Tytler R. Re-Imagining science education : Engaging students in science for Australia's future[M]. Australian Council for Educational Research, Melbourne, Australia, 2007.

[26] Tuijl C V, Walma V. Study choice and career development in STEM fields: An overview and integration of the research[J]. International Journal of Technology and Design

Education, 2016, 26(2):159 - 183.

[27] Yerdelen S, Kahraman N, Ta Y. Low socioeconomic status students' STEM career interest in relation to gender, grade level, and STEM attitude[J]. Journal of Turkish Science Education, 2016(13): 59 - 74.

初中生劳动教育的现状、问题及对策研究

周　鸿①

【摘要】 2019年浙江省教育质量监测针对初中生劳动实践状况的调查显示，学生、教师、家长能够准确认识劳动教育的价值；初中生校内劳动实践相对较好、校外劳动实践较为薄弱，自我服务相对较好、家务劳动相对较弱。监测数据表明，浙江省初中学校劳动教育路径健全，但也存在劳动实践发展不平衡、学校的主导作用不够明显、家庭的基础作用不够充分、社会的支持作用缺位严重等问题。责任感、学习动力、运动健康、自我认知等指数与劳动实践指数之间具有显著的正相关。为全面推进初中生劳动教育，建议赋予劳动教育新内涵、构建劳动教育评价指标体系、建设劳动教育支持系统。

【关键词】 初中生劳动教育；现状；问题；对策

当前，学生劳动教育状况究竟如何？2019年10月，浙江省在中小学教育质量综合评价监测中，就浙江省初中生劳动实践状况进行调查。调查覆盖96个县(市、区)730所初中的41382名学生、9779名任课教师、38794名受监测学生的家长。本文基于监测数据，对劳动教育的认识基础、结构特征、学校实践路径以及劳动教育对学生发展的影响等进行分析，提出有效开展初中生劳动教育的若干建议。

一、关于劳动教育的认识基础

本次监测从两个方面展开，一方面是监测学校与家庭对学生劳动教育的开展情况，另一方面是监测学生的劳动观点、劳动态度和劳动习惯状况，具体包括自我服务、家务劳动、校内劳动和校外劳动四个维度。

监测数据显示，学生普遍具有正确的劳动价值观。75.6%的学生非常乐意参加校内外的各种劳动实践活动，82.3%的学生“看到地上垃圾总会主动捡起放到垃圾桶”，77.2%的父母让孩子从小就去做力所能及的事。

教师在劳动教育的意义认识和目标定位方面有较高的站位，能充分认识到劳动

① 周鸿，浙江省丽水市莲都区教研室评价教研员，高级教师。

教育的综合育人价值。在被问及对学校开展劳动教育所持态度时，43.7%的教师表示非常支持，48.2%的教师表示比较支持。对比城乡数据，表示非常支持的城市、县城、乡镇农村教师占比分别为47.9%、43.2%、41.3%；对比学科数据，表示非常支持的科学、数学、语文教师占比分别为44.6%、44.4%、42%。可见，在对学校劳动教育的支持度上，城乡与学科差别并不是很大，城市教师略高于县城和乡镇农村教师，数学、科学教师略高于语文教师。

家长普遍认同劳动教育能促进孩子健康成长。在被问及让学生参加劳动是否为很好的锻炼方式时，65.2%的家长表示非常同意，24.4%的家长表示比较同意。家长对学校当前劳动教育现状的满意度较高，84%的家长表示比较或非常满意。同时，对比城乡数据，城市、县城和乡镇农村家长无显著差异。

二、初中生劳动实践的结构特征

中小学生劳动实践主要包括学校组织的校内外劳动，以及学生自我服务与家务劳动。如图1所示，调查发现，初中生校内劳动实践相对较好，校外劳动实践较为薄弱；自我服务相对较好，家务劳动相对较弱。在自我服务与家务劳动方面，民办民工子弟学校的学生明显强于其他学校学生，但在校内外劳动实践方面不存在显著性差异。在不同区域与性别维度，学生的劳动实践状况基本相似。

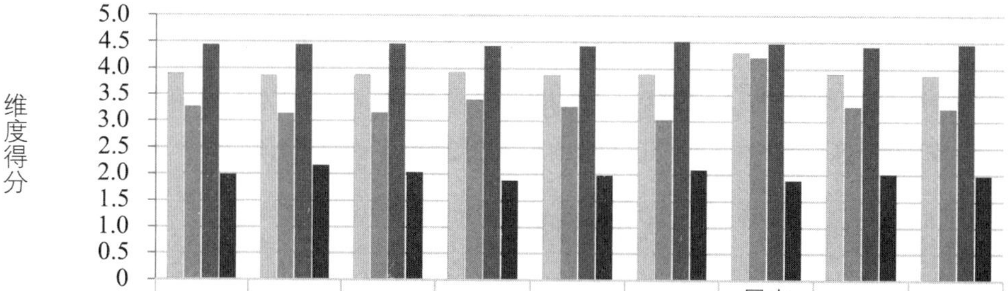

	全省	区域性质			办学性质			性别	
		城市	县城	乡镇农村	公办	一般民办	民办民工子弟	男	女
自我服务	3.9	3.9	3.9	3.9	3.9	3.9	4.3	3.9	3.9
家务劳动	3.3	3.1	3.2	3.4	3.3	3.0	4.2	3.3	3.2
校内劳动	4.4	4.4	4.5	4.4	4.4	4.5	4.5	4.4	4.5
校外实践	2.0	2.2	2.0	1.9	2.0	2.1	1.9	2.0	2.0

图1　浙江省初中生劳动实践结构特征

（一）学校组织的劳动实践

表1进一步分析学生参加学校组织的劳动实践活动的情况，呈现了学生参与校内外劳动实践的类型与频次。

表1　学生参加劳动实践的情况

校内劳动实践情况	频率	没有过	一年一次	一学期一次	一月一次	一周一次
		2.5%	1.1%	7.9%	26.6%	61.8%
	类型（多选）	实践基地学习	学校各类服务岗	职业岗位体验活动	其他	
		42.3%	51.5%	18.6%	38.8%	
校外劳动实践情况	频率	从来没有	1—2次	3—6次	7—10次	10次以上
		24.9%	55.3%	16.3%	2.0%	1.4%
	类型（多选）	社区便民公益服务	文化宣传活动	环保志愿活动	关爱他人服务	其他
		22.7%	23.3%	32.8%	30.9%	52.8%

数据显示，学生校内劳动实践的频率较高，一周一次参与校内劳动实践的比例达61.8%。其中参与最多的是校内各类服务岗与劳动实践基地的学习。学生校外劳动实践的类型虽然也比较丰富，但频次总体较低，有24.9%的学生没有参加过校外劳动实践，参加过3次及以上的学生占比不足20%。初中应是职业生涯体验的起步阶段，有18.6%的学生参加过职业岗位体验活动。此外，分别有38.8%和52.8%的学生参加过选项以外的“其他”校内、校外劳动实践，可见劳动实践类型颇为多样。

（二）家庭劳动实践

初中生已具备较强的自我服务能力，62.1%的学生每周至少3次主动整理自己的生活物品和学习用品。

初中生参与家务情况较好。表2呈现了不同区域、性别学生参与家务的频次。40%的学生表示每周至少做三次家务，39.4%的学生表示一周做一两次家务。在每天都做家务的学生中，乡镇农村占比最高（19.2%）。从性别看，每周至少做三次家务的男生占比41.9%，高出女生3.9个百分点。基本不做家务的学生中，以城市学生或男生居多。可见，乡镇农村学生家庭劳动实践情况好于县城和城市学生。

表2　浙江省不同区域、性别学生做家务频次占比

		每天都做	一周三四次	一周一两次	一月一两次	基本不做
浙江省		15.7%	24.3%	39.4%	12.3%	8.3%
地域性质	城市	12.8%	22.2%	40.3%	15.0%	9.6%
	县城	12.4%	22.7%	41.6%	14.4%	8.9%
	乡镇农村	19.2%	26.3%	37.5%	9.7%	7.3%
性别	男	17.3%	24.6%	36.6%	12.1%	9.4%
	女	14.1%	23.9%	42.2%	12.5%	7.3%

表3数据显示，周末有5.6%的学生每天都会做“烧饭”家务、26.8%的学生每月会做一两次“烧饭”家务，39.4%的学生基本不会做“烧饭”家务。

表3　周末学生做“烧饭”家务频次占比

	从不或几乎没有	每月一两次	每周一两次	每周三四次	每天或几乎每天
浙江省	39.4%	26.8%	22.6%	5.6%	5.6%

三、劳动教育的主要路径

监测数据表明，浙江省初中学校劳动教育路径健全。图2呈现了来自教师问卷的学校劳动教育实施情况。

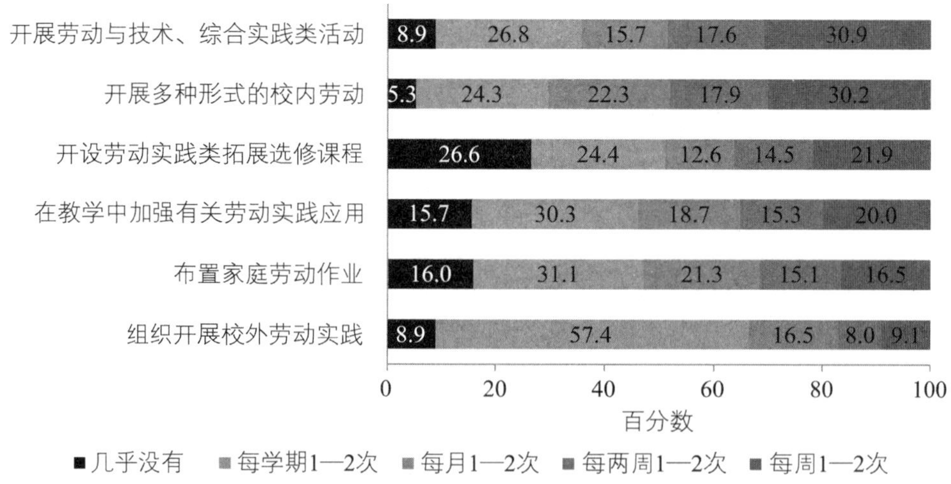

图2　浙江省学校劳动实践活动分布

由图2可知，学校开展劳动与技术、综合实践类活动的必修课程中，每周1—2次占30.9%，每两周1—2次占17.6%。学校开展卫生保洁、绿化种植、以劳动教育为主题的班队活动、社团、兴趣小组等校内劳动的频次较高，在教师组织学生开展校内劳动的频次上，每周1—2次占30.2%、每月至少1次占70.4%。学校还开设如家政、烹饪、手工、园艺等劳动实践类拓展课程来丰富课程内容，开设这些课程的频次是每周1—2次的占21.9%，每两周1—2次的占14.5%。学校以布置家庭劳动作业的形式推进并评价家庭劳动教育成效，在给学生布置家庭劳动作业的频次上，每周1—2次占比16.5%、每两周1—2次占比15.1%。学校组织开展公益活动、志愿服务、以劳动教育为主题的研学旅行和社会实践等校外劳动实践的频次相对较低，每学期1—2次占57.4%、每周1—2次占9.1%。这表明学校虽然能正常开展劳动实践教育，但其频次相对较低，内容单一，亟需构建起科学的劳动教育课程体系，探索多样化的实践路径。

表4数据显示，在每周1—2次安排家庭劳动作业的教师中，城市、县城和乡镇农村占比分别为18.9%、16.9%、14.5%。可见，城市教师布置家庭劳动作业情况好于县城教师，县城教师好于乡镇农村教师。

表4　教师安排家庭劳动作业频次的占比

	几乎没有	每学期1—2次	每月1—2次	每两周1—2次	每周1—2次
城市	13.1%	32.1%	21.2%	14.7%	18.9%
县城	16.1%	30.1%	21.5%	15.4%	16.9%
乡镇农村	17.8%	31.3%	21.1%	15.2%	14.5%

四、推进劳动教育时存在的困难与问题

从监测结果看，尽管浙江省具备较好的劳动教育内外部环境，但仍存在一些困难与问题。下页图3呈现了来自教师问卷的影响学校劳动教育的因素。

从影响“比较大”或“非常大”的频次看，“缺乏合适的劳动教育基地与资源”是首要因素，“家长不重视，不支持”次之，第三是“没有专职的劳动与技术教师”。从“几乎没有”影响频次看，“学校对于劳动教育不重视”是首要因素。这表明，初中教师已普遍认识到劳动场地、家长是否支持和教师劳动教育专业化水平是影响学校劳动实践教育成效的重要因素。

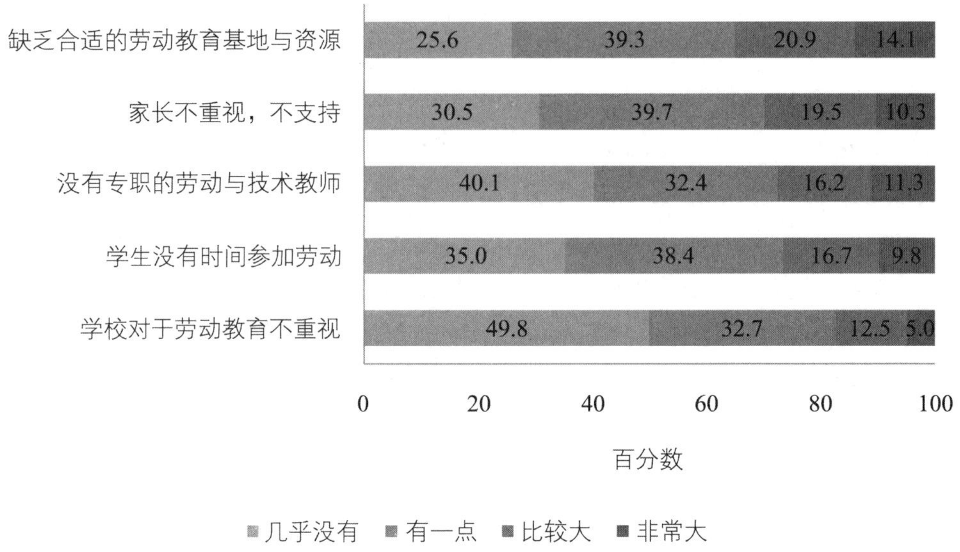

图3　影响学校开展劳动实践教育因素的选项分布

（一）劳动实践发展不平衡

数据显示，浙江省劳动实践水平总体不高，“优良率”有待进一步提升。劳动实践指数好、较好、一般水平占比分别为3.4%、50%、46.7%。不同区域的劳动实践水平差异较大，如A市劳动实践好、较好、一般水平的占比分别为4.6%、55.5%、39.9%，B市相应水平的占比分别为2.1%、40.8%、57%。不同性质学校劳动实践水平差异较大，民办民工子弟学校劳动实践较好水平的学生占比为71.4%，远远超过公办学校（49.5%）和一般民办学校（48.5%）。

（二）学校的主导作用不够明显

浙江省对劳动教育虽然一直非常重视，但从2019年10月的情况看，与国家要求的“中小学劳动教育课每周不少于1课时”相比仍有差距。有35.7%的教师“每学期1—2次或从未”开设劳动与技术、综合实践类活动课程，有46%的教师“每学期1—2次或从未”在教学中渗透劳动教育，有47.1%的教师“每学期1—2次或从未”安排家庭劳动作业。

（三）家庭的基础作用不够充分

部分家长对劳动教育不重视，19.4%的家长持有“中学生的主要任务就是读书，参加劳动是工作后的事”的观点。8.4%的家长之所以不让孩子参加搞卫生劳动，是因为担心“学生搞卫生不够干净”。教师认为“家长不重视、不支持”是影响学校劳动教育的第二位因素（“非常大”和“比较大”占比为29.8%）。

（四）社会的支持作用缺位严重

校外劳动实践基地和实践场所较少，教师认为“学校周边缺乏合适的劳动教育基地与资源”是影响学校劳动教育的首位因素（“非常大”和“比较大”两项占比为35%），持这一观点的乡镇农村教师比例（37.7%）高于城市教师（32.1%）。可见，乡镇农村更缺乏校外劳动实践基地与资源。另一数据表明，57.7%的学生未参加过生产劳动，81.4%的学生未参加过职业岗位体验活动。据调查，缺少相关劳动场所是导致学生校外劳动实践活动无法正常开展的主要因素。

五、劳动教育与学生发展的关系

如表5所示，将劳动实践指数与责任感、学习动力、运动健康、自我认知、家庭教育方式、师生关系、亲子关系、兴趣爱好、家长参与、同伴关系等指数做相关分析，结果显示，各指数与劳动实践指数之间具有显著的正相关，且劳动实践指数与责任感指数相关性最高。

表5　监测指数与劳动实践指数的关系

指数	相关系数
责任感指数	0.352**
学习动力指数	0.278**
运动健康指数	0.256**
自我认知指数	0.255**
家庭教育方式指数	0.218**
师生关系指数	0.215**
亲子关系指数	0.214**
兴趣爱好指数	0.207**
家长参与指数	0.178**
同伴关系指数	0.173**

说明：**表示$p<0.01$。

责任感是指学生通过履行符合规范的行为来对自己、他人、集体和社会负责的过程,包括履行义务、职责和其他要求。一方面,责任感强的学生往往劳动实践也强;另一方面,劳动实践活动恰恰又是提升学生责任感的良好载体,通过劳动实践活动,可以强化学生的担当精神,培养学生的责任意识,使学生形成勇敢、坚毅的品质。

由图4可知,随着责任感指数水平的提升,劳动实践指数得分越来越高,两个分维度也有类似结论。"公民责任"各水平对应的劳动实践指数得分均高于"自我责任"各水平。可见,公民责任意识对劳动实践的影响相对较大。

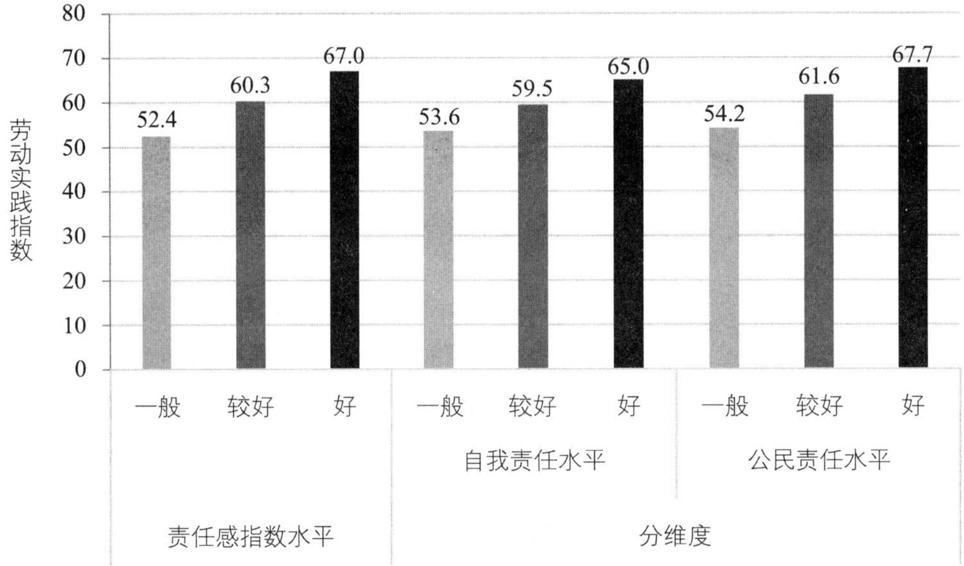

图4 不同责任感水平下的劳动实践指数得分

由下页图5可知,随着家庭教育水平的提升,劳动实践指数得分越来越高,三个分维度也有类似结论。"民主与尊重"各水平对应的劳动实践指数得分均高于"肯定与鼓励"和"独立性培养"各水平。可见,"民主与尊重"的家庭教育方式对劳动实践的影响相对较大。

由下页图6可知,从学校组织的各类型常规校内劳动实践活动参加情况与学生责任感关系看,参加校内活动的学生责任感指数得分远高于未参加校内活动者。且参加职业岗位体验活动更有助于责任感的形成。

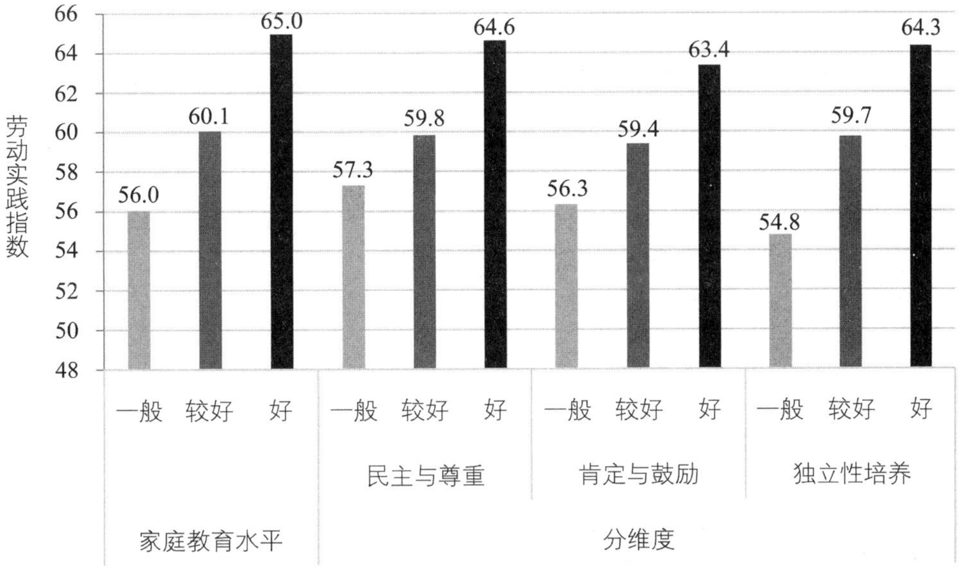

图5　不同家庭教育水平下的劳动实践指数得分

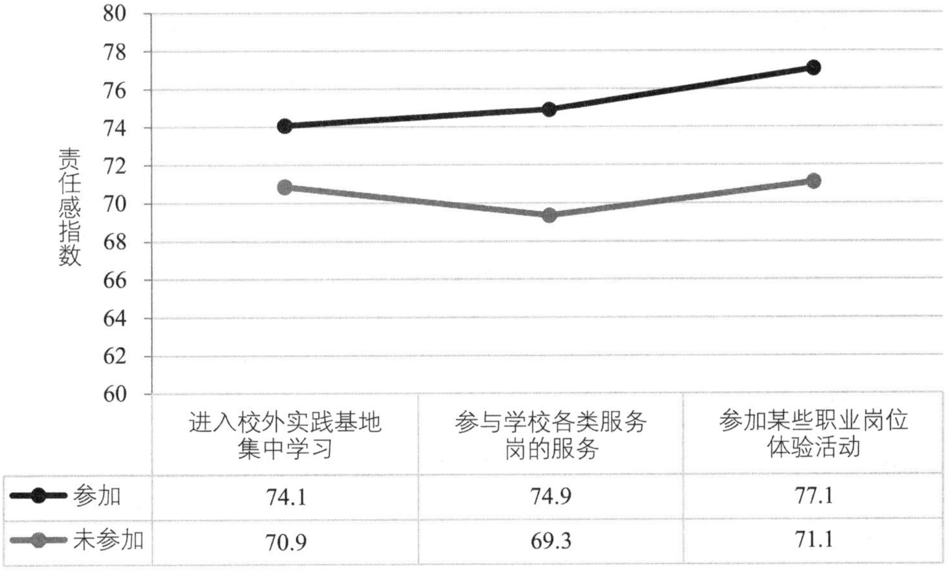

图6　不同校内劳动实践类型与责任感指数的关系

由下页图7可知，从学校组织的各类型常规校外劳动实践活动参加情况与学生责任感的关系看，参加校外活动的学生责任感指数得分远高于未参加校外活动者，且参加社区便民公益服务或文化宣传活动更有助于责任感的形成。

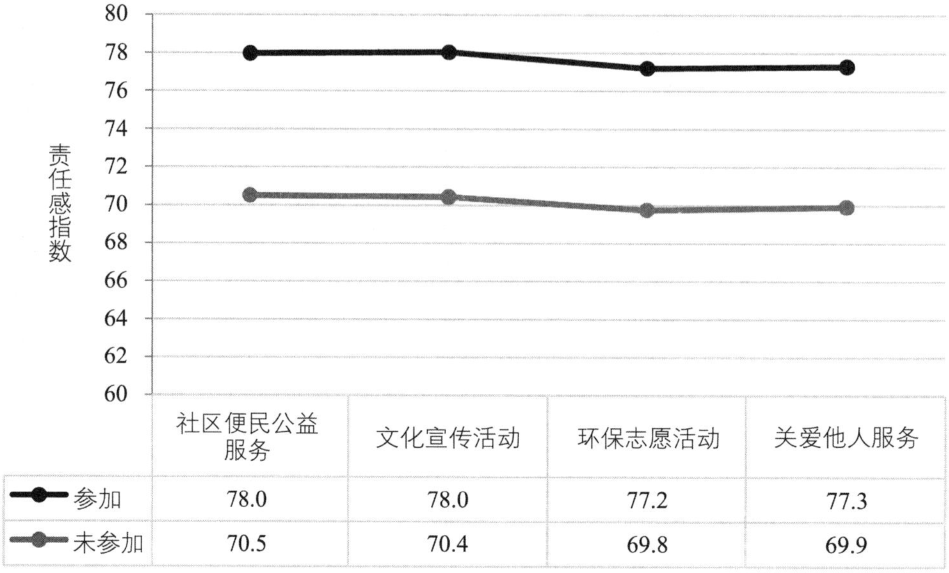

	社区便民公益服务	文化宣传活动	环保志愿活动	关爱他人服务
参加	78.0	78.0	77.2	77.3
未参加	70.5	70.4	69.8	69.9

图7　不同校外劳动实践类型与责任感指数的关系

劳动教育具有树德、增智、强体、育美的综合育人价值，充分挖掘其促进学生健康成长的隐性价值具有重要意义。事实上，劳动教育不仅要有物质层面的呈现，更要有精神层面的升华，应重视培养学生的劳动素养。

六、对策与建议

基于监测结果和对浙江省当前劳动教育现状的分析，下面对全面推进初中生劳动教育提出三条建议。

（一）赋予劳动教育新内涵

监测数据表明，劳动教育对学生“责任感”的形成有积极的促进作用，也有研究表明，“责任感”和“学习动力”对学生学业成绩具有显著的正向作用。可见，有必要赋予原有的劳动教育新的内涵。

《中共中央　国务院关于全面加强新时代大中小学劳动教育的意见》（以下简称《意见》）指出：劳动教育是国民教育体系的重要内容，是学生成长的必要途径，具有树德、增智、强体、育美的综合育人价值。实施劳动教育的重点是在系统的文化知识学习之外，有目的、有计划地组织学生参加日常生活劳动、生产劳动和服务性劳动，让学生动手实践、出力流汗，接受锻炼、磨炼意志，培养学生正确的劳动价值观和良好的劳动品质。

可见，在立场上，要充分实现教育与生产劳动的“实质”而非“形式”的结合；在内容上，体现一种发展的教育观，重视闲暇教育和消费教育；在功能上，强调劳动之于个体的存在性价值，以赋予个体在劳动教育中获得自我存在的价值感和意义感，丰富其关系属性并提升其审美人格；在实践上，培育学生正确的劳动观念和劳动态度，构建一种整合、开放的劳动教育实践体系。这样的劳动教育看重的是劳动素养的培育，而不能只简单理解为开设劳动课。教育方针中所提的德、智、体、美、劳都是素养概念，它们并不对应于具体学科。学生的劳动素养不只在劳动课中养成，家校的日常打理，班级的卫生轮值、环境布置，学科教学的实物计量、实地调查，各种综合实践课的实践活动，都有劳动素养的培育功能。

初中生正处于青春期，生理上的日渐成熟促使其在心理上寻求独立自主，对父母的依赖逐渐减少，希望摆脱父母的“控制”。但他们在学习和生活中也面临着很多的挑战和问题，仍然需要家长的支持、陪伴和指导。所以，家长需要转变教育角色、调整教养方式，给予孩子信任和理解，及时提供帮助和指导，在劳动教育中渗透责任意识的培养，激发孩子的学习动力。

（二）构建劳动教育评价指标体系

学校应把劳动教育纳入教学计划，设置劳动课程，培养劳动素养，不断完善劳动教育的方案和保障制度，实施劳动教育精细评价。对照《意见》制订出具有区域特色的劳动教育评价指标体系。例如，课程设置一般包括劳动必修课、劳动拓展课、劳动周、学科渗透等，教学实施包括教学内容、教学形式、教学资源和教学评价等，保障机制包括制度保障、师资保障、经费投入和安全保障等，劳动素养包括劳动观念、劳动知识与技能、劳动习惯和劳动实践能力等。课程设置上也可借鉴国外成熟经验，如日本的劳动课程包括家政课、午餐教育和田地教育，德国的劳动课程包括技术、经济、家政和职业技术，芬兰的劳动课程包括手工课、家政课、编程课程及综合课程等。

探索建立劳动教育评价实施策略，推行问题清单、任务清单和责任清单来规范和评价劳动教育。对照评价指标体系查找学校劳动教育中存在的问题，列出清单，并采取有效措施积极改进；依据学生的身心特征以及本地、本校的实际情况，分类型、分项目详细制订开展日常生活劳动、生产劳动和服务性劳动任务清单，以增强劳动教育的针对性和可操作性；建立责任清单，落实劳动教育责任制，明确各级政府、学校、家庭、企业、社区等各相关部门的主体责任，必要时建立劳动教育负面清单。

同时，将学生平时劳动的结果纳入个人综合素质评价，教育督导部门则将学校劳动教育结果纳入对学校的发展性考核，以促进劳动教育目标的有效达成。

（三）建设劳动教育支持系统

劳动教育要渗透到学校德、智、体、美各育之中，离不开家校合作和社会支持。因此，学校、家庭和社会要协同开展劳动教育，确保劳动教育能有效落实。

学校是劳动教育的主阵地。学校要重视校内外结合的实践基地的开发和利用，梳理学校劳动教育的场地，保证每个班级在校内有劳动实践区，有若干可供学生劳动实践的场地，有可供开展创新性劳动学习活动的专用教室。教师要充分利用课堂这一主阵地对学生进行劳动教育，使其形成正确的劳动价值观；要对班级中热爱劳动、劳动能力强的学生进行表扬，鼓励其他学生向他们看齐。学校要开展相关活动激发学生的劳动兴趣，如举办植树节活动、小制作竞赛等，变被动劳动为自觉劳动。

家庭是劳动教育的练兵场。学校的劳动教育以面向集体为主，缺乏针对性，这就需要家庭与学校合作，实现劳动教育的全员化、个性化。在家庭教育中，应培育孩子的劳动精神以锤炼其勤劳向上的品格，培养孩子的劳动习惯以激发其热爱生活的态度，训练孩子的劳动技能以提升其实践创新的能力。家长应配合学校促进学生劳动技能的培养，可区别于学校课程的专门培养，灵活地安排家务劳动内容，在基本家庭活动中引导孩子学会自理技能和劳动技能。教师也可以布置家庭劳动作业，助力形成家校教育合力。

社会是劳动教育的实践台。学生最终要在社会中生存，学校和家长都应组织学生多参与社会实践活动，校外实践劳动既培养了学生吃苦耐劳的精神，又增强了他们的服务意识和责任担当，是学校和家庭劳动教育的延伸。加强社会联动，充分挖掘、利用社会各个机构和组织给学生提供的劳动教育场所，促使各类劳动教育实践基地、研学旅行营地以及其他社会资源联动。各级培训部门要组织劳动教育的专项培训班，更好地推动劳动教育师资队伍建设。只有学校、家长和社会形成教育合力，才能使劳动教育经常化、日常化。

法国哲学家卢梭认为，“一个小时劳动教育给他的，比终日向他讲述所记住的东西还要多”。期待劳动教育越来越实至名归，在校园、在家庭、在全社会蔚然成风，在学生心中生根、发芽、枝繁叶茂；更期待学生“劳力劳心，亦知亦行”，对知识躬身修行、用身体丈量世界，多动手实践、多出力流汗，在接受锻炼、磨炼意志的过程中，享受到劳动的快乐与成就，用双手成就美好的人生。

（原载于《基础教育课程》2021年第5期）

聚焦学生学习品质

浙江省小学生学习品质实证评价

李　强[①]

【摘要】 学习品质是学生在学习过程中表现出来的相对稳定的心理倾向与行为特质。本研究基于2018年浙江省小学教育质量监测数据,从学习动力和学习策略两个维度对小学生学习品质进行实证评价。结果表明,浙江省小学生学习品质总体良好,但城乡差异显著,城市和县城学生的学习品质明显高于乡镇农村学生;学生学习品质显著影响学生的学业水平;学生的品德行为、身心健康、教学方式、师生关系以及学生家庭的社会经济地位、亲子关系、家长参与等因素均对学生的学习品质有着显著的正向影响,教师教学需要通过学生学习品质这一中介才能对学生学业成绩产生影响,家庭因素则能直接影响子女的学业水平。因此,教育行政部门应把提升乡镇农村学生学习品质作为一项重点问题予以关注,从政策制定、经费保障上予以适当倾斜;教育研究部门和学校需要全面重视对学生品德行为、身心健康与学习品质的培养,重点研究学生学习品质的形成与发展机制,以及教师教学—学习品质—学业成绩的转化机制。

【关键词】 学习品质;学习动力;学习策略

一、前言

2016年,由北京师范大学林崇德教授领衔的专家团队研制的《中国学生发展核心素养》正式公布,明确了我国中学生发展核心素养的总体框架与基本内涵。其中,学会学习是学生发展核心素养的重要方面,而学习品质是学生学会学习的关键环节,并在一定程度上决定了其终身教育和可持续发展的质量。可以说,学生是否具备良好的自主学习品质,是衡量学生学习核心素养的重要尺度。

班华认为,学习品质是学习主体内在的、稳定的学习心理特征,学习心理品质表现为明确的学习目的、正确而强烈的学习动机、积极的学习态度,以及学习过程良好的智力品质、学习方式等。学习心理品质可以分为智力品质(包括观察品质、记忆品

① 李强,浙江省平湖市教师进修学校科研员(评价教研员),副研究员。

质、思维品质、动手操作品质)和非智力品质(包括目标意识上的学习自觉性品质,学习动机自我意识上的积极性品质,学习态度上的自信心、谦虚、细致、合作品质以及坚持性和自制性等意志品质)。曹正善认为,学习品质是学习者在学习活动中形成和发展,并在学习活动中表现出来的比较稳定的特征和特性。他区分了自主学习品质与合作学习品质,认为自主学习品质反映在学习系统上,即有学习动力上的主动性、积极性等品质,学习能力上的能动性、独创性、批判性等品质,学习毅力上的自觉性、坚持性、坚韧性等品质。陈朝晖认为,学习品质是学习者在学习过程中所表现出来的相对稳定的心理及行为特质,是学生适应终身学习及未来发展所必备的个性特征和品格,是学习者学习动机、学习能力、学习方法、学习习惯等因素相互影响与交织互动而形成的综合体。它包括学习认知与体验系统(学习认知、学习情感)、学习动力系统(学习态度、学习动机)、学习能力与方法系统(学习能力、学习方法)、学习维持系统(学习意志力、学习投入)和学习结果系统(学习效果)。鄢超云总结了美国各州的定义后认为,学习品质包括与学习有关的倾向、态度、习惯、风格、特质等,它不指向具体的方法、技能,而指向儿童是如何获得又是如何使用这些方法和技能的,他在分析了美国各州关于学习品质的界定后,总结出学习品质包括好奇心与兴趣、主动性、坚持与注意、创造与发明、反思与解释。

学习品质是反映学生学习状态甚至是学习个别差异的重要指标,是描述学习质量的基本变量。国内外诸多研究表明,学习品质的高低差异性会对儿童的学业学习产生极其重要的影响,学习品质是儿童学业成绩的重要预测因素,学习品质较高的儿童更容易表现出高水平的学业成绩,而且学习品质和学业成绩之间的相关可能随着儿童年龄的增长而增加。因此,理解学生的学习品质是有效教学的重要前提条件,有效教学不仅包括有效的知识传递、让学生理解学习内容,更重要的是改进学生的学习品质,让学生更投入地学习,更有计划性地学习,更专注地学习,渐渐形成一种对学习的倾向性。如果能科学地测量学生自主学习品质的发展水平及其影响因素的作用机制,就能帮助我们更加真实地了解学生学习的状态、更加准确地诊断学生学习中存在的问题,并能对学生的学习结果进行科学的归因分析,为教师、学校、教育行政和教育研究部门的决策与行动改进提供科学依据。

北京市海淀区在2007年就开始尝试对学生的学习品质进行评价,经过十年的探索,建立了一套“中小学生9L学习品质评价指标体系”,涵盖五大系统九大关键指标,即学习认知与体验系统(学习认知、学习情感)、学习动力系统(学习态度、学习动机)、学习能力与方法系统(学习能力、学习方法)、学习维持系统(学习意志力、学习投入)和学习结果系统(学习效果)。这一评价体系在转变教育质量评价观念,科学评价学校教育质量，引领学校在原有基础上进步与发展，帮助学生学会学习、提升学习品质，促进区域教育优质、均衡、特色发展等方面都发挥了重要作用。国内其他地区在质量监测或学生总素质评价中，也在一定程度上关注学生学习兴趣、学习动力、学习策略等要素，但尚未明确将学生学习品质作为一个综合的指标进行评价。

基于上述研究，我们认为，学习品质既有综合性和个性化特征，同时在每一个个体身上又存在学科差异，因此，我们采用北京海淀区的定义，把学生学习品质界定为学生在学习过程中表现出来的相对稳定的心理倾向与行为特质。学习品质在纵向维度上由学习动力、学习策略组成，在横向维度上由不同学科的学习品质以及一般领域的学习品质组成，本次综合评价的学科学习品质主要指小学生语文、数学、科学学习品质。

二、小学生学习品质评价的过程与方法

2018年10月，浙江省中小学教育质量监测中心举行了全省小学教育质量综合评价监测，各地市共36730名五年级学生、11442名小学教师（语文、数学、科学）、2448名校长以及36607名家长参加了本次评价，其中学生有效人数为31610名。

本次小学生学习品质评价问卷包括一般领域的学习动力、学习策略，分学科的学习动力、学习策略，学习动力与学习策略合成学习品质，一般领域的学习品质与分学科领域学习品质合成综合学习品质。学习品质、学习动力与学习策略指数均转化为百分制分数，即分值区间为[0，100]。数据分析采用SPSS22.0和AMOS24.0进行。

小学生学习品质问卷结构见表1。

表1　浙江省小学生学习品质测评框架结构

一级指标	二级指标	三级指标	指标描述
小学生综合学习品质	语文学习品质	语文学习动力	特指阅读领域的内部动机与阅读兴趣
		语文学习策略	特指阅读领域的认知策略与元认知策略
	数学学习品质	数学学习动力	包括数学学习兴趣与毅力
		数学学习策略	包括数学问题解决的认知策略与元认知策略
	科学学习品质	科学学习动力	包括科学学习兴趣、好奇心与主动性
		科学学习策略	包括科学探究的思维方式与学习方法
	一般领域学习品质	一般领域学习动力	指平时主动学习、认真细致和坚持努力等品质
		一般领域学习策略	指平时预习、上课、复习、思考与求助等习惯

三、浙江省小学生学习品质评价结果

（一）浙江省小学生学习品质现状

1. 小学生学习品质总体水平。

从图1中可知，无论是小学生学科学习品质还是一般领域学习品质，平均分值都在70以上，这表明浙江省小学生学习品质总体处于良好水平，相对而言，学生的科学学习品质和一般领域学习品质表现更佳，数学学习品质相对较弱一些。此外，从标准差来看，学生一般领域学习品质表现更为均衡一些，而数学的学习品质水平差异相对较大，这可能是由数学的学科特点所决定的。

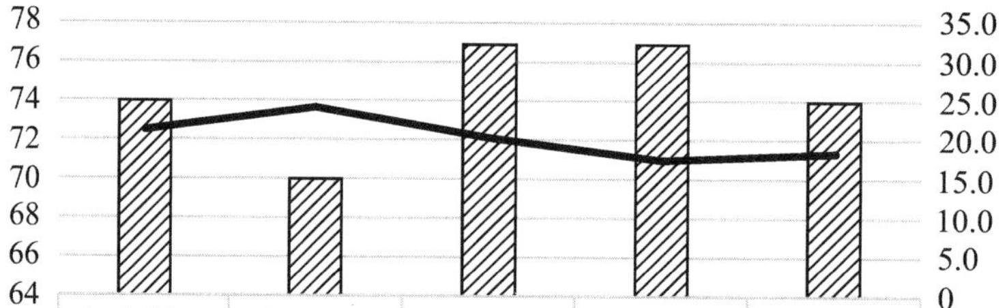

	语文学习品质	数学学习品质	科学学习品质	一般领域学习品质	综合学习品质
平均值	74	70	77	77	74
标准差	21.3	24.2	20.1	17.9	18.4

平均值　标准差

图1　浙江省小学生学习品质总体表现

2. 小学生学习品质各维度的发展水平。

我们将学生学习品质具体维度表现进行剖析，见下页图2。从该图中我们可以看出，学生综合学习动力水平略强于综合学习策略水平。在学习动力方面，小学生对于科学的学习兴趣普遍十分浓厚，乐于探究，语文阅读的兴趣和动机也比较强烈，但数学学习动力相对偏弱。在学习策略方面，小学生一般领域学习策略（即平时预习、上课、复习、思考与求助等习惯）表现更好，科学学习策略次之，语文学习策略和数学学习策略相对薄弱一些。

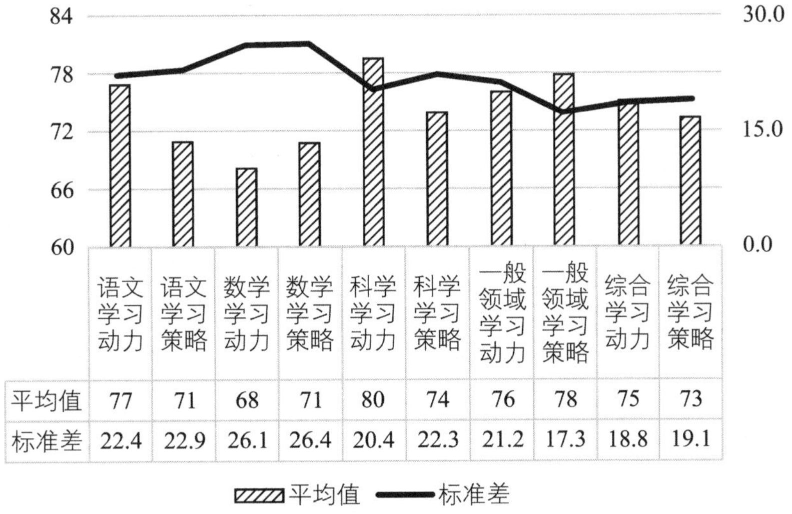

图2　浙江省小学生学习品质维度表现剖析图

（二）小学生学习品质的城乡差异

我们按照不同地区分析群体间学生学习品质差异情况，以便于因地施策。

对于三个及以上群体的均值比较，我们采用方差分析事后多重检验S-N-K法来进行，表2显示，浙江省乡镇农村、城市和县城小学生综合学习品质水平之间存在显著的差异。三类群体学生的学习品质被划分为三个具有显著性差异的水平等级，其中县城小学生综合学习品质明显高于城市小学生，而城市小学生综合学习品质又明显高于乡镇农村小学生。

表2　浙江省小学生综合学习品质的城乡差异

	综合学习动力			综合学习策略			综合学习品质		
水平	1	2	3	1	2	3	1	2	3
乡镇农村	73			71			72		
城市		77			75			76	
县城			78			76			77
显著性	1.000	1.000	1.000	1.000	1.000	1.000	1.000	1.000	1.000

我们对这种城乡差异进行进一步的学科分析，见下页表3至表6。

语文学科领域，城市和县城学生的语文学习品质不存在显著性差异，这种一致性主要体现在语文学习策略上。三类群体的语文学习动力呈现三种不同水平，总体上而言，乡镇农村学生的学习品质弱于城市和县城学生。

数学学科领域，县城、城市和乡镇农村学生的数学学习品质存在显著性差异，这种显著性差异主要体现在数学学习策略上。在数学学习动力方面，城市学生与县城学生没有显著性差异，乡镇农村学生的数学学习动力相对弱于城市和县城学生。

科学学科领域，乡镇农村学生的科学学习品质弱于城市和县城学生，而城市学生和县城学生处于同一水平。

三类学生的一般领域学习品质也存在显著性差异，这种差异主要表现在一般领域学习动力方面，而在一般领域学习策略上，仍然是乡镇农村学生相对弱于城市和县城学生。

由此可见，浙江省城乡小学生学习品质发展水平还存在着明显的不均衡性。

表3　浙江省小学生语文学习品质的城乡差异

	语文学习动力			语文学习策略		语文学习品质	
水平	1	2	3	1	2	1	2
乡镇农村	75			68		72	
城市		79			74		77
县城			80		74		77
显著性	1.000	1.000	1.000	1.000	0.311	1.000	0.094

表4　浙江省小学生数学学习品质的城乡差异

	数学学习动力		数学学习策略			数学学习品质		
水平	1	2	1	2	3	1	2	3
乡镇农村	66		69			68		
城市		70		72			71	
县城		71			74			72
显著性	1.000	0.229	1.000	1.000	1.000	1.000	1.000	1.000

表5　浙江省小学生科学学习品质的城乡差异

	科学学习动力		科学学习策略		科学学习品质	
水平	1	2	1	2	1	2
乡镇农村	78		72		75	
城市		81		76		79
县城		82		77		79
显著性	1.000	0.163	1.000	0.178	1.000	0.147

表6　浙江省小学生一般领域学习品质的城乡差异

	一般领域学习动力			一般领域学习策略		一般领域学习品质		
水平	1	2	3	1	2	1	2	3
乡镇农村	75			76		75		
城市		78			80		79	
县城			78		81			80
显著性	1.000	1.000	1.000	1.000	0.134	1.000	1.000	1.000

（三）小学生学习品质的影响因素分析

考虑到学生、教师、家长是不同层次的影响因素，故我们将学生自身因素、教师因素和家庭因素分别作为影响学生学习品质的自变量进行回归分析。

1. 学生自身因素（兴趣爱好、品德行为、身心健康等）。

表7是在控制学生家庭社会经济地位（Socioeconomic Status，简称SES）[①]后，学生学习品质与其他自身因素的偏相关分析结果。从该表中可以看到，学生学习品质与他们的兴趣爱好、品德行为、运动健康、同伴交往、自我认知等均存在显著的中度相关，各个学科领域的学习品质也呈显著的中高度相关。

① 以下相关分析和回归分析结果均加入了控制变量：SES。

表7　学生学习品质与自身因素的偏相关分析

相关指数	语文学习品质	数学学习品质	科学学习品质	一般学习品质	品德行为	兴趣爱好	运动健康	同伴交往
数学学习品质	0.641**							
科学学习品质	0.657**	0.604**						
一般学习品质	0.753**	0.693**	0.710**					
品德行为	0.519**	0.460**	0.521**	0.582**				
兴趣爱好	0.573**	0.490**	0.562**	0.616**	0.430**			
运动健康	0.562**	0.522**	0.578**	0.624**	0.464**	0.541**		
同伴交往	0.525**	0.484**	0.546**	0.610**	0.531**	0.503**	0.525**	
自我认知	0.567**	0.546**	0.564**	0.662**	0.453**	0.534**	0.558**	0.582**

说明:**表示在0.01水平上显著相关。控制变量为SES。

表8是以学生自身因素为自变量,以学生综合学习品质为因变量,在控制SES后的多元线性回归分析结果。由该表可知,学生的自我认知、兴趣爱好、品德行为、运动健康以及同伴交往对综合学习品质均有显著的正向影响作用,其中自我认知对学生综合学习品质的影响力最大(标准化系数为0.25),学生自身的五个因素对学生综合素质变化的解释率达到了0.709(R^2=0.709),显示该回归方程具有较强的解释力。

表8　学生自身因素对其综合学习品质影响的回归分析

模型	非标准化系数	标准化系数	t	显著性	共线性统计		R^2	Durbin-Watson
					容许	VIF		
(常量)	2.96		9.58	0.000			0.709	1.902
自我认知	0.23	0.25	54.55	0.000	0.48	2.09		
兴趣爱好	0.21	0.23	52.62	0.000	0.54	1.86		
品德行为	0.20	0.20	50.27	0.000	0.61	1.65		
运动健康	0.18	0.22	50.05	0.000	0.52	1.91		
同伴交往	0.11	0.12	27.19	0.000	0.50	2.01		

说明:因变量为综合学习品质。控制变量为SES。

2. 教师教学因素(教学方式、师生关系)。

我们以教师教学方式和师生关系作为自变量,以学生综合学习品质为因变量进行回归分析。从表9中可以看到,教师教学方式与师生关系对学生综合学习品质具有极其显著的影响。其中教师教学方式的影响力略大于师生关系的影响力。

表9 教师因素对学生综合学习品质的影响

模型	非标准化系数	标准系数	t	显著性	共线性统计		R^2	Durbin-Watson
					容许	VIF		
(常量)	21.43		69.91	0.000			0.594	1.877
教师教学方式	0.40	0.41	84.61	0.000	0.60	1.68		
师生关系	0.30	0.38	80.89	0.000	0.61	1.65		

说明:因变量为综合学习品质。控制变量为SES。

3. 家庭因素(SES、亲子关系、家长参与)。

我们以家长参与、亲子关系以及SES作为自变量,以学生综合学习品质为因变量进行回归分析。从表10中可以看到,亲子关系、家长参与、家庭社会经济地位对学生综合学习品质具有极其显著的影响。其中亲子关系的影响力大于家长参与的影响力,家长参与的影响力大于SES的影响力。

表10 家庭因素对学生综合学习品质的影响

模型	非标准化系数	标准系数	t	显著性	共线性统计		R^2	Durbin-Watson
					容许	VIF		
(常量)	38.47		109.75	0.000			0.372	1.768
SES	3.71	0.20	41.09	0.000	0.88	1.13		
家长参与	0.20	0.25	46.89	0.000	0.74	1.36		
亲子关系	0.28	0.35	66.40	0.000	0.78	1.29		

说明:因变量为综合学习品质。

(四)小学生学习品质对于学业成就的影响

图3—图5呈现了学生学习品质对本次监测成绩的影响分析结果。这里我们采用逐步回归方法,将学生分学科学习动力与学习策略以及一般领域学习品质与学习策略的具体表现作为自变量,以语文、数学、科学标准分为因变量进行回归分析。

1. 学生学习品质对语文学业水平的影响。

从图3可以看出，在控制了SES、作业时间和补课因素之后，对学生语文学业水平有显著的影响的因素集中在语文阅读策略和一般领域学习动力两个方面，其他领域的学习策略与学习动力对语文的影响不显著。该回归模型的R^2为0.561，表明该模型中这几个自变量对于因变量变化的解释力比较理想。其中“利用插图、提示等信息理解文章内容”“重读文章中不明白的地方”“想象文字所描述的情景”和“联系上下文理解与推测信息”对学生语文学习成绩的影响力最大。另外，有意思的是，学生喜欢钻研数学知识对语文成绩也有积极的影响。

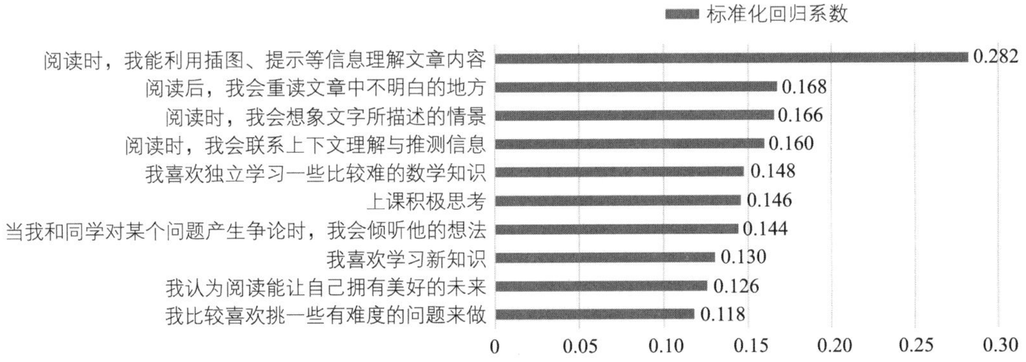

图3　学生学习品质对语文学业水平的影响

2. 学生学习品质对数学学业水平的影响。

从图4可以看出，在控制了SES、作业时间和补课因素后，学生的数学学习动力、语文学习（阅读）策略、科学学习（实验）策略等因素对数学学业水平具有显著性影响作用，该回归模型的解释力R^2为0.587。由此可以推论，小学生语文学习（阅读）策略和科学学习（实验）策略的培养，不仅对于语文、科学学习本身有积极的作用，而且能对其他学科的学习产生正向的影响。因此，小学生阅读能力和动手操作能力理应作为小学阶段学校教育的重中之重。

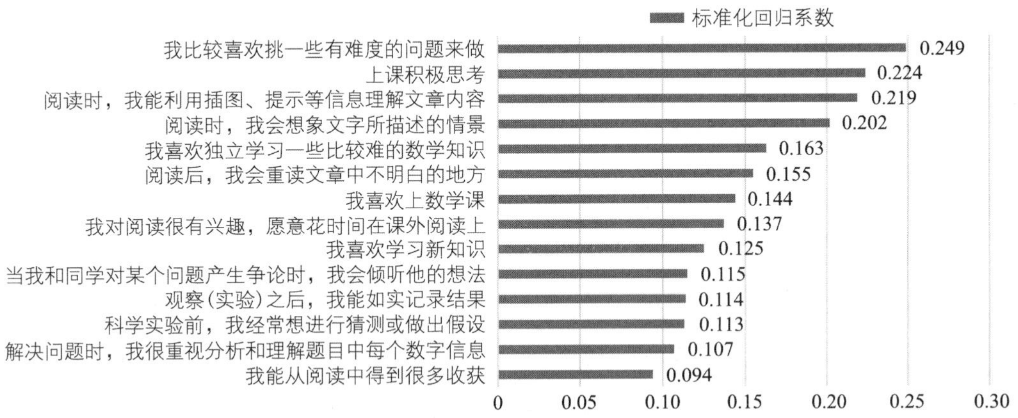

图4　学生学习品质对数学学业水平的影响

3. 学生学习品质对科学学业水平的影响。

从图5可以看出，在控制了SES、作业时间和补课因素后，学生的语文学习（阅读）策略、科学学习动力与科学学习策略对科学学业水平具有显著性影响作用。回归模型的解释力R^2为0.27。这里再一次证明，小学生语文学习（阅读）策略的养成不仅对语文学习有促进作用，对于数学、科学学习也有显著的正向影响作用。

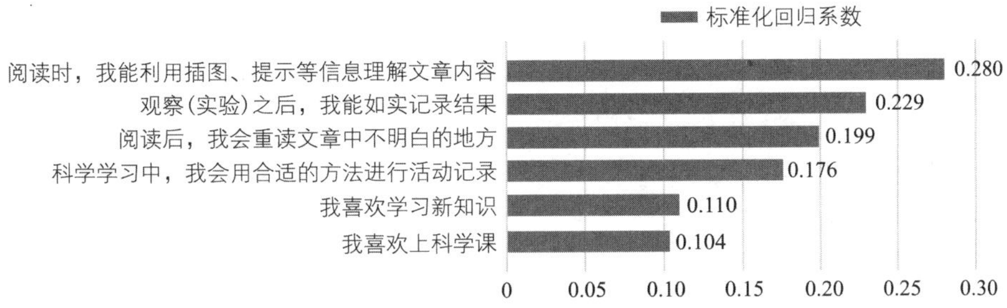

图5　学生学习品质对科学学业水平的影响

（五）学生学习品质、学业水平及其影响因素关系的综合分析

学生学习品质、学业水平与学生自身因素、教师因素和家庭因素之间存在着错综复杂的关系，上述回归分析仅仅能呈现某一特定因素对学习品质或学业水平的影响作用，还不能完整地描述这些因素之间的交互作用，当引入一个新的变量后，由于变量之间存在着比较复杂的相互影响作用，原先回归分析得出的结论可能要做相应的修正，因此，我们采用结构方程模型，将上述诸因素之间的关系进行综合分析，全面刻画这些因素之间的影响作用，以便于综合施策。

1. 学生个体因素对学习品质与学业水平的影响。

我们按照本次监测问卷框架结构，把学生个体因素分为品德行为和身心健康两个大指标（品德行为包括个人责任、公民责任、公平和助人四个维度，身心健康包括同伴交往、自我认知、兴趣爱好等维度），通过理论研究我们建立如下假设：学生品德行为与身心健康不能直接对学生的学业水平产生影响，而是通过学生学习品质的中介作用对学业水平间接产生影响。因此我们构建下列结构方程模型，分析结果见下页图6。

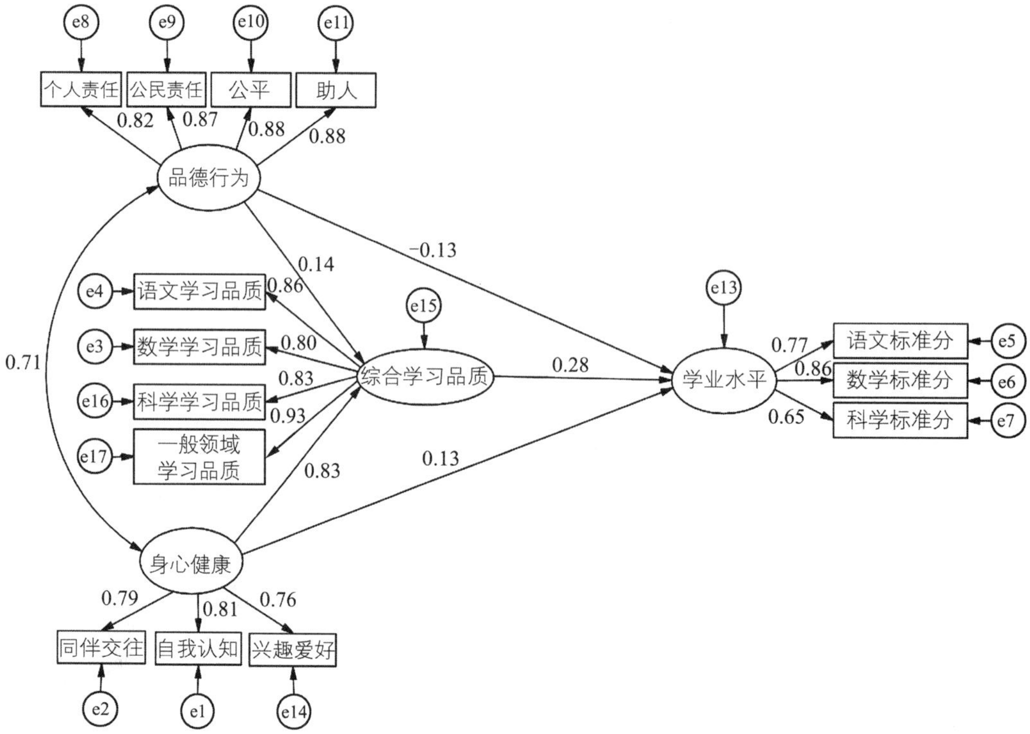

图6　学生品德行为、身心健康与学习品质及其学业水平关系的结构方程模型

表11　图6结构方程模型拟合度指标

模型拟合度指标	*CMIN*	*DF*	*CMIN/DF*	*GFI*	*AGFI*	*CFI*	*RMSEA*
估计值	2502.75	284	8.81	0.96	0.94	0.89	0.02
建议值	越小越好	越大越好	＜3	＞0.9	＞0.9	＞0.9	＜0.08
拟合结果			不理想	良好	良好	可接受	良好

表12　图6结构方程模型的估计值与显著性

自变量	因变量	非标准化回归系数	标准误	*Z*值	显著性	标准化回归系数
品德行为	综合学习品质	3.85	0.39	9.96	***	0.14
身心健康	综合学习品质	0.99	0.02	47.75	***	0.83
品德行为	学业水平	-2.95	1.95	-1.51	0.13	-0.03
综合学习品质	学业水平	1.09	0.23	4.81	***	0.28
身心健康	学业水平	0.6	0.27	2.26	0.02	0.13

表13　图6结构方程模型的中介效应检验

路径	点估计	系数		bootstrap法（1000次）95%置信区间					
				偏差矫正法			百分位数法		
		标准误	Z值	下限	上限	显著性	下限	上限	显著性
品德行为→学习品质→学业水平中介效应	4.21	1.14	3.69	2.19	6.63	0.000	2.15	6.61	0.000
身心健康→学习品质→学业水平中介效应	1.09	0.27	4.04	0.57	1.63	0.000	0.59	1.65	0.000

结合表11至表13，我们可以得出如下结论：

（1）品德行为对学生综合学习品质的影响极其显著，品德行为通过综合学习品质对学业水平的影响也极其显著。但品德行为对学生学业成绩的直接影响不显著，因此，学生学习品质是品德行为影响学生学业水平的完全中介。

（2）身心健康对学业水平的直接影响显著，对学习品质的直接影响极其显著，通过学生学习品质对学业水平的间接影响极其显著。学生学习品质是身心健康影响学生学业水平的部分中介。

（3）学生学习品质对学业水平的影响极其显著。

由上述结论可以推导出：学生的品德行为要想转化为成绩的提升推动力量，必须借助于学生学习品质这一中间桥梁；学生身心健康对学业成绩的提升作用比较明显，也可以通过影响学生学习品质来提升学业成绩，然而更有效的方式还是后者。

2. 教师和家庭对学生学习品质与学业水平的影响。

我们假设：教师因素和家庭因素对学生学业成绩均会产生显著的直接影响，也会通过影响学生学习品质来显著影响学生学业成绩。由此建立如下页图7所示结构方程模型。

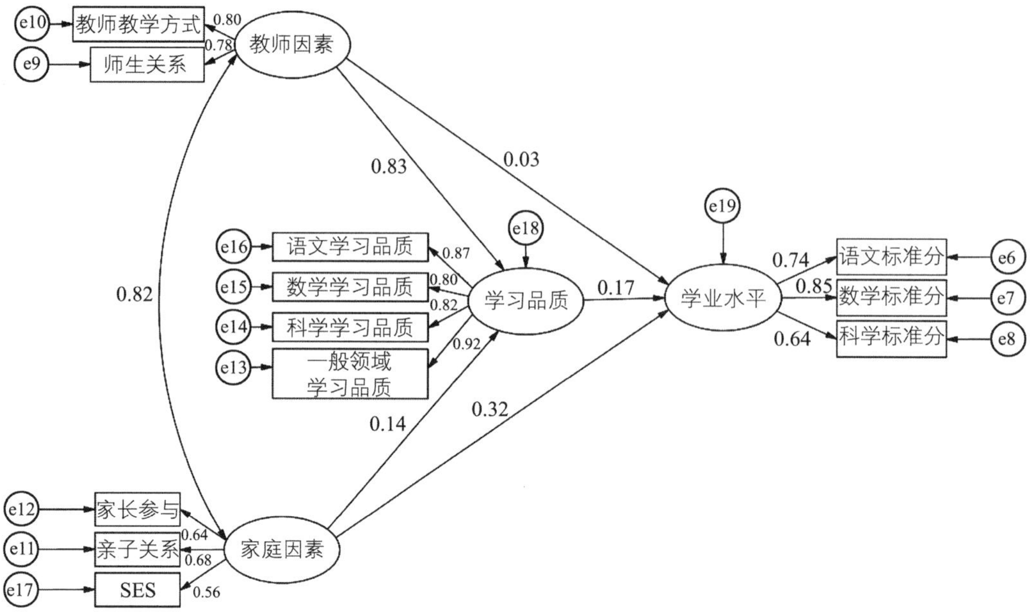

图7　教师因素、家庭因素与学习品质及其学业水平关系的结构方程模型

表14　图7结构方程模型拟合度指标

模型拟合度指标	*CMIN*	*DF*	*CMIN/DF*	*GFI*	*AGFI*	*CFI*	*RMSEA*
估计值	3297.46	192	17.17	0.95	0.91	0.83	0.03
建议值	越小越好	越大越好	< 3	> 0.9	> 0.9	> 0.9	< 0.08
拟合结果			不理想	良好	良好	可接受	良好

表15　图7结构方程模型的估计值与显著性

自变量	因变量	非标准化回归系数	标准误	*Z*值	显著性	标准化回归系数
教师因素	学习品质	0.75	0.03	25.44	***	0.83
家庭因素	学习品质	0.15	0.03	4.4	***	0.14
教师因素	学业水平	0.11	0.28	0.4	0.69	0.03
家庭因素	学业水平	1.55	0.18	8.71	***	0.32
学习品质	学业水平	0.73	0.28	2.62	0.01	0.17

表16　图7结构方程模型的中介效应检验

路径	点估计	系数		bootstrap法（1000次）95%置信区间					
				偏差矫正法			百分位数法		
		标准误	Z值	下限	上限	显著性	下限	上限	显著性
教师因素→学习品质→学业水平中介效应	0.55	0.26	2.12	0.02	1.1	0.05	0	1.08	0.05
家庭因素→学习品质→学业水平中介效应	0.11	0.06	1.83	0.01	0.23	0.03	0	0.22	0.05

结合表14—表16，我们可以得出如下结论：

（1）教师因素对学生学业水平的直接影响不显著，对学生综合学习品质的影响极其显著，通过综合学习品质对学生学业水平的影响也极其显著。因此，学生学习品质是教师影响学生学业水平的完全中介。

（2）家庭因素对学生学业水平的直接影响极其显著，对学生综合学习品质的直接影响极其显著，通过学生学习品质对学生学业水平的间接影响显著。学生学习品质是家庭因素影响学生学业水平的部分中介。

上述结论验证了建构主义的学习观：教育不是一件“告诉”与“被告诉”的事情，而是一个主动的建设性的过程。学习不是由教师把知识简单地传递给学生的过程，也不是学生机械地复制知识的过程，而是学习者调动、综合、重组、改造头脑中已有的知识经验，对所接受到的信息进行理解、解释和吸收消化，生成自己的理解和意义进而达成自己主动建构知识的过程。由此可以推导出：要想将教师教学方式与师生关系转化为成绩提升的推动力量，就必须借助于学生学习品质这一中间桥梁，因此，教师更应高度重视对学生学习品质的培养，如果教师只是研究如何吃透教材、如何设计与实施教学、如何活跃课堂气氛、如何搞好师生关系，而忽视了对学生的学习动力、学习方式、学习机制的研究，那么教师的努力，将事倍功半。

四、结论与建议

（一）结论

本次小学教育质量监测从学生学习品质的角度可以得出如下主要结论：

1. 浙江省小学生学习品质总体处于良好水平，学生的科学学习品质和一般领域学习品质表现更佳，学生学习动力水平略强于综合学习策略水平。在学习动力方面，小学生科学和语文学习动力较强，数学学习动力相对偏弱。在学习策略方面，小学生一般领域学习策略表现更好。此外，城乡学生学习品质具有显著性差异，城市、县城学生学习品质明显强于乡镇农村学生。

2. 学生的品德行为、身心健康对学生学习品质有着显著的影响，学生学习品质显著影响学生学业水平。但学生品德行为不会直接影响学生学业水平，只是通过学生学习品质间接影响学生学业水平；而学生身心健康不仅会对学生学习品质产生极其显著的影响，同时也会直接影响学生学业水平。

3. 教师教学方式与师生关系对学生学业水平不会产生显著的直接影响，但教师对于学生综合学习品质的影响极其显著，教师通过对学生综合学习品质产生的影响来间接地影响学生学业水平。

4. SES、亲子关系等家庭因素除了能对孩子学习品质产生显著的正向影响作用外，还能直接对孩子的学业水平产生积极的正向影响。

（二）建议

根据以上结论，我们提出如下建议：

1. 从教育行政的角度，为了实现公平而优质的教育，在教育精准扶贫工作中，应把提高乡镇农村学生、留守儿童、流动儿童和民工子弟学校学生的学习品质作为一项重点问题予以关注，从政策制定、经费保障上予以适当倾斜。

2. 从教育研究部门的角度，关注的重心应有所转变，需要重点研究学生学习品质的形成与发展机制，以及教师教学—学习品质—学业成绩的转化机制，从教研、科研、师训等方面给予学校专业引领与技术支持。

3. 从学校教育角度，应树立大教育观，整合多方资源，全面重视品德行为、身心健康与学习品质的培养，把学生品德行为、身心健康、学习品质与学业成绩的转化机制作为学校校本研修的核心工作。

4. 从家庭教育角度，应明确家庭教育的中心任务，与学校教育协同一致，重点培养孩子良好的品行，鼓励孩子同伴交往，丰富孩子的兴趣爱好，帮助孩子树立健康的自我认知意识，进而提升孩子的学习品质。

（原载于《考试研究》2019年第6期）

【参考文献】

[1] 班华.心育论[M].合肥:安徽教育出版社,1994.

[2] 曹正善.论学习品质[J].集美大学学报,2001(4):14－18.

[3] 陈朝晖,等.学习品质评价体系内容解析[J].北京教育(普教版),2007(5):54－56.

[4] 鄢超云.学习品质:美国儿童入学准备的一个新领域[J].学前教育研究,2009(4):9－12.

[5] 黄爽,霍力岩.儿童学习品质的主要影响因素:国外研究进展及其启示[J].比较教育研究,2014(5):40－45.

[6] 陆云泉.学习品质评价:教育质量评价的"海淀模式"[J].中小学管理,2017(8):9－12.

[7] 杜威.民主主义与教育[M].王承绪,译.北京:人民教育出版社,2001.

浙江省初中学生学习品质及其影响机制的实证研究

李　强[①]

【摘要】 为深入分析浙江省初中学生学习品质的发展水平、结构特征以及影响机制,研究者对2019年浙江省初中教育质量监测的数据进行再挖掘。结果显示,浙江省初中学生的学习动力、一般领域学习策略以及数学问题解决策略和科学探究策略中等偏上,自主学习习惯以及语文阅读策略相对薄弱。学生的学习品质与学业成绩存在显著性相关,学生的学习动力对学业成绩的影响最大,其次是特定学科的学习策略,再次是学生的自主学习习惯。教师教学和家庭教育等因素既能通过学生个性品质对其学习品质产生影响,也能通过对学生一般领域的学习品质和特定的学科学习策略来影响学生学业成绩,这与2018年全省小学生学习品质评价结果完全一致。

【关键词】 学习品质;学习动力;学习策略;教师教学方式

一、前言

学习品质是学生在学习过程中表现出来的相对稳定的心理倾向与行为特质,是反映学习状态甚至是学习个别差异的重要指标,是描述学习质量的基本变量。学习品质的高低差异性会对学生的学业学习产生极其重要的影响,学习品质是学生学业成绩的重要预测因素,学习品质较高的学生更容易表现出高水平的学业成绩,而且学习品质和学业成绩之间的相关可能随着学生年龄的增长而增加。因此,理解学生的学习品质是精准教学很重要的一部分,精准教学不仅包括有效的知识传递、让学生理解学习内容,更重要的是改进学生的学习品质,让学生更投入地学习,更有计划性地学习,更专注地学习,渐渐形成一种对学习的倾向性。

学生学习评价是基于学习过程与学习结果的数据分析达到对学与教的有效诊断。2019年10月,浙江省初中教育质量监测结果表明,全省初中学生学习动力指数为69,但学生学习的外部动力明显高于内部动力;学生学习策略指数为65,但学习策略

① 李强,浙江省平湖市教师进修学校科研员(评价教研员),副研究员。

高水平的学生仅占8.7%。这组数据反映出浙江省初中学生的学习品质仍然有较大提升空间，因此，仍有必要对初中学生学习品质进行更为深入的研究，如究竟教师的哪些教学行为对学生学习品质与学业成绩的影响最大？其影响的内在机制规律是什么？这些问题除了需要理论层面的分析和探讨以外，还需要实证数据的检验。如果能科学地评价不同学生学习品质的发展水平，从学习科学的视角建构特定学生群体的学习机制模型，就能帮助教师更加真实地了解学生学习的状态、更加准确地诊断学生学习中存在的问题，并能对学生的学习结果进行更加科学的归因分析，从而为实施精准教学提供实证依据。

二、研究综述

国外教育领域对学习品质的重视与研究由来已久，越来越多的国家政策制定者、研究者，一线教育工作者都倾向于将学习品质视作儿童学习和入学准备的一个相当重要和关键的领域。1991年，美国国家教育目标委员会将学习品质与身心健康、社会情感、语言发展、认知与通识知识并列为儿童早期学习发展的维度，并指出，学习品质包括好奇心、创造力、自信心、独立性、主动性和坚持性。马里奥·希森认为，学习品质描述的不是学习什么，而是如何学习，积极的学习品质具有内在的价值，是学习的基础，也是影响其他各个领域发展的重要因素。安·S.爱泼斯坦总结了学习儿童的六项关键发展指标：主动性、计划性、专注性、问题解决、资源利用以及反思，并为教师提供了培养学习品质六项关键发展指标的教学策略。

近年来，学习品质在国内也逐渐成为热门话题。关于学习品质的内涵与外延，国内学者根据本土实际也做了若干研究。班华认为，学习品质是学习主体内在的、稳定的学习心理特征，学习心理品质表现为明确的学习目的、正确而强烈的学习动机、积极的学习态度，以及学习过程中良好的智力品质、学习方式等。学习心理品质可以分为智力品质（包括观察品质、记忆品质、思维品质、动手操作品质）和非智力品质（包括目标意识上的学习自觉性品质，学习动机自我意识上的积极性品质，学习态度上的自信心、谦虚、细致、合作品质以及坚持、自制性等的意志品质）。鄢超云总结了美国各州的定义后认为，学习品质包括与学习有关的倾向、态度、习惯、风格、特质等，它不指向具体的方法、技能，而指向儿童是如何获得又是如何使用这些方法和技能的，学习品质包括好奇心与兴趣、主动性、坚持与注意、创造与发明、反思与解释。曹正善认为，学习品质是学习者在学习活动中形成和发展，并在学习活动中表现出来的比较稳定的特征和特性，他区分了自主学习品质与合作学习品质，认为自主性学习品质反映在学习系统上，有学习动力上的主动性、积极性等品质，学习能力上的能动性、独创性、批判性等品质,学习毅力上的自觉性、坚持性、坚韧性等品质。

北京市海淀区在2007年就开始尝试对学生的学习品质进行评价,经过十年的理论与实践探索,建立了一套“中小学生9L学习品质评价指标体系”,涵盖五大系统九大关键指标,即学习认知与体验系统(学习认知、学习情感)、学习动力系统(学习态度、学习动机)、学习能力与方法系统(学习能力、学习方法)、学习维持系统(学习意志力、学习投入)和学习结果系统(学习效果)。这一评价体系在转变教育质量评价观念,科学评价学校教育质量,引领学校在原有基础上进步与发展,帮助学生学会学习、提升学习品质,促进区域教育优质、均衡、特色发展等方面都发挥了重要作用。国内其他地区在质量监测或学生综合素质评价中,也在一定程度上关注学生学习兴趣、学习动力、学习策略等要素,但尚未明确将学生学习品质作为一个综合的指标进行评价。

在科技与经济高速发展的现代社会,“学会学习”将成为个体应对社会飞速变迁的有效方法,也是个体在环境中不断同化与顺应,最终建构自我经验的重要途径。尽管学习品质这一概念被越来越频繁地提及,但国内教育界对学习品质的内涵与外延、形成发展路径以及指向良好学习品质的教学策略与活动设计并未进行充分的探讨。鉴于此,本研究希望在前人的基础上,综合各家所长,运用2019年浙江省教育质量监测数据,从实证的角度深度剖析浙江省初中学生学习品质的发展水平与结构特征,并建构一套符合浙江省初中学生实际的自主学习品质影响机制模型,从而对学生的学习结果进行科学的归因分析,为教师、学校、教育行政管理部门的决策与行动改进提供依据。

三、研究过程

(一)数据来源

本研究运用浙江省中小学教育质量监测中心2019年10月采集的全省九年级学生、教师问卷数据与学生学业质量监测数据进行分析。本次监测采用多阶段概率比例规模抽样调查,在全体九年级学生中抽取43668名学生,有效样本量为41382,约占全省学生数的7%,涵盖全省11个设区市96个县(市、区)730所初中。样本学校前一学期任教八年级的语文、数学、科学教师也参加了本次监测,教师样本量为9779。在本专题报告中,由于新的数据分析方法对数据结构有更高的要求,故在原有效样本的基础上做了重新筛选,学生学习品质的均值与综合报告中的数据会略有差异。

(二)监测指标

项目组参考国内外关于学生学习品质测评项目及相关文献,测查了学生一般领域的学习品质和语文、数学、科学学科特定领域的学习策略以及三科学业成绩。此外，项目组还调查了学生责任感、自我认知、教师教学方式、家庭教育等各类变量，并结合相关统计模型，将以上指标变量及其分维度合成了0—100的指数，某个指数越高，表示此学生或教师在该方面的情况越好。

学生学习品质监测指标如下表：

表1　浙江省初中学生学习品质监测指标体系

<table>
<tr><th>学习品质</th><th>指标</th><th>影响因素</th><th>指标</th></tr>
<tr><td rowspan="3">一般领域</td><td>学习动力</td><td rowspan="2">个体因素</td><td>责任感</td></tr>
<tr><td>学习策略</td><td>自我认知</td></tr>
<tr><td>自主学习习惯</td><td rowspan="3">家庭因素</td><td>家庭教育方式</td></tr>
<tr><td rowspan="3">学科领域</td><td>语文阅读策略</td><td>家长参与</td></tr>
<tr><td>数学问题解决策略</td><td>亲子关系</td></tr>
<tr><td>科学探究策略</td><td>教师因素</td><td>教师教学方式师生关系</td></tr>
</table>

研究者对本次调查中有关学生学习品质部分的问卷进行信度和效度分析（见表2）。结果表明，学生学习品质六个三级维度的内部一致性信度（克隆巴赫α系数）均在0.8以上，收敛效度（AVE）均大于0.6，区别效度中各维度的AVE开根号值均大于维度间相关系数。这表明学生学习品质问卷的信效度均达到理想水平。

表2　学习品质问卷信度效度分析

学习品质维度	信度	收敛效度	区别效度					
			学习动力	学习策略	自主学习习惯	语文阅读策略	数学问题解决	科学探究策略
学习动力	0.828	0.605	0.778					
学习策略	0.922	0.706	0.662^{**}	0.840				
自主学习习惯	0.857	0.673	0.570^{**}	0.622^{**}	0.820			
语文阅读策略	0.835	0.665	0.470^{**}	0.524^{**}	0.523^{**}	0.815		
数学问题解决策略	0.848	0.664	0.460^{**}	0.487^{**}	0.452^{**}	0.557^{**}	0.815	
科学探究策略	0.882	0.691	0.605^{**}	0.603^{**}	0.554^{**}	0.567^{**}	0.542^{**}	0.831

说明：区别效度对角线带下划线的数据为AVE开根号值，下三角带**的数据为维度间相关系数。**表示在0.01水平上显著相关。

（三）研究问题

1. 浙江省初中学生学习品质的结构特征如何？
2. 学生哪些学习品质对学业成绩具有显著的影响？
3. 教师教学、家庭教育以及学生个性品质如何影响初中学生的学习品质？
4. 教师教学方式如何通过初中学生的学习品质影响学生的学业成绩？

（四）分析方法

本研究采用效应量、多元线性回归以及结构方程模型进行数据分析。

其中，效应量表示均值之间的标准差异大小，效应量不受样本容量影响，更能客观地反映群体间差异的大小。当样本容量大到变量容易显著时，有必要报告效应量大小。一般而言，对于方差分析，效应量（Cohen's f）绝对值小于0.1为实际差异较小，0.1—0.4为差异中等，0.4以上为实际差异较大。对于独立样本t检验，效应量（Cohen's d）绝对值小于0.2为实际差异较小，0.2—0.8为存在中等程度的差异，0.8以上为实际差异较大。结构方程模型（SEM）是一种建立、估计和检验多重因果关系的方法。它融合了因素分析和路径分析的多元统计技术，可以替代多元线性回归、路径分析、因子分析等方法，它能够清晰地分析多个自变量之间的交互作用以及对多个因变量影响关系，也是一种比线性回归分析和线性相关更复杂、精确度更高的方法。

四、研究结果与分析

（一）浙江省初中学生学习品质处于中等偏上水平，但各维度水平不均衡

研究者从学校性质、学校区域、学生性别三个角度，对全省初中学生学习品质的发展水平与结构特征做了分析。表3显示，全省初中学生学习动力和学习策略处于中等偏上水平，指数均值分别为69.0和64.8，尽管不同学生群体的学习动力和学习策略存在统计学上的显著性差异，但效应量分析显示，实际差异并不大。然而学生自主学习习惯并不尽如人意，指数均值为51.2。方差分析结果显示，相对于公办学校和民办学校学生而言，一般民办学校学生的自主学习习惯较好，但指数均值也仅为59.8。在具体学科领域，初中学生数学问题解决策略（指数均值为67.3）与科学探究策略（指数均值为69.1）相对较好，语文阅读策略（指数均值为59.1）相对薄弱，女生语文阅读策略明显优于男生。除此之外，各群体学生学科学习策略虽然也存在着统计学上的显著性差异，但实际差异也不太明显。

表3 浙江省初中学生学习品质发展水平与结构

群体		一般领域（$M \pm SD$）			学科领域（$M \pm SD$）		
		学习动力	学习策略	自主学习习惯	语文阅读策略	数学问题解决策略	科学探究策略
学校性质	公办	68.2±18.3	64.2±16.8	49.9±22.0	58.4±18.1	66.7±20.0	68.3±18.0
	一般民办	74.4±17.0	68.2±16.2	59.8±21.0	63.6±17.2	71.2±19.0	74.1±16.2
	民办民工	67.5±15.9	63.8±17.1	50.6±21.0	59.7±18.7	69.4±19.3	68.5±17.4
	F	143.796***	65.311***	244.04***	101.828***	61.915***	129.374***
	效应量 Cohen's f	0.08	0.06	0.11	0.07	0.05	0.08
学校区域	城市	71.5±18.0	66.5±16.7	55.3±22.0	61.0±17.9	69.5±19.3	72.0±17.0
	县城	70.3±17.8	65.9±16.5	52.5±22.0	60.7±17.6	68.6±19.7	70.5±17.4
	乡镇农村	66.8±18.3	63.1±16.8	48.2±21.9	57.0±18.2	65.3±20.2	66.6±18.4
	F	136.832***	83.248***	190.099***	119.093***	94.387***	182.416***
	效应量 Cohen's f	0.08	0.06	0.10	0.08	0.07	0.09
学生性别	男	69.4±19.7	63.9±18.0	50.7±23.3	56.7±18.4	66.4±20.4	68.8±18.8
	女	68.6±16.6	65.7±15.4	51.7±20.9	61.3±17.4	68.2±19.4	69.3±17.0
	t	2.999**	−10.267***	−3.149**	−18.561***	−6.541***	−2.094*
	效应量 Cohen's d	0.04	−0.11	−0.05	−0.26	−0.09	−0.03
全省		69.0±18.2	64.8±16.8	51.2±22.1	59.1±18.0	67.3±19.9	69.1±17.9

说明：***表示$p<0.001$，表示比较对象的变量水平存在极具显著的统计学差异。**表示$p<0.01$，表示比较对象的变量水平存在显著的统计学差异。*表示$p<0.05$，表示比较对象的变量水平存在统计学差异。

（二）学习品质各维度对学业成绩的影响存在差异

学生学习动力、学科学习策略与自主学习习惯对学业成绩具有不同程度的显著影响，但一般领域学习策略对学业成绩的影响并不显著。

研究者首先对学生学习品质与学业成绩进行了偏相关分析。在控制了家庭社会经济地位因素之后，发现学生学习动力、自主学习习惯以及各学科领域的学习策略与学科成绩之间的相关系数均在0.2以上，且相关性显著。虽然一般领域学习策略与学业成绩之间的相关性也显著，但相关性明显不如其他因素。见表4：

表4　学生监测成绩与学习品质的相关系数

变量	语文	数学	科学
学习动力	0.299***	0.354***	0.357***
学习策略	0.141**	0.145**	0.163**
自主学习习惯	0.246***	0.26***	0.285***
语文阅读策略	0.27***	0.221***	0.251***
数学问题解决策略	0.25***	0.268***	0.262***
科学探究策略	0.276***	0.285***	0.333***

说明：控制变量为学生家庭社会经济地位，***表示变量间存在极具显著的相关。

研究者采用多元线性回归分析中的逐步回归方法，将语文、数学、科学学业成绩作为因变量，将一般领域的学习品质与该学科特定学习策略作为自变量进行回归分析，以期发现学生学习品质各要素对不同学科学业成绩的影响力大小。下页表5的标准化回归系数显示，无论哪一门学科，学生学习动力对学业成绩的影响都是最大的，其次是特定学科的学习策略，再次是学生的自主学习习惯，而一般领域学习策略对学业成绩的影响不显著，这与2018年浙江省小学生学习品质监测结果有明显差异。这可能与初中学生课程学习特征有关，相比于小学课程学习，初中学生的课程深度、难度明显增加，更需要特定学科领域学习策略的参与，方能达到理想的学习效果，而一般领域泛化的学习策略，在应对初中阶段特定的学科学习时，已然力有不逮。

表5　学生学习品质对学业成绩影响情况的回归分析

因变量	自变量	非标准化回归系数	标准误	标准化回归系数	t	显著性	R^2
语文	学习动力	1.016	0.042	0.191	24.38	0.000	0.192
	语文阅读策略	0.771	0.041	0.144	19.037	0.000	
	自主学习习惯	0.25	0.036	0.057	7.021	0.000	
数学	学习动力	1.361	0.041	0.258	33.194	0.000	0.219
	数学问题解决策略	0.566	0.034	0.117	16.455	0.000	
	自主学习习惯	0.236	0.034	0.054	6.992	0.000	
科学	学习动力	1.137	0.044	0.212	25.751	0.000	0.218
	科学探究策略	0.864	0.044	0.158	19.475	0.000	
	自主学习习惯	0.323	0.035	0.073	9.263	0.000	

说明:控制变量为家庭社会经济地位。

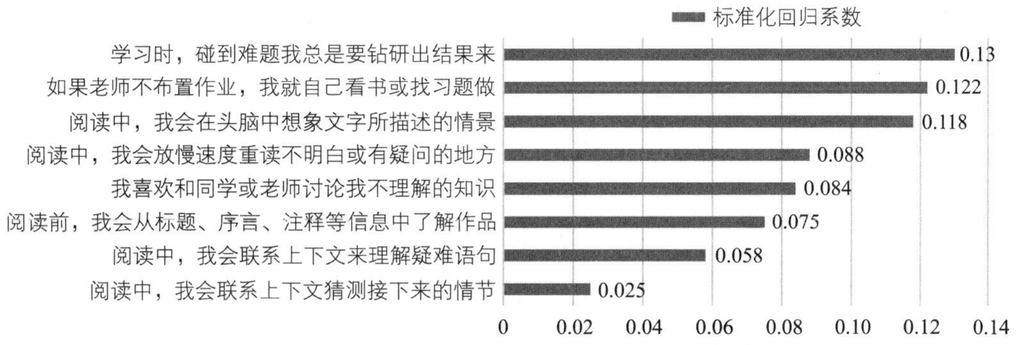

图1　影响学生语文学业成绩的学习品质典型行为及其标准化回归系数

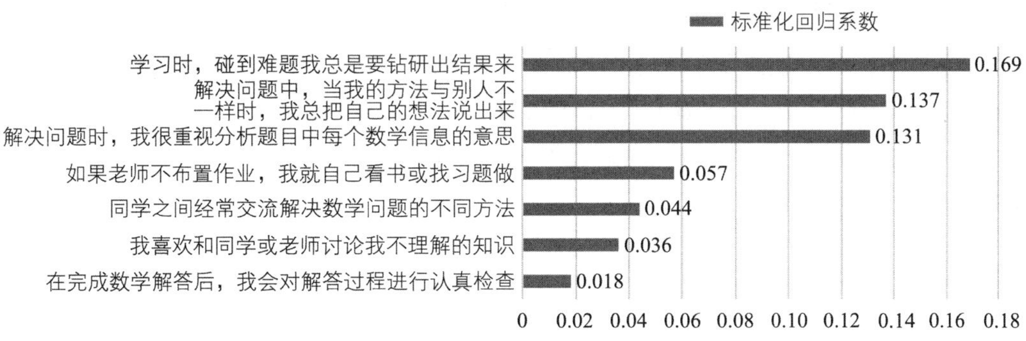

图2　影响学生数学学业成绩的学习品质典型行为及其标准化回归系数

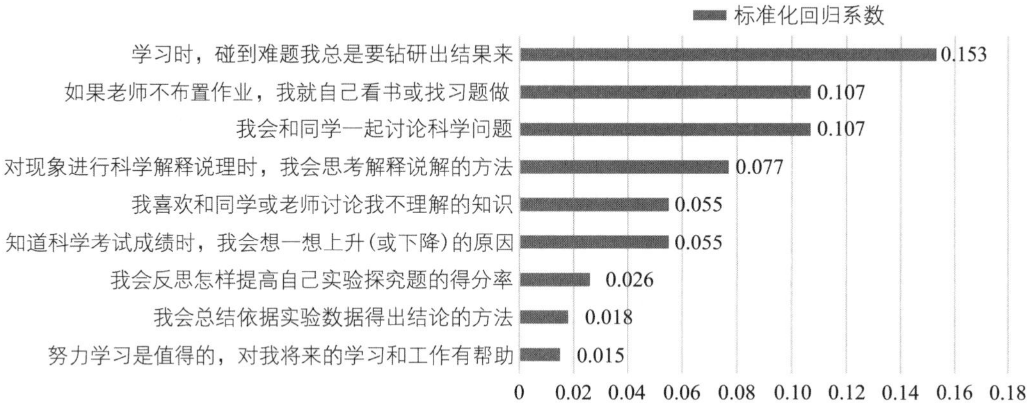

图3　影响学生科学学业成绩的学习品质典型行为及其标准化回归系数

在表5回归分析的基础上，进一步分析学生学习品质的具体行为对学业成绩的影响。图1至图3呈现了对学生学业成绩具有显著影响的学习品质典型行为及其标准化回归系数。从这些典型行为表现来看，印证了表5的结论，同时也暗示了各学科教师需要分别重点培养哪些典型的学习品质。

（三）教师教学与家庭教育对学生学习品质的影响机制存在差异

教师教学既能直接影响学生学习品质，又能通过影响学生个性品质间接地影响学生学习品质，而家庭教育对孩子学习品质没有直接影响，但能通过影响孩子个性品质进而影响学习品质。

国内外诸多研究表明，教师教学方式、家庭教育方式和自身个性品质是影响初中学生自主学习品质的主要因素，因此，本研究提出假设：家庭教育和教师教学既能通过学生个性品质对其学习品质产生影响，也能直接影响学生的学习品质。研究者根据这一假设建立结构方程模型（见下页图4）。

将本次监测数据代入模型后发现，上述假设中除了家庭教育对学生学习品质不存在显著的直接影响外，其他假设均成立。教师教学对学生学习品质的影响总效应为0.50（直接效应）＋0.62×0.46（间接效应）＝0.79，家庭教育对学生学习品质影响的间接效应为0.27×0.46＝0.12。教师教学方式以及师生关系对初中学生学习品质具有主导性影响作用。

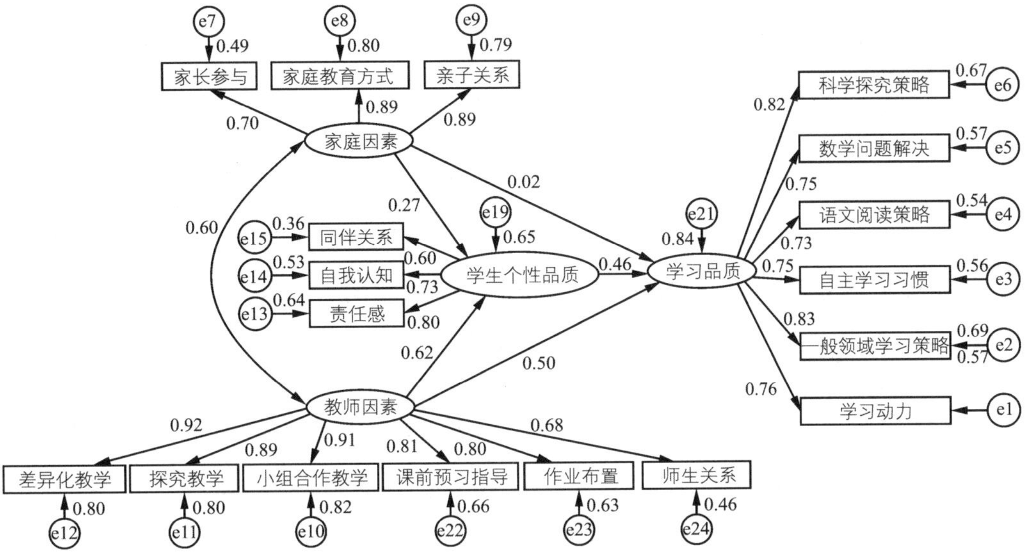

图4　学生学习品质影响机制模型

表6　初中学生学习品质影响机制模型拟合度指标

拟合度指标	卡方	自由度	*GFI*	*CFI*	*TLI*	*NFI*	*RMSEA*
值	10854	129	0.945	0.933	0.908	0.928	0.06

表7　初中学生学习品质影响的路径参数估计与显著性检验

因变量	自变量	非标准化回归系数	标准误	*Z* 值	显著性	标准化回归系数
学生个性品质	教师因素	8.642	0.156	55.239	***	0.619
学生个性品质	家庭因素	0.289	0.013	22.513	***	0.27
学习品质	教师因素	7.271	0.203	35.835	***	0.504
学习品质	家庭因素	0.022	0.009	2.311	0.021	0.02
学习品质	学生个性品质	0.471	0.017	27.243	***	0.456

表8 初中学生学习品质影响机制结构方程模型的中介效应检验

路径	点估计	标准误	bootstrap法(1000次)95%置信区间					
			偏差矫正法			百分位数法		
			下限	上限	显著性	下限	上限	显著性
教师教学方式—学生个性品质—学习品质	4.072	0.266	3.566	4.578	0.01	3.579	4.594	0.002
家庭教育方式—学生个性品质—学习品质	0.136	0.011	0.116	0.159	0.03	0.115	0.158	0.002

（四）学生学习品质是教师教学方式影响学生学业成绩的中介变量

教师教学方式不会直接影响学生学业成绩，而是通过影响学生学科学习策略和一般学习品质进而影响学生学业成绩。

国内外大量研究表明，学习策略和教学策略对于学生学习成绩的提升具有明显的促进作用，不仅学生恰当地运用学习策略能够提高学业成绩，教师的教学策略也能够对各学段学生的学业成绩提升起到积极促进作用。胡咏梅等人的研究发现，在初中阶段，学生学习策略的影响效应要大于教师的教学策略。认知、元认知和探究性学习三种学习策略均能够显著提升学生成绩；因材施教、参与式教学和引导探究三种教学策略均能够显著提升学生成绩，教学策略能够显著促进各类学习策略的提升。根据前人的研究结论，我们建构了如下假设：教师教学方式既能显著影响学生学业成绩，也能通过影响学生一般领域学习品质和特定的学科学习策略来影响学生学业成绩。

图5数据分析显示，教师教学方式不会对学生学业成绩产生直接的显著影响，但会通过影响学生的特定学科学习策略或一般学习品质进而间接地对学生学业成绩产生显著影响（bootstrap法[1000次]95%置信区间[0.34，0.47]）。这一发现与2018年全省小学学生学习品质评价结果是完全一致的。这样的结果再度表明，学生学习品质是教师教学与学业成绩的完全中介，要提高学生学习成绩，学生学习品质是必须加以重视的关键变量，坚定不移地推进以学习者为中心的教育教学改革，不仅有坚实的理论基础，而且能经得起实证检验。

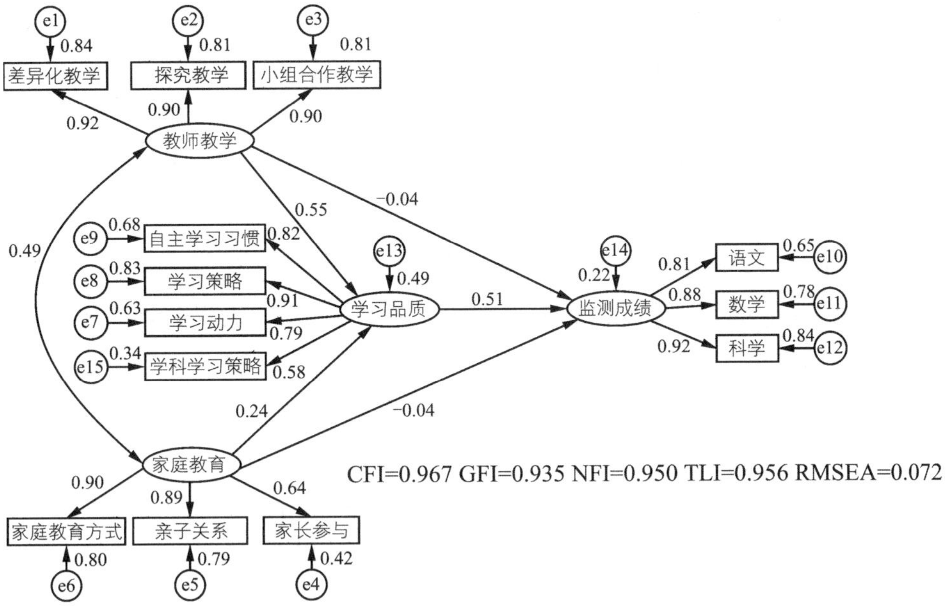

图5　教师教学与家庭教育通过初中学生学习品质对学生学业成绩影响的中介模型

表9　初中学生监测成绩影响的路径参数估计与显著性检验

因变量	自变量	非标准化回归系数	标准误	Z值	显著性	标准化回归系数
学习品质	教师教学	11.31	1.179	9.595	***	0.547
学习品质	家庭教育	0.323	0.074	4.367	***	0.243
监测成绩	学习品质	2.532	0.413	6.138	***	0.511
监测成绩	家庭教育	−0.274	0.429	−0.639	0.523	−0.042
监测成绩	教师教学	−3.812	7.747	−0.492	0.623	−0.037

五、结论及建议

（一）结论

1. 浙江省初中学生学习品质整体水平仍有提升空间，全省初中学生学习动力、一般领域学习策略以及数学问题解决策略和科学探究策略中等偏上，自主学习习惯以及语文阅读策略相对薄弱。不同区域、不同类型学校以及不同性别学生学习品质虽然存在着统计学上的显著性差异，但实际差异并不太明显。

2. 学生学习品质与学业成绩存在显著性相关，但相关性不是很高。无论哪一门学科，学生学习动力对学业成绩的影响都最大，其次是特定学科的学习策略，再次是学生的自主学习习惯，而一般领域学习策略对学业成绩的影响不显著。

3. 教师教学和家庭教育等因素能通过学生个性品质对其学习品质产生影响，同时教师教学和师生关系也能直接影响学生的学习品质。教师教学方式以及师生关系对初中学生学习品质具有主导性影响作用。

4. 教师教学方式并不能直接影响学生学业成绩，但能通过影响学生一般领域学习品质和特定的学科学习策略来影响学生学业成绩，这与2018年全省小学生学习品质评价结果完全一致。

（二）建议

学习品质是学生经过长期的学习实践活动发展起来的，学习方式的转变是提升学生自主学习品质的根本途径。本次监测结果表明，我省初中学生学习品质还有较大提升空间，但以合作、探究、差异化为特征的课堂教学改革已经对学生学习品质产生了积极、正向、显著的影响，只是课堂教学方式改革对学生学业成绩直接提升效应的显现仍需时日。鉴于上述分析，研究者提出如下建议：

1. 教师需要借助教育信息化平台，对学生的学习进行精细诊断与精准教学，进而为学生学习方式的转变提供条件。

学生自主学习品质的形成需要不断经历自主学习的过程。在学生学习的诊断与分析方面，教师可以参考加涅和安德森关于任务分析和学习分析的思路，充分利用已有的数字化交互式学习平台，及时分析学生的学习数据，诊断存在的问题，为学生个体提供及时的诊断性报告和针对性的学习建议，这样有助于学生比较客观地认识自己的学习状况，为学生自我诊断、自我规划、自我监控与调节，并开展自我补救式学习提供条件。

2. 对不同学业水平的学生，教师需要采用不同的策略方法提升其学习品质。

就学习动力与学习意志力而言，对于成绩优秀的学生，建议主要以激发学生自我实现的高层次动机为主，使这些学生在学业成功中不断获得高峰体验。对于成绩中等的学生，建议主要采用归因理论来进行。当这些学生完成某一项学习任务后，教师有意识地引导学生将成功归因于自己的能力，失败归因于自己努力不够。对于在学习方面相对薄弱的学生，建议主要采用最近发展区理论来进行，教师应给予这部分学生更多的关注，将学习任务难度置于他们的最近发展区内，完成任务时给予及时的、具体的反馈，尤其是表扬与鼓励，使其不断体验到成功的快乐和学习自我效能感。

就学习策略而言，教师首先需要强化学生自主学习指导特别是学科学法指导研究，通过为学生提供示范和支架，着重强化学生本学科认知策略和元认知策略的练习，在不断提升学生自主学习能力的基础上，使得小组合作、教师指导与学生自主学习有机融合，协同并进。

3. 教研部门在学生自主学习品质研究方面的智力支持亦不可或缺。

学生学习机制的复杂程度远非经验想象的那么简单，教师若想对不同学生的自主学习品质、学习认知结构与水平等方面形成科学完整的认识，仅凭自身的经验与学识可能远远不够，因此，他们迫切需要专业的智力支持。建议基层教研部门牵头，由教研员和学校教师组建研究共同体，深入研究学生学习策略、学习动力、教师教学方式与学生学业成绩之间的关系，为不同群体学生构建相对科学的学习进阶之路，为教师有效教学提供智力支持。

4. 家长的教育协同作用主要在于培养孩子良好的品行、帮助孩子发现自身的潜能，发展良好的自我意识和自我评价能力。

本研究表明，对于初中学生，家庭教育实际上已经无法直接影响其自主学习品质和学业成绩。而自主学习品质的形成，一方面取决于学生学习动机与学习意志等良好习惯的培养，另一方面取决于学生自我认知能力和责任感的发展。因此，在这样的情境下，建议家长与学校教育协同一致，重点培养孩子良好的品行，丰富孩子的兴趣爱好，帮助孩子发展良好的自我意识和自我评价能力，进而间接提升孩子的学习品质。

（原载于《考试研究》2021年第2期）

【参考文献】

[1] 黄爽，霍力岩.儿童学习品质的主要影响因素：国外研究进展及其启示[J].比较教育研究，2014(5)：40－45.

[2] 安·S.爱泼斯坦.学习品质：关键发展指标与支持性教学策略[M].霍力岩，等译.北京：教育科学出版社，2018.

[3] 马里奥·希森.热情投入的主动学习者——学前儿童的学习品质及其培养[M].霍力岩，等译.北京：教育科学出版社，2016.

[4] 班华.心育论[M].合肥：安徽教育出版社，1994.

[5] 鄢超云.学习品质：美国儿童入学准备的一个新领域[J].学前教育研究，2009(4)：9－12.

[6] 曹正善.论学习品质[J].集美大学学报，2001(4)：14－18.

[7] 陈朝晖,等.学习品质评价体系内容解析[J].北京教育(普教版),2007(5):54－56.

[8] 陆云泉.学习品质评价:教育质量评价的“海淀模式”[J].中小学管理,2017(8):9－12.

[9] 刘坚等.高中生睡眠时间与高学业成绩的理想匹配模式探究及预警[J].华东师范大学学报(教育科学版),2020(3):71－79.

[10] 李强.小学生学习品质实证评价——基于浙江省2018年小学质量监测的数据分析[J].考试研究,2019(6):4－15.

[11] 唐一鹏,等.如何提升中小学生的学业成绩?——基于学习策略与教学策略改进的视角[J].华东师范大学学报(教育科学版),2020(3):93－105.

哪种教法更好:优秀教师应该知道的事

周　鸿[①]

【摘要】 基于2018年浙江省小学教育质量监测数据,选择因材施教和引导探究两种教学策略,按得分高低,组合成四种类型教学方式。研究发现:采用因材施教、引导探究等教学策略优势明显,采用"老师讲学生听"的讲授型教学方式对学生学习策略的帮助最弱;在因材施教和引导探究教学策略运用上存在地区和城乡差异。建议学校建立研修机制,鼓励教师加强教法和学法研究,促进教师专业发展。

【关键词】 小学;教学策略;教学方法

2018年浙江省小学教育质量监测结果显示,教师教学方式对学生学业成绩有显著正向预测作用。教育部基础教育质量监测中心发布的首份《中国义务教育质量监测报告》也反映,教师探究式教学水平与学生科学成绩有密切的关系。那么,究竟教师教学方式是如何影响学生学业成绩的呢?本文试图通过对两种常见教师教学方式的实效性研究来回答这个问题。

一、文献探讨

教学方法包括教师教的方法(教授法)和学生学的方法(学习方法)两大方面,是教授方法与学习方法的统一。教授法必须依据学习法,否则便会因缺乏针对性和可行性而不能有效地达到预期的目的。但由于教师在教学过程中处于主导地位,所以在教法与学法中,教法处于主导地位。

《教育大辞典》中将教学方式定义为:"教学方法的活动细节,教学活动中的具体状态,表明教学实际出现的形式。"廖其发认为"教学方式是教师为了实现教学目标而组织教材、教育技术手段等不同的方法的综合"。李森、杨正强认为"教师教学方式是指在教学中为完成教学目标,教师所采用的一系列教学行为和活动方式、方法的结合"。可见,教师教学方式不仅包括教师在教学中采用的方法策略,还包括师生间的相互活动。

---

① 周鸿,浙江省丽水市莲都区教研室评价教研员,高级教师。

教师教学方式通常包括讲授、探究、讨论、体验、对话合作等多种形态。教师通常针对不同的教学目标而采取不同的教学方式。当前,比较有代表性的三种教学方式为因材施教、互动合作和引导探究。因材施教指教师关注学生不同特点和个性差异,发展每一个学生的优势潜能;互动合作指教师倡导讨论式、参与式教学,在教学中鼓励小组合作等;引导探究指教师倡导启发式、探究式教学,帮助学生学会学习,激发学生的好奇心,培养学生的兴趣爱好,营造独立思考、自由探索的良好环境。

二、研究设计

本文使用2018年浙江省小学教育质量监测采集的数据。以每一所学校为一个样本,共计1244所学校。重点考查学生问卷中的教师教学方式与其所对应的小学生学业成绩之间的联系。

研究的因变量是学生语文、数学、科学基础学业成绩,以及语文阅读、数学问题解决、科学实践等专题学业成绩。

本次监测的教师教学方式指数是基于学生问卷中关于因材施教、互动合作和引导探究样题得分水平加以表征。因材施教是指教师在课堂上鼓励学生使用适合自己的学习方法、给不同的人提出不同的学习建议,布置富有挑战性的学习任务;互动合作指教师善于打造民主平等的课堂,并指导学生开展小组合作学习;引导探究指教师在讲课时尽量将所教内容与生活实际相联系,引导学生提出各自的观点,鼓励学生用不同的思路解决问题,并给学生留足思考和讨论的时间。

选择因材施教和引导探究两种典型的教学方式来研究。按因材施教和引导探究得分由高到低排序,前二分之一为“强”,后二分之一为“弱”,组合成四种类型教学方式,即分类探究型、分类型、探究型和讲授型。

本研究主要采用聚类分析和均值比较等方法,意在考察四种类型教学方式对学生学业成绩的影响,并在此基础上探讨这些影响之间的差异。

三、结果分析

(一)四种类型教学方式的分布情况

由下页图1可以看出,全省教师的四种类型教学方式中,分类探究型和讲授型的分布最广且占比相近,各占四成多;分类型与探究型占比相近。进一步分析发现,不同地区教师的四种类型教学方式存在较大差异。

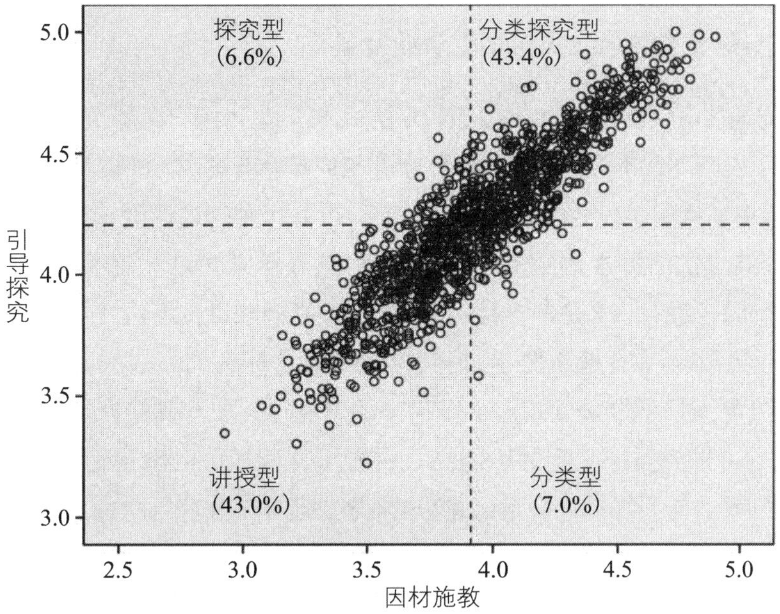

图1　浙江省四种类型教学方式分布及占比

从图2可以看出,城乡教师的四种类型教学方式占比存在差异。城市、县城的分类探究型占比均为五成以上,乡镇农村的占比只有三成多;城乡的分类型和探究型占比差异不大;乡镇农村讲授型占比为五成以上。由此可见,四种类型教学方式占比,城市与县城之间差异不大,但城乡之间差异较大。城市和县城教师更经常采用分类探究型教学方法,乡镇农村教师更经常采用讲授型教学方法。

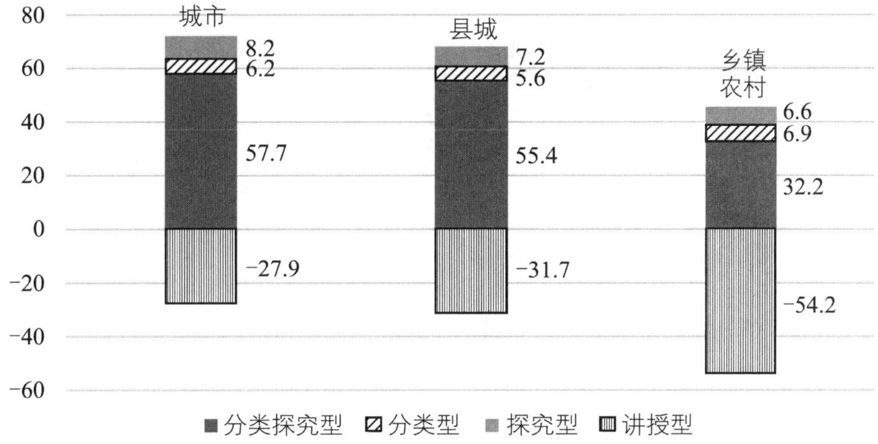

图2　浙江省城乡四种类型教学方式占比

（二）四种类型教学方式与学生学业发展

1. 不同地区分类探究型和讲授型教学方式与学业达标和高层次能力指数关系。

由图3可以看出，市A、市C、市D的分类探究型占比较高、讲授型占比较低，其学生学业达标率和高层次能力指数均较高；市G、市J、市K的讲授型占比最高，其学生学业达标率和高层次能力指数处于中等位置，可见教学方式对学业达标和高层次能力影响还是显而易见的；市F是一个特例，其分类探究型和讲授型占比居中，分类型和探究型占比为近20%，为各地市之首，但其学生学业达标率和高层次能力指数均最低。由此可见，分类探究型教学方式占绝对优势的学业达标率和高层次能力指数最好；讲授型尚可；有一批分类探究型的比例高且讲授型比例居中的学业达标率和高层次能力指数一般；教学类型多样化的地区，反过来学业达标率和高层次能力指数较低。

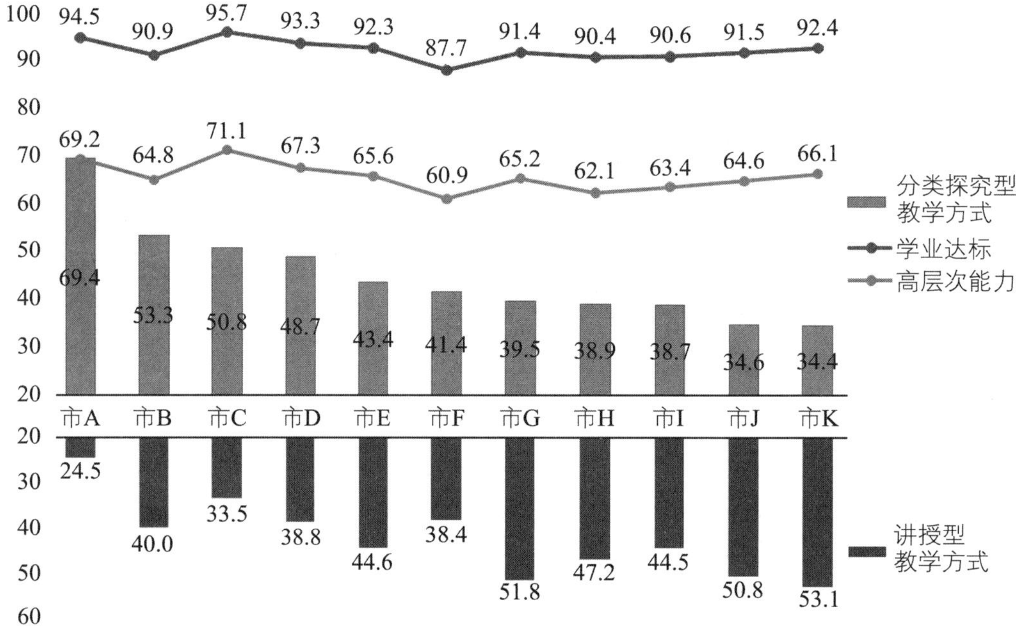

图3　浙江省不同地区分类探究型和讲授型教学方式与学业达标和高层次能力指数的关系

2. 不同地区分类探究型和讲授型教学方式与学习策略指数比较。

由图4可以看出，市A、市B、市C、市D的分类探究型占比较高、讲授型占比较低，其学生学习策略指数均较高；市G、市J、市K讲授型占比最高，其学生学习策略指数最低。由此可见，教师较好地运用分类探究型教学方式，有利于学生形成良好的学习策略。

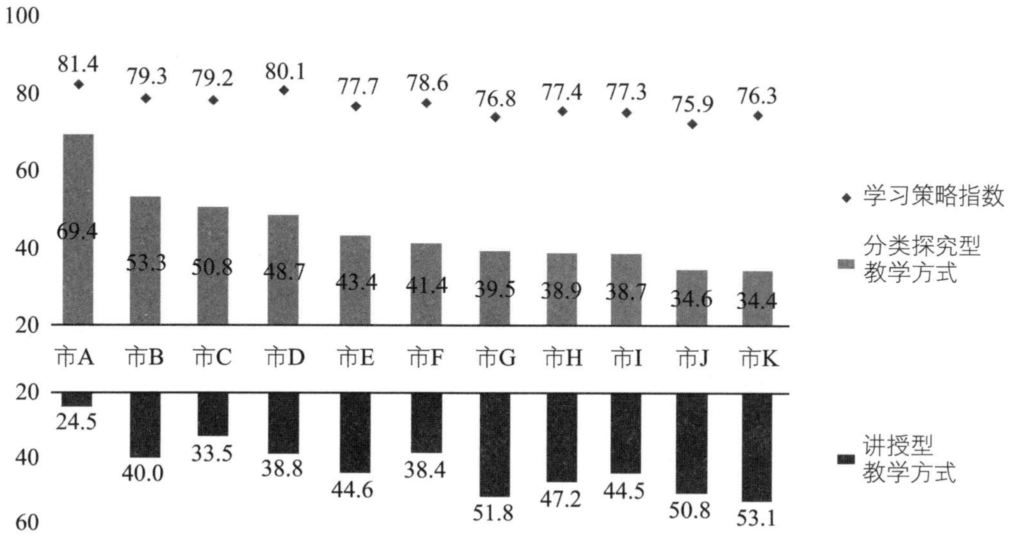

图4　浙江省不同地区分类探究型和讲授型教学方式与学习策略指数的关系

（三）不同教学方式对学业成绩的影响

1. 学业成绩与均分差值分析。

由图5可以看出，在四种类型教学方式中，分类探究型的学业成绩最高，其次是探究型，最低的是讲授型。对于语文和数学学业成绩来说，除探究型有差异外，其他类型几乎无差异。

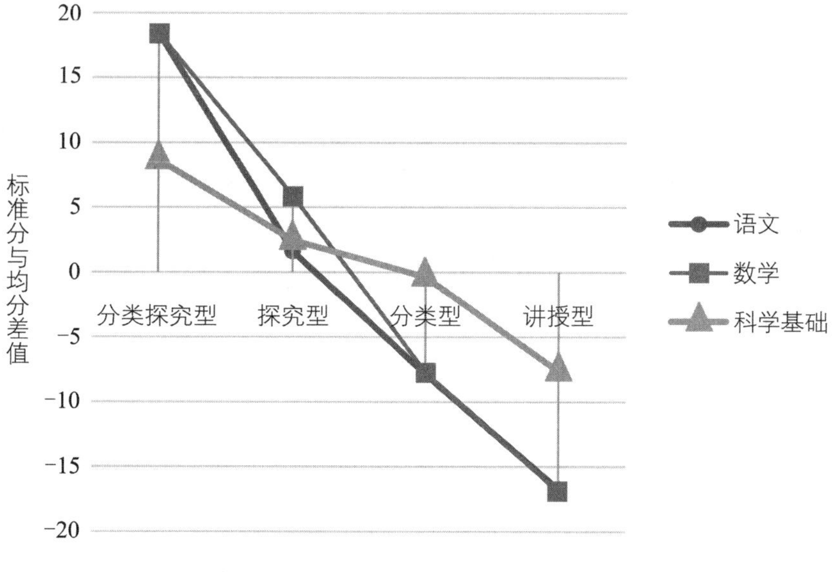

图5　浙江省不同教学方式的学业成绩与均分差值的比较

2. 不同教学方式的学业成绩城乡差异分析。

城乡之间存在不同教学方式的学业成绩差异，乡镇农村四种教学方式的学业成绩均最低。分类探究型的学业成绩，城市高于县城；分类型的语文和科学基础成绩，县城高于城市；探究型的语文成绩，县城略高于城市；讲授型的成绩均为县城高于城市。由此可见，城市教师分类探究型教学方式运用得较好，县城教师分类型方式运用得相对较好，讲授型教学方式更多见于乡镇农村和县城学校。因此，县城和乡镇农村教师，更应关注提升自身的教学水平。

四、启示与建议

监测的工具价值在于诊断预警，而终极目的在于改进提升。监测数据的深度挖掘可以帮助教师改进教学，进而共同推动区域教育质量的提升。以下三点是基于监测结果得到的启示和建议。

（一）加强教法研究，提升教师执教能力

分析监测数据发现，教师善于根据教学内容和教学对象灵活运用多种教学方式实施教学的，其学生学业成绩较高。教学方式包括很多特点与特色，所以教师应加强教法研究，深入了解其内涵与特点，以及掌握如何有效整合多样化的教学方式等。如在语文阅读教学中，教师在课堂上要注重动机激发、兴趣启发和阅读技能的细致示范，强调引导学生结合文本深入思考的过程，强调阅读篇章结构主旨的归纳分析与评价等；在科学探究式教学中，教师应深入探讨有效推动探究式教学的策略与方式，分析、反思与改进探究活动，提高探究有效性，要在教学实践中留出适当时间和空间让学生去探究。当今大数据时代赋予了教学新的技术手段，拓展了更多的措施与教学实现途径，让教师更易了解学生学情，控制教学过程。要利用大数据及其相关技术，在学生数据收集和分析的基础上及时辨别不同学生学习数据的差异，挖掘数据背后的规律，从而加强教育及其管理的针对性与精准性，更好地开展因材施教的个性化管理。这同时也有利于加强教研的目标导向，提升教师的执教能力。

（二）加强学法研究，提高学习策略水平

通过分析监测数据发现，教师的教学方式是影响学生学习策略的重要因素，高频率使用分类探究型教学方式有利于整体提升学生的学习策略水平。低效的课堂教学活动会导致学生学习方式的简单化以及较低的学习策略水平。“教”必须通过“学”才得以实现。好的教学方式的最终目的是转化为适切与有效的学生学习方式，从而实

现学习方式的主动化和多样性，并表现为学生学习策略水平的提高。学习策略是学生在学习方法累积到一定程度后形成的学习决策能力。也就是说“选”方法的前提是“有”方法。这就要求教师在介绍学习方法、指导学生尝试与体会学习方法时，注意学习方法的对比、替换、反思、矫正、巩固与迁移，指导学生如何选择最佳方法，促使学生最终形成有效的学习策略。教师要多从学生立场思考问题，只有更好地体会学生，才能更好地帮助学生。当然，这一切的基础是教师对各种学习方法的研究，以及教师采用积极、灵活、多样的教学方式。只有教师理解了学习策略，才能使对学生学习策略的培养与指导更有针对性。由此可见，除开设学习指导的专题课程外，学习策略的培养一般渗透在日常教学活动中，体现在教师的教学方式中。

（三）建立研修机制，促进教师专业发展

监测数据中，“教师培训需求”排在前三的分别是进行教学创新的技能和方法，学生心理健康教育，教育教学观念的更新；“哪些活动对您的专业成长帮助比较大”，排在前三的活动分别是观摩他人的课并在课后进行研讨，与同事分享经验、讨论问题，自己学习或反思；“在今后教师专业发展过程中，您最希望得到哪些方面的支持”，排在前三的诉求分别是学校能够搭建更多适用于教师专业发展的平台和机会，市、县两级的各类教师培训能够考虑到不同阶段教师的专业发展需求，学校能够创设良好的教师专业发展激励机制。2015年PISA（国际学生评价项目）研究也发现，支持教师参与专业发展活动、教师专业发展的自主性和教师参与同伴教研网络是增强教师专业知识储备的三大支柱。可见，学校应当建立起基于自主命题的校本研修、基于实证改进教学的校本研修和提升教师人格魅力的自主研修等机制。同时，要创新研修方式，从专业素质提升到不同教龄在职教师的专业发展阶段都各有侧重，进而有效促进教师的专业发展。

教学是一门艺术，需要不断探索并日臻完善。教学有法，但无定法，妙在启发，贵在得法。教师应对不同授课内容和不同的学生，在不同的教学条件和环境下，灵活选用教学方式，综合运用，从而达到最好的授课效果和人才培养质量。尤其是优秀教师，更应加强对教学方法的研究。事实上，各种教学方式一般不是独立存在的，需要教师有智慧地混用若干方法，以求达到最佳的效果。

（原载于《浙江教学研究》2019年第5期）

【参考文献】

[1] 刘良华，王小明.指向改进的教学与评价[M].上海：华东师范大学出版社，2015.

[2] 张丰.制度与技术：教育质量管理机制在重建[M].杭州：浙江教育出版社，2018.

[3] 钟启泉.能动学习：教学范式的转换[J].教育发展研究，2017(8)：62-68.

教师课堂教学策略运用现状及影响因素分析

陈荣荣[1]

【摘要】 本研究借鉴2018年OECD(经济合作与发展组织)发起的TALIS(教师教学国际调查)项目,结合2019年浙江省初中教育质量监测,开展了有关教师课堂教学策略的调查研究。数据结果发现:一是浙江省初中教师仍保留着较为明显的传统课堂教学的痕迹;二是课堂教学策略对不同学科、不同学习品质学生的学业成绩的影响方式和影响程度均有差异;三是学校教学管理易促成教师对讲授教学策略的高频率使用,但对认知激发、自主学习策略的研究和指导不足;四是教师研修发展活动对教师课堂策略等专业能力的促进不足。基于研究,提出相关建议:一是课堂教学方式需转型,教师角色要从"演员型"向"导演型"转变;二是要加强对学生的研究,关注不同学生的起点和需求;三是学校教学管理要加强指导性管理,教师研修发展要关注教师的需求与自主性。

【关键词】 课堂教学策略;课堂控制;讲授教学;认知激发;自主学习

一、问题提出

21世纪以来,世界各地都在关注学生核心素养的发展。虽然各国对核心素养的具体说法各有不同,但在价值导向和顶层设计上都有共同的认识:教育不应局限于单一的学科内容知识的掌握,而应培养学生面对将来社会所需要的必备品格和关键能力,如信息处理、人际交流和批判性思考、问题解决和创新能力等高阶思维。

在上述共识下,学校应如何开展学生核心素养的培养?教师应如何在课堂教学中,落实学生核心素养的培养?在2016年举行的教师专业国际峰会上,各方一致认同要提升教师的教学品质,即教师的教学策略不仅要提高学生的学业成绩,还应培养学生的21世纪技能和社会情绪技能,尤其是促进学生创新、批判性思考、社会参与的能力以及信息媒体素养和自主学习的态度与能力的发展。

近几年国际大型教育测评项目也在关注教师教学品质方面的国际现状与发展趋

---

① 陈荣荣,浙江省教育厅教研室评价教研员,副研究员。

势。例如，在2013、2018年TALIS中，涉及教师课堂控制、讲授教学、认知激发、引导学生自主学习、课堂反馈与评价等内容。近几年的PISA（国际学生评价项目）也关注教师在课堂中的课堂控制、认知激发等策略。

本研究以教师课堂教学策略为切入点，借鉴2018年TALIS中有关教师课堂教学策略的评价量表[关注教师在课堂控制、讲授教学、认知激发、引领学生自主学习（下文简称自主学习）四个维度的使用频率]，以期通过分析初中教师课堂教学策略现状、教师课堂教学策略对教与学的影响、学校教学管理和教师研修发展对教师课堂教学策略的影响，为学校、教师共同改进教学策略、促进学生学习与发展提供实证依据。

二、研究对象与方法

本研究的数据主要来自2019年浙江省初中教育质量监测项目。2019年10月，浙江省11个地市730所初中的43668名九年级学生参加了语文、数学和科学学科的测试，同时在线完成相关影响因素问卷的调查问卷；另外还有9779名教师和38794名家长分别参加了教师问卷和家长问卷的作答。本研究所涉及的变量说明情况参见表1。

表1　研究变量说明

变量	说明	数据来源
课堂教学策略	从课堂控制、讲授教学、认知激发、自主学习四个方面来了解教师使用频率情况（“从不或几乎从不”“偶尔”“经常”和“总是”） 分别形成课堂控制指数、讲授教学指数、认知激发指数和自主学习指数。指数为百分制 数值越大，表示该课堂教学策略使用频率越高	教师问卷
学生学业成绩	将语文、数学、科学测验成绩标准化并求平均值（全省平均500）	学业测试
学校教学管理	从备课管理、课堂控制、作业管理和评价管理四个方面来了解学校教学常规管理情况。指数以百分制呈现 数值越大，表示学校教学管理水平相对越高	教师问卷
教师研修发展	重在了解学校对教师专业发展的引领情况，主要从学校引领教师专业发展的制度建设和活动开展两个方面来了解 指数以百分制呈现 数值越大，表示学校引领教师研修发展情况越好	教师问卷
家庭社会经济地位（简称SES）	将父母受教育程度、父母职业地位及家庭拥有物作为核心变量，得出家庭社会经济地位	家长问卷

三、结果分析与讨论

(一)课堂教学策略现状

1. 课堂教学策略现状的国际比较。

从图1可知,浙江省初中教师高频率使用课堂控制策略的人数比例较高。其中“我告诉学生要遵守课堂纪律”,高频率使用的教师占比达85.6%,“课堂开始时,我告诉学生迅速安静下来”,高频率使用的教师占比达78.6%,“我让破坏纪律的学生安静下来”,高频率使用的教师占比达74.3%。这三项策略高频率使用人数比例,浙江省高于OECD和上海市。“我告诉学生要听我讲话”,浙江省初中教师使用人数所占比例略高于上海市,但低于OECD。总体来看,浙江省初中教师对课堂纪律的控制倾向高于OECD与上海市。

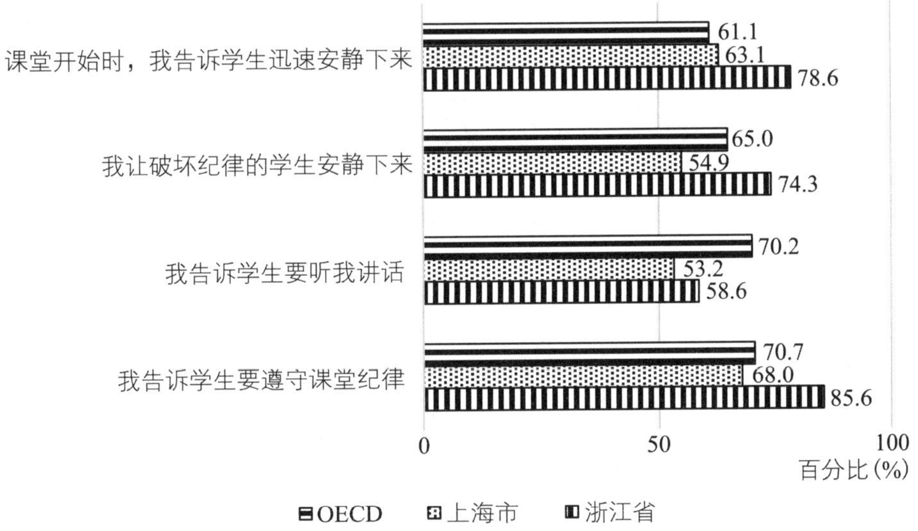

图1 课堂控制策略高频率使用人数比例[①]

① 课堂控制策略使用频率为“经常”和“总是”的人数比例。

由图2可知，浙江省初中教师在课堂中高频率使用讲授教学策略的人数比例非常高。“我会说明希望学生学习的内容”“我在教学开始时设定好目标”高频率使用比例达95%及以上；“我为学生总结近期学过的内容”“我结合日常生活里的问题或工作来说明新知识的用处”“我会说明新旧主题之间的联系”高频率使用人数比例也超过90%。在以上这些讲授传达的具体策略上，浙江省与上海市高频率使用人数比例相当，远高于OECD。但在“我让学生们反复练习类似的任务，直到我确定每个学生都掌握了学科内容”高频率使用人数比例为55%，明显低于上海市和OECD。

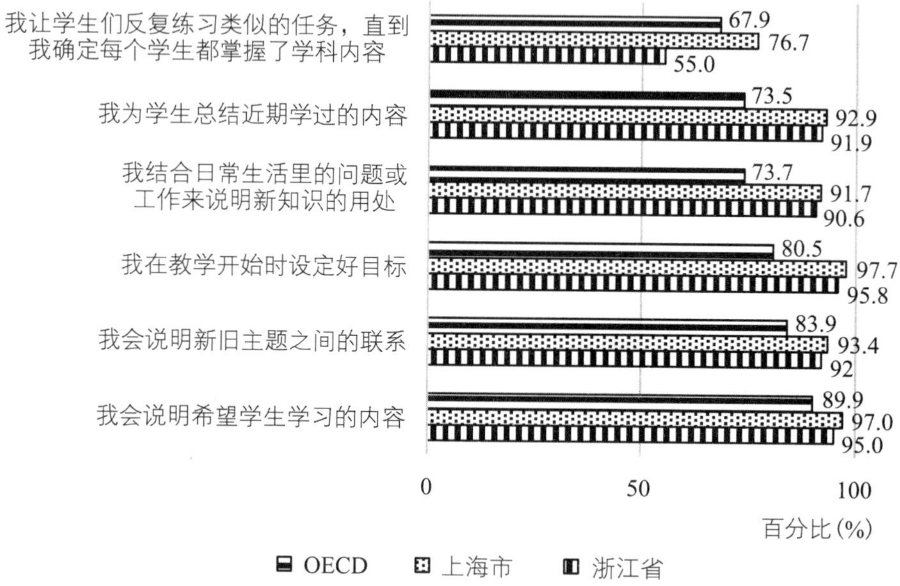

图2　讲授教学策略高频率使用人数比例

由下页图3可知，浙江省初中教师在课堂中高频率使用认知激发策略的人数比例低于课堂控制和讲授教学。“我要求学生决定他们自己解决复杂问题的步骤”高频率使用比例为65.7%，“我让学生以小组合作的形式共同解决一个问题或完成一个任务”高频率使用人数比例为65.8%。这两项策略高频率使用人数比例，浙江省略低于上海市，但高于OECD。在“我给出没有明确解法的任务”高频率使用人数比例为37.7%，低于上海市，略高于OECD。“我布置需要学生批判性思考的任务”的高频率使用比例浙江省、上海市和OECD差异不大。

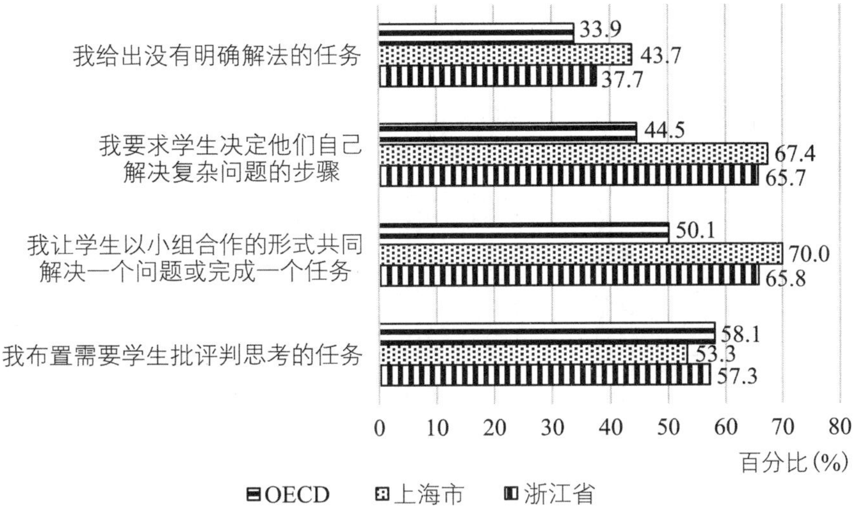

图3　认知激发策略高频率使用人数比例

由图4可知,浙江省初中教师高频率使用自主学习策略的人数比例较低。"我为学生布置至少要一周才能完成的项目作业"高频率使用人数比例仅为17.6%,"我让学生使用信息与通信技术(ICT)完成项目或作业"高频率使用人数比例仅为20%。这两项策略高频率使用人数比例略低于上海市,远低于OECD。

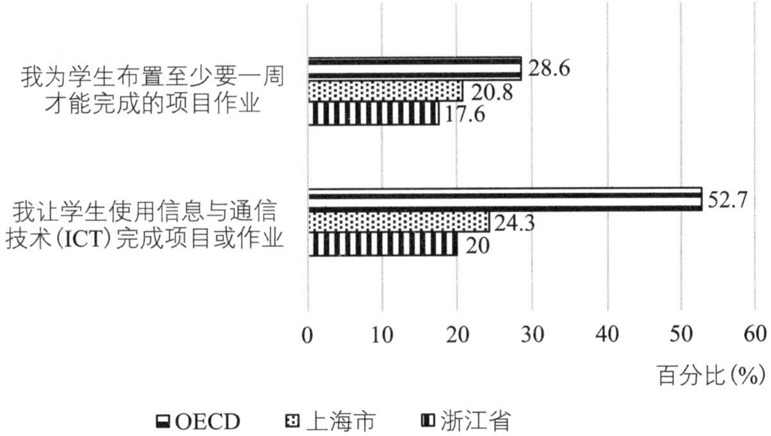

图4　自主学习策略高频率使用人数比例

总的来看,与OECD相比,浙江省初中教师仍保留着非常明显的传统课堂教学的痕迹,以教师为主导,课堂控制、讲授教学策略使用频率相对较高;但在引导学生自主学习方面,高频率使用人数比例相对较低。与上海市相比,浙江省课堂控制策略高频率使用人数比例更高,认知激发和自主学习高频率使用比例略低,讲授教学高频率使用比例相当。

2. 不同群体教师课堂教学策略现状①。

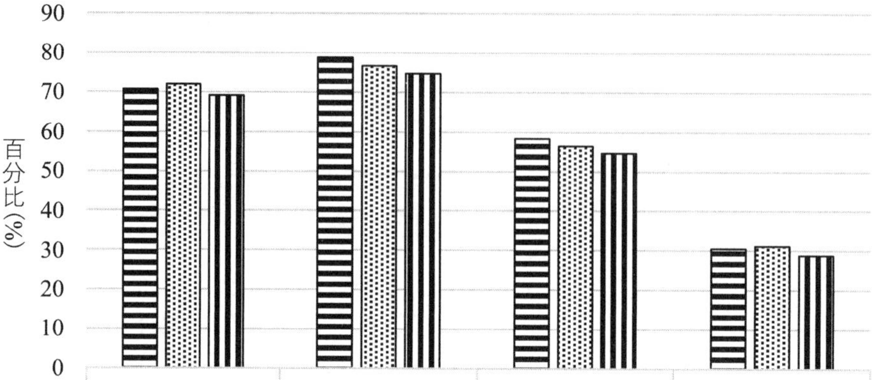

	课堂控制	讲授教学	认知激发	自主学习
城市	70.7	78.8	58.3	30.5
县城	72.0	76.7	56.5	31.2
乡镇农村	69.1	74.7	54.7	28.8

图5　不同区域性质教师在课堂教学策略上的表现

从总的趋势来看，在课堂控制维度，县城教师使用频率相对最高，乡镇农村教师使用频率相对最低；在讲授教学和认知激发维度，城市教师使用频率相对最高，乡镇农村教师使用频率相对最低；在自主学习维度，城市和县城教师使用频率相对更高，乡镇农村教师使用频率相对较低。

① 本研究从不同学科、区域性质、办学性质等变量，依次分析教师课堂教学策略的差异。结果表明，不同学科教师在课堂教学策略上无显著差异，在其他几个变量上均有不同程度的差异。本报告中不再呈现不同学科的情况。

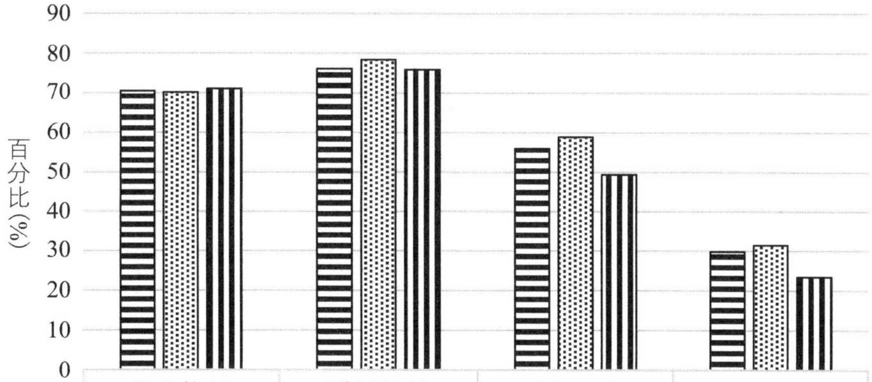

	课堂控制	讲授教学	认知激发	自主学习
公办学校	70.5	76.1	55.9	29.9
一般民办学校	70.2	78.4	58.8	31.5
民办民工学校	71.1	75.9	49.3	23.5

图6　不同办学性质学校的教师在课堂教学策略上的表现

从总的趋势来看，在课堂控制维度，不同办学性质学校的教师差异不大；在认知激发和自主学习维度，一般民办学校的教师使用频率相对最高，民办民工子弟学校的教师使用频率相对最低；在讲授教学维度，一般民办学校的教师使用频率相对最高，公办和民办民工子弟学校的教师使用频率差异不大。

	课堂控制	讲授教学	认知激发	自主学习
5年以下	69.0	77.4	57.9	26.9
5—10年	70.0	77.6	56.6	28.8
10—15年	70.8	76.9	55.9	29.2
15—20年	71.0	76.9	56.1	30.2
20年以上	70.7	75.7	56.0	31.3

图7　不同教龄教师在课堂教学策略上的表现

从总的趋势来看，在课堂控制和认知激发维度，不同教龄的教师差异不大；在讲授教学维度，教龄20年以上的教师讲授教学使用频率相对较低，其他教龄阶段教师差异不大；在自主学习维度，教龄20年以上教师自主学习使用频率相对最高，5年以下教师自主学习使用频率相对最低。

（二）课堂教学策略对学生学习的影响分析

控制SES，做不同学科教师的课堂教学策略对学生学科学业成绩的回归分析。具体结果见表2：

表2　课堂教学策略对不同学习品质学生学习的回归分析

			课堂教学策略对不同学习动力水平学生学习的影响			课堂教学策略对不同学习策略水平学生学习的影响		
			语文学业成绩	数学学业成绩	科学学业成绩	语文学业成绩	数学学业成绩	科学学业成绩
水平一般	课堂控制	标准化系数	-0.04	-0.02	-0.016	-0.028	-0.023	-0.019
		t	-3.39**	-1.698	-1.326	-2.968**	-2.377*	-2.035*
	讲授教学	标准化系数	0.055	-0.001	0.011	0.061	0.01	0.018
		t	4.219***	-0.039	0.808	5.749***	0.916	1.677
	认知激发	标准化系数	0.046	0.04	0.042	0.032	0.013	0.045
		t	3.556***	3.016**	3.113**	3.061**	1.185	4.107***
	自主学习	标准化系数	0.021	-0.015	-0.012	0	0.307	-0.016
		t	1.777	-1.274	-0.948	-0.006	0.003	-1.618
	R^2		0.008	0.001	0.002	0.006	0.001	0.002
水平较高	课堂控制	标准化系数	-0.032	-0.02	-0.016	-0.047	-0.033	-0.025
		t	-3.847***	-2.405*	-1.837	-5.315***	-3.736***	-2.728**
	讲授教学	标准化系数	0.048	0.013	0.001	0.035	0.013	0.003
		t	5.146***	1.416	0.115	3.559***	1.354	0.316
	认知激发	标准化系数	0.028	0.018	0.046	0.043	0.032	0.05
		t	2.947**	1.9	4.777***	4.241***	3.186**	4.882***
	自主学习	标准化系数	-0.01	0.002	-0.017	-0.001	0.003	-0.018
		t	-1.196	0.191	-1.953	-0.153	0.317	-1.928
	R^2		0.004	0.001	0.002	0.004	0.002	0.002

续表

			课堂教学策略对不同学习动力水平学生学习的影响			课堂教学策略对不同学习策略水平学生学习的影响		
			语文学业成绩	数学学业成绩	科学学业成绩	语文学业成绩	数学学业成绩	科学学业成绩
水平高	课堂控制	标准化系数	-0.024	-0.043	-0.036	-0.012	-0.037	-0.029
		t	-1.584	-2.877**	-2.405*	-0.563	-1.769	-1.406
	讲授教学	标准化系数	0.026	0.027	0.006	0.033	0.047	0.003
		t	1.608	1.656	0.373	1.416	2.085*	0.121
	认知激发	标准化系数	0.046	-0.004	0.048	0.028	0.01	0.041
		t	2.771**	-0.232	2.832**	1.194	0.439	1.713
	自主学习	标准化系数	-0.010	0.026	-0.012	0	0.005	-0.007
		t	-0.655	1.691	-0.776	0.004	0.228	-0.303
	R^2		0.003	0.002	0.003	0.002	0.003	0.002

说明：***代表$p<0.001$，**代表$p<0.01$，*代表$p<0.05$。

结合上述数据，有以下四点发现：

1. 课堂控制策略对学生的学业成绩存在一定的消极影响，尤其是对学习动力、学习策略水平一般和较高的学生而言，课堂控制策略的负面影响相对更加显著。

2. 讲授教学策略对学习动力、学习策略水平一般和较高的学生的语文学业成绩有显著正向预测作用，对学习策略水平高的学生的数学学业成绩有显著正向预测作用。

3. 认知激发策略对学习动力、学习策略水平一般和较高学生学业成绩的影响均有显著的正向预测作用（但认知激发策略对学习策略水平一般和水平较高学生的数学学业成绩无显著影响）。

4. 自主学习策略对学生的学业成绩没有显著影响。

课堂教学策略对不同学习动力水平、不同学习策略水平学生学业成绩的影响方式和影响程度均有差异。对此，有以下思考：

一是课堂教学策略对学生学习的影响，是在学校环境、班级环境、课堂环境、学生学习基础与行为习惯等基础上，集教师个人教学行为、教学风格、表达方式等多方面因素的综合、交互影响。上述研究结果表明，教师课堂策略对学生的学习影响比较微弱，但这并不表明课堂教学策略不重要，反而说明课堂教学策略对学生学习的影响不是单因素、单向的简单影响。如:课堂控制策略对学习动力、学习策略水平一般和较高的学生的负面影响相对更加显著;学习动力、学习策略水平一般和较高的学生,其学习行为习惯相对更差,教师需要在课堂控制上花更多的精力和策略,但这种过于频繁的秩序与纪律管理,会影响师生关系、影响教师在课堂中对学生学习的支持。而研究表明,师生关系、课堂支持氛围对学生的学业成绩有正向预测作用。因此,课堂教学策略对学生学习的影响,我们要从多元环境、交互视角来分析,这样才能更加科学地发挥课堂教学策略对学生学习的支持和引导功能。

二是课堂教学策略对不同学科、不同学习品质的学生的促进作用有差异。

课堂教学策略的采用,视教学目标、教学内容、学生学习基础等具体情况而定;在大班统一授课的大背景下,课堂教学策略的实施对不同学科、不同学习品质学生学习的促进作用有差异。如:讲授教学策略对学习动力、学习策略水平一般和较高学生的语文学业成绩有显著正向影响,但对学习动力、学习策略水平高的学生的语文学业成绩无显著影响;讲授教学策略对学习动力、学习策略水平一般和较高学生的数学和科学学业成绩均无显著影响,但认知激发策略对学习动力、学习策略水平一般和较高学生的数学和科学学业成绩的影响相对更大。从中可以看出,讲授教学有一定的积极作用,但对于学习动力、学习策略水平高的学生,他们需要一些自我总结、反思和提升,这并不仅靠教师的讲授教学策略,也需要教师在教学过程中艺术化的留白,给学生留一些思考、质疑和自我探索的空间。另外,也可以看出学科教与学方式的差异,语文教师高频率、高水平的讲授能在一定程度上促进学生的语文学习,但数学、科学的学习,更需要教师创设合适的问题情境、设计科学的学习任务来引领学生总结、运用和创造。

三是课堂教学策略对学习高品质学生的学习促进作用不足。上述研究结果表明,讲授教学和认知激发策略对学习动力、学习策略水平一般和较高的学生的积极影响相对更大。自主学习对学生的学业成绩均没有显著影响。这可能反映出,目前课堂教学策略还处于较低水平,尚能处理对低学习品质学生的引领,但对高学习品质学生的学习启发和引领,还处于捉襟见肘的状态。教师开展的自主学习策略对低学习品质学生来说,是丰富学习活动和学习方式,能增加学生的学习乐趣,改善学生的学习体验,但对高学习品质的学生来说,可能任务设计在适切度、可操作性与指导性方面不足,未能真正有效地促进深度学习的发生。事实上,认知激发、自主学习策略对教师来说,是很大的挑战。不仅需要有扎实的学科基础,能从学生的学习状态中识别出学生的认知冲突和最近发展区,更要在此基础上设计与学生现有认知能力、学科学习相匹配的学习任务。在此过程中,教师还应有综合化的能力,能够及时给予学生个性化的引导和支持。当然，对于高阶思维、高阶学习品质，也不仅是靠教师的教与导，也要靠学生的自悟。但对于教师来说，需要设计适切的学习任务，引导学生充分体验和探索，为学生的学习创设更好的载体，搭建更好的"脚手架"。

（三）学校层面因素对教师课堂教学策略的影响分析

研究者做了学校教学管理、教师研修发展对教师课堂教学策略的回归分析，具体结果见表3：

表3　学校教学管理、教师研修发展对教师课堂教学策略的回归分析

		课堂控制	讲授教学	认知激发	自主学习
学校教学管理	标准化系数	0.163286	0.424	0.371	0.207
	t	12.546***	36.000***	30.180***	16.018***
教师研修发展	标准化系数	−0.017253	0.034	−0.026	−0.029
	t	−1.325	2.884**	−2.081*	−2.27*
R^2		0.023	0.199	0.126	0.036

说明：***代表$p<0.001$，**代表$p<0.01$，*代表$p<0.05$。

结合上表数据，有以下两点发现：

1. 学校教学管理、教师研修发展对教师讲授教学策略的影响相对更大，对认知激发策略的影响次之，对课堂控制和自主学习策略的影响比较微弱。

2. 学校教学管理对课堂教学策略的影响效应要大于教师研修发展对课堂教学策略的影响效应。具体来看，学校教学管理对课堂教学策略均有显著正向影响，教师研修发展对讲授教学有显著的正向预测作用，对课堂控制策略无显著影响，但对认知激发和自主学习策略存在显著的负向影响。

以下进一步研究学校教学管理不同维度对教师课堂教学策略的影响，做学校教学管理不同维度对教师课堂教学策略的回归分析，具体结果见表4：

表4　学校教学管理不同维度对教师教学策略的回归分析

		课堂控制	讲授教学	认知激发	自主学习
备课管理	标准化系数	0.026	0.097	0.027	−0.033
	t	1.5	6.167***	1.642	−1.939
课堂管理	标准化系数	0.027	0.092	−0.005	−0.05
	t	1.566	5.904***	−0.302	−2.931**
作业管理	标准化系数	0.023	0.123	0.167	0.153
	t	1.506	9.004***	11.792***	10.276***
评价管理	标准化系数	0.094	0.186	0.213	0.149
	t	5.02***	11.012***	12.152***	8.086***
R^2		0.024	0.199	0.137	0.049

说明：***代表$p<0.001$，**代表$p<0.01$。

结合上表数据，可以发现：

1. 评价管理对课堂控制策略有显著的正向预测作用。

2. 学校教学管理四个不同维度均对讲授教学策略有显著的正向预测作用，作业管理和评价管理对讲授教学策略的影响效应相对更大。

3. 作业管理和评价管理对认知激发策略有显著的正向预测作用。

4. 作业管理和评价管理对自主学习策略有显著的正向预测作用，但课堂管理对自主学习策略有显著的负向预测作用。

本研究中所涉及的课堂教学策略，并不是使用频率越高越好，学校教学管理和教师研修发展也并不是一定要促成上述课堂教学策略的高频率使用。但数据结果引发我们进一步的思考，学校教学管理和教师研修发展活动在引导教师正确、合理使用课堂教学策略方面，还存在以下问题与特点：

一是当前学校教学管理易促成教师对讲授教学策略的高频率使用，但也显示出学校教学管理对认知激发、自主学习策略的指导不足。

本研究表明：教学常规管理的四个维度对讲授教学策略均有显著的正向影响，但备课管理和课堂管理对认知激发、自主学习策略无显著影响或有负影响。

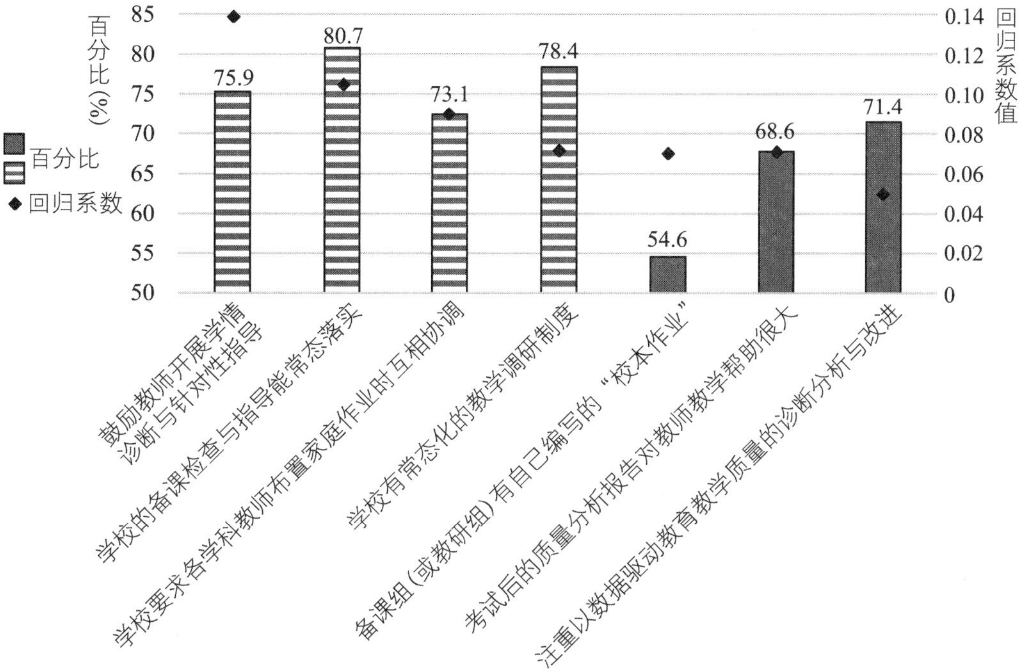

图8　学校教学常规管理具体行为对教师讲授教学策略的影响①

结合图8可以发现,学校教学常规管理对教师讲授教学策略有显著影响的具体行为,主要集中于学校教学管理外在机制和形式性制度的建设。这些机制和形式容易开展,但对教学核心要素的指导和管理本质功能的实现难以深入。

结合图9可以发现,学校教学常规管理对教师认知激发策略有显著影响的具体行为(尤其是条纹色块,表示的对讲授教学策略无显著影响,但对认知激发策略有显著影响的行为),主要集中于对教师教学有更为个性化、针对性的反馈与指导;同时也可以发现,学校在图9条纹色块所指向的教学管理行为上的执行程度(比例在60%至70%之间)明显低于图8条纹色块所指向的教学管理行为(只对教师讲授教学策略有显著影响,对认知激发策略无显著)上的执行程度(比例在70%至80%之间)。综上可以得出,当前学校的教学常规管理易促成教师更加高频率地使用讲授教学策略,而在教学常规管理中(尤其是备课管理、课堂管理中)对认知激发、自主学习策略的关注、研究不足,影响不大,从而导致备课管理和课堂管理对认知激发、自主学习策略的影响不大。

---

① 根据教师问卷数据将学校教学常规管理具体行为对教师讲授教学做回归分析,选取对讲授教学有显著影响的教学常规管理具体行为并按标准化系数从高到低排列。其中的百分比是“非常符合”和“比较符合”比例之和。下页图9同。

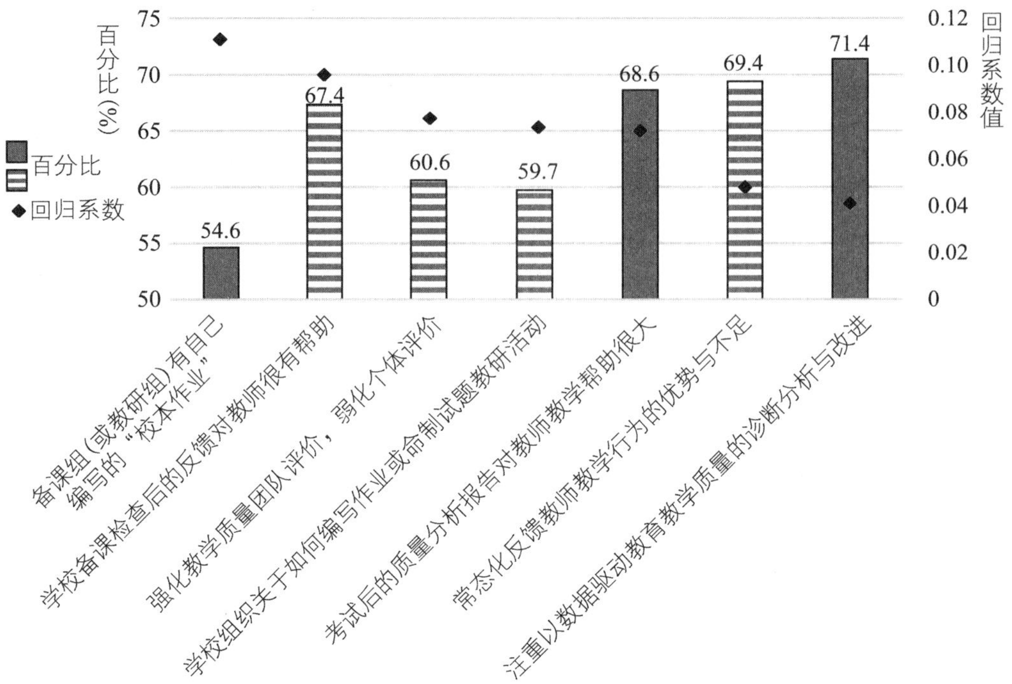

图9　学校教学常规管理具体行为对教师认知激发策略的影响

二是教师研修发展活动对教师课堂策略等专业能力的促进不够。

学校教学管理对课堂教学策略的影响效应要大于教师研修发展对课堂教学策略的影响效应，教师研修发展对教师教学策略无显著影响或是负向影响，并不能简单得出结论：教师研修发展不重要或是无效。其背后的原因可能有以下几方面：一是当前学校在教师研修发展机制、发展内容和活动形式等方面存在不足，导致对教师教学策略指导不到位；二是教师即使有参与关于教学策略的研修，也不一定能马上带来教学实践方面的改变。

从图10教师发展专业内容"高程度需要"比例可以看出，教师对"个性化学习的教学方法""对有特殊需要学生的教学""教学相关的信息与通信技术(ICT)""评价学生的方法"和"我的学科领域的教学能力"的发展需求相对较高。这也就进一步反映出，当前学校对教师专业发展需求把握不准，已提供的专业发展内容针对性不强等问题。

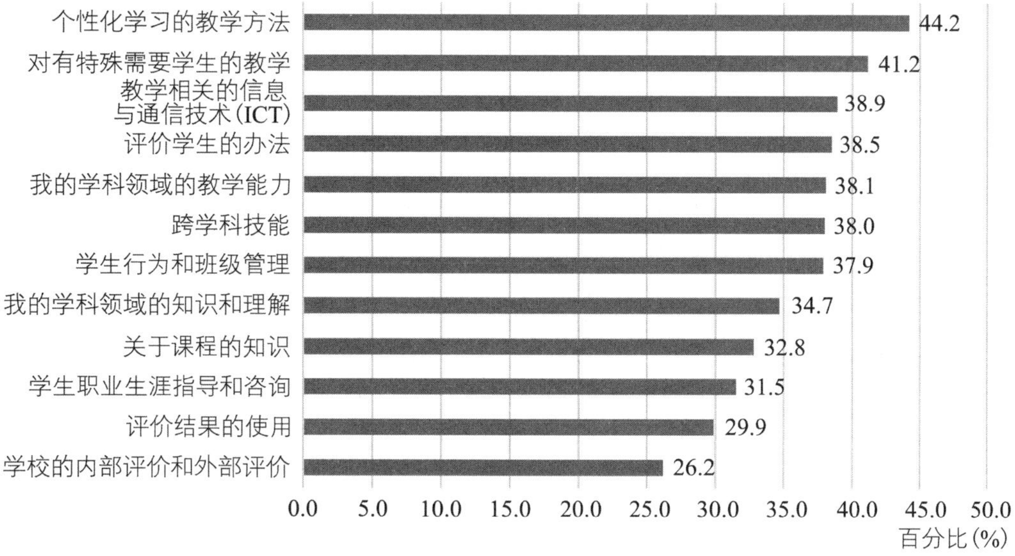

图10　教师发展专业内容“高程度需要”比例

从图11可以发现,“学校常态开展教师阅读活动”“校内教研活动对我有吸引力”和“在学校引导下,我有明确的专业发展目标与计划”对讲授教学、认知激发、自主学习策略均有显著正向预测作用;相比较而言,“在学校引导下,我有明确的专业发展目标与计划”对讲授教学策略的影响力更大,“学校常态开展教师阅读活动”对认知激发和自主学习的影响相对更大。除此之外,教师研修发展所涉及的其他研修发展制度和研修发展活动均对课堂教学策略无显著正向影响。

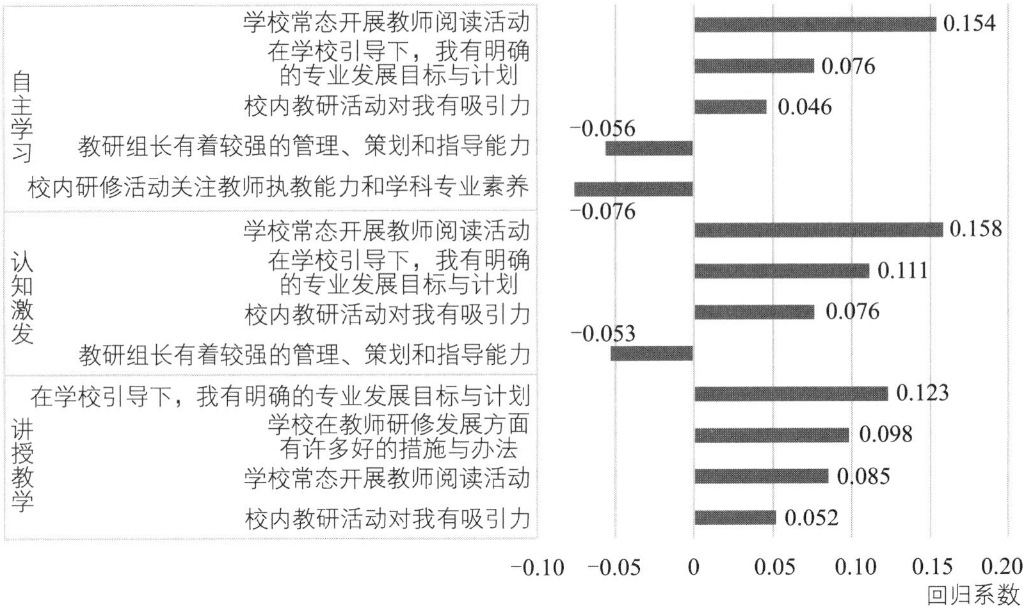

图11　教师研修发展具体行为对教师讲授教学、认知激发、自主学习策略的影响①

由此可以看出，当前学校在引领教师专业发展的过程中，可能存在以下几点问题。一是当前很多学校引领教师专业发展，仍是“自上而下”，忽视教师专业发展的自主性和内驱力，从而造成学校层面的教师研修发展制度对教师专业发展、课堂教学策略无显著正向影响。二是当前学校教师专业发展的很多活动存在科学性和有效性的问题。“学校常态开展教师阅读活动”引导教师阅读、反思和交流对教学策略有显著正向影响，但很多其他的研修活动对教学策略并没有显著正向影响。而“教研组长有着较强的管理、策划和指导能力”对认知激发、自主学习策略均有显著的负向预测作用，“校内研修关注教师执教能力和学科专业素养”对自主学习策略有显著的负向预测作用。这也进一步反映出，当前学校教师专业发展过程中可能存在专业引领不足的问题。

四、反思与建议

（一）课堂教学方式需转型，教师角色要从“演员型”向“导演型”转变

先进的教育理念与管理方式、完善的教研师训机制、扎实的教师教育教学基本功

① 根据教师问卷数据，将教师研修发展具体行为分别对教师讲授教学、认知激发和自主学习做回归分析，选取对该教学策略有显著影响的研修发展具体行为并按标准化系数从高到低排列。考虑教师研修发展对教师课堂控制策略无显著影响，不再展开教师研修发展具体行为对教师课堂控制策略的影响分析。

为浙江省基础教育质量处于全国前列位置奠定了坚实的基础。但从更高的要求来看,浙江省初中教师仍保留着非常明显的传统课堂教学痕迹,以教师为主导,课堂控制、讲授教学使用频率相对较高;但在引导学生自主学习方面,高频率使用比例相对较低。

教师主导的课堂控制、讲授教学策略确实能在教师可控的范围内,相对有效地组织学生学习,但这样的教学方式使学生主体性发挥不足,对学生高品质学习的促进作用不足。学生未来的可持续发展更需要跨学科整合能力,更需要对不确定性、复杂性问题的探索与研究,仅靠教师课堂控制、讲授教学不足以培养学生面对未来学习与生活的必备品格与关键能力。为此,课堂教学方式需转型,教师要从“演员型”向“导演型”转变。教师要从传统的“自编、自导、自演”,尤其是倾情投入的“演出”中解脱出来,为学生的学习提供丰富载体,提供学习指导,充分拓展学生自主学习的空间,并在学生自主学习过程中给予恰当的引导。

(二）加强对学生的研究,关注不同学生的起点和需求

教师教学的本质功能是促进学生学习的真实发生。为了能够促进学生有效的学习,教师需要了解学生的学习基础、可能存在的困难,预判学生所能到达的目标阈值。本研究表明:课堂教学策略对不同学科、不同学习品质的学生的促进作用有差异,对学生高品质学习的促进不够。不同学生的学习起点不一样,学习需求和发展轨迹有差异,这就需要教师在教学过程中能够敏锐察觉学生的变化与需求,再辅以适切的教学方式与方法。但现实是浙江省基础教育阶段的学生数多,班额相对较大,这对教师在课堂教学中的个性化、有针对性的指导提出了挑战。

教无定法,贵在得法。学生如何学习是一门科学,教师如何教学也是一门科学。我们对学习的了解与研究还远远不够。本研究发现,教师发展需求中,对“个性化学习的教学方法”“对有特殊需要学生的教学”的需求最高。这也进一步说明教师要加强对学生的研究,不能仅仅限于浅表性的有关知识学习的学情,更要加强对学习科学理论的研究和应用,了解学生的认知发展规律,了解学生具体的思维的发生与发展过程。

(三）学校教学管理要加强指导性管理,教师研修发展要关注教师的需求与自主性

学校教学管理的核心任务是发挥教学管理的指导功能。但当前不少学校教学管理控制性倾向偏重,以量化指标强化对教师教学行为的统一管理,忽视学校教学管理

的专业性和指导性。也有不少学校热衷于推广某种教学模式。这样可能会在短时间内帮助教师规范定型,但也容易流于形式,不能持久,对教师专业化成长不利,教师为应付这些工作,额外增加了工作负担,却不见专业素养的成长。因此,学校要在教学常规的过程性管理中,加强对教师教学行为的常态化指导,以促进教师专业素养的提升。

本研究表明:教师研修发展中"学校引导,帮助教师明确专业发展目标与计划""开展常态化教师阅读活动"对教师课堂教学策略的影响力相对最高。在教师眼中,与自身特征和需求紧密结合,能发挥自身主动性、合作性的专业发展活动更为有效。为此,学校在引领教师专业发展的过程中,要注重教师的主体性,重在激发教师专业发展内驱力,帮助教师明确自身专业发展的目标与计划。同时也要注重研修发展内容和方式的科学性与有效性,学校要有校级层面的顶层设计,有专业的规划、引领和指导,这样才能正确把握学校教师研修发展活动的方向与效果。

【参考文献】

[1] 徐瑾劼.促进学生核心素养发展的"教学品质"研究——基于TALIS调查中上海教师教学策略的实证分析[J].中国教育学刊,2017(9):9-15.

[2] Marth M, Mullis I. TIMSS and PIRLS 2011: Relationships among reading, mathematics and science Achievement at the fourth grade—implications for early learning [M]. Chestnut Hill, MA: TIMSS & PIRLS International Study Center, Boston College, 2013.

循证改进学科教学

基于监测数据的男、女生问题解决能力表现的深度分析

沈启正　夏　晶①

【摘要】 通过对2019年浙江省教育质量监测数据的深度挖掘与多角度分析，研究并揭示男、女生在数学、科学学科中问题解决能力的表现情况。数据表明男、女生问题解决能力在不同维度上有所差异，男、女生在不同学业水平和思维要求上表现出一定的规律。教师应了解男、女生在问题解决能力中的不同表现，因材施教，提高学生分析问题与解决问题的能力。

【关键词】 问题解决能力；性别差异；教育质量监测

问题解决是由一定的真实或模拟真实的情景引起的，按照一定的目标，应用各种认知活动、技能等，经过一系列的思维操作，使问题得以解决的过程。按照布鲁姆的目标分类，解决问题的能力属于分析、综合、评价等高层次认知。

2019年浙江省教育质量监测数据包括全省八年级升入九年级抽测学生语文、数学、科学三学科的监测成绩以及学生、教师及家长问卷结果。本文基于实证，着重研究男、女生在数学、科学学科中问题解决能力方面的表现，帮助一线教师更好地了解男、女生在问题解决能力中的特征，以便在教学时更有效地实施情感激活与认知建构，提高学生分析问题与解决问题的能力。

一、研究设计

（一）学生分类及界定

本研究中的“按学业总分分类”指：按语文、数学、科学三科总成绩分类，“按问题解决总分分类”指按数学、科学两学科中问题解决维度的总成绩分类。所有学生学业

① 沈启正，浙江省教育厅教研室评价教研员，特级教师；夏晶，浙江工业大学硕士研究生。

成绩均按学业量尺分①计算。学业成绩总分列全省前四分之一的学生称为“优良生”，列全省后四分之一的学生称为“薄弱生”，除去上述前后各四分之一学生后其余的一半学生称为“中等生”，在全省列前十分之一的学生称为“尖子生”，在全省后十分之一的学生称为“学困生”。

（二）问题解决概念的界定

2019年浙江省教育质量监测中语文、数学、科学用纸笔测试。其中数学侧重考查学生的问题解决能力，分为四个维度：信息收集与理解、计划探索与制订、方案实施与改进、结果反思与评判。科学侧重考查学生在科学探究中解决问题的能力，分为五个维度：提出科学问题、设计探究方案、获取和解释证据、科学解释现象、评价科学探究。经对科学试题的进一步研究可知，科学探究就是以问题解决为导向的，这与我们的命题意图相吻合，加之数学和科学两学科在命制试题时都着重呈现问题新颖、内容综合、指向目标、立足能力、关注策略等特点，故本研究按测试框架与命题意图合并数学、科学两学科的相近能力维度，以数学学科的名称为主干，组成本文中所称的问题解决能力框架，见表1。

表1　问题解决能力的分析维度

数学学科能力维度	科学学科能力维度	问题解决能力维度
信息收集与理解	提出科学问题	信息收集与提问
计划探索与制订	设计探究方案	计划探索与制订
方案实施与改进	获取和解释证据	方案实施与改进
	科学解释现象	
结果反思与评判	评价科学探究	结果反思与评价

（三）研究对象

参加监测的学生共43668名。在本次研究中剔除变量缺失值样本，最终有效人数为41382人，其中男生21782名，占比为52.6%，女生19600名，占比为47.4%。

---

① 学业量尺分是指将学生原始得分依据项目反应理论模型转化为平均分为500分、标准差为100的量尺分，每个学科分维度转化为平均分为300分，标准差为50的量尺分。与原始分相比，量尺分的优越性在于对不同时间、内容和难度的测试结果，可采用统一的标准进行衡量、比较。

二、研究结果与分析

（一）按语文、数学、科学三科学业总分分类的男、女生情况

按学生语文、数学、科学三科的总分分类，分析对比各类学生在本性别中的占比情况，如图1所示。图中可见不同水平的男、女生占比分布比较接近，但前端的尖子生、优良生中男生占比略高，后端的薄弱生及学困生中女生占比略偏高。

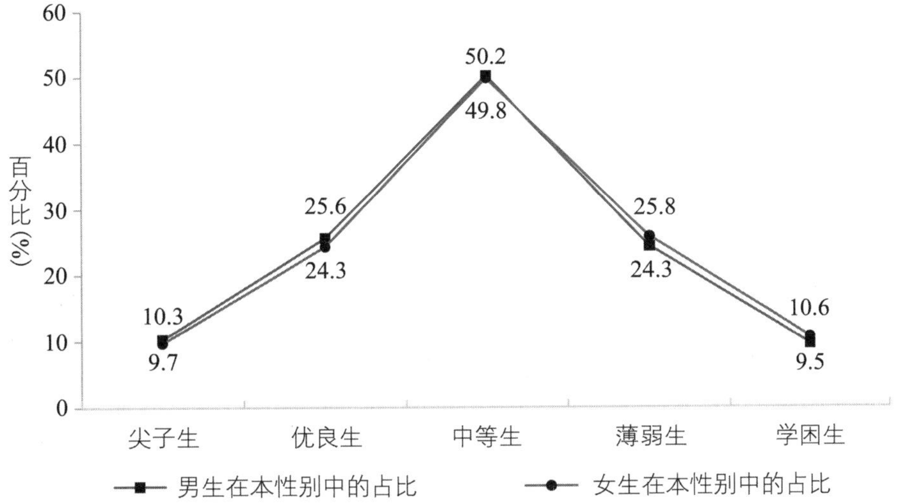

图1　按学业总分分类时男、女生在本性别中的占比

（二）按数学、科学两学科问题解决维度分类的男、女生情况

按数学与科学合并的问题解决维度的总分分类，仍对比各类学生在本性别中的占比情况，如下页图2所示。

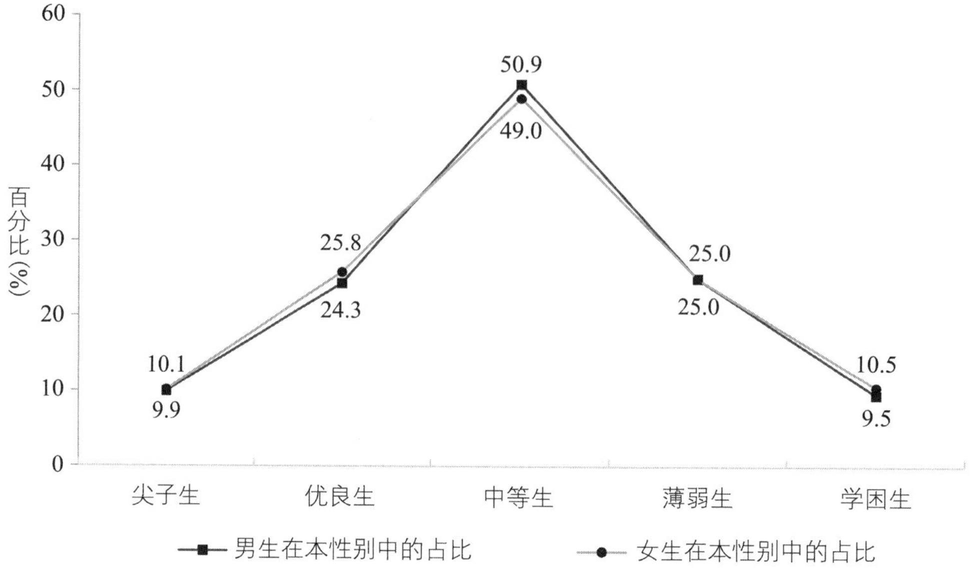

图2　按问题解决维度分类时男、女生在本性别中的占比

在按三科学业总分分类的图1中，男生在尖子生和优良生中的占比略高；但在按问题解决维度分类的图2中，却是女尖子生和优良生的占比略高。这个占比的变化说明前四分之一女生的问题解决能力表现比前四分之一男生更好。图2中，女生中的薄弱生、学困生占比略有下降，但学困生占比仍略超男生。即从问题解决能力来看，女生群体中的尖子生和优良生比例有所增多，相应群体的男生比例有所下降，而男中等生比例明显呈上升趋势。

（三）男、女生在各类学生中的比例情况

如下页图3所示，按三科学业总分分类，男生在尖子生中的比例最高，优良生次之。考虑到样本中男生比例为52.6%，女生为47.4%，因此男尖子生和男优良生的比例高于男生的占比，女尖子生和女优良生的比例低于女生的占比。但按问题解决维度分类，男、女两条图线都变成了波浪曲线，比例变化十分明显。男尖子生和男优良生的比例低于男生的占比，女尖子生和女优良生的比例高于女生的占比。这说明女尖子生和女优良生的比例均较学业总分分类时明显上升，女中等生和女薄弱生的比例明显下降；反之，男尖子生和男优良生的比例明显下降，男中等生和男薄弱生的比例却在明显上升。可见学业总分高的女生往往是问题解决能力强的学生，按问题解决维度分类时，她们把一部分学业总分高的男尖子生和男优良生挤到后一等级了，以致男中等生和男薄弱生的比例明显提高，即男生中等及以下水平的比例更高了。

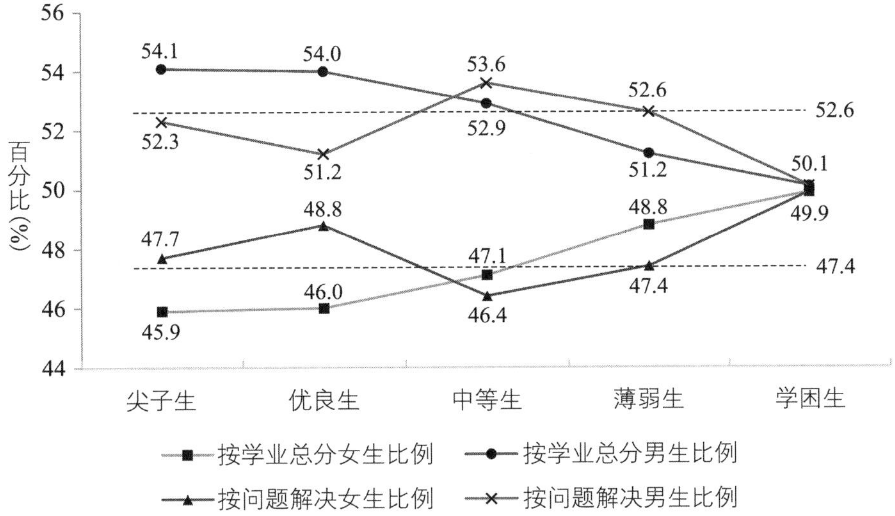

图3　不同分类时男、女生所占比例情况

（四）男、女生问题解决维度的得分率

图4是男女生在数学问题解决、科学问题解决和总的问题解决维度的得分率情况，根据t检验，数学问题解决和总的问题解决维度均有显著性差异，但科学问题解决维度反而无显著性差异。可见，从得分率来看，数学问题解决维度以及数学和科学一起统计的问题解决维度，男生强于女生，但在科学学科中，男、女生的得分率无显著性差异。

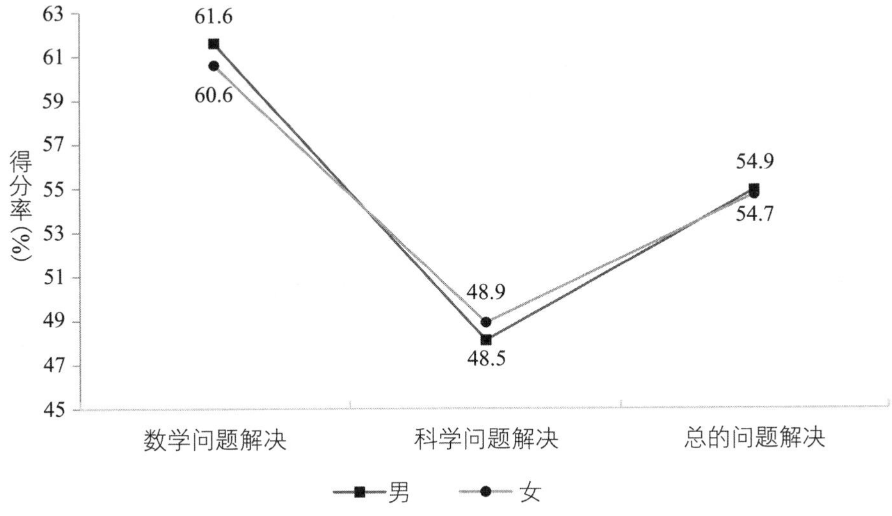

图4　男、女生在数学、科学和总的问题解决维度上的得分率

（五）男、女生各学科问题解决维度的得分率

本次监测，科学学科主要测试物理和化学。图5把语文学科得分率与数学、物理、化学中问题解决维度的得分率进行比较。

从图5可知，语文得分率是女生远高于男生，数学、物理问题解决维度的得分率是男生高于女生，化学问题解决维度的得分率女生略高，但经t检验，无显著性差异，总的问题解决维度是男生略高，有显著性差异。对比图4可知，科学学科问题解决维度男、女生之所以无显著性差异，是因为科学学科中的物理、化学得分率男女高低不同，彼此有所抵消。

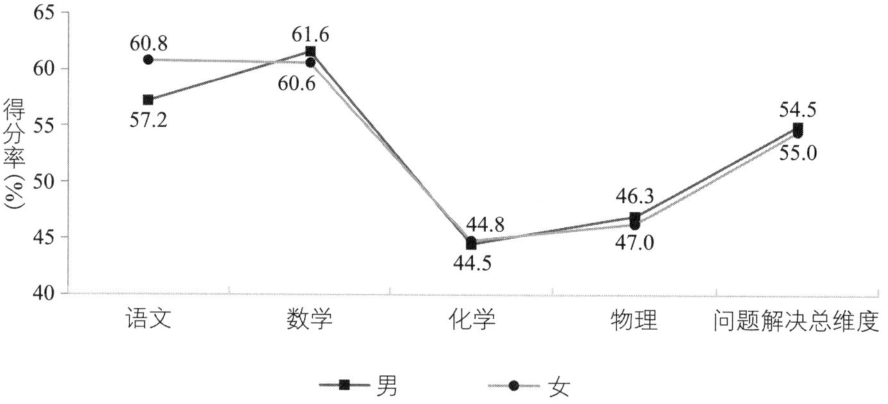

图5　男、女生各学科问题解决维度的得分率

（六）各类男、女生学科中问题解决的得分率

如下页图6所示，在数学学科的问题解决试题中，男尖子生得分率略高于女尖子生，但女优良生和女中等生的得分率略高于男优良生和男中等生，男薄弱生和男学困生的得分率又高于女薄弱生和女学困生。虽看似差距不大，但经t检验，上述五类学生男、女之间的得分率均有显著性差异。

这一现象说明在数学问题解决中，尖子生是男生占优，中等和中上的学生是女生占优，但由于女薄弱生比男薄弱生得分率低了很多，导致男生数学平均得分率比女生高1%。

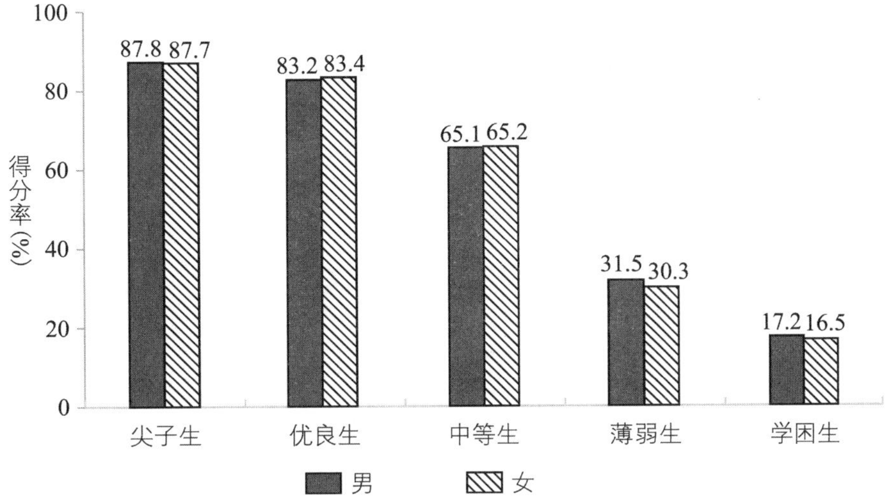

图6　数学问题解决维度各类学生的得分率

图7是科学问题解决维度中各类学生的得分率，图4已说明在科学学科中，男、女生得分率无显著性差异，图7显示，在尖子生、优良生、中等生中，女生得分率略为占优；薄弱生和学困生中，男生得分率略高。经t检验，五类学生的男、女生得分率之间均有显著性差异，这说明女生在科学问题解决方面两极分化现象更明显。

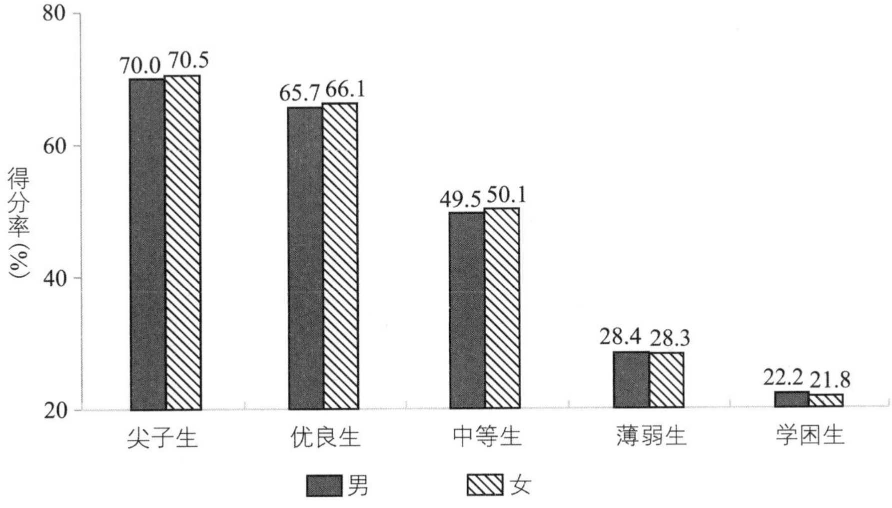

图7　科学问题解决维度各类学生的得分率

（七）男、女生在问题解决各维度中的得分率

下页图8是男、女生在问题解决各维度中的得分率情况，经t检验，计划探索与制订维度中男女生无显著性差异，其他维度均有显著性差异，男生得分率高于女生得

分率。

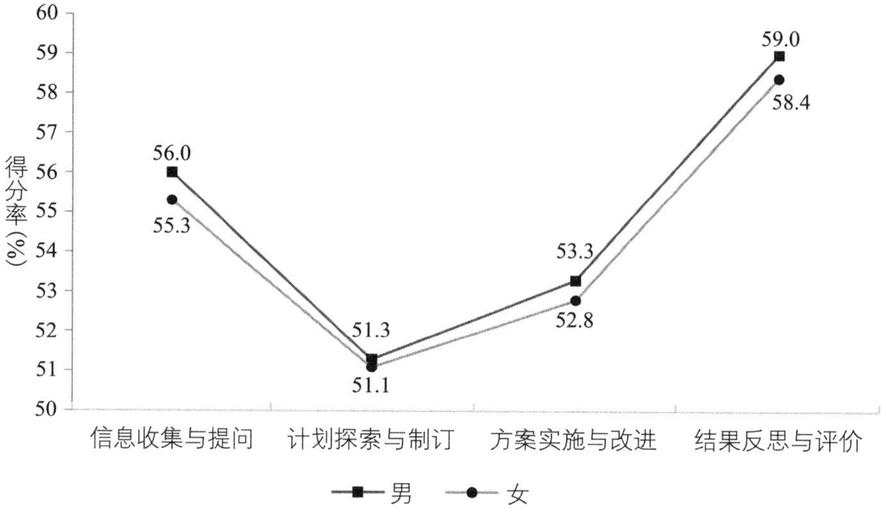

图8　男、女生在问题解决各维度中的得分率

（八）男、女生综合解决复杂问题的得分率

分析数学和科学中综合解决复杂问题的得分率情况，由图9可知，科学、数学、物理中综合解决复杂问题维度男生得分率均高于女生，且经t检验，均存在显著性差异；化学无显著性差异。

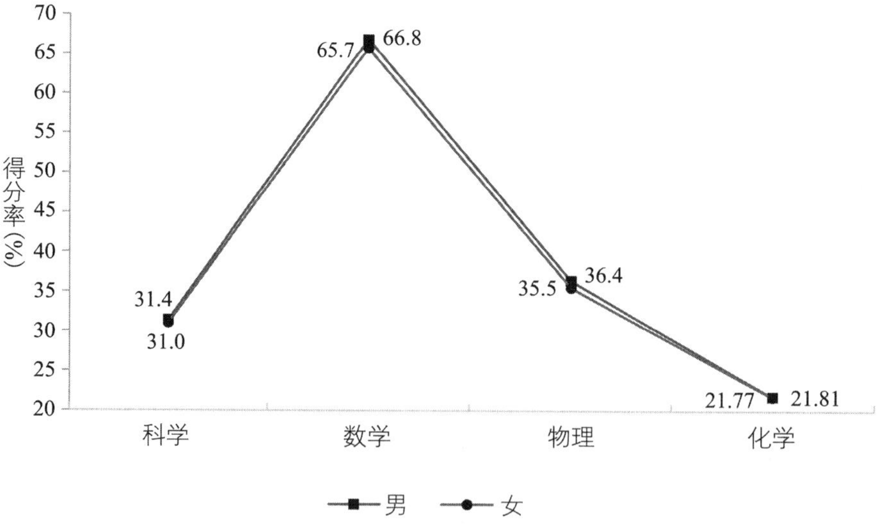

图9　男、女生综合解决复杂问题的得分率

（九）男、女生家庭社会经济地位与问题解决能力的关系

学生家庭社会经济地位（Socioeconomic Status，简称SES）是指家庭经济收入、家长受教育水平、家长职业等因素相对于其他人的经济和社会地位的总体衡量情况，通过监测中家长和学生问卷得到的信息按国际通用方法计算。图10为按问题解决维度分类时男、女生的平均SES情况。

图10的趋势线表明，整体上平均SES越高的学生问题解决能力越强；按问题解决维度划分，同类学生中女生平均SES略低于男生，但男、女优良生已几乎相同。随着SES的提高，男、女生问题解决能力均在增强。而且从趋势线来看，女生的趋势线斜率显著超过男生的趋势线斜率，这可理解为虽然男、女生都是平均SES越高的学生总体上问题解决能力越强，但SES对女生问题解决能力提高的支撑比SES对男生的支撑更大。从统计学意义上来看，女生在问题解决能力提高的过程中，与男生相比，需要更高的家庭社会经济地位的支撑。

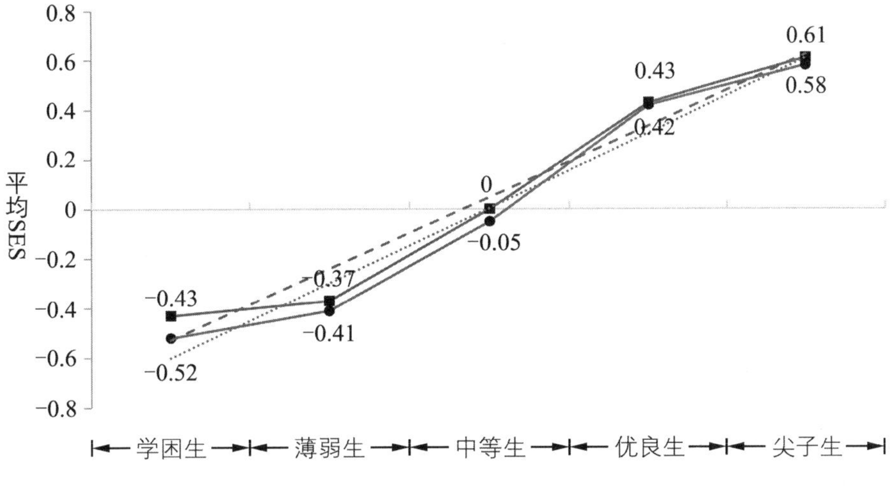

图10　按问题解决维度划分的男、女生SES情况

三、典型题分析

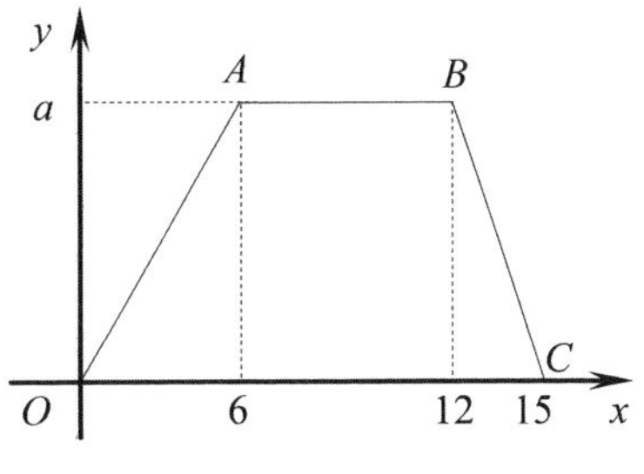

数学典型题：小明骑车从家出发，到超市替妈妈买盐，买盐后原路骑车回家。若小明8:00从家里出发，8:15回到家里，家离超市为a米，设离家的时间（分钟）用x表示，离家的距离（米）用y表示，x、y

间的函数关系如图所示。

(1) 以下求得的两个量,具有什么实际意义?

①$11-5=6$. ②$a\div 5=\frac{a}{5}$.

(2) 若小明骑车从家到超市要经过一公交站,且公交站与家的距离为300米。若小明在8:01时经过此公交站,问小明什么时候与此公交站相距900米?

(3) 在原题的内容中添加一个条件,请你提出一个问题(只要写出添加的条件和问题,不必解答)。

条件:________________________________.

问题:________________________________.

(4) 以上第(3)题中,要求添加条件、提出问题,你觉得有难度吗?(只需选出一项)

A. 非常困难 B. 比较困难 C. 不确定 D. 比较容易 E. 非常容易

分析:

本题考查问题解决中的"信息收集与提问""方案实施与改进""结果反思与评价"环节。第(1)小题得1分时的难度值$\beta=0.28$[基于IRT(项目反应理论),下同],在中间平均值区域附近,得分的人数百分比,男、女生较接近,女生略高于男生;得2分时$\beta=6.44$已属于极端难度,故答对的学生极少,无比较意义。

第(2)小题得2分时$\beta=-0.31$,得3分时$\beta=0.09$,属中等难度,男、女生得分的人数百分比非常接近,女生略高于男生;得4分时$\beta=2.21$,超过了两个标准差,难度相当大,此时男生的得分人数百分比超出女生较多。

第(3)小题得2分时$\beta=-0.19$,难度处于中间平均值附近,男、女生得分比较接近,女生得分的人数百分比略高于男生。

科学典型题:BTB是溴麝香草酚蓝的简称,其水溶液是一种酸碱指示剂,在酸性液体里呈黄色,在中性液体里呈淡蓝色。某同学利用BTB溶液开展"CO_2是植物进行光合作用的原料"的有关研究。

实验准备:

①将水蕴草(一种水生植物)放入暗室内一昼夜;

②利用煮沸并冷却到常温的水配制一定量淡蓝色的BTB溶液。

实验过程和结果:

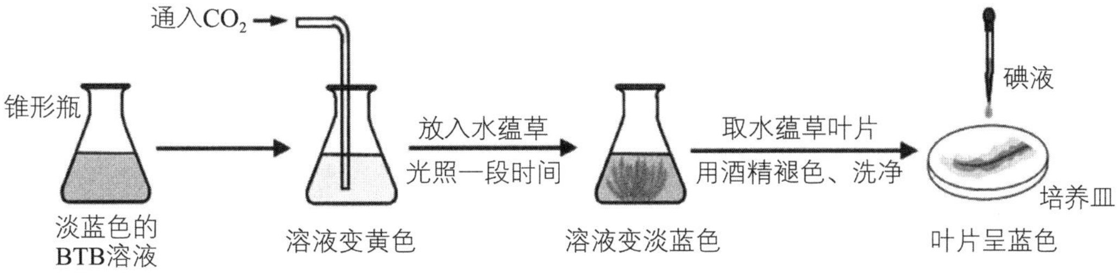

请根据上述实验,回答下列问题:

(1) 本实验为什么要用煮沸的水配制BTB溶液?

(2) 往锥形瓶中通入CO_2时,BTB溶液的颜色为什么会变成黄色?

(3) 为得到“CO_2是植物进行光合作用原料”的结论,还需要进行对照实验,请用文字或图示来表述对照实验的设计方案。

分析:

本题考查问题解决中的“信息收集与提问”“计划探索与制订”和“方案实施与改进”环节。第(1)小题得1分时难度值$\beta=0.02$,难度在中间平均值附近,女生得分情况略好于男生;而得2分时$\beta=2.80$,得3分时$\beta=3.88$,两者均在高难度处,男、女生得分都很少,样本太少,已无统计意义。

第(2)小题β在-0.20到0.18之间,难度适中,男女得分率较接近。

第(3)小题得1分时$\beta=0.10$,得2分时$\beta=0.79$。这两种情况,难度位于中间区域,女生略好于男生;得3分时$\beta=3.06$,已超过一个标准差,处于极端状态,能够得分的学生很少,已无统计意义。

四、结论与分析

(一) 男生的问题解决能力略优于女生,但总体差异不明显

从问题解决维度的得分率、尖子生和优良生在同类学生中的比例来看,男生各指标略高于女生。从学科来看,男生在数学、物理的问题解决中更具优势,但在化学学科中男、女生无显著性差异。从综合解决复杂问题来看,男生平均得分率略优于女生,在数学和物理复杂问题解决中男生优势更明显。

从问题解决各维度来看,男、女生在“计划探索与制订”上无显著性差异,而在“信息收集与提问”“方案实施与改进”“结果反思与评价”各维度中,男生平均得分率均高于女生。

（二）女尖子生和优良生在本性别中的占比超过了男生对应的占比

虽然女生与男生相比，在尖子生和优良生中所占比例没有优势，但女尖子生和优良生在女生中的占比超过了男尖子生和优良生在男生中的占比。女尖子生和优良生的比例也在各类学生中最接近同类男生，尤其女优良生比例更有优势，而男尖子生和优良生在同类学生中的比例却远低于男中等生和薄弱生在同类学生中的比例。这说明与男生相比，有更多的女生经自身努力，通过提高自己的问题解决能力，更上了一层楼。

（三）男、女生问题解决能力的提高与SES相关

无论男生还是女生，都是其平均SES越高，问题解决维度得分越高。但数据表明SES对女生的影响更大，女生比男生更需要SES的支撑。而且从趋势线来看，女生的趋势线斜率显著超过男生的趋势线斜率，表明SES对女生问题解决能力提高的支撑比对男生更大。

（四）男、女生在具体问题解决时存在特征差异

在数学学科的问题解决中，男尖子生比女尖子生平均得分率略高，而在科学学科的问题解决中，女尖子生比男尖子生平均得分率略高。在这两个学科中，女优良生和女中等生的得分率均略高于男优良生和男中等生，只是女薄弱生和女学困生的得分率逊色于男薄弱生和男学困生，平均后无法体现女生在中等及中上水平层次上的优势。分析具体解题过程发现，在难度值$\beta<1$时，女生得分率略高，但在$\beta>2$时，男生的问题解决能力更有优势。

问题解决能力实质上就是一个人的知识技能和学习能力的综合反映，比平时各科学业成绩总分更能体现学生的学科素养与思维水平，因此学生问题解决能力比学业成绩更能反映坊间所称的“优秀”程度。数据表明在问题解决能力方面，总体上男生强于女生；在语文阅读能力上，女生强于男生。这与我们的传统认知相一致，但为什么人们似乎总是感觉优秀的女生在增多，优秀的男生在减少呢？一个原因是女尖子生和优良生在女生中的占比超过了男尖子生和优良生在男生中的占比，也就是相对男生来说，女生中优良生及以上的比例高，薄弱生及以下的比例低。另一个原因是从问题解决维度看，与学业总分相比，女尖子生和优良生的比例相对提高，男生的比例相对下降。这些现象都容易使人产生“女强男弱”的印象。

五、对教学的建议

（一）男、女生同校混合编班对学科教学更有利

从上述分析可知，男、女生在学科教育中的问题解决能力表现虽有差异，但总体均衡，故同校混班更有利于对全体学生的培养，更有利于保持各课程正常的教学生态和足够高的学术水准。正如女生明显在语言学习中占有优势，男生在数学和物理学科中有所特长一样，各具特色的较高水准的“领头雁”能够更好带领全体学生进步。

（二）分组探究时要充分发挥性别优势组织教学

问题解决往往是在真实或模拟真实的情境中，综合运用各种认知活动和技能，经过一系列的思维操作才得以实现。男、女生在其中的“信息收集与提问”“计划探索与制订”“方案实施与改进”“结果反思与评价”环节上表现有所不同，虽然男生在整体上略占优势，但数据也表明女生在优良水平上的占比超过了男生在优良水平上的占比，总体不分伯仲。男生在“信息收集与提问”维度占优，女生则在“计划探索与制订”维度迎头赶上。因此教师在组织学生分组探究时应该尽量实施男、女同组策略，发挥各自优势，实现共同成长。

（三）教学方法的选择宜兼顾男、女生的学习特点

女生在语文学科具有明显优势和男生在数学、物理学科具有优势表明女生更擅长形象思维，而男生更擅长抽象思维，因此教师在选择教学方法时应该兼顾男、女生的思维特点。在语文学科中，教师应该鼓励男生展开联想、多点关联、思维发散，在数学和物理等抽象思维要求比较高的学科中，教师宜通过类比、实验演示、动手操作等多种手段，使思维可视化，达到男、女生齐头并进的效果。

（四）考试命题宜提高信效度，难度适中，梯度合理

提高命题的科学性不仅是提高试题信度和效度的问题，也是兼顾男、女生学习特点的需要。监测中发现在数学和物理学科的问题解决维度，难度过大时男、女生的区分度普遍下降，但对女生更显不利，同样在语文学科的综合知识及阅读能力维度上，男生也遇到同样的情况。因此，我们命题时要做到难度适中、梯度合理、题型全面、设问多角度，用高质量的命题技术保障学业检测结果的准确性，避免男、女生因性别差异导致考试结果明显失真。

（原载于《中小学教材教学》2021年第10期）

四年级学生阅读能力测评、发现与改进建议

余 琴 成 静[①]

【摘要】 2018年浙江省教育厅开展了小学教育质量监测，对小学四年级学生进行了阅读能力测试及影响阅读能力相关因素的问卷调研。本文阐述了测试工具的基本理念、阅读能力测试框架、四年级阅读能力测试的主要发现和改进建议。

【关键词】 小学语文；阅读能力测评；阅读策略使用；高层次思维能力

2018年，浙江省教育厅开展了小学教育质量监测，对小学四年级学生进行了阅读能力测试及影响阅读能力相关因素的问卷调研。抽样测试样本来自全省各县（市、区），样本类型涵盖各类地区性质与办学性质的学校，全省语文学科测试有效样本总量为36010份。

一、测试工具的基本理念

（一）基于课程标准，指向言语运用

本测试是基于《义务教育语文课程标准（2011年版）》（以下简称“课程标准”）的测查。测试工具依据其研制，充分体现语文课程的实践性、综合性特点。

（二）直指学科能力，关注学科素养

阅读能力凸显学生语文学习的核心能力，阅读能力测试工具的结构、赋分权重及试题形式都侧重学科能力，关注学科素养的达成。

（三）分层赋分方式，关注学生差异

研制测试工具、制定评分标准均尊重学生个性与差异，力求给学生展示的空间，发现学生思维的不同层级，找到其合理作答的思维进阶点，科学地诊断学生的学习过程。

---

① 余琴，浙江省教育厅教研室小学语文教研员，特级教师；成静，浙江省杭州市时代小学，高级教师。

(四)学教同步调研,关注学习过程

本测试的目的不仅是为了考查学生达到学习目标的程度,更是为了促进学生学习,改善教师教学。为此,还研制了与阅读能力相关的教师、学生问卷,试图发现影响学生阅读能力的相关因素。

二、阅读能力测试框架

阅读能力主要考查学生初步的现代文阅读能力和简单的综合运用能力,书面测试框架见表1。

表1　四年级阅读能力测试框架

一级指标	二级指标
初步具有现代文阅读能力	能从阅读材料中提取信息
	能形成对文本内容的整体感知
	能依据文本信息、联系个人经验对文本内容做出合理解释
	能依据一定的标准对文本的内容、观点及语言运用做出评价
具备简单的综合运用能力	能利用文本信息解决生活中可能遇到的简单问题

根据以上测试框架,按文学类文本、实用类文本和非连续性文本三类选文,项目组通过独自海选、集中讨论的方式,对入选的75篇选文逐一进行了文本解读和命题思路分析,最终选定三篇作为阅读命题的选文,按照测试框架逐一研制试题。

为了分析影响学生阅读能力的相关因素,研制了与阅读能力相关的教师、学生问卷。问卷维度见表2。

表2　教师问卷和学生问卷的维度

问卷对象	问卷维度
教师	对语文教学的整体认知、阅读策略指导、教学指导方式、对学生习作能力的培养、阅读的多样性
学生	学习兴趣与习惯、阅读策略、阅读动机、阅读自信心、阅读多样性

三、主要发现

（一）阅读量显著影响学业，学生阅读兴趣浓厚，但阅读品位尚待提高

从学生问卷来看，79.7%的学生认为“阅读能更好地了解未知的世界”，13.5%的学生认为这样的说法基本符合自己的看法，6.7%的学生表示不赞同，可见四年级学生喜爱阅读。这说明学生普遍认为阅读是儿童不可或缺的教育与自我教育、认识与自我认识的载体，是获得良好人文素养和科学素养的基本途径，这与统编小学语文教材具有“精读、略读、课外阅读”三位一体的编写特点，强调课外阅读重要性的编写理念一致。

本次测试发现，阅读量与学生学业成绩成正相关关系。阅读能力A、B、C水平①的学生在每月课外阅读量上选择三本及以上的人数分别为79.8%、71.2%、56.0%，反之，阅读能力A、B、C水平的学生在每月课外阅读量上选择一本及以下人数分别为5.3%、9.5%、24.0%。阅读成绩越好的学生，每月阅读量越大。关联学生问卷与阅读成绩还发现，科普书、故事书、报刊阅读对学生学业成绩的积极影响最大，而漫画书、网络小说阅读对学生学业成绩呈现显著的负向作用。

表3　学生每月阅读量与阅读成绩分布

阅读量类别	阅读A水平学生	阅读B水平学生	阅读C水平学生
三本及以上	79.8%	71.2%	56.0%
两本	14.9%	19.2%	20.0%
一本及以下	5.3%	9.6%	24.0%

在一学期读完三本及以上书的城市与县城学生分别为71.0%、67.9%，乡镇农村学校学生占60.2%，总体上低于城市与县城。学生阅读的形式以纸质书籍为主，以报刊、电子书、微信文章等为辅。对于阅读书籍类型的选择，喜欢故事书的学生占36.7%，喜欢科普书的学生占24.8%，喜欢漫画书、网络小说、报刊等其他读物的学生约占40%。这些数据提醒广大教师要引导学生多阅读经典的文学作品，提升阅读的品位。下页图1为学生一学期阅读各类书籍的数量。

① A水平为优秀，高于课程标准的基本要求；B水平为达到课程标准的基本要求；C水平为未达到课程标准的基本要求。

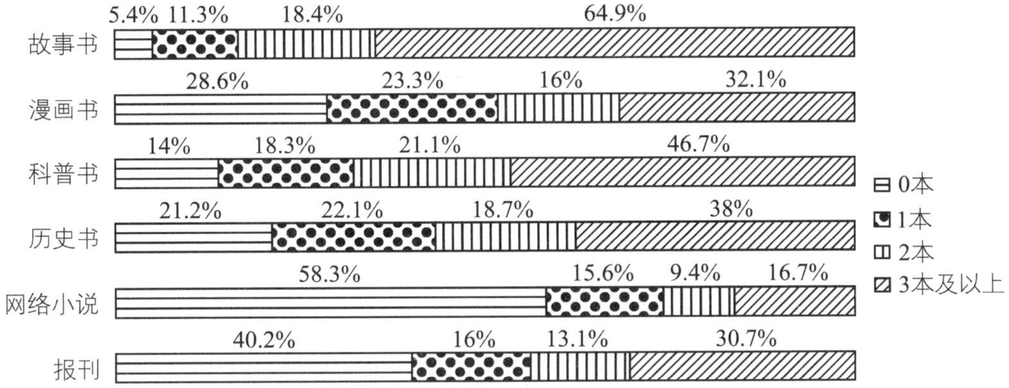

图1　浙江省学生一学期阅读各类书籍的数量

（二）教师对阅读策略的指导能对学生使用阅读策略产生积极影响，但仍需引导学生自发运用阅读策略

问卷显示，学生在阅读中总是使用的阅读策略是“阅读时，我会想象文字所描述的情景”“阅读后，我会重读文章中不明白的地方”“阅读时，我会利用已有的知识理解文章内容”和“阅读时，我会联系上下文理解与推测信息”，选择这些策略的比例分别是47.3%、44.9%、42.2%和38.2%。

相应的，语文教师在教学中指导学生总是使用的阅读策略是“指导学生联系上下文理解疑难语句”“指导学生利用已有知识帮助理解文章内容”“指导学生一边阅读一边写批注”和“指导学生重读文章中不明白或有疑问的句段”，选择这些策略的比例分别是73.4%、69.7%、69.5%和68.9%。学生和教师问卷的两组数据基本呈现正相关的状态。

以“联系上下文理解与推测信息”为例，38.2%的全省学生总是在阅读时使用这一策略，73.4%的语文教师总是能指导学生运用这一策略。书面测试卷中题号为CA0191、CA0201和CA0261的试题，均是考查学生利用文本信息对相关问题做出合理解释和推断的能力，浙江省学生的得分率分别是61.1%、77.5%和73.7%。可见，教师对阅读策略的教学指导对学生使用阅读策略产生了积极影响，并与学生的学业成绩呈正相关关系，说明在阅读教学中重视阅读策略的指导能有效提升阅读成绩。

表4 “利用信息做出解释”维度题目的得分情况

类别		A水平	B水平	C水平
题号	CA0191	77.3%	54.6%	21.8%
	CA0201	90.7%	73.3%	35.5%
	CA0261	86.1%	69.9%	34.1%

CA0191：阅读《蝈蝈》一文，“蝈蝈的叫声仿佛成了这个家庭的一部分”说明什么？
CA0201：阅读《蝈蝈》一文，在一个闷热得难以入睡的夜里，父亲对蝈蝈的叫声发出怨言的原因是什么？
CA0261：阅读《植物“啃”石头》，文中“体无完肤”的意思是什么？

关于阅读策略使用的问卷显示，“总是”“常常”能使用预测、联结、提问、图像化等阅读策略的人数分别占43.6%、23.5%，可见学生能在语文学习中运用阅读策略，但从阅读测试结果看，大部分学生对阅读策略的使用还处于无意识的状态。如何使学生主动运用阅读策略，成为积极的阅读者，还需要教师加强对阅读策略的教学研究，设计阅读实践活动，引导学生学用结合，使学生在运用过程中不断习得和内化阅读策略。

（三）学生阅读能力发展态势良好，但高层次思维能力有待提高，语言运用能力尚待加强

本次测试，在阅读能力维度上达到课程标准基本要求的学生占总体人数的95.2%，总体表现良好。语文学习以听、说、读、写能力的形成为目标，这些能力的达成都离不开思维，从本次测试看出学生在高层次思维能力上发展不足。主要表现为提取信息不够准确、全面，对文章的表达方法不够敏感，在整合判断、解决问题、评价反思等高层次思维能力上表现不足。

如，题目（C4A0341）“阅读时，小红喜欢一边读一边想象画面，她觉得这样有助于理解文章的意思。你觉得她这样做有什么依据吗？请使用图和文字中的信息，写出两条依据”。此题考查的能力为“能合理利用文本信息解决生活中的问题”。回答此题，首先要读懂文本和图意，从而判断“一边读一边想象画面……有助于理解文章的意思”这一做法是有依据的，然后结合文本信息和图的内容进行回答。

为了更好地区分学生能力发展的不同水平，本题按照SOLO分类理论，将学生的作答分五个层次评分：“0分”表示学生未作答或完全脱离文本；“1分”表示学生的答题结果非阅读所得，而是凭借生活经验得出的；“2分”表示学生只提取了部分文字和图

的信息，作答时未将两者关联起来；“3分”表示提取了全部文字和图的信息，但作答时未将两者关联；“4分”表示学生能准确提取文字和图的所有信息，并建立两者间的联系，用提取的图文信息支持自己的观点。其中获4分的学生占10.8%，获3分的学生占18.0%，获2分的学生占36.0%，获1分的学生占22.6%，0分学生占12.7%。本题得分率为47.9%，比测查“从文本提取单一信息”能力的题目（C4A0171、C4A0251）分别低13.7%、15.7%。

测试发现，部分学生由于运用语言的能力存在缺陷，无法准确概括与表达，回答阅读题时尚停留在照抄原句上，不能用语言表达自己的观点；有的学生虽长篇大论，却不知所云。

四、提高四年级学生阅读能力的改进建议

（一）拓展学生语言积累的多种途径

语言积累能有效促进书面表达。课程标准指出，要“积累课文中的优美词语、精彩句段，以及在课外阅读和生活中获得的语言材料”。在语文教学过程中，教师要努力挖掘教材的语言价值，发现教材中准确的用词、丰富的句式、生动的描写、严密的构思等对学生提升语文能力有极大借鉴作用的语言材料，引导学生品鉴，熟读成诵，达到积累语言的目的。

积累，还应提升课外阅读的质量，把语文学习从课内延伸到课外，形成语言积累的合力。统编教材重视课外阅读，实现了课外阅读课程化，体现教材“精读、略读、课外阅读”三位一体的编写特色。教科书编排了《快乐读书吧》等栏目，不仅有系统的书目安排，还告诉学生怎么读书，大大增加了学生的阅读量，从而确保落实九年义务教育阶段400万字以上的课外阅读量。统编教材的编写理念提示广大教师要转变教学观念，提倡多读书，读整本书，培养学生广泛的阅读兴趣，从阅读中丰富词汇、积累语言。

（二）教师要厘清阅读能力的要素与层级

阅读能力是衡量一个人语文素养的重要标尺。语文教师几乎都知道阅读教学要培养学生的阅读能力，但很多教师不清楚阅读能力包括哪些细项，更不清楚这些细项的内在关联。因此，阅读能力的培养经常不能落实到位。

依据阅读的心理过程，综合学者们关于阅读能力的研究成果，借鉴国际学业能力评价体系，基于课程标准要求，阅读能力要素由低到高可分为认读能力、解释能力、概括能力、评鉴能力四个层级，每一层级阅读能力的发展都以下一层级阅读能力的充分

发展为前提。与阅读心理紧密相关的语文知识、阅读方法策略、阅读兴趣习惯这三要素又构成一个更大的金字塔，将四个层级的阅读能力金字塔包容其中，相互作用，相互影响（如图2）。透过语文阅读能力要素与层级的划分，从本次测试结果和对日常阅读教学的观察可知，目前大多数语文阅读教学还没有进入塔尖部分——评鉴能力，对于外金字塔的另两条边——阅读方法策略、阅读兴趣习惯也有所忽视。

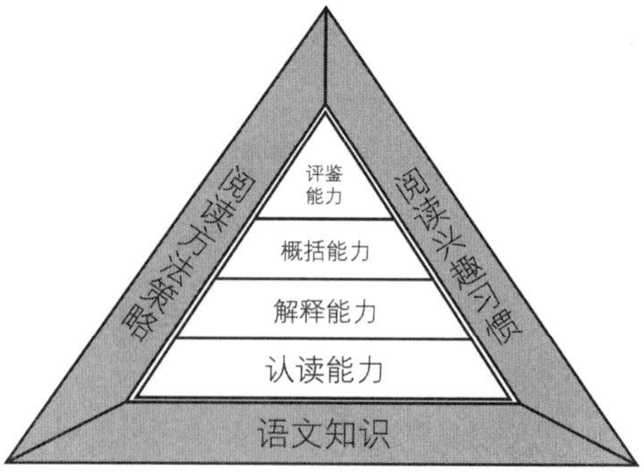

图2 阅读能力要素和层级

（三）重视培养学生的阅读高层级能力

本次测试中的阅读维度主要考查学生初步的现代文阅读能力和简单的综合运用能力，按照阅读能力的不同层级设题。从测试结果看，学生在“能从文本中提取多个信息并做比较”“做出评价”“解决问题”方面还存在提升空间，这些都指向阅读高层级能力维度。教师要明确不同层级阅读能力之间的关系，在制定阅读教学目标时要有明确的指向，以便循序渐进地达到每个阅读能力层级。

以“做出评价”为例，这是阅读能力的最高层级。学生阅读文本之后能“敢于提出自己的看法”，对文本的内容或表达形式“做出自己的判断”，是小学阅读教学的重点与难点。教学中，教师首先要引导学生联系上下文，整体把握文本的内容或主旨；其次，应引导学生有依据地推论和判断，要从文本中提取信息用以支撑观点，不能脱离文本凭空想象。教师还应通过比较分析、品评鉴赏等方法指导学生如何用精准的语言“提出自己的看法”，从而提升学生的语言表达能力。

（四）展开阅读策略习得的指导过程

学生的阅读过程是一种运用策略的活动过程。阅读策略是内隐的思维过程，统编教材阅读策略单元的内容编排浑然一体，单元各项内容之间相互关联，教学目标层层递进，成为一个有机的整体。教师要了解统编教材阅读策略单元的编排思路，在解读教材时要从整个单元角度把握教材编写意图，树立单元整组的教学意识，教学中要充分展开指导学生习得阅读策略的过程。通过呈现成熟的阅读者的思考过程，给学生做示范，从而让学生学会某种阅读策略。

在丰富的阅读实践中尝试运用阅读策略。统编教材的四个阅读策略单元的编排都体现了精读课文学习方法、略读课文运用方法、交流平台梳理方法的思路，强调学以致用。每个单元还穿插安排了一系列阅读活动，提供丰富的实践机会，引导学生尝试运用阅读策略。教学中，教师要借助教材，逐步引导学生获得必要的阅读策略，使他们成为积极的阅读者，并在阅读实践中，尝试主动运用阅读策略进行阅读，提高阅读能力。

（原载于《考试研究》2019年第6期）

立足数学能力，关注问题解决

——小学生数学学科能力测试结果分析

平国强等课题组成员[①]

【摘要】 小学数学学科能力测试包括基础水平测试与问题解决能力测试两部分。从测试结果看，在基础水平测试方面，学生知识与能力发展并不均衡，差异较大。知识性较强或简单应用的内容表现情况较好，追求灵活、合理地计算的意识和能力薄弱，涉及空间想象与空间推理、几何关系的灵活应用等内容时，学生的得分率低；在问题解决能力测试方面，同样存在着能力发展和经验积累上的不平衡，且差异明显。学生在提出问题(基于适度的要求)、理解算式意义和解决问题策略多样化方面表现较好，在解决问题的过程中，思维的持续性、稳定性和严谨性不够，对真实、有冗余信息的问题，筛选有效信息的经验与能力较低，解决问题方法的独特性不足。

【关键词】 小学数学；基础水平能力；问题解决能力

小学数学学科能力测试依据国家课程标准，测试学生数学基础知识的理解、应用与基本技能的掌握，以及数学基本思想方法与基本活动经验的形成水平，并将学生问题解决能力表现作为重点监测内容。测试于2018年10月25日进行，形式为纸笔测试，对象是完成四年级数学学业的学生。全省样本总量为36009人，其中城市学校、县城学校和乡镇农村学校的学生分别占21.9%、24.6%和53.6%，公办学校、一般民办学校和民办民工子弟学校的学生分别占87.8%、5.2%和7.0%，男、女生分别占53.2%和46.8%。

一、学科能力测试框架

小学数学学科能力测试内容为四年级学习的数学知识及相应的能力要求，涉及

① 平国强，浙江省杭州市基础教育研究室小学数学教研员，特级教师；课题组其他成员：斯苗儿、费岭峰、潘红娟、邵红、田小勤、陈小霞、麻彩虹。

数与代数、图形与几何、统计与概率等学习领域。测试包括基础水平测试与问题解决能力测试两部分。基础水平测试指向检测学生对知识的理解和应用、方法技能的掌握情况和灵活性。问题解决能力测试指向检测学生解决问题的能力结构和策略水平。

基础水平测试的内容选择数与代数、图形与几何、统计与概率三个领域中的部分知识，测试学生对知识的理解与应用。具体框架如表1所示。

表1　基础水平测试内容及能力框架

内容目标		能力要求描述
一级内容目标	二级内容目标	
数与代数	数的认识（大数的近似数、小数的意义）	略
	数的运算（三位数乘两位数笔算乘法、除数是两位数笔算除法）	
	运算定律（乘法分配律）	
图形与几何	图形特征与判断（梯形的特征、三角形的三边关系）	
	图形推理与操作（角的度量、画图形）	
统计与概率	统计图的解读、描述与解决问题	

问题解决能力测试关注解决问题应具备的能力结构和相关策略，设计了5个一级指标与10个二级指标。具体框架如表2所示。

表2　问题解决能力测试内容及能力框架

能力指标		能力要求描述
一级能力指标	二级能力指标	
信息获取与梳理	信息收集与解读	略
	基于信息提出问题	
关系分析与表征	数量关系的理解	
	算式理解与问题识别	
过程设计与执行	思维条理与有序	
	数学语言与规范	
解题策略与创新	策略应用	
	方法独特	
结果反思与评价	对已有结果做出理解、反思和评判	
	提出新的数学问题	

二、学生基础水平测试表现

基础水平测试内容包括知识理解、合理计算、图形推理、数据分析等方面，题目呈现基础性、灵活性和应用性的特点。根据测试结果将学生分为A、B、C三个水平数，A等为优秀，B等为达到课程标准基本要求，C等为未达到课程标准基本要求。不同水平学生在基础水平测试各领域内容上的得分率，如图1所示。

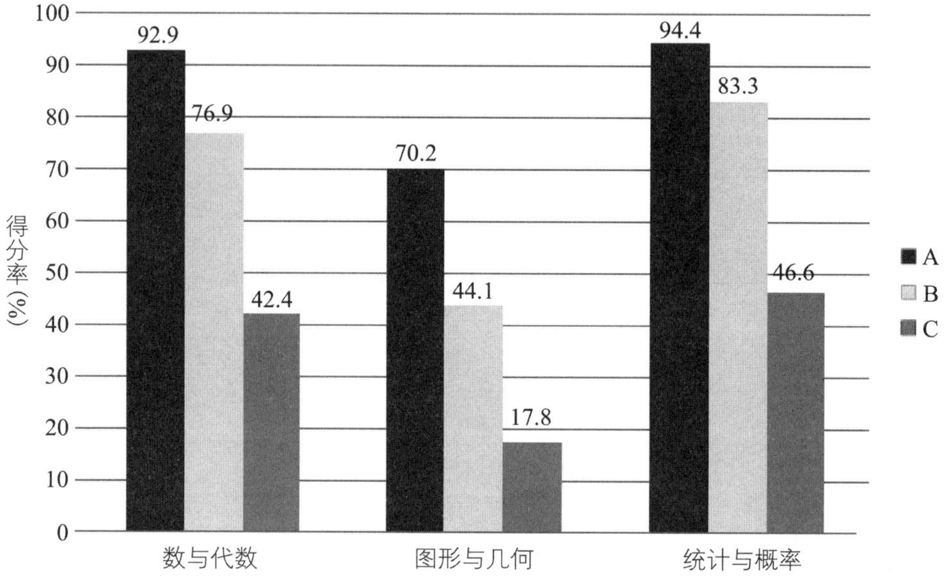

图1　不同水平学生在基础水平测试各领域内容上的得分率

从以上数据可以发现：A、B、C三个水平等级的学生在基础水平内容上存在明显的能力差异，C等学生与B等学生之间的能力差异比B等学生与A等学生之间的能力差异大。

（一）学生在基础水平内容上能力表现较好的方面

1. 学生对基本知识、基本方法的理解与掌握比较好。

数学概念是数学知识能力的基础与核心，数学概念的掌握不仅仅是简单的记忆与操练，而应是建立在对知识的深度理解和灵活应用之上的。分析可知，学生对基本的数的知识、运算知识与方法等知识的掌握是好的。例如，下面是测试大数知识掌握情况的试题：

据相关部门估计，截至2018年元旦，我国约有1409517400人，手机拥有量已达人均1台。我国手机拥有量四舍五入省略亿后面的尾数约有（　　）亿台。

A. 141　　　　　B. 140　　　　　C. 14　　　　　D. 1

本题情景、知识比较综合，对学生有一定的能力要求，总得分率为84.5%，公办、一般民办和民办民工子弟学校学生均具有较高的得分率，这表明学生对数的知识的理解与相应方法的掌握情况较好。又如，下面是考查学生对笔算三位数乘两位数乘法的过程意义和算理理解的试题，学生的总得分率为79.7%，情况也较好。

如右，关于竖式中“甲”与“乙”的关系，下列说法正确的是(　　)。

A. 甲 = 乙

B. 甲 < 乙

C. 甲 > 乙

D. 不能确定

$$\begin{array}{rl} 136 & \\ \times\quad 88 & \\ \hline 1088 & \cdots\cdots\text{甲} \\ 1088 & \cdots\cdots\text{乙} \\ \hline 11968 & \end{array}$$

对这样的问题，不同类型学校的学生都表现出较高的得分率，表明大多数学生不仅能正确计算多位数乘法，而且能正确理解其意义和算理。

2. 在计算方面，学生“根据法则和运算律正确进行运算”的情况良好，运算结果的正确率令人满意。

计算能力是数学的基本能力，计算方法和运算律是小学数学学习的核心内容，测试结果表明，学生对规则掌握良好，能按计算方法正确计算。例如“350×18”和“600÷25”是测试中的计算内容，两道题目的计算正确率分别为86%和92%，并且不同地区性质学校的学生在这两道计算题上得分都很高，即使C等学生的得分率也超过50%，且群体间差异不大，表明绝大多数学生在计算的基本知识和基本技能方面掌握扎实，且水平均衡，也反映了在这方面课堂教学的有效性较好。除法计算的正确率普遍要比乘法计算的正确率略高，这是符合这两种计算（尤其是笔算）的特点的，因为除法计算过程中产生错误以后其提示性和自检率比乘法要高。

3. 学生对统计图表基本信息的理解、解读与描述掌握较好，对基本的问题能做出正确的判断。

统计图表基本信息获取、意义理解、关系解读、状态描述等是重要的数据分析能力，测试提供的第一则材料是描述7个城市空气质量污染指数的单式条形统计图：

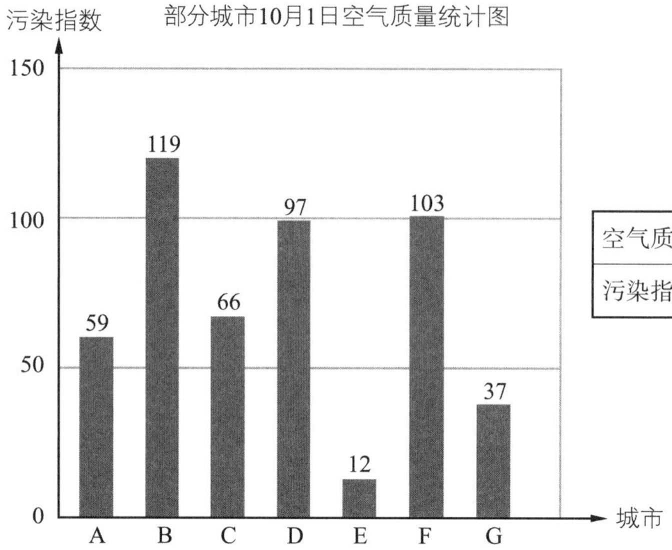

空气质量	优	良	轻度污染
污染指数	0—50	51—100	101—150

要求学生读图理解以后对相关信息进行判断。测试表明,学生能正确理解简单统计图所呈现的信息和数量关系,基本能对问题做出正确的判断,正确率达到了83.8%,表明学生基本的统计图表信息理解能力和判断能力是比较好的。再比如,以下是测试提供给学生的第二则材料:

下图是三(1)班的座位图。

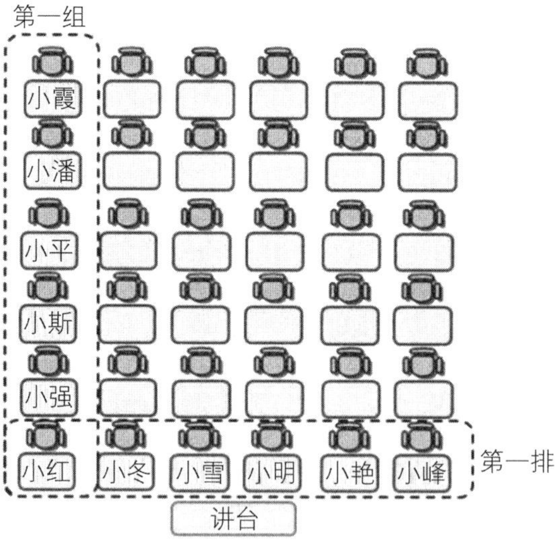

表一　第一组6名同学身高统计表

学生	小红	小强	小斯	小平	小潘	小霞	平均身高
身高(cm)	132	133	134	135	136	140	135

表二　第一排6名同学身高统计表

学生	小红	小冬	小雪	小明	小艳	小峰	平均身高
身高(cm)	132	131	133	132	129	135	

表三　各组同学平均身高统计表

组别	第1组	第2组	第3组	第4组	第5组	第6组
平均身高(cm)	135.0	135.6	134.4	135.2	134.8	135.0

回答:你认为第一组的平均身高与第一排的平均身高相比,哪个高?说明理由。

该题答题的正确率达到81.0%,且学生能够从不同的角度来阐述说理,基本的数据分析能力较好。

（二）学生在基础水平内容方面的能力弱项

测试数据也表明,学生在基础水平内容方面的能力弱项也是明显的,且在不同类型群体上表现出共性。

1. 学生灵活、变通应用知识解决变式问题的能力不足。

尽管基本的知识掌握较好,但如果要求学生更灵活、变通地应用知识解决新的问题,则明显显示出他们在变通应用方面能力的不足。以下是一道灵活应用乘法分配律解决问题的试题:

王叔叔要买16台微波炉作为公司奖品,一共需要多少钱?

¥405.00 元/台

明明列的算式是:405×16。他想用乘法分配律计算,下列算法中正确的是(　　)。

A. 400×10+5×6　　B. 405×10+6

C. 405×8+405×2　　D. 400×16+5×16

乘法分配律一直以来是学生应用上的一个薄弱点。一方面,知识的模型复杂,变化多,应用广泛,理解困难;另一方面,学生只有直接和简单应用乘法分配律的经验,缺少以上灵活应用解决问题的经历和积累。此题得分率仅为65.7%，表明学生因为在理解和应用上的模糊而容易受到迷惑项的干扰。

2. 学生寻求灵活合理的计算方法的意识和能力很低。

尽管学生基本的计算方法掌握良好，但如果从“理解运算的算理，寻求合理简洁的运算途径解决问题”的后半句要求来考量，学生的这种意识和能力亟待提高。以“350×18”为例，统计结果表明，下面五类计算方法中，第四类的比例高达74.2%，而选用前三种策略计算的比例总和只有10.9%，表明学生在计算时自觉运用运算律、运算性质及数的结构灵活计算的意识和能力均相当薄弱。

表3 “350×18”计算方法分类

类别	第一类	第二类	第三类	第四类	第五类
描述	拆一个数，用交换律或结合律	拆一个数，用分配律	拆两个数，用交换律和结合律	笔算竖式	其他方法
举例	350×18 =350×2×9 =700×9 =6300 350×18 =350×6×3 =2100×3 =6300 …	350×18 =350×(20−2) =350×20−350×2 =7000−700 =6300 350×18 =350×(10+8) =350×10+350×8 =3500+2800 =6300 …	350×18 =7×50×2×9 =(7×9)×(50×2) =63×100 =6300 …	350 × 18 280 35 6300 350 × 18 2800 350 6300	

而学生在计算“600÷25”时，采用笔算竖式的比例则高达79.5%。因此，学生虽然计算的正确率比较高，但是无论乘法还是除法，绝大多数的学生都采用的是笔算竖式的方法，而能发现数据特征，运用数据结构和运算律巧妙计算解决问题的学生很少，仅占10.0%左右。这表明学生在计算时，严重缺乏分析数据特征、追求合理方法的意识，对结果的关注比对过程策略的关注要重视得多。

3. 图形与几何问题得分率均相对较低，这与学生普遍地表现为图形与几何方面的能力较弱的现象相吻合。

图形与几何领域的能力问题，尤其是涉及情景变式、本质理解、应用判断等较高的能力要求时，学生的得分率明显下降。例如：

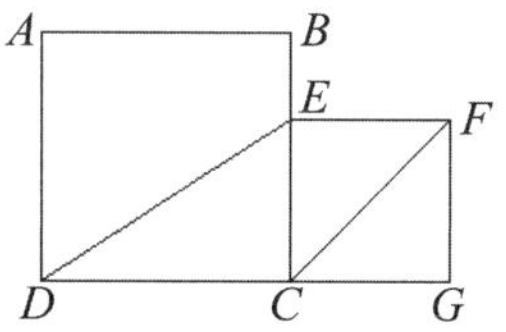

右图是一个平面图形，四边形*ABCD*和四边形*CEFG*都是正方形。那么图中共有(　　)个梯形。

A. 1　　　　B. 2　　　　C. 3　　　　D. 4

本题的正确率只有17.4%，正确选项为C，但选A的学生有25.3%，选B的学生更是高达53.2%。我们认为形成这样的结果可能的原因是：第一，对梯形特征的本质理解和掌握水平较低，处在一种直观判断的水平，而没有根据概念进行逻辑判断；第二，对梯形的整体感知能力薄弱，只能对简单的基本图做出判断，缺乏对由多个基本图形构成的梯形的感知能力和相应经验；第三，有序思考能力薄弱，无法有效地对图中的梯形按结构分类，一类一类地有序思考。这些能力都是数学高阶思维和素养的核心能力，显然，本题折射出学生能力的明显缺失。

下题的能力测试点是三角形三边关系与等腰三角形的综合，题目如下：

有5根小棒(如右)，用其中的3根做等腰三角形的边，可以搭出(　　)种不同的等腰三角形。

A. 5

B. 4

C. 3

D. 2

正确选项为D，选中率为47.5%，而A、B、C三个迷惑项的设计具有典型性和针对性，有52.5%的学生选择了前三项，反映出学生综合应用知识进行思维判断的能力较弱，选A和B的学生往往只关注了怎样的三根能达成三角形，而忽略了“等腰三角形”这一限制条件，选C的学生则只关注了等腰三角形的信息而忽视了搭成三角形的三根小棒这一必须满足的前提条件，这些情况表明：学生只擅长用单一信息进行判断的简单应用，而综合应用知识进行判断的能力明显较弱。

通过对以上具体解答情况的分析，可以看到，在基础水平测试方面，学生知识能力发展并不均衡，差异较大，优势、弱势差异明显。第一，知识性较强或简单应用的内容表现情况较好，例如条形统计图、数的知识等；第二，计算方面，学生习惯于机械地笔算，追求灵活、合理地计算的意识和能力薄弱，对数据特征的观察和转化能力薄弱；第三，空间与图形方面的能力较前两项要弱，尤其是当涉及空间想象与空间推理、几何关系的灵活应用、几何特征的辨识判断等方面的能力时，学生的得分率更低。

三、学生问题解决能力测试表现

问题解决能力是本次测试的一个重点，也是本次测试的特色之一。测试指向解决问题的必备能力，即信息理解、数量关系分析与表征、过程与方法的反思评价等，命题呈现内容综合、目标全面、立足能力、关注策略等特点。图2是不同水平学生在问题解决能力测试几个核心能力维度上得分率的柱状图：

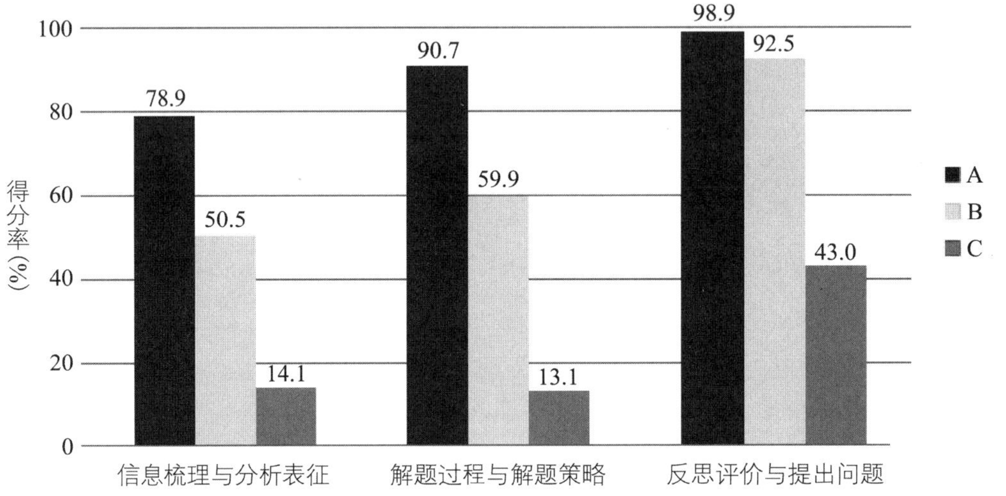

图2　不同水平学生在问题解决能力测试各维度上的得分率

由上图可以看出，A、B、C三个水平等级的学生在问题解决能力测试内容上存在明显的能力差异，C等学生与B等学生之间的能力差异比B等学生与A等学生之间的能力差异要大的特点表现得更加明显。

（一）学生问题解决能力表现中较好的方面

1. 学生能正确理解问题信息，能提出符合要求的数学问题。

根据解决问题能力测试的框架与指标设计，测试特别关注了学生信息理解与问题提出能力，即学生是否“能根据已有信息和已知结果进行联想、推理与猜测，提出新的问题”。

提出问题测试结果平均正确率为88.2%。不同区域的学校得分率均在90.0%左右，A等学生的正确率高达97.0%，C等学生的正确率也接近45.0%。以下情景的第三问即是提出新问题的测试题：

张师傅要做一些如下形状和大小的框架：

形状	等边三角形	等腰三角形	平行四边形
大小(dm)	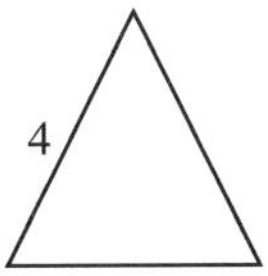	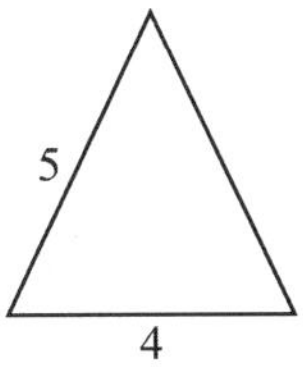	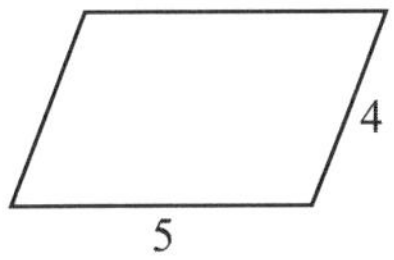

张师傅用300dm长的铁丝先做等边三角形框架，已经做了8个。

请写出：(1)小刚计算4×3×8=96(dm)，300－96=204(dm)是解决什么问题？

(2) 如果张师傅用剩下的铁丝做等腰三角形框架，还能做几个？

(3) 根据题目中的信息，请你再提一个新问题(不必解答)。

第(3)题得分率较高。这个结果可能得益于两方面的原因：一是完整的情境与信息支持，提出问题是本题的第三小题，此前已经完成了两个小题，学生对题目的意思和要求有了较好的理解，因而提出新问题也有了较好的认知基础；二是课程改革和数学教材越来越重视对学生提出问题能力的培养，当前的课堂教学普遍将提问能力的培养作为教学的重要目标，因而学生对提出问题有了较好的经验基础，并且学生在问题的表达上也能做到意思完整，表达清晰。例如，以下的答案就说明了这一点："做10个平行四边形框架需要多少铁丝？""如果用300dm铁丝做了8个等边三角形以后，再去做平行四边形，还可以做几个平行四边形？""如果还有一种等边三角形框架，边长是5dm，剩下的铁丝还能做几个？"……

2. 学生能正确理解算式及数量关系的意义，有一定的分析与思考能力。

测试指标中的"结果反思与评价"在测试分析中主要关注的是"对已有结果进行理解、反思和评判"，具体是指"能理解已有的解决问题的方案、过程和算式方法，能对结果的正确性与合理性做出反思与评价"。下面的问题就是相关指标的检测题，即前述"张师傅做框架"问题的第一问，如下：

小刚根据上面的信息解决了一个问题，方框里是他的算式。

4×3×8=96(dm)
300－96=204(dm)

根据小刚的算式，你认为小刚解决的是什么问题？写在下面的横线上。

小刚解决的问题是：____

本题正确率为74.8%，总体得分情况较好，表明学生对这样的理解分析有一定的经验，这与平时教学中教师们都比较重视学生间的方法交流和相互的评价建议相一致。同时测试数据还表明，乡镇农村学校与城市学校、县城学校差异比较明显，而A、B、C三个水平层次的学生在这个能力上差异也比较大。但总体而言，学生在理解与评价思路方法方面表现较好。再如以下问题，也有较高的正确率：

小林的妈妈买了5盒这样的鸡蛋，共重3000克。

回答：下面是小林的算法，你能看懂他每一步所表示的意思吗？

3000÷5＝600（克），解决的问题是______________________________；

600÷12＝50（克），解决的问题是______________________________。

结果表明，学生基本能够理解每一步的意义，正确写出每一步解决的问题。

3. 学生解决问题时能较好地表现出策略与方法的多样性。

策略性知识运用是学生顺利解决较复杂问题时反映出来的一种较高的思维能力，是数学能力和数学素养的重要标志，也是解决问题思路、方式个性化和多样化的基础。本次测试中重点通过以下试题来考查学生解决问题时的策略运用和方法创新。

李师傅加工零件，下表是他4小时加工零件数的统计。

时间	第一个小时	第二个小时	第三个小时	第四个小时
零件个数	91	115	102	92

根据上表中的信息，李师傅要加工1800个零件，20小时能完成吗？请说明理由。

显然，本题学生回答问题时思维策略与方法的空间是很大的，思维的灵活性和变通性也很强，本题的正确率是77.3%，情况较好。以下是几类典型的解答，从中可以看出学生采用了多样的策略方法。

（1）根据倍数关系解决问题。方法①：91＋115＋102＋92＝400（个），20÷4＝5，400×5＝2000（个），2000＞1800，所以能完成。方法②：91＋115＋102＋92＝400（个），1800÷（20÷4）＝360（个），400＞360，所以能完成……

（2）比较工作量、工作效率或工作时间解决问题。方法①：（91＋115＋102＋92）÷4＝100（个），100×20＝2000（个），1800＜2000，所以能完成。方法②：（91＋115＋102＋92）÷4＝100（个），1800÷20＝90（个），100＞90，所以能完成。方法③：

(91＋115＋102＋92)÷4＝100(个),1800÷400＝4.5,4×4.5＝18(小时),所以能完成……

(3) 用估算策略解决问题。1800÷20＝90(个),91＞90,115＞90,102＞90,92＞90,每小时做的都比90个多,所以能完成……

学生要回答这样的问题,完全是基于数学能力。通过精确计算回答问题,并非唯一方法,严格地说,精确计算得到的结果仅仅是过去的情况,依据这个结果对问题的回答实质上是一种统计推断与合情推理,因此,除精算以外,估算、一一对比等都是解决问题的有效策略。

(二) 学生在问题解决能力表现中薄弱的方面

1. 学生在解决问题过程中,对有效信息的选择能力非常薄弱。

信息获取与梳理是解决问题的前提,能从问题情境中筛选出对解决问题有效的信息,剔除无关信息,并正确理解信息本身的意义和信息与问题之间的关系,乃至联想出对解决问题有用的其他信息,是重要的数学能力。本次测试有意关注了"根据问题正确选取有效信息"的能力。下面是测试问题:

文具店里的数学问题。

问:小英买铅笔用了多少元?

解答这个问题需要用到的信息是(　　)。

A. 5支,50元,28.5元,10元　　B. 50元,28.5元,10元

C. 5支,50元,28.5元　　D. 50元,28.5元

本题的得分率是40.8%,并且不同地区性质的学校,学生在此项上的得分率差异并不很大,因而可以推断:学生在这方面能力的薄弱具有普遍性。

正确选项是B,但是A选项的选中率超过了B,达到了46.5%,即把所有的信息都当作是解决问题的有效信息。思考相关的原因,可能是:首先,对题目的问题及解决问题的数量关系与必备信息的理解、分析不够;其次,学生缺少思考类似问题的经历,依一贯经验，题目所有的信息都是要用的。因此，要让学生真正拥有解决问题的经验，仅仅训练学生解答形式化的完构性习题是不够的。下面的问题再次表明，学生在信息理解与选择上能力缺陷明显。

下面是两种儿童杂志，都是每月一期。小勤每种杂志都订了1年，一共用了多少钱？

定价：8元/期

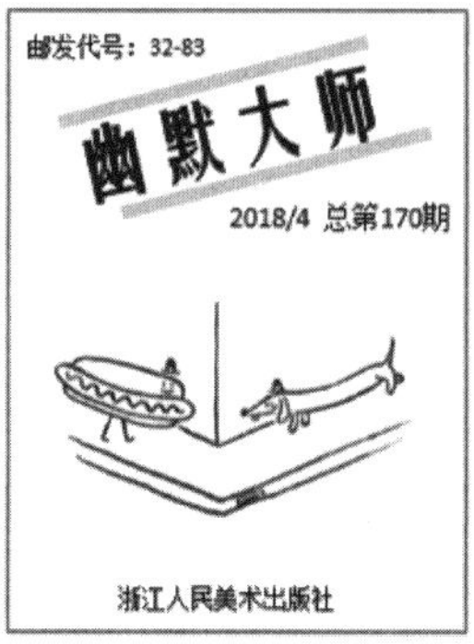

定价：5元/期

从表面上看，本题提供的信息并不复杂，情景内容也是学生所熟悉的，因此，多数学生能够正确解答，即$8\times12+5\times12=156$(元)或$(8+5)\times12=156$(元)。但事实上，有20%多的学生没有解答正确。以下是几种典型的错误解答：

$12+12=24$(期)，$(8+5)\times24=312$(元)；$(8+5)\times365=4745$(元)；$8\times168+5\times170=2194$(元)……

仔细分析这些错误，可以分成以下几类：①数量关系懵懂，两种杂志合在一起到底是几期？12期还是24期？②没有全面关注题目中的信息，或缺少生活经验，不知道期刊的发行规律，把一年期数当作了365期；③将封面上的总期数(无效信息)当作了一年的期数，解答错误；④其他原因的错误。上述第②③种错误类型所占比例分别达到10.2%和9.2%。这反映出学生只擅长解答条件不多不少的形式化习题，习惯于操练式解题。面对这样的基于比较真实的情景和条件冗余的问题，尽管问题并不复杂，但学生依然缺少全面理解题意、认真筛选信息、从容分析数量关系的能力，甚至思维紊乱，缺少真正的解决问题的能力。这是我们教学时应该关注和反思的问题。

2. 学生画图表征数量关系的能力较弱。

将数量关系用画图(线段图、几何图形、思维导图……)的方式表征出来，是思维外显、表达交流和顺利解答的基础，是解决问题的核心能力，从测试结果来看，学生这方面的能力总体薄弱，尤其是C等学生与A等学生在这方面能力差异巨大。例如：

王叔叔开车从A城出发去B城，行驶2小时后，超过中点40千米，距离B城还有80千米。问：从A城到B城一共有多少千米？

首先要求学生:“请用图表示出信息和问题。”

本题解答正确率为60.6%。统计数据还清楚地表明,乡镇农村学校与城市、县城小学相比,差距较大,同时,不同水平层次的学生画图表征数量关系的能力差异巨大,A等学生的正确率达到87.2%,而C等学生的正确率仅为7.7%。

虽然也不乏一些优秀的解答,思路清晰、方法清楚、信息完整、作图规范,表明平时的教学目标落实,方法到位,训练有素。例如:

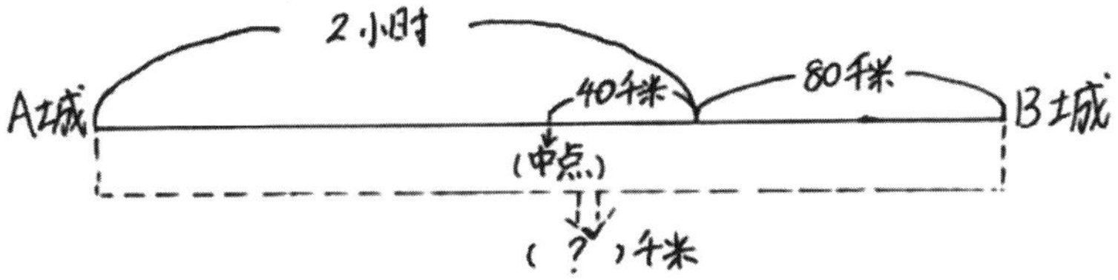

但有近40%的答案画图方法不明,思路和要求不清,离规范的画图表征差距较大。概括起来,主要有以下问题:①不清楚或不知道数学中画图基本方式;②不清楚图中应具有哪些必备的数学信息;③虽有图,但不能正确地表征出数量之间的关系与结构;④不知道画图的基本要求与规范。这些问题也反映出了平时课堂教学中对这方面能力培养的不足和方法、技能训练的缺失。

3. 学生在问题解决方面存在能力发展和经验积累上的不平衡。

多数学生在问题解决的过程中,涉及计算时,对计算策略方法的选择上更倾向于通过直接精算解决问题,而对灵活运用多种运算策略,例如估算、类比等策略的意识和能力较低。少数学生提出新问题的能力较弱,提出的问题虽然正确,但思维水平较低,与信息背景不相适应,对信息的运用不够丰富,思维深刻性和新颖性不足。

通过对学生问题解决具体解答情况和基于问题解决能力的测试结果的分析,学生在问题解决方面同样存在着能力发展和经验积累上的不平衡,且差异明显。第一,与当前课堂教学改革的理念与方向吻合,学生在提出问题(基于适度的要求)、理解算式意义、对他人的解答方法进行判断评价和解决问题策略多样化方面,表现较好,这是课堂教学改革所带来的成果,值得肯定;第二,学生在解决问题的过程中,思维的持续性、稳定性和严谨性不够,解题过程中计划不清、思维跳跃、语言表述不完整等情况比较普遍,无法发现解题过程中出现的数量关系运用错误或概念上的偏差;第三,学生习惯解答人为编制的条件信息不多不少的形式化完构性习题,而对比较真实、有冗余信息的问题,筛选有效信息的经验与能力低下,解决问题所用方法的独特性不足。

四、教学改进建议

（一）要重视数学概念的本质理解，提高概念教学的水平

数学概念是数学学习的基础与核心。一方面，概念本身是数学学习的重要内容；另一方面，概念又是后续学习的核心支持，是计算学习、问题解决的基础。从本次测试结果分析，学生对概念的理解与掌握情况存在明显的不足。因此，需要我们对提高概念教学的水平引起充分重视，要让学生理解数学概念的本质内涵，不应仅仅满足于学生能记忆概念语言，或是在熟悉的情境中进行辨析，而要能在不同表征方式之间进行正确转化，能在陌生的情境中运用概念内涵进行逻辑判断。

概念理解的一个重点是数概念的理解，要充分利用学生的已有经验，借助直观模型，将数概念理解指向数学的本质与联系。概念理解的另一个重点是图形与几何概念的理解，这一领域的概念不仅多，而且内涵丰富，思维与能力要求高，一直以来是学生能力的弱项。教师要引导学生观察、分析、想象，在头脑中形成基本图形的表象，然后抽象出图形的特征，并在后续的教学中重视培养学生根据概念进行逻辑判断的能力，要提供丰富而有结构的学习材料，使学生清晰掌握概念外延。

要将概念学习提升至应用水平。概念教学不应仅仅停留在记忆、操练等简单学习的低水平上，应关注学习中的高阶思维与能力的发展，这就需要提升概念学习的水平。能力主要产生于概念掌握的高级阶段，即概念的应用阶段。因此，在平时教学中，不能仅停留于概念的识记、理解层面，而应设计有效的应用情境，引导学生运用概念进行计算与问题解决，促进学生对知识的深度理解与综合应用。

（二）加强运算意义理解，培养追求合理、简便的计算方法的自觉意识，切实提高学生的运算能力

运算能力是指能够根据法则和运算律正确进行运算，并且理解运算的意义和原理，能够根据具体情况选择合理、简洁的运算方法的能力。从本次测试看，能自觉“运用数据特征和运算律巧妙计算解决问题”的学生很少，“简算”存在较为严重的被动化倾向，这样的问题同样存在于问题解决中“估算”的应用。因此，要重视培养学生自觉追求合理、简便的计算方法的意识。

从数学学科核心素养的层面来审视，重要的不是计算的技能，而是方法意识、估算意识等。首要目标应该是培养“自觉运用的意识”，使灵活计算、估算的策略应用常态化。要结合各年级的计算教学，有意识、有计划地培养学生灵活简算的意识和能

力，要让学生形成这样的观念：只要有计算，就需要思考怎样算更合理、更简便，只要有计算，就有运算律的运用空间。同样，在估算教学中，面对不需要精算的问题，能将估算作为问题解决的重要策略加以自觉运用。教师要设计结构性材料，进行“简算”“估算”的策略方法指导。

（三）要加强对学生数据分析能力的培养，发展学生的数据分析观念

数据分析观念的一个重要的认识维度是“数据中蕴含信息”，分析观念的本质是解读这些信息，进行逻辑的描述、判断与推理。一是要丰富学生分析数据的角度，直接或间接提取信息、整体把握、合情推理等都是重要的数据分析角度。二是要培养学生具有基于真实问题情境进行数据分析的能力，经历判断、决策过程，提高数据分析观念。

（四）要将问题解决核心能力具体化，探索有效培养策略

本次问题解决能力测试情况表明，不少学生在解决问题时存在以下不足：不能有效筛选信息，不能对所提供的数学信息做有效的关系分析，缺乏正确的解题思路与解决策略，不能根据已有信息提出有价值的问题等。这些现象不仅存在，而且具有一定的普遍性，因此问题解决能力的培养依然是教学的重点。

要落实要求，提高学生信息获取与梳理的能力，要深入分析问题解决的能力结构。例如，阅读理解可具体分析为：信息解读能力、信息整合能力、信息表征能力、信息联想能力等，这样的具体分析有助于教学目标的有效落实。

要落实方法，提高学生数量关系的分析与表征能力。要突出数量关系分析的核心作用，要重点培养用画图表征数量关系的能力。教学中要丰富画图的类型，可以用实物图、示意图、几何直观图、线段图等，丰富学生的画图经验和经历；要逐步明确用图表示数量关系的基本规范，明确图中应该具备的数学信息——条件、问题、数量、合理的大小比例等，要重视积累必要的解题策略。

要提高认识，加强学生反思、回顾与评价能力的培养。特别要重视让学生在深度反思中发展解决问题的能力。要重视沟通“同一个问题在不同阶段的方法策略”，体会方法之间的内在联系；沟通“情境不同但结构相同的问题”，提炼共同的数学模型；沟通“运用同一解题策略的问题”，深刻把握策略的内涵和价值，促进解决问题经验内化和能力提升。

（原载于《考试研究》2019年第6期）

阅读策略和阅读能力的相关性分析研究

章新其　郑　慧　朱奕晴[①]

【摘要】 2019年浙江省初中教育质量监测在分析全省八年级学生阅读方面的表现时发现,阅读策略是影响阅读能力的重要因素。阅读策略与学生整体的阅读水平呈正相关,与阅读内容、阅读任务之间有适切性。需引导学生学会根据阅读目的、文体特质、阅读情境等选择适宜的阅读策略。同时通过对不同的阅读策略与同一试题的相关性分析发现,目前学生熟练掌握的阅读策略不足以应对不同的阅读任务,需加强对策略的研究与学习,关注过程性策略指导,以提升学生的阅读水平。

【关键词】 阅读策略;语文监测;学生问卷;阅读能力

阅读策略之于阅读能力的意义,是近年来阅读理论研究的重点内容。《美国学生阅读技能训练》根据阅读水平和文本类型,从幼儿园到八年级罗列了300种策略;国内以王荣生教授为代表的学者把阅读策略分为学习策略、阅读理解策略和自我监控、调节策略,从元认知能力角度研究如何提升学生的学习能力和阅读理解能力。2019年浙江省初中教育质量监测在借鉴最新的阅读研究成果基础上,将阅读理解策略和阅读监控策略作为问卷主要框架,编制测试工具,分析影响阅读水平的主要因素,以更好地寻找改进教学的路径。本文基于监测试题和学生问卷,分析阅读策略对学生阅读能力的影响程度,从数据中发现问题、分析问题,提出解决建议,以提升教师对策略的研究,培养学生自主学习的能力。

一、阅读策略测试的基本框架和内容

本次监测把八年级学生掌握和使用阅读策略的程度对阅读水平的影响作为学生问卷的主要指标,通过文学类、信息类和论述类等不同类型的文本,具体测量学生阅读图表、小说、散文、论述文等文体的水平。

王荣生教授在《阅读策略与阅读方法》一文中将阅读理解策略分为预测、联结、提

---

① 章新其,浙江省教育厅教研室初中语文教研员,高级教师;郑慧,衢州市教育局教研室初中语文教研员,高级教师;朱奕晴,杭州市江干区教育发展研究院中学语文教研员,高级教师。

问、推断、图像化、确定重点、释疑和综合八个方面。本次监测根据八年级学生的学习能力，借鉴了美国的SAT评价指标等现代测量评价理论，架构测试框架，编制测试工具，考查学生的心理结构和认知发展水平。在命制试题和学生问卷时，重点关注了以下12种阅读策略：语境策略，即在具体语境下联系上下文，以更好地理解文本含义；概括与复述策略，即在阅读过程中对复杂内容进行梳理概括，用多种方法复现言语信息，从而更好地疏通理解文意；重读策略，即在阅读过程中放慢速度重读不明白或有疑问的地方；想象策略，即通过联想和想象，在头脑中想象文字所描绘的场景；推测策略，即利用文本中的线索推测情节发展，进行合理推断；联结策略，即在阅读过程中调动原有的积累与经验，以更好地理解文本；图表策略，即通过可视化的图像、表格等，更好地整合、理解文本意义；关键语句策略，即根据文本和组织结构特点，圈画出重点内容并细读；检视策略，即在有限的时间内，有目的地快速阅读、粗略阅读以了解文本的整体骨架；迁移运用策略，即能把阅读的内容、知识、方法、价值观等运用到学习和生活中；提问与回答策略，即在阅读前、阅读中和阅读后，都能依据文本提出有意义的问题，追踪问题，思考如何解答以及答案是什么；反思策略，即在阅读过程中能监控自己对文章的理解，意识到自己的问题并及时反思，以更好地理解文章。

这12种阅读策略中，前10种属于阅读理解策略，后2种属于阅读监控策略。它们之间没有必然的先后顺序，在整个阅读过程中相互联系，可以综合地运用。

二、学生阅读水平与阅读策略的相关性分析

通过对以上12种阅读策略使用的频率分析，发现浙江省八年级学生能有意识地使用各种阅读策略。如下页图1所示，阅读策略得分均值是指将每种阅读策略的使用频率“从不”“偶尔”“有时”“常常”“总是”赋值为“1分”到“5分”后算出的平均分，得分均值越高表明使用这种阅读策略越多。学生使用阅读策略的频率体现了学生对阅读策略的掌握情况。分析发现重读策略、想象策略、检视策略和推测策略的使用比例最高，图表策略、提问与回答策略用得较少。

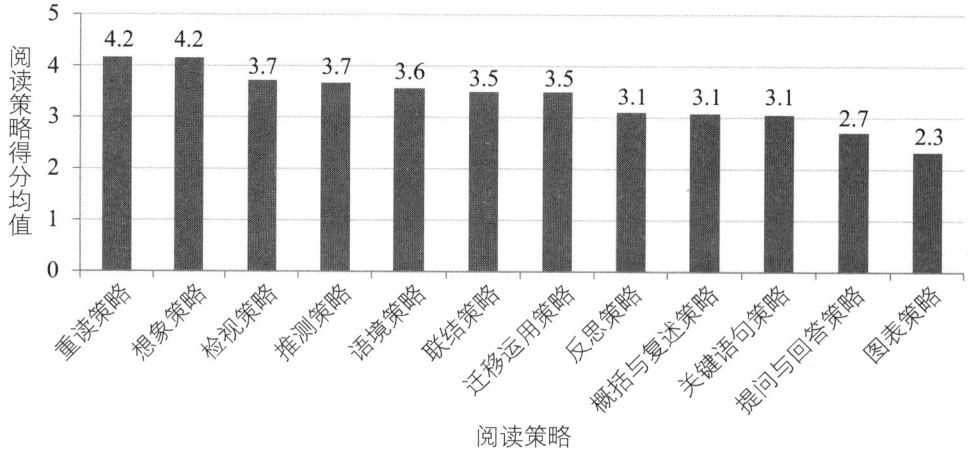

图1　浙江省学生常用阅读策略的掌握情况

分析每种阅读策略对学生监测卷总分的影响，发现不同的阅读策略对阅读成绩的影响多有不同。如图2所示：

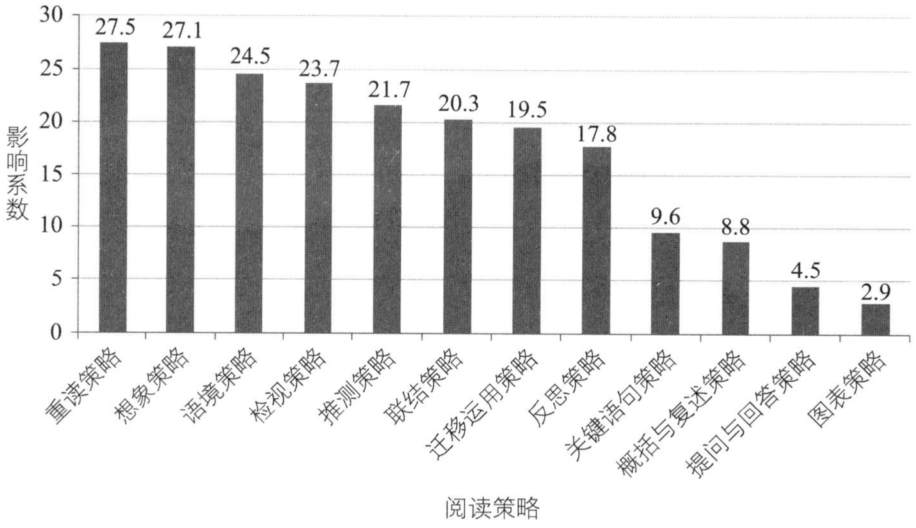

图2　不同阅读策略的影响系数

影响系数越大，表明阅读策略对学生监测卷总分的影响越大。其中重读策略和想象策略既是学生使用得最多的，也是影响系数最大的。图表策略使用最少，影响也相对最小。通过对学生问卷调查与测试的比较发现，学生对各种策略的掌握情况参差不齐且存在偏差。如语境策略的影响系数排第三位，但掌握情况排第五位。说明学生可能存在普遍的产生式缺陷，即可能知道有一些有效的策略，但不知道在某个情境中应该运用哪个策略;不能自主地运用策略或只是习惯性地运用自认为对的策略。这也说明目前的阅读策略教学比较零碎,随意性较大,学生没有形成系统的认识,甚至在某些阅读过程中还处于放任自流的状态。

本次监测将学生阅读水平分为A、B、C、D四个等级,其中A水平最高,占比25.1%,为优秀;B水平占比38.4%,为良好;C水平占比25.5%,为中等;D水平占比11%,为待提高。在对不同水平学生阅读策略的掌握情况标准化分析中发现,A等学生阅读策略标准分达到3.6,而D等学生阅读策略标准分仅为2.9,如图3所示,阅读水平等级随阅读策略掌握程度的下降而降低。

可见,学生阅读水平与阅读策略掌握情况正相关,阅读水平越高的学生阅读策略掌握水平越好。因此,在日常教学中教师要加强对阅读策略的研究,教会学生独立阅读,要以阅读策略为教学内容,引导学生逐步掌握阅读策略,有意识地运用阅读策略。

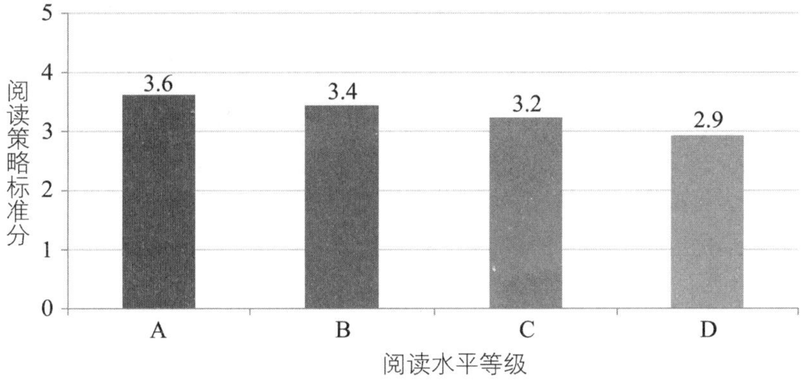

图3　不同阅读水平学生阅读策略掌握情况

三、阅读策略与阅读文本之间的适切性分析

阅读策略是一个复杂的系统,国内外学者对其有多种分类。它可以说是优秀读者普遍使用,并经过验证的可视化的思维方法。但每一种策略都有其适合的领域或范围,并非放之四海而皆准。加拿大“阅读理解力项目”的主持人阿德丽安·吉尔研究发现,阅读策略与文本类型有密切联系。如文学类文本中,更侧重想象策略、推测策略、关键语句策略等,信息类文本更侧重迁移运用策略、检视策略等,论述类文本更侧重推测策略、图表策略、提问与回答策略等。因此,教学中应有所分类,化零为整,有计划地开展各类文章及其对应阅读策略的教学。从本次监测的试题与问卷具体来看:

（一）文学类文本

例1 关键词解读是一种重要的阅读方法。下列哪个词语能与文题“交流”形成关联，并有助于你理解作者的思想情感？结合内容，说明理由。

A. 草莓　B. 美丽　C. 阳光灿烂　D. ____　（自己从文中选择一个词语）

此题考查学生运用阅读策略建构文本意义的能力，用“关键词解读”法作为进入文本的切入口，用标题作为提示文本主题的支架，勾勒了探寻作者情感意义的思维路径。学生答题时用自选的关键词勾连文本内容，并与标题建立联系，从而形成对文本主题的理解。学生问卷中的第6题与此题相关联：

阅读中，我会圈画出文中的重要语句。

A. 从不　　B. 偶尔　　C. 有时　　D. 常常　　E. 总是

将两题整合关联并进行数据分析，如图4所示，关键语句策略使用频率与本题的得分有明显的关联性。选择“总是”使用这一策略的学生平均得分达到2.8分，而“从不”使用这一策略的得分仅为1.8分，得分随着使用频率的下降逐层递减。可见关键语句策略掌握得越好，运用关键词解读文本的题目得分越高。关键语句策略与文学类文本意蕴理解能力正相关。

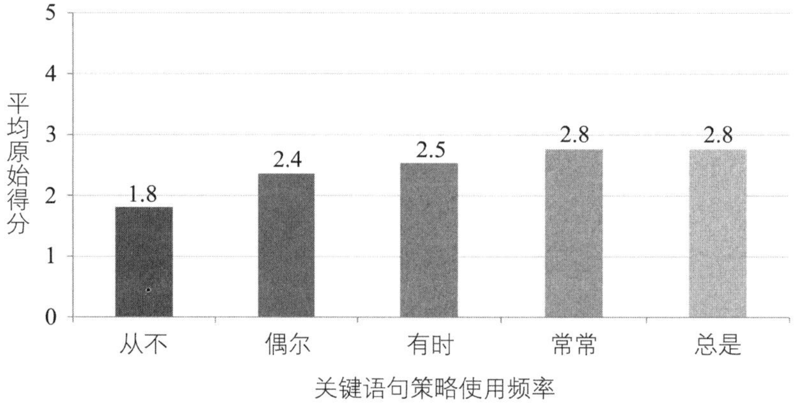

图4　关键语句策略使用频率对用关键词解读文本题的得分影响

例2 班级里开展“一词荐文”活动，你会选择下列哪个词语向同学们推荐本文？结合作品，简述理由。

A. 质朴　　B. 童趣　　C. 鲜活

此题设置了具体的情境，将阅读引向生活，综合考查运用反思策略评价文学作品内容与形式的能力。学生需要深入理解文本的主题、写法、人物形象、语言特点等，以评价的方式进行推荐。所给的每个词语都是进入文本的一条路径，是题目暗含的方法支架。词语自选为学生的个性化理解留下空间，符合文学作品阅读的规律，需要学生通过反思评价关照自己的阅读。学生问卷中的第15题与此题相关联：

阅读后，我会对作品的内容或写法提出自己的看法。

A. 从不　　B. 偶尔　　C. 有时　　D. 常常　　E. 总是

将两题整合关联并进行数据分析，如图5所示，反思策略与文学作品的鉴赏能力有相关性。能“总是”运用反思策略的学生得到该题满分的百分比达到22.1%，零分率仅为7.8%；而“从不”使用反思策略的学生满分率只有9.9%，而零分率却有24.2%。可见，反思策略掌握得越好，文学作品鉴赏题的得分越高——反思策略与文学类文本的鉴赏能力正相关。

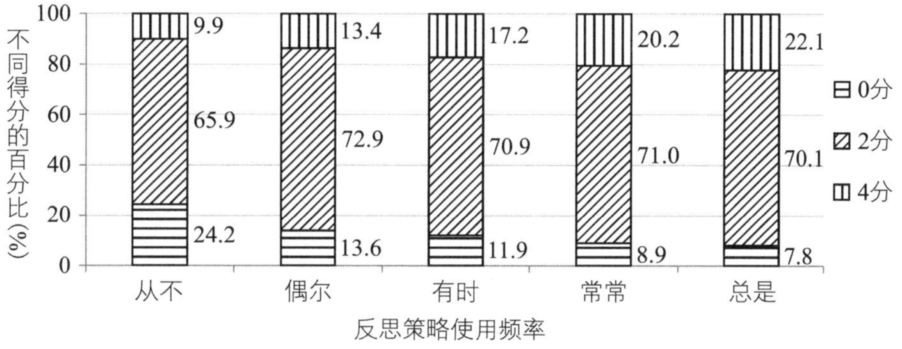

图5　反思策略使用频率对文学作品鉴赏题的得分影响

（二）信息类文本

例3　在新闻采访活动中，作为一名小记者，请你在下列人物中选择一位作为采访对象，根据统计图呈现的出生人口状况，设计一个采访问题，并说明提问意图。

A. 人口学者　　　　　　　　B. 已婚夫妇

此题重点考查学生整合文本信息、解决生活问题的能力。学生需读懂图表，借助迁移运用策略将文本与日常生活建立联系，构建阅读的意义。同时提问要意图明确，逻辑清晰，体现自我监控的能力。这类文本阅读与生活紧密联系，需将阅读能力迁移到生活情境中，这对低水平学生而言具有一定挑战。学生问卷中的第16题与此题相关联：

阅读后，我会把获得的知识、方法、价值观等运用到学习和生活中。

A. 从不　　B. 偶尔　　C. 有时　　D. 常常　　E. 总是

将两题整合关联并进行数据分析，如图6所示，学生迁移运用策略掌握得越好，运用文本信息解决问题的得分越高。能“总是”运用迁移运用策略的学生该题满分率达到74.7%，零分率仅为9.6%；而“从不”使用迁移运用策略的学生满分率下降到43.7%，零分率却有31.6%。可见，迁移运用策略与信息类文本的问题解决能力正相关。

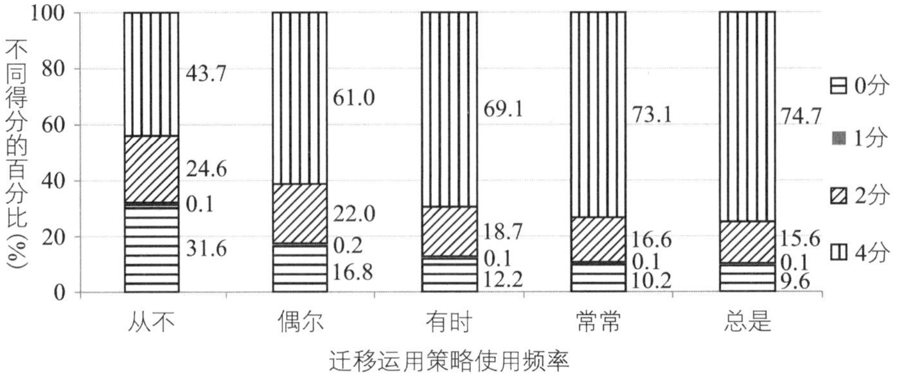

图6　迁移运用策略使用频率对解决问题题目的得分影响

（三）论述类文本

例4　对于文章末句中“越陷越深”原因的理解，下列分析最恰当的是哪一项？

A. 因为读者盲目的阅读追求限制了作者的创作空间。

B. 因为作者为名利而写作，导致读者没有好书可读。

C. 因为作者的流行思想与读者的阅读品位形成冲突。

D. 因为读者受到作者诱导，而作者也受到读者影响。

此题主要考查学生整合与解释的能力，学生须在研读文章最后一段的基础上，反复比较关键词句前面的信息，从读者角度和作者角度来理解“越陷越深”的原因，然后再比较四个选项并选择最恰当的一项。运用重读策略是解答此题的一把钥匙。学生问卷中的第11题与此题相关联：

阅读中，我会放慢速度重读不明白或有疑问的地方。

A. 从不　　B. 偶尔　　C. 有时　　D. 常常　　E. 总是

将两题整合关联并进行数据分析，如图7所示，能“总是”运用重读策略的学生此题正确率达到48.3%，而“从不”使用重读策略的学生正确率只有32.5%，且学生的错误选项明显增多。可见重读策略与论述类文本的关键语句理解能力正相关。

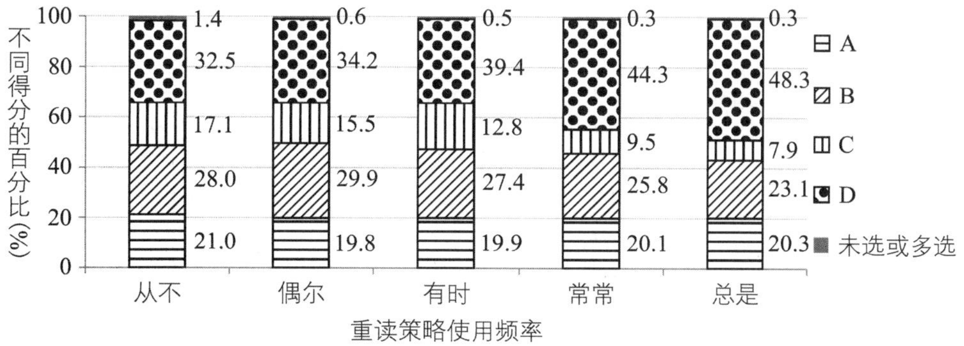

图7　重读策略使用频率对关键语句理解题的得分影响

以上四个案例说明，不同文体的阅读所对应的阅读策略有所不同。教师要有意识地在教学中予以关注，根据文本特点和阅读任务进行适当分类，相机指导，帮助学生学会根据阅读目的、文体特质、阅读情境等选择适切的阅读策略学习，并将其内化为自己的学习能力。

四、提升阅读能力需要掌握多样的阅读策略

阅读策略并非为了教而教，很多教师在探索适合自己和学生的教学过程时，对于该掌握多少阅读策略，掌握到怎样的程度，都处于较为茫然的状态。同时阅读策略在使用时也具有个体差异，每个人擅长或偏好的阅读策略各有不同。本次监测将不同的阅读策略与同一试题做了相关性分析，旨在发现不同阅读策略对同一阅读的影响。

首先对上文中的例3试题做进一步探究，除了将其与迁移运用策略进行联系外，也与学生问卷第12题联结策略相关联：

阅读中，我会联想以前的阅读或生活经历来理解作品。

A. 从不　　B. 偶尔　　C. 有时　　D. 常常　　E. 总是

比较发现，迁移运用策略与联结策略对解决问题能力都呈正相关，但也存在一定的差异。

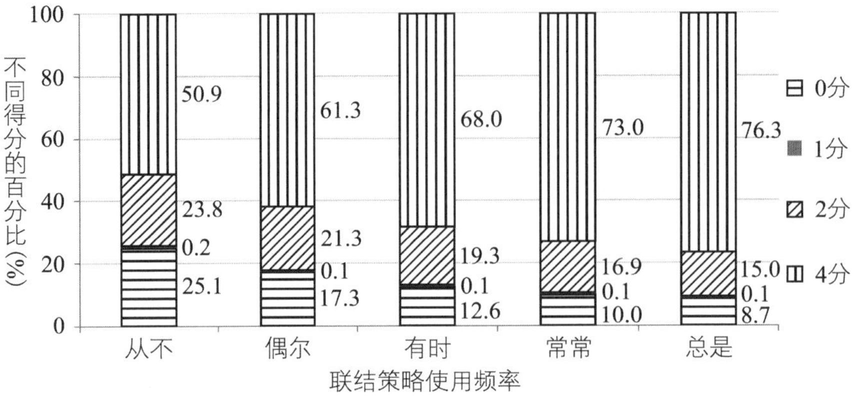

图8　联结策略使用频率对解决问题题目的得分影响

将图6和图8进行比较后发现：学生在联结策略上，“总是”使用的满分率达到76.3%，“从不”使用的满分率为50.9%，差异为25.4%；但在迁移运用策略上，这两类学生的得分差异则达到了31%，不使用迁移运用策略的学生得分率显然更低。可见在解决问题能力方面，迁移运用策略的影响比联结策略更明显。联结策略与迁移运用策略都关注打通生活与书本，联结策略更侧重于用生活理解文本，迁移运用策略更侧重于用文本解决生活问题。数据显示，学生迁移运用策略有待加强。又如：

例5　下面是何大齐先生根据《骆驼祥子》情节所作的插画。请推断下列哪一幅插画表现的情节应处在[片段二]和[片段三]之间？

A.

B.

C.

D.

此题是名著阅读情节了解题，考查学生对前后情节的联系与把握。学生可以通过插画回顾、想象阅读过的情节画面，大致定位相对应的情节，最终锁定选项；也可以根据插画提供的线索进行推断，依据阅读积累选择正确的答案。此题与学生问卷中第7题、第8题的语境推测策略和想象策略相关联：

阅读中，我会联系上下文猜测接下来的情节。

A. 从不　　B. 偶尔　　C. 有时　　D. 常常　　E. 总是

阅读中，我会在头脑中想象文字所描述的情景。

A. 从不　　　B. 偶尔　　　C. 有时　　　D. 常常　　　E. 总是

两种策略与本题得分都呈正相关，但语境推测策略对该题的影响高于想象策略。选择“总是”运用语境推测策略的学生在答题得分率上优于选择“总是”运用想象策略的学生。可见在同一道试题中，运用不同的阅读策略，效果有所不同。教学中要帮助学生掌握多种阅读策略，这正如我们处理事务的工具箱，根据不同的情况需使用不同的工具，工具箱里的储备越丰富就越从容。目前学生熟练掌握的阅读策略不足以应对不同的阅读任务，因此教师要尽可能给学生提供多样的阅读策略，并在不同的阅读情境和任务中进行指导，以便学生在具体的阅读任务中灵活选用最合适的阅读策略。

同时，教师问卷调查显示，教师对阅读理解策略关注度较高，85%以上的教师在课文教学、整本书阅读中都会适当引入，努力渗透。但对阅读监控策略的重视程度相对偏低，能“总是”“常常”阅读的教师不足40%。重视监控策略对自我的调节非常重要，是一个成熟的阅读者必备的一种基本策略。它能让阅读者留意自己的阅读状态，时时进行监控，并可能与自我的阅读经验进行联系，了解自己的阅读状态是否合适，对自我进行评估、计划、自省等。学生在独立阅读时要具备这种自我管理、自我监控的能力，要清楚地了解自己的学习阶段、学习状态，及时进行调整，并在学习后经过反思总结，积累经验。这些策略有助于发展学生的元认知，让学生成为自能学习者，教师要尽早教、重点教。

需要注意的是，学习策略的教学并不是概念的告知，必须放在语言文字的运用中去掌握。同时，面对简单、浅显的文本时，读者的阅读策略更趋向于自动化；而在面对富有挑战、具有一定难度的文本时，更能激发读者调用多样的阅读策略。因此，教师在指导阅读策略学习时，可以在阅读情境或阅读任务的设计上保持一定的难度，关注学生能否主动选择和灵活运用，使他们逐步掌握阅读策略，并培养他们懂得在何时、何处运用何种策略的能力。随着学生阅读能力的提升，教师再逐步减少具体的指导，培养学生的独立学习能力，使其最终成为一个成熟的阅读者。

【参考文献】

[1] 王荣生.阅读策略和阅读方法[J].中国教育学刊，2020(7).

[2] 阿德丽安·吉尔.阅读力：知识读物的阅读策略[M].王威，译.南宁：接力出版社，2017.

八年级学生数学问题解决能力测评、发现与改进建议

张宗余　应佳成　周伟扬　闫　洪[1]

【摘要】 2019年浙江省开展初中教育质量监测，对八年级数学学科进行了基础水平测试及问题解决能力测试，并对相关因素进行了问卷调研。本文阐述了测试工具的基本理念、学科能力测试框架、学生问题解决能力测试的主要发现和改进建议。

【关键词】 问题解决能力测试；学科策略；能力

2019年10月，浙江省开展初中教育质量监测，以八年级学生的数学学科能力为研究对象，采用纸笔测评形式在全省11个设区市96个县（市、区）组织实施了抽样调查与测试。全省样本总量为43668，其中城市学校、县城学校和乡镇农村学校的学生分别占25.8%、27.5%和46.6%，公办学校、一般民办学校和民办民工子弟学校的学生分别占82.7%、14.7%和2.7%，男、女生分别占52.6%和47.4%。

一、测试背景

（一）问题解决能力贯穿于国际学生能力评价体系

数学学习的目的在于解决数学情境中的各种问题。数学问题解决能力在数学探索、发现和创新过程中都有不可或缺的作用，因此，它逐步引起了国内外的普遍关注，被作为一种重要的学科素养引入国内外课程改革与国际评价中。自PISA 2003以来，跨学科问题解决能力作为重要的素养贯穿于国际学生能力评价的体系，PISA 2012更加倡导让学生成为一个积极的问题解决者。问题解决能力测试的内容是解决问题，包括解决实际问题和纯数学问题。

① 张宗余，浙江省教育厅教研室初中数学教研员，高级教师；应佳成，杭州市富阳区教育发展研究中心副主任，教育评价、初中数学教研员，高级教师；周伟扬，绍兴市教育教学研究院，高级教师；闫洪，嘉兴平湖市文涛中学，高级教师。

（二）课程标准明确要求培养学生的问题解决能力

《义务教育数学课程标准(2011年版)》(以下简称“课程标准”)将问题解决作为课程总目标和学段目标，要求培养学生运用数学的思维方式进行思考，增强发现和提出问题、分析和解决问题的能力。数学问题解决能力是数学素养的重要体现，也是衡量教学效果的标准之一。

（三）问题解决能力是初中生核心素养中的核心

2016年，北京师范大学林崇德教授领衔的专家团队研制的《中国学生发展核心素养》正式公布，明确了我国中学生发展核心素养的总体框架与基本内涵。其中，问题解决能力是学生发展核心素养的重要方面，更是指向数学学科素养评价的载体。

2019年度浙江省八年级数学质量监测结果显示，全省学生在问题解决能力测试上的得分率为61.2%，各等级得分率均低于整卷和学生在基础能力测试上相应项目的得分率，特别是学业水平D等的学生的得分率更低，相邻等级间的差距显著。由此可见，数学问题解决能力是初中生能力发展中的薄弱环节。本文将从问题解决能力测评框架、测试主要发现等角度对本次监测结果加以分析，并提出教学改进建议。

二、测试框架

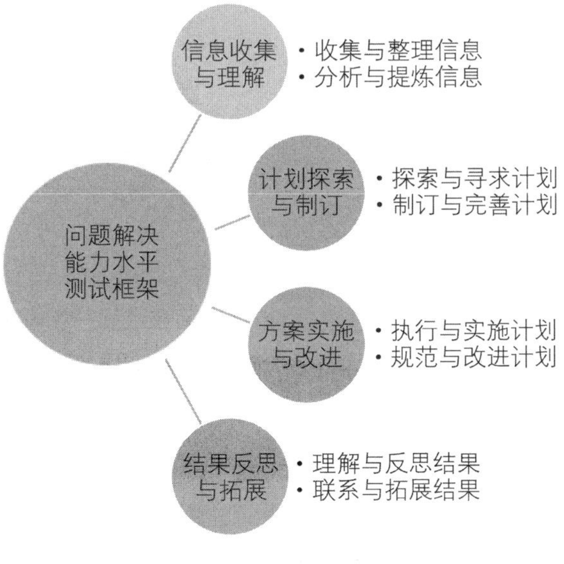

图1　问题解决能力水平测试框架图示

三、测试主要发现

从能力水平测试的二级指标来看，浙江省的学生在收集与整理信息、分析与提炼信息、探索与寻求计划、执行与实施计划等方面都有较理想的数据反馈，但是制订与完善计划、规范与改进计划、理解与反思结果、联系与拓展结果这四个指标的反馈数据需要引起一定的思考。

（一）学生在问题解决能力表现中较好的方面

1. 学生根据图形、图表信息，合理分析与表征数量关系的能力较强。

解决问题时，学生从问题情境中获取数学信息，正确理解与问题解决有关的数学信息，结合与该问题相关的知识结构进行信息表征，从而有效解决问题。因此，学生信息表征能力对正确解决数学问题起着极其重要的作用。从问题解决能力测试看，问题条件或问题答案需要用图形、表格、操作、剪拼等形式呈现的题目，学生正确率比较高。

例1 如下图所示，将一张纸上下对折，再左右对折，然后剪出局部图案，将此展开后可以得到一幅图案。

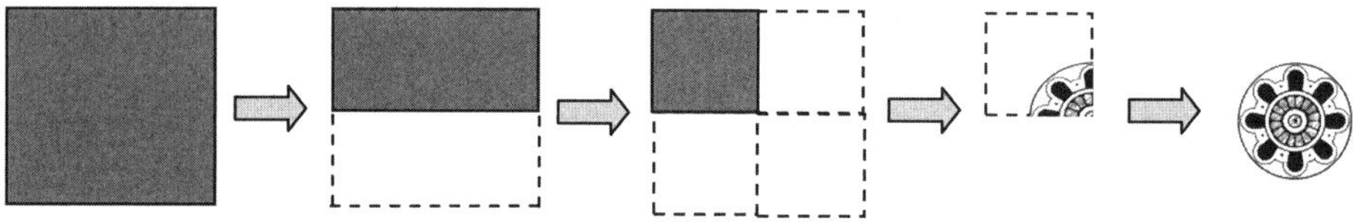

用上述方法可以剪出的图案是（　　）

本题通过对图形折叠的分析，考查学生所具有的图形变换的识别能力和应用能力。通过对题设所揭示的折叠示例，考查学生对信息的读取、理解及运用的能力。正确答案B的选择率为82.54%，不同性质学校和不同水平学生的得分率相差不多。表明学生对图形的感知能力较强，有较强的直观想象能力，反映出课程标准和教材以及教师在日常的教学中均注重对图形意识的形成、直观想象能力的培养，学生在日常的学习中对有关图形问题的知识和技能掌握到位。

例2 小明、小聪两人参加射击选拔测试,10次射击成绩如下:

命中环数(环)	6	7	8	9	10
小明命中次数(次)	2	2	3	1	2
小聪命中次数(次)	2	1	4	2	1

(1)根据上述数据,分别将下面的图和表补充完整。

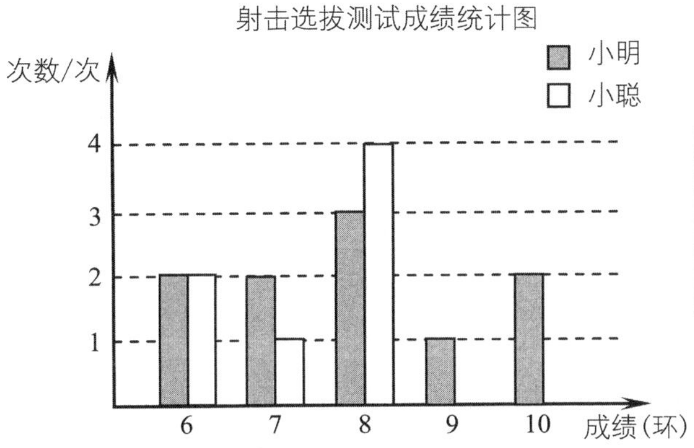

	平均环数	方差	中位数	10环次数
小明		1.89	8	2
小聪	7.9	1.49		1

(2)现要在小明、小聪两人中挑选一人参加比赛,请你提出建议(挑选小明、小聪中的哪一位比较适宜),并说明理由。

通过射击选拔测试这个情景,考查学生对数据的认识、整理及统计图表信息的读取、理解及运用的能力。通过对统计特征数的计算、运用,考查学生对特征数的理解及运用特征数做出决策的能力。测试结果显示得分率为82.25%,由此分析可知,所测学生具有较强的统计图表信息提取运用和统计特征数意义理解运用能力。

2. 学生运用有效载体,探索与制订问题解决方案的能力较强。

根据问题解决能力水平测试框架与指标,要求学生能根据问题特征,提出和建立适当的解决问题的数学模型,并进行简单的可操作性分析,最终形成明确、合理的解决问题的方案。学生能否制订出合理、可行的方案是问题解决的关键环节。从测试结果来分析,学生在问题解决的过程中能够积极探索条件与所要解决的问题之间的内在联系,发现解决问题的各种可能途径,选择合适的数学模型,形成解决问题的初步方案,并在多种可行方案中寻求最优化。

例3 如图,量得1个羽毛球高9 cm,若2个羽毛球叠在一起,则高为11.5 cm。现在把若干个羽毛球叠在一起装进一个圆包装桶里,桶盖厚度不计。

(1)如果这个圆包装桶的长度为13.5 cm,桶内能否装下3个羽毛球?为什么?

(2)如果这个圆包装桶的长度为37 cm,桶内最多能装几个羽毛球?

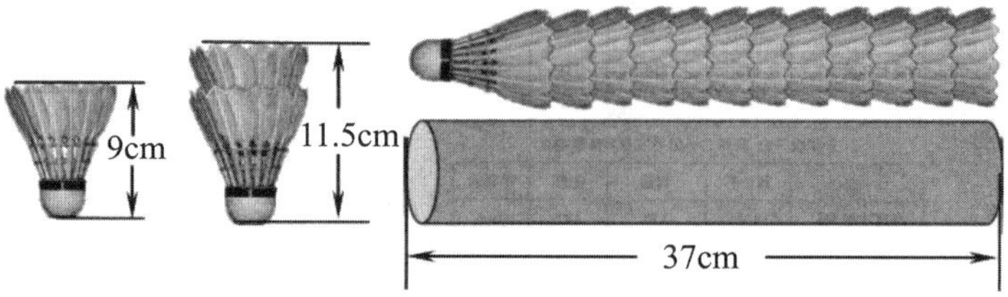

第(1)小题阅卷信息分析如下：

算术方法：

∵　2个紧叠在一起的羽毛球高为11.5 cm，1个球高9 cm，而11.5－9＝2.5(cm)，

∴　3个紧叠在一起的羽毛球高为11.5＋2.5＝14(cm)，14 cm＞13.5 cm，

∴　不能装下3个羽毛球。

如上的算术方法解答占到72.5%。它通过收集问题中的文字信息和图形信息，并通过对球高、叠起后的高出部分等的计算，推断出问题的结论。

函数建模方法：

设有x个羽毛球紧叠在一起，高为y cm，由题意知，y与x成一次函数关系，设$y=kx+b$，可得$y=2.5x+6.5$，当$x=3$时，$y=14$，$14>13.5$，故不能装下3个羽毛球。

这种解法只占2.1%。

第(2)小题阅卷信息分析如下：

∵　37－9＝28，28÷(11.5－9)＝11.2(个)，11.2个＜12个，

∴　桶内最多能装11个羽毛球。

此题平均得分6.41分，得分率为80.12%。通过对羽毛球叠放的有关数量关系的分析，考查学生在解决问题的过程中运用载体，如画图、列表等手段解决问题的能力。总体得分情况较好，表明学生对这样的理解分析有一定的经验，这与日常教学比较重视学生间的方法交流和相互的评价建议相一致。

上述羽毛球问题中，用算术方法解答是用得最多的。另外，还有应用不等式求解占8.3%，应用方程求解占18.0%，应用函数求解占2.8%，应用枚举估计求解占2.5%，等等。由此分析可知，所测学生具有较强的解决实际问题的能力，但是运用算术方法较多，反映了学生运用函数、方程、不等式等建模解决问题的意识和能力相对薄弱，教师在教学过程中应当加以引导。

（二）学生在问题解决能力表现中有待提高的方面

1. 制订与完善计划的能力有待加强。

问题解决的过程能否不重复、不遗漏，思考的维度是否完善，都能从问题解决的

结果中得到体现。综合来看，学生在计划的有序性、严谨性上所表现出的能力差异较大，规划能力需要加强。

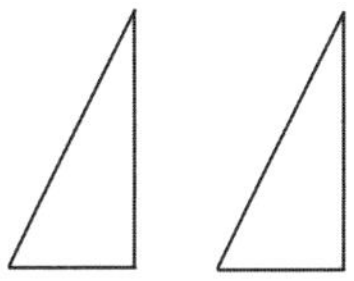

例4　如图，有两个全等的直角三角形硬纸片，它们的两条直角边为2和4。用这两个纸片可拼出各种不同的凸四边形，画出所有符合要求的四边形。

本题考查学生对图形变化以及四边形概念的理解水平，需要以图形变化为基础设计合理的分类标准，有序讨论，不重复，不遗漏，梳理出各种图形组合，再进一步做出选择。但是监测结果反馈出学生往往不能有序分类，题目理解能力也存在问题，比如以下是三种典型不合理解答：

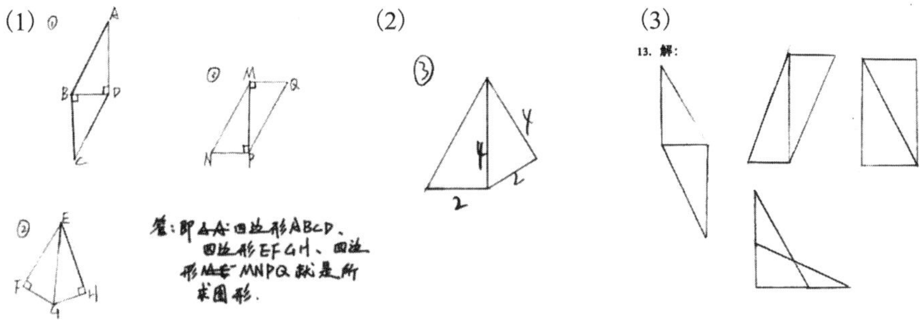

主要错误有：拼成三角形、直角边与斜边重合（此类作图学生错误较多）、少画图形、画出凹四边形、多画图形、分类重复等。表明教学中缺乏有效的分类思想的渗透，缺乏有效的分类标准的体验。教学中要注意通过解决问题策略的培养提高学生的问题解决能力。本题有效的规划如下：

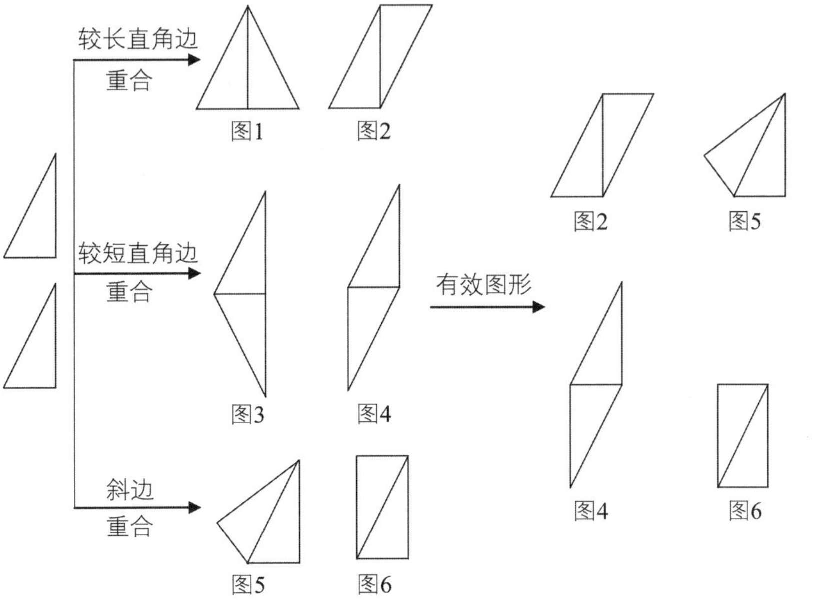

如果学生能够做出类似的规划,后续解决问题就不困难了。能否制订合理的问题解决策略,决定了能否有效覆盖和兼顾问题的全部内涵与外延,决定了解决问题是否周密完备,反映了问题解决水平,需要引起重视。

2. 规范与改进计划的能力有待加强。

从测试结果看,学生缺乏主动修订和改进计划的能力和意识,绝大多数学生在固定的思维框架中考虑问题,缺少主动突破的精神。

例5 小明骑车从家出发,到超市替妈妈买盐,买盐后原路骑车回家。若小明8:00从家里出发,8:15回到家里,家离超市为a米,设离家的时间(分钟)用x表示,离家的距离(米)用y表示,x,y间的函数关系如右图所示。

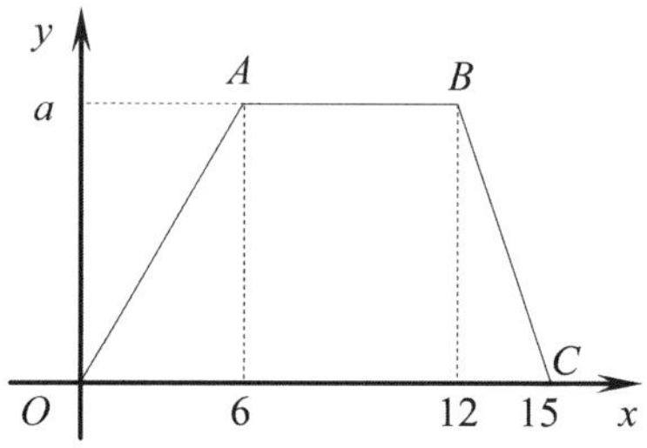

(1) 以下求得的两个量,具有什么实际意义?

①$11-5=6$. ②$a\div5=\frac{a}{5}$.

(2) 若小明骑车从家到超市要经过一公交站,且公交站与家的距离为300米。若小明在8:01时经过此公交站,问小明什么时候与此公交站相距900米?

(3) 在原题的内容中添加一个条件,请你提出一个问题(只要写出添加的条件和问题,不必解答)。

条件:________________________________.

问题:________________________________.

第(2)小题平均得分2.87分,得分率为47.83%。通过小明在家和超市间行走这个情景下的行程问题测试,考查学生对函数图象的认识、对数形结合等思想方法的掌握程度。阅卷信息分析如下:

序号	答案示例(描述)
1	记公交站为点D,由条件知点D坐标为(1,300), ∴ 直线OA的函数关系式为$y=300x$, ① ∴ $a=1800$, ∵ 点B的坐标为(12,1800), ∴ 直线BC函数关系式为$y=-600x+9000$, ② 在①中令$y=1200$,得$x=4$, 在②中令$y=1200$,得$x=13$, ∴ 在8:04、8:13时与此公交站相距900米.

续表

序号	答案示例(描述)
2	300÷1＝300(米/分钟), 900÷300＝3(分钟), ∴ 8:04时与此公交站相距900米, (300×6－1200)÷[1800÷(15－12)]＝1(分钟), ∴ 在8:13时与此公交站相距900米.
	……

在解答该小题的过程中,多数学生都能从分析题目条件开始入手解答,即学生对问题解决是有思路的。但是在进一步的解答时,数据表明学生缺少更深入的分析,缺乏解决问题的整体方案,缺乏对往返问题的分析。

第(3)小题平均得分1.08分,得分率为54.10%,阅卷信息分析如下:

序号	答案示例(描述)
1	①若给定速度$v=300$,问什么时候小明离家1000米 ②若给定距离$a=1200$,问小明骑车的速度
2	①若给定距离$a=1200$或速度$v=300$,求直线OA的函数关系式 ②若给定直线OA的函数关系式,求距离或速度
3	若给定直线OA的函数关系式,求直线BC的函数关系式

此题考查学生是否具备一定的发现问题、提出问题的能力。数据表明所测学生具有一定的理解问题、解决问题的能力,但反思问题、发现问题、提出问题等关乎高阶能力和创新思维的方面还有待加强。

3. 理解与反思结果的能力有待加强。

对于一些常用问题结论的迁移,学生的表现也不尽如人意。情况稍加变化后,学生调取知识经验的水平就大打折扣。

例6 在平面直角坐标系内,函数$y=2x-3$的图象是直线l,将一张透明纸片覆盖在直线l上,在纸片上用笔描出直线l上的一个点。现在先将纸片沿x轴负方向平移2个单位,若要使描在纸片上的点重新落在直线l上,则可以再将纸片(　　)

A. 沿y轴正方向平移1个单位　　B. 沿y轴负方向平移1个单位

C. 沿y轴正方向平移4个单位　　D. 沿y轴负方向平移4个单位

数据表明此题平均得分1.93分,得分率为48.35%,这个结果是不够理想的。从本质上看,这是常见的一次函数变式问题,只需合理迁移一次函数知识经验和解题经验即可解决，但是实测反映出学生对于“新”问题缺少策略性的思考和解决方法，能力发展和经验积累不平衡，迁移能力不理想。

4. 联系与拓展结果的能力有待加强。

问题解决的过程就是学生调用已有知识经验，迁移解决新问题的过程，是用更高的观点看问题，反思提升的过程，也是在知识和能力之间建立联系的过程。综合来看，学生在拓展与联系方面表现出的能力差异较大，需要加强相关训练。

我们用联系与拓展的视角审视测试卷中的第16题，此题平均得分6.41分，得分率为80.12%，前文已经做过分析，但是我们注意到，如此高的得分中调用数学模型解决问题的学生较少：第①小题的解决方式中用函数建模方法的只占到2.1%，第②小题能够体现建模思想的解法所占比重也很低，其中用不等式求解占8.3%，用方程求解占18.0%，用函数求解占2.8%，总体反映出学生运用函数、方程、不等式等建模解决问题的意识和能力有待加强。

数据表明，总体上浙江省的学生学习策略水平分布存在一定差异。全省学习策略高水平学生仅占8.7%，有42.8%的学生学习策略水平一般。其中，资源管理策略相对较好，呈正态分布；认知策略和元认知策略高水平学生分别占9%和9.8%，认知策略水平一般的学生超过50.0%。上述数据表明，浙江省初中学生学习策略还有较大提升空间。说明数学教师要加强分析数学问题探究的内部影响因素，加强对学科策略教学的研究。

四、影响因素及改进建议

（一）影响问题解决能力的因素

1. 教学理念的优劣与学业成绩正相关。

我们以教、学、评一致性为例分析教学理念与学业成绩的关系。数据表明，数学学科教、学、评一致性越高，学生的数学学业成绩相对越高。对于不同区域，数学教师教、学、评一致性不同水平对学生数学学业成绩的促进作用有差异。教、学、评一致性（以乡镇农村为例）水平从低（467.7）到较高（481.9）再到高（489.6），数学学科的量尺分从467到482再到489，提升明显。统计检验说明教、学、评一致性低、较高、高三个不同水平对应的学生数学学业成绩有显著差异。教、学、评一致性水平低时，教学方式的改进促进学生学业成绩提升的空间有限。教、学、评一致性水平处于较高和高水平时，教学方式促进学业进步的积极效应相对更大。

2. 教学方式的优劣与学业成绩正相关。

调查表明,教学方式越好的教师,所教学生的学习动力指数相对越高。教学方式(以城市为例)从一般(63.9)到较好(74.2)再到好(84.3),学生的学习动力指数从65到72再到83,统计检验说明教学方式一般、较好、好三个不同水平对应的学生学习动力指数有显著差异。

通过教师教学方式对学生学习影响的回归分析数据结果可知,教师教学方式对学业成绩、高层次能力得分率、学习动力指数、学习策略指数均有显著正向预测作用。从R^2系数来看,教师教学方式对学习策略、学习动力的影响力更大。学校层面教师教学方式指数平均值每提高1分,学校层面学生学习动力指数平均值可提高0.523分,学习策略指数可提高0.602分(非标准化回归系数)。

浙江省初中数学教师在数学学科教学能力方面总体表现良好,教师们普遍有较好的教学策略,善于借助团队力量,善于积累和使用各种资源,重视对学生解题能力的培养,重视教学方法以及对学生认知策略的激发,以生为本的意识很强,能够较好地进行自我评估以及对学生的学习表现进行评估。但是调查中部分数据也反映出教师们在学科理解方面还存在一定的提升空间,存在凭经验处理教学、以“解题”代替“问题解决”的情况,主动学习意识欠缺,在教学理念方面存在分化现象,整体学科专业水平还有待提高。

3. 策略规划的优劣与学业成绩正相关。

本次监测从影响数学学业质量的各因素分别进行回归分析。影响因素主要包括学习动力和学习策略等因素。

从回归分析的标准化系数可知,影响学生数学学业质量的首要自身因素依然是学生学习的内部动力,其次是数学问题解决策略,再次是元认知策略。因此,要提升学生的数学学业质量,除学生学习内部动力因素之外,在教学过程中需要重视教会学生数学分析的方法、思路,帮助他们清晰理解基本概念,同时,需要帮助学生在问题解决过程中形成监控、反思和灵活调整思路的习惯。教师的探究性教学方式具有无可替代的价值。

4. 学习品质的优劣与学业成绩正相关。

学生是否具备良好的自主学习品质是衡量学生是否学会学习的重要尺度。这里主要指学习内部动力。

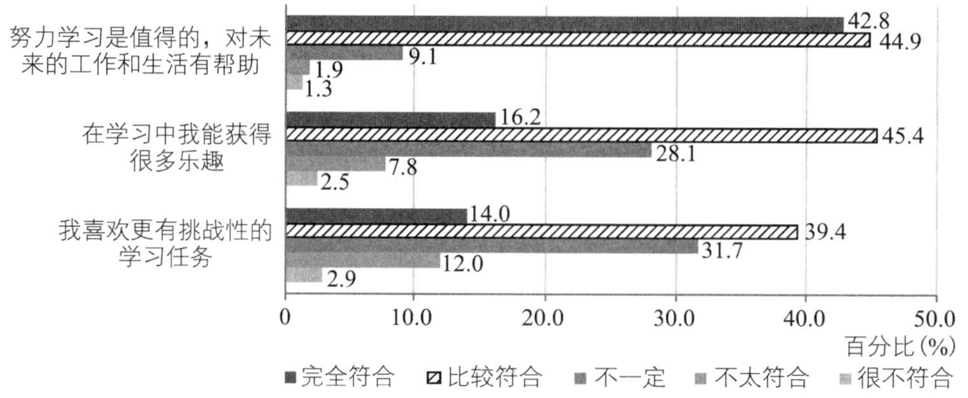

图2　学生内部学习动力的若干典型样题

图2表明,“在学习中我能获得很多乐趣”一题中,选择“完全符合”的学生占比为16.2%,“我喜欢更有挑战性的学习任务”一题中,选择“完全符合”的学生占比为14.0%,在“努力学习是值得的,对未来的工作和生活有帮助”一题中,选择“完全符合”的学生占比达到42.8%。这充分表明学生学习品质是问题解决的关键影响因素。

(二)改进建议

1. 用科学的教学理念指导教学。

教师要积极改进自己的教学理念,加强理论学习,重视基础教学,比如重视概念教学:这是由于概念本身是数学学习的重要内容,又是后续学习的核心支持,是计算学习、问题解决的基础。再比如,要重视基础运算能力的培养:学生要能够根据法则和运算律正确进行运算,并且理解运算的意义和原理,能够根据具体情况选择合理、简洁的运算方法,这都是问题解决能力的基础。教师要加强自身学习,注重理念提升,重视学生“四基四能”的落实,重视对学生核心素养的培育。

2. 用积极的教学方式引导学习。

学生为什么不会联想、不敢关联?教学方式是影响问题解决能力培养的重要因素。教师要主动尝试和探索更为合理有效的教学方式,研究课程标准、研究教材、研究学生,以学生的素养提升为目标,在单元整体视角下看问题,教会学生思考的方式,教会学生基本的研究方法,帮助学生积累研究经验,自觉地将教学内容与学生的发展相联系,让学生学会主动、积极地思考并解决问题,使教学内容实现其本应有的价值。

3. 用有效的教学策略培养思维。

本次问题解决能力测试情况表明,不少学生在解决问题时存在以下不足:不能有效筛选信息,不能对所提供的数学信息做有效的关系分析,缺乏正确的解题思路与解题策略，不能根据已有信息提出有价值的问题等。这些现象不仅存在，而且具有一定的普遍性。建议帮助学生逐步养成理性思维的习惯，运用问题式、整体性的知识载体，驱动运用探索、分析、思考的习惯养成，关注一题多解，关注解法的共性；帮助学生逐步养成感性表达的习惯，运用情景式、活动性的实践载体，驱动运用语言、文字表达的习惯养成，使学生达到学科核心素养的生成。

4. 用良好的习惯培养提升品质。

创造良好的数学学习氛围，培养学业自主学习的习惯、总结反思的习惯、制订计划的习惯等，加强对学生学习品质的培养，增强学生的学习内驱力，引发深度学习的发生，促进学生问题解决能力的提高。

指向探究能力发展　聚焦学教方式改进

王耀村　杨封友　汪　晓①

【摘要】 科学探究既是研究方法也是课程目标，增进对科学探究的理解和提高探究能力是提升学生科学素养与学业成绩的要求。基于全省初中科学质量监测结果，我们发现科学教学存在科学实践活动尚待常态、探究教学层级尚待提高、探究能力发展尚待协调等问题，建议以分段设立目标促维度协调发展、以优化学习设计促探究层级提高、以改进教学行为促探究能力锤炼、以细化维度指导促探究方法掌握，实现学教方式的改进。

【关键词】 科学探究；质量监测；学教方式；教学建议

浙江省2019年初中教育质量监测初中科学学科主要测试学生"科学探究能力"的发展状况，从提出科学问题、设计探究方案、获取和解释证据、科学解释现象、评价科学探究五个维度来开展测试。科学探究是科学的本质特征，科学教育中所说的科学探究则是指学生经历与科学家相似的探究过程，以获取知识、领悟科学的思想观念、学习和掌握方法而进行的各种活动。它不仅可以使学生更深刻地理解科学知识，更好地掌握科学方法，还可以使学生亲身体会科学精神的实质，培养科学的情感、态度和价值观，从而更有效地提高科学素养。本文主要基于监测结果，聚焦学教方式改进，探讨存在的问题、问题的成因及教学建议，以期为科学教学提供参考，推进科学探究教学。

一、存在的问题

全省八年级学生的科学探究能力的总体表现良好，成绩突出。监测表明，学生科学探究能力等级A、B、C、D的人数比例分别为28.9%、30.4%、28.8%、12.0%，有88.1%的学生达到了科学课程标准的基本要求，这表明浙江省初中科学课程教学改革推进了学生科学素养的发展，但同时也存在如下问题：

① 王耀村，浙江省教育厅教研室初中科学教研员，正高级教师；杨封友，杭州市保俶塔实验学校，正高级教师；汪晓，杭州钱塘新区新湾中学，高级教师。

（一）群体探究能力存在差异

将学生群体以地域性质、办学性质、学校规模、性别为标准进行分类，其中地域性质划分为城市、县城、乡镇农村，学校性质划分为公办、一般民办、民办民工，学校规模划分为大型、中型、小型、微型。全体及不同群体学生在科学探究能力各水平等级上的人数比例如图1。

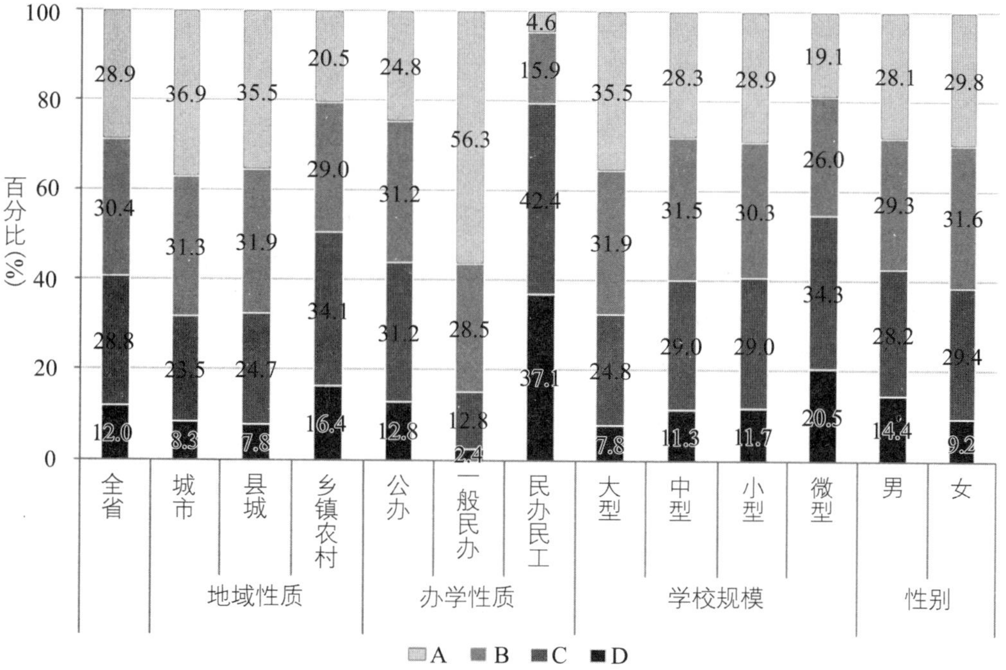

图1　不同群体学生在科学学科各水平等级上的人数比例

从地域性质看，乡镇农村学生达到学业等级A的人数比例为20.5%，比城市学校低16.4个百分点，而学业等级D的人数比例为16.4%，比城市高8.1个百分点。从办学性质看，一般民办学校学生达到学业等级A的人数比例比公办学校高31.5个百分点，比民办民工子弟学校高出51.7个百分点；而一般民办学校学生学业等级D的人数比例比公办学校低10.4个百分点、比民办民工子弟学校低34.7个百分点。从学校规模看，大型学校学生达到学业等级A的人数比例为35.5%，高出中、小型学校约7个百分点，高出微型学校16.4个百分点，而微型学校学生学业等级D的人数比例为20.5%，高出大型学校12.7个百分点。从性别看，男生学业等级D的人数比例为14.4%，高出女生5.2个百分点，男生学业等级A、B的人数比例均比女生低。

结果表明，乡镇农村学校与城市和县城学校相比有一定的差距，民办民工子弟学校、微型学校成为全省科学教育事业的洼地，一般民办学校群体A等级人数比例显著领先，男生群体比女生群体分化严重，不同群体学生的科学探究能力存在差异。

（二）区域探究能力有待均衡

浙江省共11个设区市96个县（市、区），为了解不同区域学生的科学探究能力情况，我们从水平等级、标准均分两个角度进行统计，结果如下：

按市进行统计，学生达到学业等级A的人数比例最高的市（35.2%）比最低的市（22.4%）高12.8个百分点，学生学业等级D的人数比例最低的市（8.7%）比最高的市（18.2%）低9.5个百分点，标准均分最高的市（517.8）比最低的市（478.2）高39.6分。按区县进行统计，学生达到学业等级A的人数比例最高的区县（47.0%）比最低区县（14.0%）高33个百分点，学生学业等级D的人数比例最低的区县（4.6%）比最高的区县（28.3%）低23.7个百分点，标准均分最高的区县与最低的区县相差近100分。

结果表明，不同市、不同区县学生科学探究能力发展不均衡，差异较大，存在个别市、区县学生在等级A、等级D、均分表现都处末位的现象。

（三）探究能力发展尚待协调

在科学探究能力的不同维度上，学生测试的平均得分率从高到低依次为评价科学探究维度（55.9%）、提出科学问题维度（52.4%）、获取和解释证据维度（46.0%）、科学解释现象维度（43.4%）、设计探究方案维度（40.39%），如图2所示。

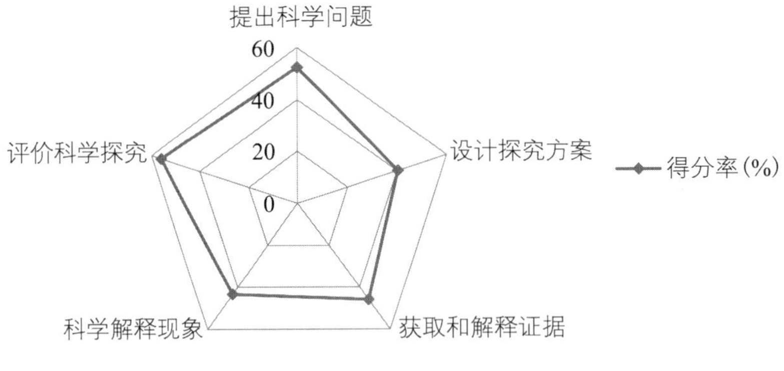

图2　全体学生科学探究分维度的平均得分率

结果表明，学生科学探究能力各维度的发展不协调，极差达15.5%；其中设计探究方案、科学解释现象维度尤需引起全省科学教师的重视。

二、问题的成因

经师生问卷的统计比对及相关性分析发现，监测显示的问题既与对科学探究的认知、学校的现实条件、监测本身偏差等诸多因素有关，也与以下现状有密切关系。

（一）科学实践活动开展情况差异大

科学探究依托于科学实践，从探究走向实践也是人们对科学教育认识的发展。当下，在基础性课程中进行实验与探究，在拓展性课程中进行科技制作发明、项目化科学探究是大多数学生参与科学实践的主要路径，也是提升学生科学探究能力的关键载体。然而，社会经济快速发展，周期短、见效快的期望氛围也影响着师生的学教心态，在短时间内取得明显效益的行为或策略易被人们所关注。开展科学实践活动，物品准备烦琐，活动过程较长，能力提升不易快速显现，可谓费时、费力、见效慢。因此，虽然知道开展探究教学有意义，但探究教学仍易被部分师生所忽视。

教师问卷关于“下列活动在您校的发生频率”与学生问卷关于“在学校学习科学内容时，以下情况发生有多频繁?”的统计结果如图3、图4所示。

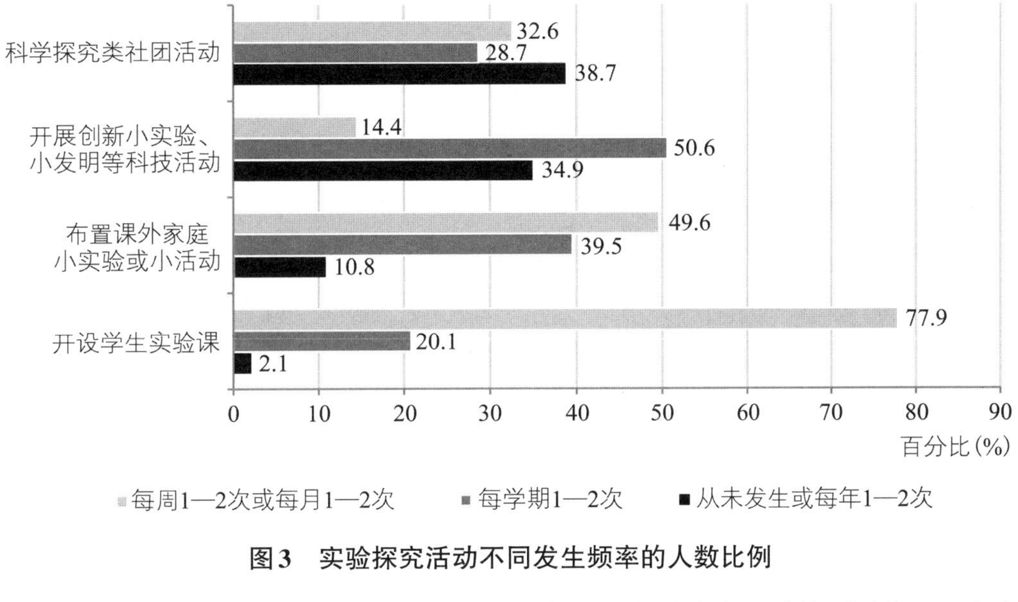

图3　实验探究活动不同发生频率的人数比例

由图3可见，开设学生实验课、布置课外家庭小实验或小活动均“每周1—2次或每月1—2次”的人数比例最高，依次为77.9%、49.6%；开展创新小实验、小发明等科技活动“每学期1—2次”的人数比例最高，为50.6%，科学探究类社团活动“从未发生或每年1—2次”的人数比例最高，为38.7%。若按地市统计，开设学生实验课“每周1—2次或每月1—2次”的人数比例极差达25个百分点。

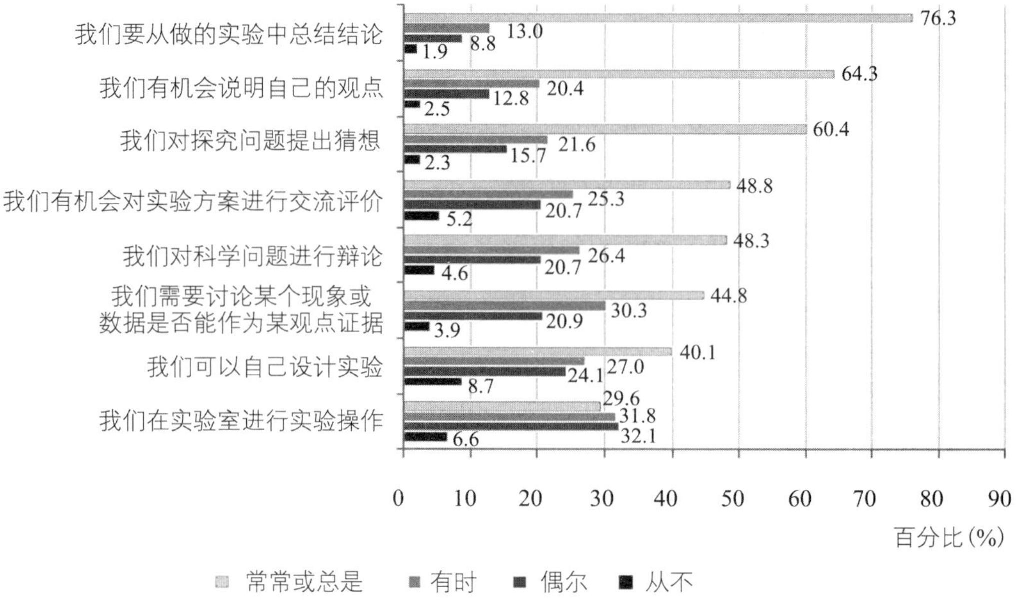

图4　全体学生科学探究各类活动经历的人数比例

由图4可见,“常常或总是”的人数比例前两位是“我们要从做的实验中总结结论”“我们有机会说明自己的观点”,依次为76.3%、64.3%;后两位是“我们可以自己设计实验”“我们在实验室进行实验操作”,依次为40.1%、29.6%,极差达46个百分点。据此推测,学生进行实验操作、设计实验、开展证据辨析的经历尤为欠缺。

上述师生问卷结果表明,“开设学生实验课”“布置课外家庭小实验或小活动”开展频次全省总体情况良好,但区域间存在不平衡,部分地市有待加强;“开展创新小实验、小发明等科技活动”“科学探究类社团活动”等学生自主探究创新活动的频次有待进一步提高。从学习科学内容的过程和方法看,学生对科学探究各维度的经历差异大,科学教师重视学生观点的表达、证据维度的教学,但让学生自己设计实验、进行实验操作的总体发生频率较低,且区域差异很大,结果与学生在设计探究方案、获取和解释证据、科学解释现象等维度得分率偏低基本一致。

(二)探究教学层级多处于中级水平

科学探究已成为学生积极、主动获取科学知识、认识和解决科学问题的重要实践活动,学生参与度高、自主性强的探究更能促进高水平学生科学探究能力的提升。

我们根据教师对探究问题、过程、结论的给出情况,将科学探究教学分为0、1、2、3四个水平层级。教师问卷显示,日常教学与各探究层级“常常”“总是”符合的人数比例如下页表1所示。

表1　不同探究层级“常常”和“总是”符合的教师人数比例

探究层级	问题	过程	结论	“常常”和“总是”符合的人数比例(%)
0级	给出	给出	给出	40.8
1级	给出	给出	?	40.0
2级	给出	?	?	45.2
3级	?	?	?	28.3

由表1可见,“常常”和“总是”符合的教师人数比例2级最多、3级最少,表明当前探究教学大多处于中级水平,3级水平的探究教学尚待进一步探索实践。

我们选取地球与宇宙、生命科学、物质科学等领域典型实验,列出常见的组织实施方式让学生根据经历情况进行选择。调查问卷统计显示,在进行实验探究的科学学习活动时,学生典型实验的学习经历如图5所示。

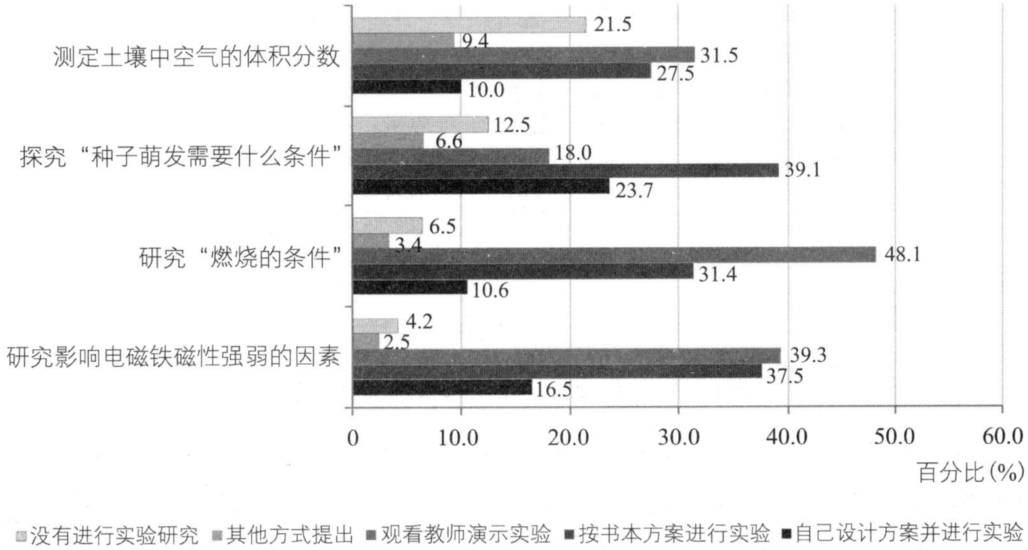

图5　学生典型实验的学习经历

由图5可见,上述典型实验中,没有进行实验研究的人数比例范围为4.2%—21.5%,观看教师演示实验的人数比例范围为18.0%—48.1%。,按书本方案进行实验的人数比例范围为27.5%—39.1%,学生自己设计并进行实验的人数比例范围为10.0%—23.7%。

结果表明,观看教师演示实验、按书本方案进行实验是开展教材实验的主要学习方式,学生自己设计方案并进行实验的人数比例有待提高;学生认为科学探究学习多处于“结论”未知的1级层次、较少处于“方案”“结论”未知的2级层次，比教师对教学探究层级的判断更低。

（三）探究教学行为做到程度差异大

教学行为是指在教学过程中，为达到一定的教学目的，教师和学生所采取的行为。在课堂教学设计中，教学行为的设计是非常重要的。同理，指向探究的教学行为对学生科学探究能力的培养也是十分重要的。

我们列举探究指向的课堂教学行为，从做到程度与发生频率两方面进行教师问卷调查，人数比例依次见图6与图7。

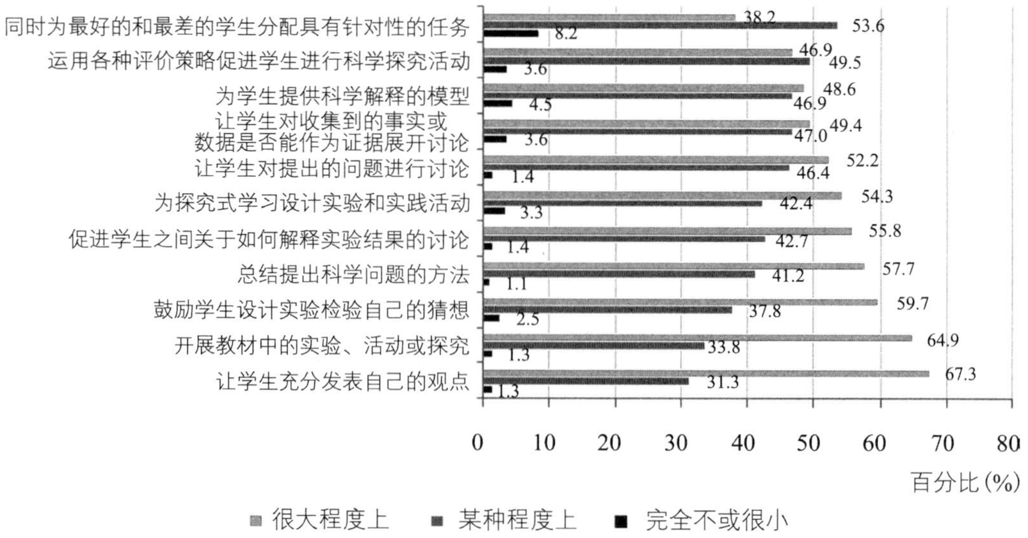

图6　探究教学行为不同程度的人数比例

从图6可见，教师认为很大程度上做到不同探究教学行为的人数比例在38.2%—67.3%，“让学生充分发表自己的观点”的人数比例最高，“同时为最好的和最差的学生分配具有针对性的任务”的人数比例最低，极差达29个百分点。

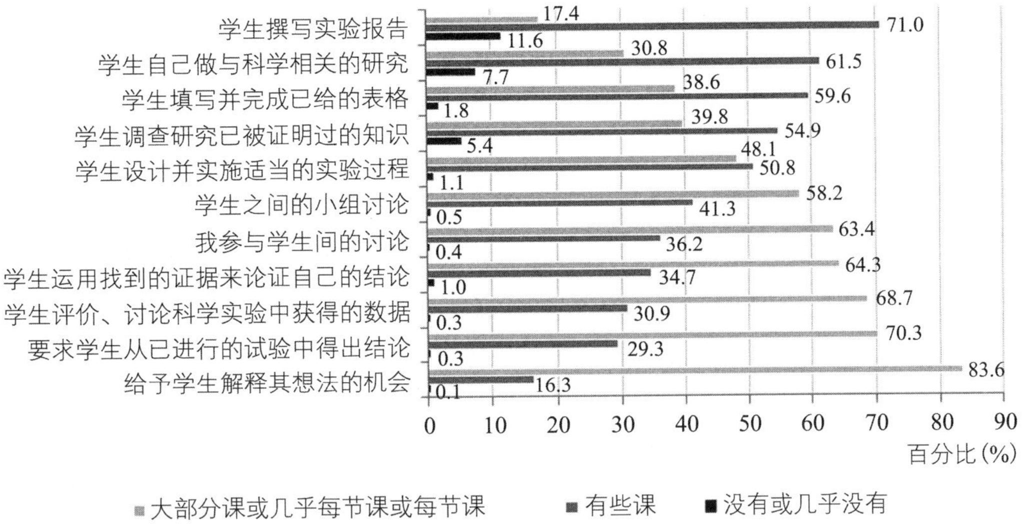

图7　课堂出现探究行为不同频次的人数比例

从图7可见，上述教学活动在“大部分课或几乎每节课或每节课”出现的人数比例最高的“给予学生解释其想法的机会”为83.6%，最低的“学生撰写实验报告”为17.4%，极差达66个百分点。

结果表明，全省教师不同探究教学行为做到程度、课堂出现频次存在明显差异，且“为学生提供科学解释的模型”“让学生对收集到的事实或数据是否能作为证据展开讨论”“学生撰写实验报告”“学生设计并实施适当的实验过程”等探究教学行为在做到程度或发生频率的人数比例均低于50%，并且在群体、区域表现上存在差异。

（四）“精而准”的探究指导乏力

科学探究能力涉及提出科学问题、设计探究方案、获取和解释证据、科学解释现象、评价科学探究等维度，不同维度对“学的能力”“教的技能”等需求存在明显差异。在课程实施过程中，由易及难、由粗及细是一种自然状态，对于精细而准确地指导学生开展科学探究活动，部分教师常常感到力不从心，对从哪些方面指导、如何指导探究活动才恰到好处缺乏清晰的认知与实践操作技能。

据学生问卷，学生认为科学课堂教师引导开展相关探究活动情况如下页图8所示。

从图8可见，进行科学探究时，引导学生开展“影响因素的猜测”“实验方案的设计”“实验操作的提醒”“实验结果的分析”等活动的人数比例在63.9%—68.5%，极差为5个百分点；不同探究活动的开展，极差存在差异，“提出科学问题”为29个百分点，“设计探究方案”为45个百分点，“获取和解释证据”为46个百分点，“科学解释现象”为51

个百分点，“评价科学探究”为45个百分点。结果表明，科学课堂总体重视对科学探究各类活动的开展，但开展的深入程度差异较大。

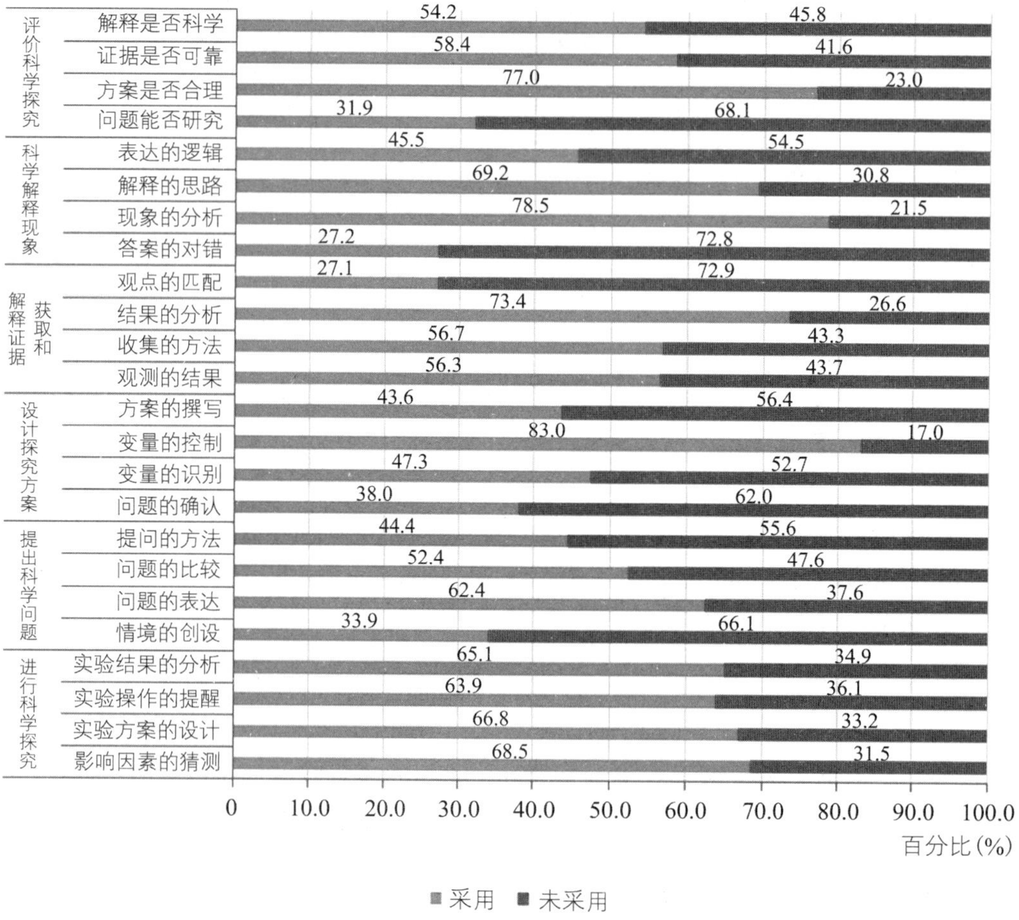

图8 学生认为的科学课堂教师引导开展相关探究活动情况

三、教学建议

（一）以分段达成目标促维度能力协调发展

学生科学探究能力发展源于活动经历。全省初中科学监测结果显示，科学探究维度成绩与科学探究各类学习活动呈正相关，相关性系数见下页表2。

表2　科学探究维度成绩与学习活动的相关性

科学探究各类学习活动	科学探究维度	相关性系数
我们对科学问题进行辩论	提出科学问题	0.216**
我们对探究问题提出猜想		0.234**
我们可以自己设计实验	设计探究方案	0.218**
我们有机会对实验方案进行交流、评价	评价科学探究	0.208**
我们在实验室进行实验操作	获取和解释证据	0.152**
我们需要讨论某个现象或数据是否能作为某个观点的证据		0.196**
我们要从做的实验中总结结论	科学解释现象	0.200**
我们有机会说明自己的观点		0.209**

说明：**代表$p<0.01$。

由表2可见，组织学生开展科学探究各类学习活动能显著影响科学探究维度成绩，这也印证了科学探究活动经历会影响科学探究能力的观点。

因此，在整体关注科学探究各维度能力培养的同时，应重点突出设计探究方案、获取和解释证据、科学解释现象，这与PISA 2015评价科学素养的科学能力维度聚焦于科学地解释现象、评价与设计科学探究、科学地解释数据与证据三类能力一致。同时，考虑到不同年级学生的思维水平，建议分段设立探究能力侧重培养目标，有计划、有重点、螺旋式地推进科学探究教学，如，设计探究方案由补充缺省方案、提示设计方案再到独立自主设计，科学解释现象由厘清现象、找准原理到有逻辑地表达，获取和解释证据由使用适当的工具和技术收集与表达数据、从已有的证据（数据或信息）得出符合逻辑的结论，再到利用已有的证据或科学事实预测新的现象和事实。

（二）以改进学生学习设计促探究层级提高

学习设计从学生多样化学习需求、认知能力和经验世界出发，设计学习任务框架，并以最合理优化的方式进行组织和呈现，使学生获得更好的学习体验和学习效果。它是基于对学习者、学习目标、学习媒体、学习方式及学习策略等要素的分析或预设，依据学习规律对学习任务与师生行为的统筹安排。

因此，我们建议对学习设计进行改进，以提高活动的探究层级。减少将探究的问题、过程、方法均告知学生的频率，减少让学生观察实验现象、训练探究技能、领会探究过程的低水平探究；增加“问题”“过程”“结论”多处于未知状态的探究，让学生拥有自己提出科学问题、设计探究方案、得出科学结论的学习经历，使学生的观察、交流、估算、测量、搜集数据、分类、推断、预测、建立模型等探究技能得以锤炼。具体可从以下几方面探索改进学习设计：一是夯实教材实验探究，让学生真实参与；二是将科学问题隐藏于真实情境，让学生自主发现；三是变步骤呈现为学生设计，让学生统筹规划；四是变装置介绍为技术设计，让学生发明创新；五是变“实验—观测”为“预测—实验—观测”，让学生推断论证；六是创造学生实践机会，让学生由旁观者变为探索者。总之，将科学学习内容转化为学生自主问题，实现“被动参与—自主参与—自由探索”的进阶，是科学探究教学的重要目标，这离不开教师串联学生观点、提炼核心概念、根据学情改进学习设计的积极旁观。

（三）以改进教师教学行为促探究能力锤炼

科学探究需要不断地发现问题，是通过多种途径寻求证据、运用创造性思维和逻辑推理解决问题的过程。增进对科学探究的理解和提高探究的能力，是科学教育的重要任务。因此，在科学学习过程中，我们需要知道教师与学生所采取的哪些行为有利于提升科学探究能力，进而让这些行为多发生。

监测结果显示，教师探究性教学行为不同的学生群体的科学探究维度分如图9所示，教学活动出现频次不同的学生群体的科学总标准分如图10所示。

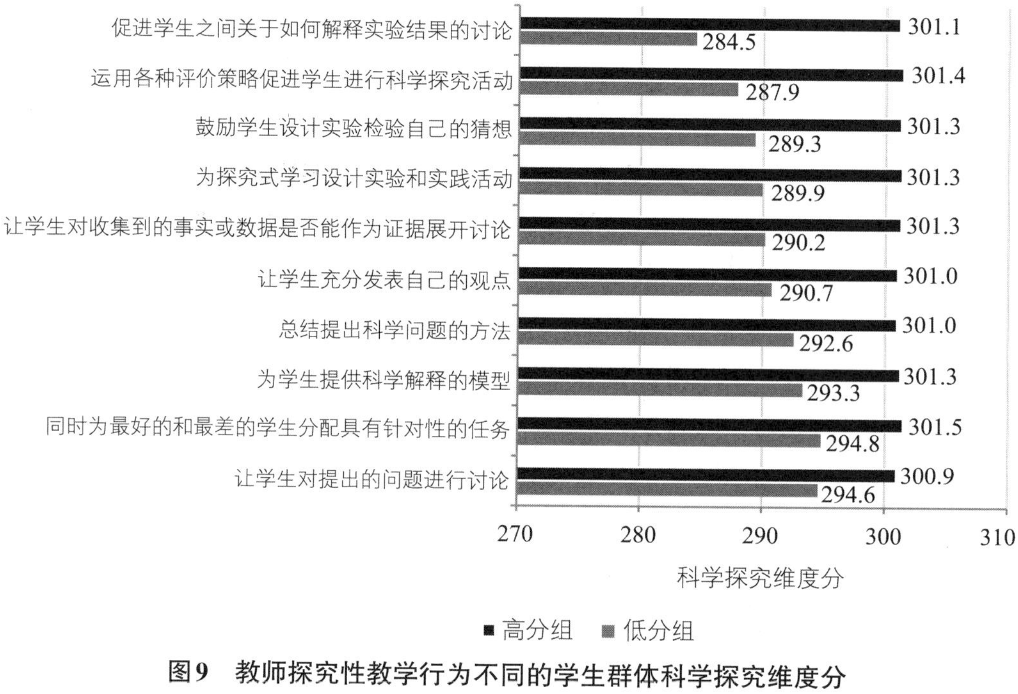

图9　教师探究性教学行为不同的学生群体科学探究维度分

由图9可见，探究教学行为高分组学生群体的科学探究维度分均高于探究性教学行为低分组学生群体，表明科学探究维度分与探究性教学行为具有相关性；其中“促进学生之间关于如何解释实验结果的讨论”“运用各种评价策略促进学生进行科学探究活动”“鼓励学生设计实验检验自己的猜想”“为探究式学习设计实验和实践活动”“让学生对收集到的事实或数据是否能作为证据展开讨论”等行为高、低分组科学探究维度分差异尤其大，相关性尤其高。

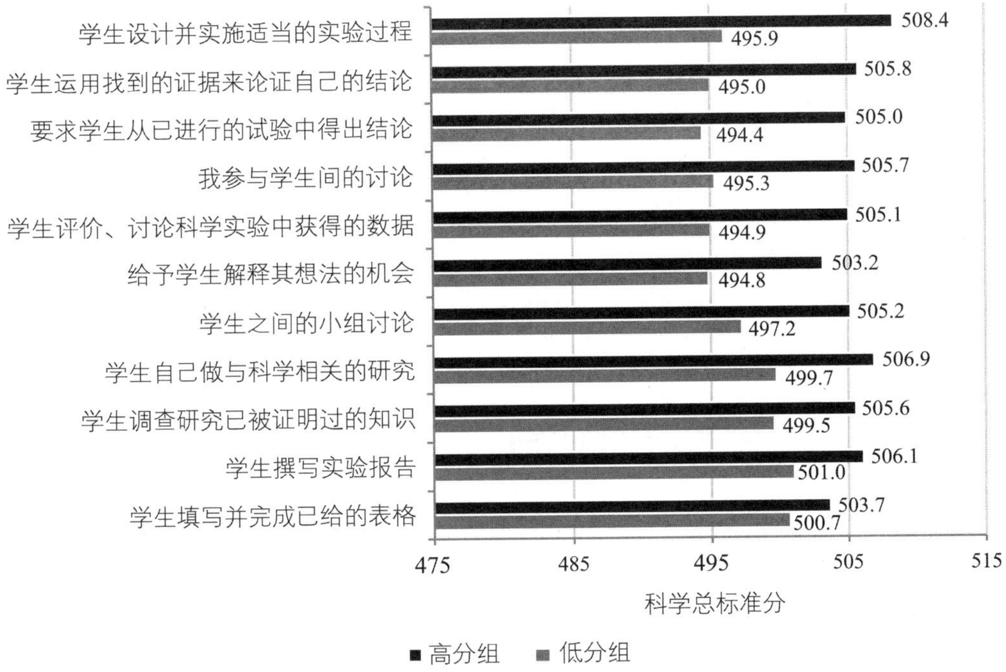

图10 教学活动出现频次不同的学生群体的科学总标准分

由图10可见，除“学生填写并完成已给的表格”外，所列教学活动出现频率高、低分组学生群体的科学总标准分相差均大于5分，表明科学总标准分与教学活动显著相关；其中“学生设计并实施适当的实验过程”“学生运用找到的证据来论证自己的结论”“要求学生从已进行的实验中得出结论”“我参与学生间的讨论”“学生评价、讨论科学实验中获得的数据”高、低分组科学总标准分相差超过10分，表明相关性更高。

图9、图10使我们明确了在进行科学探究活动时应该让教师和学生努力发生的行为和教学活动。因此，我们建议教师审视自己的学习设计，重点关注教学行为与课堂教学活动的有效转向，对科学探究成绩影响大而教师实现程度不高、发生频次较低的行为与活动要给予足够的重视，如“运用各种评价策略促进科学探究活动”“为学生提供解释模型”“让学生对收集到的事实或数据是否能作为证据进行讨论”“让学生对提

出的问题进行讨论”等教学行为，“学生撰写实验报告”“学生自己做与科学相关的研究”“学生调查研究已被证明过的知识”“学生设计并实施适当的实验过程”等课堂教学活动，以期改进学教方式，并提升学生对科学探究的理解与科学探究能力。

（四）以积极教学活动指导促探究方法掌握

探究性学习是学生认知策略和元认知的学习过程，是学生独立学习、解决问题和做出决策的能力培养过程。在科学探究中，培养学生元认知不仅可以对所学材料进行识别、加工和理解，还可以洞悉学生在学习过程中产生的感知、注意、记忆等认知过程。可见，科学探究既是研究方法也是教学目标和内容，以发展学生元认知为出发点，指导、影响和作用于科学探究活动，将科学探究提升至认识发展的层次，有助于落实科学素养的培养目标。因此，对科学探究维度从认知和元认知两角度展开指导探索，是对科学探究的深化行动之一。

另外，全省初中科学监测显示，采用探究教学活动与未采用群体的科学探究总标准分如图11所示。

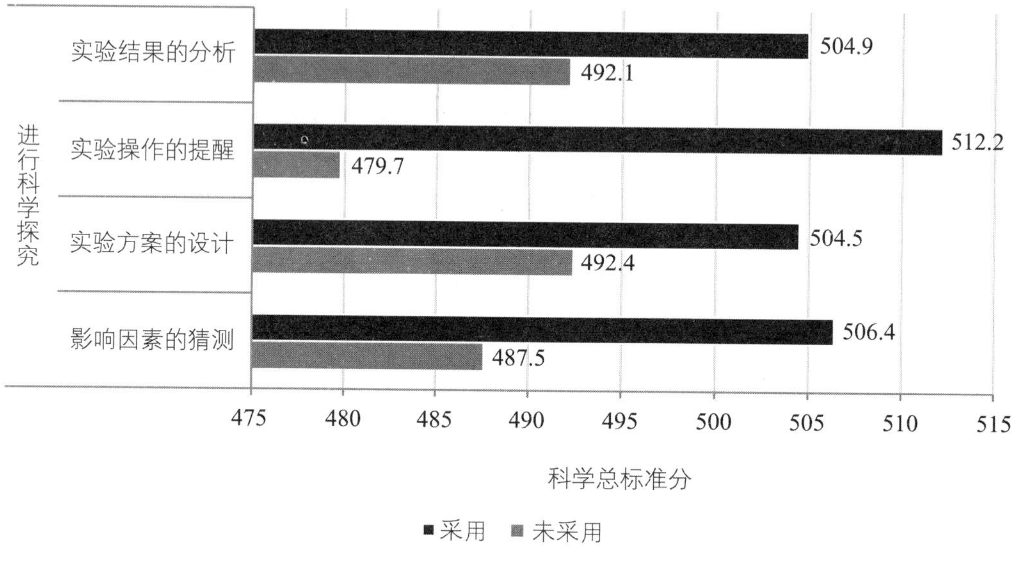

图11　采用探究教学活动与未采用群体的科学探究总标准分

由图11可见，进行科学探究时，教师是否采用相关探究教学活动影响学生群体的科学探究总标准分，教师采用相关探究教学活动的群体科学总标准分都高于未采用群体科学总标准分，分差都大于12分，分差最高的“实验操作的提醒”达32分。结果表明，在课堂教学中，教师进行提示性的指导更利于促进学生科学探究能力的主动发展。

因此，建议教学设计时对科学探究教学各类活动指导进一步细化研究，一是依据科学探究环节完善指导的活动视角，如设计探究方案时的“问题的确认”“变量的识别”“变量的控制”“方案的撰写”等不同教学活动；二是根据个人教学现状，理清科学探究细化指导提升方向，如“情境的创设”“问题的确认”“观点的匹配”“表达的逻辑”“问题能否研究”等教学活动普遍采用率过低；三是探寻教师精准点拨、积极旁观的探究教学指导艺术，以期实现学生对科学探究方法的自主领悟。总之，力求通过科学、精准、积极地指导学生开展科学探究，为学生理解科学探究、掌握探究方法、进行探究监控提供切实的帮助。

（原载于《考试研究》2021年第4期）

【参考文献】

[1] 中华人民共和国教育部.初中科学课程标准[M].北京:北京大学出版社,2012.

[2] 王耀村.面向核心素养的科学课程建构与教学建议[J].物理教学,2018(8).

[3] 顾明远.教育大辞典[M].上海:上海教育出版社,1998.

[4] 卢镇岳.PISA科学素养评估框架的启示[J].中学生物教学,2017(21).

[5] 陈静静.指向深度学习的高品质学习设计[J].教育发展研究,2020(4).

[6] 李碧武.高品质学习设计的意义与样态[J].湖北教育(政务宣传),2020(8).

[7] 艾伦·查尔莫斯.科学究竟是什么[M].邱仁宗,译.石家庄:河北科学技术出版社,2002.

[8] 罗纳德·G.古德.儿童如何学习科学——概念的形成和对教学的建议[M].北京:人民教育出版社,2005.

研究学生抗逆表现

抗逆学生学业逆袭的影响因素分析

邵晓婷　马海燕[①]

【摘要】 抗逆学生有着较差的家庭社会经济地位，却能够克服自身所处的不利家庭因素，取得优秀的学业表现。采用2019年浙江省初中教育质量监测数据，运用描述性统计分析、效应量分析、回归分析等分析方法研究抗逆学生的影响因素，有助于帮扶处境不利学生，更好地实现教育公平。分析表明，学生自身因素、学校因素、家庭因素和学科因素都能从不同程度上对是否成为抗逆学生产生影响。其中学习动力是影响处境不利学生成为抗逆学生的最显著因素。教师注重互动式、探究式教学方式有助于处境不利学生成为抗逆学生。来自家长的支持，也能帮助处境不利学生成为抗逆学生。

【关键词】 抗逆学生；影响因素；教育质量监测；实证研究

一、问题的提出

我国政府和教育行政部门始终把教育优先发展和教育公平发展作为政策目标，不断促进义务教育均衡发展。国际上通常用抗逆学生的占比来衡量一个区域的教育公平和均衡水平。抗逆学生是指能够克服家庭的社会经济地位（Socioeconomic Status，简称SES）较低的不利环境，取得较为优异成绩的学生。研究这群学生的分布状况和影响因素，有助于教育工作者进一步有效地引导和帮助较低SES的学生缩小社会经济背景差异所带来的与他人之间的学业表现差异，促进教育更加均衡和公平。

已有调查研究数据表明，学生的SES与其学业表现有着重要的联系，来自相对更有利背景的学生，其在学校的表现也相对更好。PISA（国际学生评价项目）最早发现了抗逆学生的存在，引起各国教育学者的热烈讨论和研究。托马索（Tommaso）等人使用2009年PISA意大利数据，分析学校因素对改善低SES学生的成绩的具体帮助，强调政府在学校资源调配中的重要性。尤兰达（Yolanda）等人基于美国的文化背景，具体

---

① 邵晓婷，浙江省杭州市上城区教育评估与监测中心研究实习员；马海燕，浙江省教育厅教研室评价教研员，高级教师。

研究抗逆学生和弱势学生(即低SES低成绩的学生)在班级学习环境上的差异,发现一个关注和照顾学生、具有支持性的学习环境能帮助学生得到更好的表现。在上海,沈学珺在更具体的范围分析抗逆学生的比例、构成、表现、特点,认为喜爱和兴趣是低SES学生抗逆的源动力。

相关研究显示,学生自身因素、学校因素、家庭因素和学科因素等都从不同程度上对是否成为抗逆学生产生影响。本研究从更全面的角度分析影响因素,分析并比较不同因素对成为抗逆学生的影响大小,为教育工作者帮助低SES学生提升学业成绩提供借鉴,为学生发展提供建议。

二、研究设计与方法

本研究采用2019年浙江省初中教育质量监测数据。调查问卷分学生问卷、教师问卷、家长问卷、学科问卷四类,共有来自浙江省11个市的41382名学生、38794名家长、9779名教师参与了本次调查。

SES包括父母亲最高教育程度、父母亲最高职业地位、家庭年收入等。通过因子分析提取共同因子,计算其得分即SES的估计值,值越高表明学生的SES越高。学业表现根据语文、数学、科学三科标准分的平均分确定。

为了比较具有相似SES的学生学业表现,本研究设计如下计算方法:(1)通过回归分析确定SES和学业表现的关系,用SES预测学生的学业表现,$Y'=\beta\_0+\beta\_1\times \text{SES}$。(2)计算学业表现的预测值与实际学业表现的差。$\Delta=Y-Y'$。(3)将SES处于所处区县后四分之一的学生定义为处境不利学生,将其中Δ前四分之一学生定义为抗逆学生,将Δ后四分之一学生定义为弱势学生。抗逆学生在全省的分布状况主要采用描述性统计分析,对是否成为抗逆学生发挥影响作用主要通过效应量计算分析,各因素对是否成为抗逆学生的影响程度通过Logistic回归计算分析。

三、数据结果与分析

数据分析将从抗逆学生的分布状况、影响因素以及不同影响因素对是否成为抗逆学生的影响大小进行描述和分析,从而了解浙江省抗逆学生的基本全貌,探究学生、家长、教师、科目学习情况等不同因素对是否成为抗逆学生的具体影响。

(一)抗逆学生的分布状况

在38600个有效学生数据中,处境不利的学生共9650名,其中抗逆学生2951名,弱势学生2849名,具体详见下页表1。

表1　抗逆学生和弱势学生的分布状况

变量	变量属性	抗逆学生		弱势学生	
		人数	比例(%)	人数	比例(%)
性别	男	1450	7.3	1642	8.2
	女	1501	8.1	1207	6.5
地域	城市	645	6.4	481	4.8
	县城	600	5.6	347	3.3
	乡镇农村	1706	9.6	2021	11.3
学校性质	公办	2553	8.0	2494	7.8
	民办	398	5.9	355	5.3
学校规模	微小规模	404	7.1	840	14.7
	小规模	1135	9.1	963	7.7
	中规模	838	7.7	675	6.2
	大规模	574	6.0	371	3.9

说明:比例为抗逆学生和弱势学生占各属性总人数的多少。

从抗逆学生的性别看,全体参测人员中,男生和女生占比分别为51.8%和48.2%。抗逆学生中,男生、女生所占的比例分别为7.3%和8.1%,女生成为抗逆学生的比例更高。在弱势学生中,8.2%是男生,6.5%是女生,男生成为弱势学生的比例更高。说明初中阶段处境不利家庭的男生更值得关注。

从抗逆学生的地域看,城市学生占比6.4%,县城学生占比5.6%,乡镇农村学生占比9.6%。但数据同样证明,乡镇农村学生成为弱势学生的比例也是最高。可见在乡镇农村的处境不利学生,存在明显分化,说明要找到乡镇农村学生突破自身不利的环境成为抗逆学生的影响因素,帮助更多学生成长。

从学校性质看,公办学校的学生成为抗逆学生的比例比民办学校的更高。这有可能是因为民办学校的高学费挡住了一部分处境不利的学生;但民办初中的自主招生政策使其也能录取少部分成绩优秀的处境不利学生,同时部分专门为流动儿童办的民办学校也能帮助一批处境不利的学生成为抗逆学生。

再看学校规模,按同一个年级的平行班数,将学校分成微小规模(1—4个班)、小规模(5—8个班)、中规模(9—12个班)、大规模(13个及以上班)四类。数据分析结果表明,小规模的学校中,抗逆学生的比例更高,学生更有可能突破低SES的不利条件,获得更好的学习效果。而在大规模的学校中,处境不利的学生成为弱势学生的可能性最低。

（二）抗逆学生的影响因素分析

笔者将学生自身因素、学校因素、家庭因素以及学科因素对抗逆学生的影响做了综合分析（具体的影响因素见图1），以此来比较抗逆学生和弱势学生的差异，从而分析抗逆学生的群体特征。

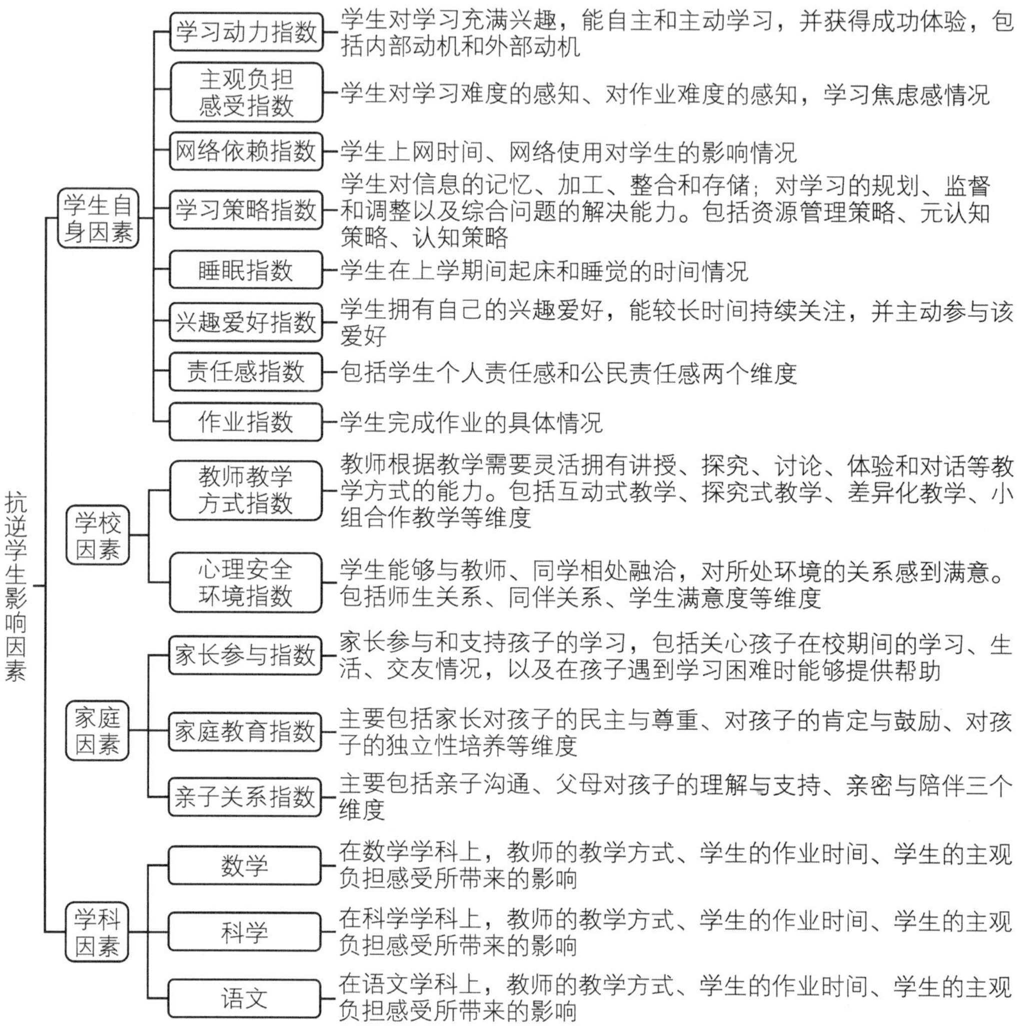

图1　抗逆学生的影响因素分析

1. 学生自身因素。

下页表2的指数是学生自身因素。将抗逆学生和弱势学生各项指标的平均值之差除以平均标准差后得到效应量[1]。由表2可以看出，抗逆学生和弱势学生在自身因素上存在着较大的差异。

表2 抗逆学生和弱势学生在自身因素上的差异(指数级)

指数	抗逆学生平均值	抗逆学生标准差	弱势学生平均值	弱势学生标准差	效应量
学习动力指数	74.45	15.05	57.41	18.94	1.00
主观负担感受指数	3.43	0.65	2.95	0.66	0.73
网络依赖指数	3.67	0.74	3.13	0.87	0.68
学习策略指数	67.45	14.90	56.67	18.43	0.65
睡眠指数	8.08	1.08	8.62	1.34	0.45
兴趣爱好指数	79.83	13.58	73.57	17.69	0.40
责任感指数	73.72	14.33	67.48	16.91	0.40
作业指数	22.30	41.63	38.39	48.64	0.36

(1) 学习主动性强、自我责任感强的学生更容易成为抗逆学生。

如表2所示，抗逆学生和弱势学生在学习动力上的效应量差距($d=1$)非常大，抗逆学生的学习动力显著高于弱势学生。说明学生自身的学习主动性对学生成为抗逆学生的影响力最大。

深入分析抗逆学生与弱势学生在学习动力上的表现，分析其在是否完全赞同正向问题上的差异(见下页表3)，发现抗逆学生对学习更有正确的态度，更认为努力学习是值得的，对将来的学习和工作会有帮助，在完全赞同选项的选择比例上高出16.5%。抗逆学生更能够在学习中获得乐趣，在完全赞同选项的选择比例上高出10.1%。抗逆学生更喜欢具有挑战性的学习任务，在完全赞同选项的选择比例上高出14.3%。抗逆学生在学习时碰到难题，总是想要钻研出结果，在完全赞同选项的选择比例上高出13.2%。

① 效应量在0.8以上表示两者差距非常大，0.5—0.8表示两者的差距在中度以上，0.2—0.5表示两者的差距有点大。

表3　抗逆学生和弱势学生在是否完全赞同正向问题上的比例差异

正向问题	抗逆学生完全赞同比例(%)	弱势学生完全赞同比例(%)
努力学习是值得的,对我将来的学习和工作有帮助	49.4	32.9
在学习中我能获得很多乐趣	18.6	8.5
我喜欢更有挑战性的学习任务	17.9	3.6
学习时,碰到难题我总是要钻研出结果来	17.3	4.1

(2) 只有自我负担较轻时,早起晚睡才会发生作用,帮助其成为抗逆学生。

如表2所示,抗逆学生的主观负担感受比弱势学生低0.73个标准差,说明抗逆学生比弱势学生的学业负担感受更轻,也反映抗逆学生更喜欢学习,不觉得学习是额外的负担。

在具体的睡眠时间上,抗逆学生的睡觉时间和起床时间比弱势学生更为集中,即抗逆学生的睡觉时间不会特别早,但也不会特别晚,更大部分的抗逆学生集中在中间的时间段;相反,有更多的弱势学生在很早或很晚的时候睡觉或者起床(表略)。两组学生在时间的安排和利用上存在着差异。

(3) 学生有一定的兴趣爱好,又没网络依赖时,更容易成为抗逆学生。

如表2所示,抗逆学生的网络依赖程度比弱势学生低了0.68个标准差,网络依赖程度轻的学生更有可能成为抗逆学生。另外,学生有兴趣爱好,更能成为抗逆学生。

分析发现,网络使用对学生成为抗逆学生的影响较大。在被问及"周末或假期,你每天大约花多少时间上网娱乐"时,抗逆学生和弱势学生的选择存在着较大的差异,有大部分的抗逆学生选择2小时以内,甚至是没有时间,有大部分的弱势学生选择1小时以上,甚至是4小时以上(见表4)。弱势学生网络娱乐时间远远多于抗逆学生。

表4　抗逆学生和弱势学生在网络娱乐时间上的比例差异

(单位:%)

	0h	0h—0.5h	0.5h—1h	1h—2h	2h—4h	＞4h
抗逆学生	6.7	16.2	25.4	27.3	15.5	9.0
弱势学生	5.5	12.3	18.5	24.7	17.1	21.9

(4) 学习策略好尤其是善于资源管理的学生,更容易成为抗逆学生。

如表2所示,抗逆学生和弱势学生在学习策略上的效应量是0.65,说明两者在学习策略上存在明显差异。在被问及“当我遇到难题时，我知道求助谁会给我最有效的帮助”时，大部分(86.6%)的抗逆学生选择比较符合或者完全符合，只有65.9%的弱势学生选择比较符合和完全符合(见表5)。说明在遇到难题时，抗逆学生比弱势学生更清楚应该向谁求助。

表5　抗逆学生和弱势学生在学习策略上的比例差异

(单位:%)

	当我遇到难题时，我知道求助谁会给我最有效的帮助				
	很不符合	不太符合	不一定	比较符合	完全符合
抗逆学生	0.9	2.3	10.2	53.4	33.2
弱势学生	3.5	8.0	22.6	47.8	18.1

在具体的子维度上，学习策略指数分为资源管理策略、元认知策略、认知策略三个子维度(见表6)，统计结果表明，抗逆学生和弱势学生在资源管理策略上存在的差异最大，抗逆学生的资源管理策略能力显著高于弱势学生，说明资源管理策略好的学生更容易成为抗逆学生。

表6　抗逆学生和弱势学生在学习策略上的差异(维度级)

指数	维度	抗逆学生平均值	抗逆学生标准差	弱势学生平均值	弱势学生标准差	效应量
学习策略指数	资源管理策略	4.05	0.58	3.49	0.80	0.81
	元认知策略	3.66	0.67	3.21	0.80	0.61
	认知策略	3.39	0.77	3.11	0.83	0.35

2. 学校因素。

学生处于学校这一环境中，学习在很大程度上会受到教师教学方式的影响，也会受到心理环境的影响。处境不利学生和教师、同学处于安全的心理环境，感受到教师对自己的尊重和帮助、同学之间的友好互动时，更容易成为抗逆学生。

(1) 教师教学方式。

教师的教学方式和教学水平对学生是否能成为抗逆学生有着较大的影响。下页表7数据表明，抗逆学生的教师教学方式水平比弱势学生的教师高出0.55个标准差。

表7　抗逆学生和弱势学生在教师教学方式上的差异(指数级)

指数	抗逆学生平均值	抗逆学生标准差	弱势学生平均值	弱势学生标准差	效应量
教师教学方式指数	66.67	17.72	56.45	19.23	0.55

表8数据表明，两组学生教师的互动教学水平对其有着非常大的影响，效应量(0.75)较大，成为抗逆学生的教师互动教学水平显著高于弱势学生的教师水平。抗逆学生在教师的探究教学水平、差异化教学水平、小组合作教学水平上也存在着较大优势，与弱势学生之间的效应量分别为0.70,0.46,0.36，均属于中等以上的效应量。说明善于互动的教师更容易帮助学生成为抗逆学生。

表8　抗逆学生和弱势学生在教师教学方式上的差异

指数	维度	抗逆学生平均值	抗逆学生标准差	弱势学生平均值	弱势学生标准差	效应量
教师教学方式指数	互动教学水平	2.11	0.71	1.59	0.68	0.75
	探究教学水平	4.02	0.72	3.47	0.85	0.70
	差异化教学水平	1.76	0.71	1.49	0.65	0.46
	小组合作教学水平	3.39	0.81	3.10	0.82	0.36

(2) 良好的师生关系会让学生处于安全的心理环境中，使其更容易成为抗逆学生。

学生所处的学校的师生关系、同伴关系以及学生对学校及教师的满意度，形成了学生在学校的心理安全环境。表9数据表明，处于安全的心理环境中，亲密、信赖的师生关系，友好互助的同伴关系，都有助于学生成为抗逆学生。

表9　抗逆学生和弱势学生在心理安全环境上的差异

指数	抗逆学生平均值	抗逆学生标准差	弱势学生平均值	弱势学生标准差	效应量
师生关系指数	75.62	17.14	64.20	21.26	0.59
同伴关系指数	74.39	17.37	66.89	19.05	0.41
学生满意度指数	72.09	18.81	68.20	20.77	0.20

3. 家庭因素。

抗逆学生和弱势学生在家长方面的差异较小，其中只有家长参与指数在两组学生数据中存在着较大的差距。抗逆学生的家长参与指数比弱势学生要高0.53个标准差。表10数据表明，抗逆学生的家长参与程度要显著高于弱势学生的家长参与程度。

表10　抗逆学生和弱势学生在家长综合态度方面上的差异

指数	抗逆学生平均值	抗逆学生标准差	弱势学生平均值	弱势学生标准差	效应量
家长参与指数	83.59	15.60	74.19	19.79	0.53
家庭教育指数	3.87	0.77	3.61	0.88	0.32
亲子关系指数	68.33	22.36	63.65	23.64	0.20

在具体的家庭教育方式上，抗逆学生的家庭比弱势学生的家庭更加注重孩子的独立性培养，更能够给予孩子肯定与鼓励，这都在一定程度上影响孩子的学业表现（见表11）。

表11　抗逆学生和弱势学生在家庭教育上的差异（指数级）

指数	维度	抗逆学生平均值	抗逆学生标准差	弱势学生平均值	弱势学生标准差	效应量
家庭教育指数	独立性培养	4.07	0.74	3.75	0.88	0.39
	肯定与鼓励	3.90	0.94	3.60	1.03	0.30

在家长参与指数下，抗逆学生和弱势学生存在着显著的差异（见表12）。在被问及“当我在学校遇到困难时，我的父母会支持我”时，抗逆学生更倾向于选择完全符合（56.1%），弱势学生更倾向于选择比较符合（41.5%）。处境不利的学生如果能够得到来自家长的支持，就更有可能突破自身所处的不利环境，取得较好的成绩，成为抗逆学生。

表12　抗逆学生和弱势学生在家长参与上的比例差异

（单位：%）

	当我在学校遇到困难时，我的父母会支持我				
	很不符合	不太符合	不一定	比较符合	完全符合
抗逆学生	0.6	1.1	7.4	34.7	56.1
弱势学生	2.5	4.2	15.9	41.5	36.0

4. 学科因素。

学生在学习中,对不同的学科会有自己独特的感受。笔者按照学科特点,对学生在语文、数学、科学三门科目中的主观负担感受、教师探究教学水平、教师教学方式等进行了比较,发现抗逆学生和弱势学生在三个学科学习中存在较大的差异,效应量均在0.5及以上,学生的主观负担感受越轻、教师探究教学水平的能力越强、教师教学方式水平越高,则越能引导学生克服处境的不利条件,成为抗逆学生。

不过不同的学科对不同的抗逆学生的影响不一样。在数学学科中,学生主观负担感受、教师探究教学水平、教师教学方式对两组学生的效应量存在较大的差异;在科学学科中,教师探究教学能力、学生主观负担感受对两组学生存在着较大的差异;在语文学科中,教师探究教学水平、教师教学方式对两组学生存在着较大的差异。具体详见表13。

表13　抗逆学生和弱势学生在数学、科学、语文科目维度上的差异

指数	维度	抗逆学生平均值	抗逆学生标准差	弱势学生平均值	弱势学生标准差	效应量
数学	数学主观负担感受	3.42	0.78	2.80	0.85	0.76
	数学探究教学水平	4.05	0.80	3.46	1.01	0.65
	数学教学方式	3.63	0.79	3.22	0.87	0.50
	数学周末作业时间	1.64	0.73	1.27	0.86	0.46
	数学学习日作业时间	1.06	0.50	0.87	0.59	0.36
	数学差异化教学	3.69	0.92	3.35	1.00	0.35
	数学小组合作教学	3.19	1.00	2.97	0.99	0.22
科学	科学探究教学水平	3.99	0.90	3.44	1.05	0.57
	科学主观负担感受	3.40	0.86	2.95	0.88	0.53
	科学教学方式	3.63	0.86	3.23	0.93	0.45
	科学差异化教学	3.62	0.97	3.19	1.03	0.43
	科学周末作业时间	1.55	0.73	1.24	0.83	0.41
	科学小组合作教学	3.35	1.00	3.09	1.01	0.27
语文	语文探究教学水平	4.00	0.86	3.51	0.99	0.53
	语文教学方式	3.74	0.76	3.33	0.84	0.51
	语文主观负担感受	3.46	0.74	3.10	0.81	0.47
	语文小组合作教学	3.62	0.85	3.23	0.92	0.44
	语文差异化教学	3.61	0.88	3.27	0.94	0.37

在语文学科具体的阅读方面，抗逆学生和弱势学生亦存在着差异，如表14所示。弱势学生在阅读策略、推测策略两个方面的表现非常不理想，远低于抗逆学生水平和全省平均水平，在名著阅读、阅读计划、探究性阅读方面虽也低于其他群体，但相对有更好的表现。抗逆学生在推测策略和阅读策略方面相对有更为突出的表现，特别是推测策略，远高于全省平均水平。弱势学生整体阅读能力水平与全省平均水平的差距较大。

表14　抗逆学生、弱势学生水平与全省学生平均水平在阅读能力上的差异

	阅读策略	推测策略	名著阅读	阅读计划	探索性阅读
抗逆学生	3.49	3.88	3.80	3.83	3.62
弱势学生	2.99	3.18	3.50	3.53	3.34
全省学生	3.36	3.66	3.71	3.75	3.56

（三）影响程度的综合分析

综上所述，处境不利的学生成为抗逆学生，受到教师、家庭和自身因素的影响。到底哪个因素的作用最大，笔者用了Logistic回归模型来分析。Logistic回归模型的因变量取值为1，当处境不利的学生是弱势学生时，因变量取值为0。P(抗逆=1)代表成为抗逆学生的可能性，那么成为抗逆学生的优势比$=\frac{P(\text{抗逆}=1)}{1-P(\text{抗逆}=1)}$，其中因变量就是$\log_e\frac{P(\text{抗逆}=1)}{1-P(\text{抗逆}=1)}$，将效应量大于0.5的指数因素和维度因素$x_1, x_2\cdots x_n$分别输入Logistic回归模型来预测成为抗逆学生的可能性，即$\log_e\frac{P(\text{抗逆}=1)}{1-P(\text{抗逆}=1)}=\beta_0+\beta_1x_1+\beta_2x_2+\cdots+\beta_nx_n$。通过Logistic回归求得自变量的系数$\beta$，$e^{\beta}$是自变量每增加一个单位，成为抗逆学生的优势比与增加前的优势比的比值。大于1的优势比说明自变量与成为抗逆学生的优势比成正比，小于1的优势比说明成反比。结果详见下页表15。

表15中因素对处境不利学生成为抗逆学生的可能性均有显著的作用。在几个具有较大影响力的预测指数中，主观负担感受每减少一个单元，成为抗逆学生的优势比就增加68.4%，网络依赖程度每减少一个单元，成为抗逆学生的优势比就增加64.9%。其他因素对学生成为抗逆学生的影响相对较小。可见，对初中生而言，自身喜欢学习，不觉得学习是负担，同时又能抵得住网络游戏诱惑的学生，更容易成为抗逆学生。

表 15　Logistic 回归模型自变量系数(指数级因素)

因素	β	e^{β}
主观负担感受指数	0.521	1.684
网络依赖指数	0.500	1.649
学习动力指数	0.056	1.058
家长参与指数	0.009	1.009
师生关系指数	0.004	1.004
教师教学方式指数	0.002	1.002
学习策略指数	−0.028	0.973
补课指数	−0.010	0.990

笔者又分析了在不同指数的具体维度,具体结果见表16。从数据分析可见,学习策略中的资源管理策略因素和教师教学方式中的教师互动教学水平因素对处境不利的学生成为抗逆学生具有显著的作用,抗逆学生的资源管理策略要显著优于弱势学生,抗逆学生的教师互动教学水平亦比弱势学生的教师高出较大程度。

表 16　Logistic 回归模型自变量系数(维度级因素)

因素	β	e^{β}
资源管理策略	0.894	2.445
教师互动教学水平	0.572	1.772
教师探究教学水平	0.152	1.164
元认知策略	−0.046	0.955

四、结论与反思

综上所述,处于师生关系良好、教师比较注重互动启发、有着良好同伴关系的环境中,或者自身有很强的学习动力,相信学习能改变自己,行动上能努力学习,心理上接受苦读的处境不利的学生,更容易成为抗逆学生。因此建议:

(一)积极激发学生的学习兴趣,让学生主动学习不放弃

学习动力是影响处境不利学生成为抗逆学生的最显著因素。无论是学校、教师,

还是家庭,首要任务就是要激发学生的学习动力,让学生热爱学习。学生进入初中,已经具备一定的学习能力,需要教师和家长学会放手,相信学生,鼓励学生,通过榜样示范、目标激励等,激发学生对学习本身的热爱,爱上学习。只有学生有更高层次的目标刺激、有积极向上的榜样引领、有学科魅力本身的吸引,才能激发内心的学习动力,真正爱上学习。真正爱上学习的学生不会觉得学习是负担,更愿意负重前行。

其次,要通过德育活动培养学生的责任感,让学生从小对自己负责,对家人负责。有强烈责任感的学生更愿意主动学习不放弃,才能成为抗逆学生。

再者,学生具备一定的学习策略,尤其是资源管理的能力,有助于其成为抗逆学生。因此家长要帮助学生从小养成良好的学习习惯,教会其基本的学习方法,掌握系统的学科学习策略。只有学生掌握了基本的学习策略,学会了归纳、演绎、比较等不同的学习方法,才能具备成为抗逆学生的学习能力,帮助其在学习道路上走得更远。

(二)积极改进教师教学方式,让学生参与学习不游离

数据表明,注重互动、讲究探究的教师教学方式有助于学生成为抗逆学生。教师要看到教学方式的背后其实是学生学习方式的变化。初中生处于身心发展剧烈变化的发展阶段,教师要站在学生学习的角度,通过提升学科魅力、创设学习情境、提高学习应用等办法,吸引学生主动参与到学习中来。只有这样,学生才会更容易成为抗逆学生。

另外,良好的师生关系、同伴关系会让学生获得更加安全的心理环境,能够帮助学生成为抗逆学生。所以,学校要想方设法创设安全的心理环境,通过营造文化氛围、创设舒适的学习环境、改善师生关系,时时、处处让学生感受到民主、平等、尊重,感受到乐学、勤学、能学的学习氛围。

(三)积极鼓励家长正确参与,让学生自信学习不畏惧

数据表明,抗逆学生的家长参与程度要显著高于弱势学生的家长参与程度,抗逆学生的家庭比弱势学生的家庭更加注重孩子的独立性培养、更能够给予孩子肯定与鼓励。处境不利的学生如果能够得到来自家长的支持,就更有可能突破自身所处的不利环境,取得较好的成绩,成为抗逆学生。家长要多给予孩子鼓励和肯定,帮助孩子找到自己的闪光点和长处,相信自己能行。只有这样,孩子才更容易在学校里有幸福感、获得感,能更自信地学习、生活,成为真正的抗逆学生。

【参考文献】

[1] 张娜，王玥，范文凤."抗逆学生"何以实现学业"逆袭"——基于PISA2015中国四省市学生科学素养表现及其影响因素的分析[J].中小学管理，2018(10):52－55.

[2] 沈学珺.上海"抗逆"学生的学习特点——基于PISA2009数据的实证研究[J].教育发展研究，2012(18):25－30，36.

[3] 张平平，胡咏梅.家庭处境不利学生如何实现学业成绩的逆袭:学校在其中的作用[J].教育经济评论，2019(2):3－25.

[4] 刘乾铭，黄素君.寒门学子如何突破困境——香港抗逆学生的影响因素及启示[J].教育学术月刊，2018(11):80－86.

[5] Tommaso Agasisti, Sergio Longobardi. Inequality in education: Can Italian disadvantaged students close the gap[J]. Journal of Behavioral and Experimental Economics, 2014(52): 8-20.

[6] Padron Y.N., Waxman H.C., Lee Y.H. Classroom learning environment differences between resilient, average, and nonresilient middle school students in reading [J]. Education and Urban Society, 2014(2): 264－283.

[7] Rouse K. Resilient students' goals and motivation[J]. Journal of Adolescence, 2001, 24(4): 461-472.

学校对抗逆学生学业逆袭的作用

马海燕　王　逸[①]

【摘要】 研究学校对抗逆学生的作用,有利于学校提升低家庭社会经济地位学生的整体学业表现。笔者采用2019年浙江省中小学教育质量监测中心的大规模调查数据,以小学五年级学生为研究对象,探讨学校对促进处境不利学生学业逆袭的可能作用,结果发现:抗逆学生集中学校的生源平均家庭社会经济地位及学生异质性更高,教学质量更高,教学氛围更积极;处境不利学生进入平均SES更高、教学质量更高、教学氛围更积极的学校,有助于实现学业逆袭。因此,学校教育管理部门和学校应通过促进学校阶层融合、优化教师的教学方式、创设积极的学校氛围等方式,帮助处境不利学生实现学业逆袭。

【关键词】 学校;抗逆学生;学业逆袭;作用

一、问题的提出

教育公平是社会公平的重要体现,帮助家庭低社会经济地位(Socioeconomic Status,简称SES)的学生取得学业成就是每个教育工作者的责任,更是政府不可推卸的使命和担当。PISA(国际学生评价项目)将SES处于后四分之一的学生称为低SES学生,其中测试表现位于所有参加国家或经济体中最高四分之一者为抗逆学生。可以说,抗逆学生是那些克服了自身的社会经济背景劣势而取得较好成绩的学生,也是未来有希望实现学业逆袭的学生。

教育界对影响抗逆学生实现学业逆袭的研究有很多。很多学者认为,个体自身存在抗逆力,在低SES环境中依然具备突破困境的性格及能力。以沃纳(Werner)为代表的学者认为,抗逆学生具有较好的自我调节能力,善于自我规划,具有较强的自我动机,善于把成功归于自身。北京师范大学张平平、胡咏梅的研究把视角放到了学校这个重要外因上,寻找学校对促进抗逆学生实现学业逆袭的作用。抗逆学生和其他

---

① 马海燕,杭州市上城区教育评估与监测中心主任,高级教师;王逸,浙江工业大学硕士研究生。

低SES学生一样，在家庭经济和社会资源占有方面处于劣势，却能依赖于难得的、有限的学校教育资源获益更多。研究学校对抗逆学生的影响作用，有利于学校提升低SES学生的整体学业表现，缩小其在家庭背景相关的教育结果不均等方面的作用，是实现教育公平的关键所在。

本研究借鉴了张平平、胡咏梅的研究思路，利用浙江省中小学教育质量监测数据，将SES处于当地（县域）后四分之一、学业表现处于全省前四分之一的学生定义为抗逆学生，将SES在当地排名为后四分之一、成绩排名为全省后四分之一的学生定义为弱势学生。笔者以浙江省五年级学生为对象，对抗逆学生进行了深入的研究，探讨学校平均SES、教学质量、学校氛围、学校规模等因素对抗逆学生学业逆袭的影响，以期为学校和教师提升低SES学生的学业表现提供实证参考。

二、研究方法

（一）数据来源

本文使用的数据来自2018年10月浙江省组织的小学教育质量监测，共36010名五年级学生及家长参加监测，获得有效SES数据29617份。其中公办学校样本占比76.30%，民办学校样本占比23.70%，城市学校、县城学校、乡镇农村学校样本分别占比17.63%、26.39%和55.98%，女生样本占比46.78%。结果表明，抗逆学生在低SES学生中占30.4%。

（二）变量说明

根据浙江省中小学教育质量监测框架，本研究关注的学校特征变量包括：学校平均SES及阶层异质性，用来反映学生组成及学生同伴群体特征等的学校背景因素；教学质量，指教师使用因材施教（即个性化）、互动合作（即合作式）和引导探究（即探究式）教学策略的情况，用来反映学校教育过程中的学生学习机会状况；学校氛围，用来反映学校教育过程中的学习环境状况；学校规模，用来反映学校学生人数。变量计算说明参见下页表1。

表1　变量计算说明

变量	计算说明
SES	将父母最高受教育程度、父母最高职业地位以及家庭拥有物经过标准化后求平均值，再根据前后四分之一的标准分为处境不利、处境一般偏下、处境一般偏上、处境有利
学业平均得分	学生的语文、数学两科测验成绩控制SES后标准化（平均分为500分，标准差为100），再求平均值
是否抗逆	首先，将学业平均得分对SES和SES平方项回归的残差作为学业抗逆，然后将学业抗逆按前后三分之一分为高、中、低三类；最后将处境不利学生中高表现者定义为抗逆学生，将处境不利学生中的低表现者定义为非抗逆学生
性别	女＝1，男＝0
学校办学性质	民办＝1，公办＝0
学校位于城市	城市＝1，其他＝0
学校位于县城	县城＝1，其他＝0
学校平均SES	每个学校抽样学生家庭SES的平均值
学生异质性	每个学校抽样学生家庭SES的标准差
教学质量	学生对教师采用因材施教、互动合作、引导探究教学策略频率的题目进行评价的均分，在学校层面经过标准化转换为取值0—100的变量
学校氛围	学生对教师尊重、信任、公平与公正对待自己的题目进行评价的均分，在学校层面经过标准化转换为取值0—100的变量
学校规模	本校学校总人数/100

（三）变量的描述性统计

从表2可以看出，对于全样本而言，小学生的学业平均得分为500.679分，学校平均SES、学生异质性、学校教学质量、学校氛围和学校规模分别为0.005、0.764、3.985、3.702和13.062。学校规模平均为654人。对于分样本来说，处境有利学生的平均学业成绩（545.987分）显著高于处境一般学生（489.126分和508.905分）和处境不利学生（457.923分）。处境有利学校的平均SES（0.602）最高，学生异质性（0.753）最小，教学质量（4.189）最高，学校氛围（4.049）最积极，学校规模（16.430）最大，其次是处境一般偏上学校和处境一般偏下学校，处境不利学校的平均得分均最低。

处境不利学生的整体发展状况较处境一般学生和处境有利学生存在显著差距，这反映了家庭背景对于子女学业成绩提升具有显著影响。然而处境不利学生内在的差异性则为解决此类群体的发展问题提供关键启示。因此,我们将探讨与学业发展结果不同的处境不利学生(即是否是抗逆学生)相关的学校因素,说明学校如何为处境不利学生群体提供教育补偿。

表2　各连续变量的描述统计

变量		全样本		分样本				
		均值	标准差	处境不利	处境一般偏下	处境一般偏上	处境有利	*F*值
学生层	学业平均得分	500.679	82.151	457.923	489.126	508.905	545.987	1765.217***
学校层	学校平均SES	0.005	0.655	−0.498	−0.200	0.086	0.602	6337.417***
	学校阶层异质性	0.764	0.138	0.791	0.757	0.754	0.753	131.545***
	学校教学质量	3.985	0.709	3.712	3.947	4.092	4.189	674.002***
	学校氛围	3.702	1.174	3.274	3.645	3.836	4.049	616.244***
	学校规模	13.062	7.798	10.218	11.844	13.692	16.430	952.120***

说明:***表示$p<0.001$。

(四)分析方法

本研究使用多元方差分析探讨抗逆学生比例不同的学校间的特征差异,使用多层Logit回归探讨学校因素对处境不利学生成为抗逆学生的发生比率的影响,使用多层线性回归探讨哪些学校因素能够缩小不同家庭背景学生的成绩差距。

三、研究结果

为了探讨各学校对处境不利学生成长为抗逆学生的作用,我们首先进行抗逆学生不同比例学校的特征分析,即根据抗逆学生占处境不利学生的比例高低将学校分为3组,分别是低抗逆学校、中等抗逆学校和高抗逆学校(数据处理中发现有一类特殊学校没有处境不利学生,我们把它单独列为一类,称为无处境不利学生学校),并进行不同组别学校间差异的事后检验。

(一)抗逆学生比例不同的学校的特征

从下页表3可以看出,不同组别学校在关注的所有特征变量(学业平均得分、学校平均SES、学校阶层异质性、学校教学质量、学校氛围、学校规模)上均存在显著差异(F值分别为781.306、1458.616、1009.350、121.766、127.464、482.252,$p<0.001$)。无处境不利学生学校在学生的学业平均得分、学校平均SES、学校教学质量、学校氛围以及学校规模上均显著高于其他三类学校,学校阶层异质性显著低于其他三类学校。这说明无处境不利学生学校的学生SES最高,学生间的SES非常接近,学校教学质量最高、学校氛围最好。

从抗逆学生占不同比例的三类学校看,高抗逆学校在学业平均得分(522.449分)、学校平均SES(0.128)、学校教学质量(4.012)、学校氛围(3.739)以及学校规模(14.151)上都高于其他两类学校,学校阶层异质性(0.765)则低于其他两类学校。这说明高抗逆学校的教学质量、学校氛围和学校规模都要显著优于其他两类学校。

表3　抗逆学生比例不同学校的特征差异

		学业平均得分	学校平均SES	学校阶层异质性	学校教学质量	学校氛围	学校规模
低抗逆学校	均值	481.397	−0.068	0.766	3.966	3.683	12.423
	标准差	84.690	0.630	0.133	0.725	1.171	7.494
中抗逆学校	均值	485.213	−0.326	0.796	3.914	3.577	11.426
	标准差	80.996	0.485	0.133	0.715	1.185	7.487
高抗逆学校	均值	522.449	0.128	0.765	4.012	3.739	14.151
	标准差	74.464	0.585	0.138	0.694	1.168	7.548
无处境不利学生学校	均值	544.248	0.920	0.639	4.204	4.071	17.171
	标准差	67.279	0.380	0.098	0.634	1.072	8.591
四类学校组间差异	F值	781.306***	1458.616***	1009.350***	121.766***	127.464***	482.252***
事后检验	高—低	40.7356***	0.1959***	−0.001	0.0409***	0.0505**	1.7282***
	Cohen's d	0.514803	0.205	0.074023	0.056316	0.051	0.230
	高—中	37.2188***	0.4534***	−0.0319***	0.0951***	0.1573***	2.7255***
	Cohen's d	0.478388	0.487	0.296	0.141812	0.136	0.362

说明:1. Cohen's d是方差分析效应量的大小。方差分析表明不同组之间是否有差异,而Cohen's d则表明这个差距的大小程度(小效应量:$d=0.20$。中效应量:$d=0.50$。大效应量:$d=0.80$)。

2. ***表示$p<0.001$。

本研究以学校组别为自变量，以学校平均SES、学校阶层异质性、学校教学质量、学校氛围及学校规模这五个特征为因变量进行多元方差分析，并进行不同组别学校间差异的事后检验。由表3可知，除高—低抗逆学校的学校阶层一致性无显著差异外，不同组别学校在关注的所有特征变量上均存在显著差异。这说明高抗逆学校和低抗逆学校这两类学校里的学生SES差异较小，说明学生的学业成绩受SES的影响较小，更多受到学校因素的影响。这在一定程度上表明，学校的教学质量、学校氛围和学校规模都是低抗逆学校和高抗逆学校的重要区分特征。

（二）学校因素对处境不利学生学业抗逆力的影响

本研究基于两水平Logit回归模型，分别以学校平均阶层异质性、学校教学质量、学校氛围、学校规模为核心解释变量，在考虑学生性别和学校公民办性质、学校所处的地理位置如城市、县城的特征后，考察学校因素对处境不利学生的学业抗逆可能性的影响效应，结果如下页表4所示。

模型0（只含控制变量）的结果显示：性别、学校性质、学校所在地以及学校规模对处境不利学生成长为抗逆学生的概率都有着显著影响。具体来说，处境不利女生成长为抗逆学生的发生比率是处境不利男生的1.148倍；城市学校和县城学校的处境不利学生成长为抗逆学生的发生比率分别是乡镇农村学校学生的0.723和0.441；学校规模每增加100人，处境不利学生的抗逆可能性提高0.977。以上结果说明：与相对应的同伴相比，男生、乡镇农村学校学生和小规模学校学生更可能面临家庭SES低带来的学业失败风险，需要得到家长和学校教育工作者更大程度的关注。

模型1—模型4的结果显示，在控制学生性别、学校性质及学校所在地的特征后，学校平均SES、学生异质性、学校教学质量、学校氛围这4个学校因素对处境不利学生的学业抗逆可能性均具有显著正向预测力。具体结果如下：学校平均SES每提高1个单位，处境不利学生成长为抗逆学生的发生比率增加0.372；学生异质性每提高1个单位，处境不利学生成长为抗逆学生的发生比率增加3.088；学校教学质量每提高1个单位，处境不利学生成长为抗逆学生的发生比率增加0.844；学校氛围每提高1个单位，处境不利学生成长为抗逆学生的发生比率增加0.858。

表4　学校因素对处境不利学生学业抗逆可能性的影响

变量	模型0	模型1	模型2	模型3	模型4
性别	1.148**	1.136***	1.144**	1.137**	1.113*
	(0.044)	(0.045)	(0.044)	(0.044)	(0.045)
学校性质(公办、民办)	0.799**	1.097	0.772***	0.801***	0.793***
	(0.065)	(0.069)	(0.065)	(0.065)	(0.065)
位于城市	0.723***	1.405***	0.735***	0.738***	0.741***
	(0.059)	(0.067)	(0.059)	(0.059)	(0.059)
位于县城	0.441***	0.765***	0.445***	0.449***	0.45***
	(0.069)	(0.074)	(0.069)	(0.069)	(0.069)
学校规模	0.977***	1.003	0.976***	0.978***	0.978***
	(0.003)	(0.003)	(0.003)	(0.003)	(0.003)
学校平均SES		0.372***			
		(0.051)			
学生异质性			3.088***		
			(0.16)		
学校教学质量				0.844***	
				(0.03)	
学校氛围					0.858***
					(0.018)
常数项	0.154***	0.057***	0.067***	0.296***	0.267***
	(0.073)	(0.093)	(0.14)	(0.137)	(0.097)

说明:1. 表中的常数项是回归方程中的常数项,这个数据没有实际意义,但是是方程必需的部分。

2. ***表示$p<0.001$,**表示$p<0.01$,*表示$p<0.05$。

四、分析与讨论

(一)学校阶层异质性的提升能促进处境不利学生抗逆

本研究发现,小学生的平均SES能显著预测处境不利学生的抗逆概率。学校平均

SES每提高一个单位，处境不利学生成长为抗逆学生的发生比率增加0.372。这和张平平、胡咏梅对初中生的研究结果一致。学生异质性的提升能促进处境不利学生抗逆。处境不利的小学生能够从SES更高的学校同伴中获益。学生异质性越大，处境不利学生成为抗逆学生的概率越高，处境不利学生进入学生异质性越大的学校，将有助于显著改善与SES相关的教育结果不均等状况。

学校平均SES与学生异质性之间存在显著正向关系。处于异质性较大学校中的处境不利学生，其同伴阶层地位整体高于处于异质性较小学校的处境不利学生。这些学生能获得伴随学校高SES的积极同伴效应、更高的教学质量、更多的教师支持和更多的家长投入的可能益处。

（二）学校教学质量的提升能促进处境不利学生抗逆

本研究发现，学校教师的教学质量能显著正向预测处境不利学生学业的抗逆概率，能提升处境不利学生的抗逆能力。在因材施教的课堂中，教师能考虑学生在知识理解、掌握和运用的能力，学习兴趣，学习品质等方面的差异，从而制订更恰当的教学目标、更合理的教学进度，同时给予不同学生更有针对性的指导，最大程度上满足学生的个性化需求。在互动合作的课堂中，学生获得了更多与同伴和教师讨论、交流、建立亲密关系的机会，锻炼了表达、倾听、合作的能力，也更有意愿投入学习活动中。在引导探究的课堂中，学生有更多机会参与提出问题、做出假设、设计方案、分析结果并得出结论等活动，进行口头交流、展示与反思。以上这些教学手段不仅有助于学生加深对知识的理解，还有助于培养他们的人际交往能力，增强学生的自主性。

（三）积极的学校氛围能促进处境不利学生抗逆

本研究发现，积极的学校氛围是处境不利学生学业抗逆概率提高的显著预测变量，验证了以往关于积极学校氛围与低SES学校学业成绩间显著相关、来自重要他人的关爱与支持是处境不利学生取得良好表现重要原因的结论。2011年，鲁尔达（Roorda）对99篇包含从学前到高中阶段的师生关系情感质量与学生学业成绩间关系的研究成果进行元分析，结果显示，对低SES学生而言，师生关系对学业成绩的影响更多，对学习困难学生来说，消极师生关系的破坏性更大。2013年，沃伊特（Voight）关于加拿大公立中学学校氛围与学业成绩关系的研究结果显示，学校氛围得分居前5%学校的低SES学生实现学业逆袭的可能性是学校氛围得分一般学校学生的10倍。可见，积极的学校氛围作为一种外在环境支持，通过满足儿童青少年建立关系、发展能力等基本需要，提高了其应对低SES的心理资本，从而形成抗逆结果。

五、建议

综上所述，学校教学质量能显著区分高抗逆学校和低抗逆学校，能显著正向预测处境不利学生的学业抗逆概率，良好的学校阶层异质性、积极的学校氛围也有助于处境不利学生成为抗逆学生。基于以上结论，我们提出以下三点促进学校教育结果均等化的建议：

（一）促进不同阶层学生的融合，帮助处境不利学生实现学业逆袭

在我国，城乡社会经济差异和公办、民办学校不同的入学政策，一定程度上导致了不同所在地、不同性质的学校之间存在明显的阶层分割，而处境不利学生更有可能就读于学生平均SES不高的学校。有研究表明，学校的阶层异质性越高，处境不利学生越有可能成为抗逆学生。因此各级政府和教育行政部门有必要进一步推进义务教育均衡，缩小不同地域、不同性质学校之间的差距，缓解由于城乡差异和学校差异导致同一SES水平家庭学生过于集中的现象。比如，教育行政部门可以制定相应的政策，适当提高低SES的学生进入更优质学校的概率，如民办学校必须招收一定比例的低SES的学生，城市学校可划出一定比例，定向招收乡镇农村学生，帮助这些处境不利的学生获得更多的学校资源和更具支持性的学校环境。

（二）优化教师的教学方式，帮助处境不利学生实现学业逆袭

本次研究结果表明：教师的教学质量，即教师对学生采用因材施教、互动合作、引导探究的教学方式，有助于帮助处境不利学生成长为抗逆学生。因此，教育行政部门和学校要重视教师的培训培养，提升其因材施教、互动合作、引导探究的能力和意识，让更多的学生受益。区域和学校要进一步加大对弱势学校教师的培训力度，通过建立跨区域和区域内的教师发展共同体、研修平台以及开展多种形式的教学经验交流等措施，着力改变教师教学方式，逐步缩小教师专业能力上的差距，为促进学生成绩提升、缩小不同家庭背景学生的成绩差距提供保障。改变教师教学方式，需要提升教师了解学生、把握学情的能力，提升教师根据学情制定更合理的教学目标、更合理的教学进度，以及更具针对性的个别化指导的能力，在更大程度上满足学生的个性化需求。改变教师教学方式，需要提高学生课堂参与的积极性，让学生获得更多与同伴、教师讨论、交流、建立亲密关系的机会，从而更加愿意投入到学习活动中。改变教师教学方式，还需要让更多的学生有机会参与到互动探究的学习中来，让学生学着提出问题、解决问题，学着分享结果。

（三）创设积极的学校氛围，帮助处境不利学生实现学业逆袭

本次研究结果表明，处境不利学生进入具有积极氛围的学校，将显著提升其成长为抗逆学生的概率。因此，各校应创设积极的学校氛围，建立安全、有序的学校环境，以改善学生的在校体验，增强他们的学校归属感，从而愿意以更积极的态度投入学校生活。创设积极的学校氛围，需要建立平等、尊重的师生关系。教师可以通过关注每一名学生，鼓励其课堂参与，乐于倾听、积极表达尊重，同时给予学生必要的帮助和高期望，通过这些方式来为处境不利学生提供支持。此外，学校可以通过为教师提供适当的反馈、认可和奖励，激励教师爱岗敬业，满足教师心理需要，这些措施有助于教师和学生建立亲密、合作、积极的师生关系，从而为提升处境不利学生的学业逆袭概率奠定坚实的基础。

（原载于《教育测量与评价》2019年第12期）

【参考文献】

[1] 张平平，胡咏梅.家庭处境不利学生如何实现学业成绩的逆袭：学校在其中的作用[J].教育经济评论，2019(2)：3－25.

[2] Masten, A S. Ordinary Magic: resilience processes indevelopment [J]. American psychologist, 2001(3): 227－238.

[3] Werner, E.E. Risk, resilience, and recovery: Perspectives from the Kauai Longitudinal Study[J]. Development and psychopathology, 1993(4): 503－515.

[4] Roorda, D.L., H.M. Koomen, J.L. Spilt, et al.. The influence of affective teacher-student relationships on students relationships' on students' school engagement and achievement: A meta-analytic approach [J]. Review of Education Research, 2011 (4): 493－529.

[5] Voight, A., G. Austin, and T. Hanson. A climate for academic succes: How school climate distinguishes schools that are beating the achievement odds [M].San Francisco, CA: WestED, 2013.

抗逆学生问题解决能力表现的实证研究

沈启正　夏　晶①

【摘要】 抗逆学生指能够克服自身家庭社会经济地位较低的不利环境，取得较为优异成绩的学生。问题解决能力属于综合的高层次认知能力，本研究发现抗逆学生数理能力相对较强，在“方案实施与改进”维度中的表现也较好，男、女抗逆学生差异不大。

【关键词】 抗逆学生；问题解决；实证研究

本研究基于2019年浙江省初中教育质量监测数据探索家庭社会经济地位不同的学生在数学、科学学科中的问题解决能力方面的表现情况。家庭社会经济背景通常指学生家长的社会经济地位和家庭的物质文化条件。家庭社会经济地位是影响学生学业成就的重要因素，美国社会学家科尔曼在20世纪60年代就发现了学生家庭背景与学业成就的正相关性。整体来说，家庭社会经济地位越高，学生的学业成绩越好。但是，也发现一部分家庭社会经济地位较低的学生可以克服由此带来的不利影响，取得优异的学业成绩，成为抗逆学生。

学生各学科的解决问题能力均属于高层次认知能力，问题解决是近年来国际教育界发展起来的一种教学方法和教育思想，它始于1980年的美国，至今一直被人们广泛接受，成为理科教育的中心课题。基于核心素养的真实情景下学习和基于深度学习的项目化探究，无一不是以问题解决为出发点的课程改革。

本文揭示抗逆学生在数学、科学学科中问题解决能力表现上与其他类型学生的差异，分析抗逆学生在问题解决各个维度中的不同表现，以期为培养更多的抗逆学生，提升抗逆学生分析问题与解决问题的能力提供参考。

① 沈启正，浙江省教育厅教研室评价研究员，特级教师；夏晶，浙江工业大学硕士研究生。

一、研究设计

（一）概念界定

参考PISA（国际学生评价项目）报告对“抗逆学生”和“弱势学生”的划分方式，本研究将家庭社会经济地位在全省样本后四分之一，但监测的语文、数学、科学三门学科的学业量尺分[①]均分表现在本地区前四分之一的学生称为“抗逆学生”；将家庭社会经济地位处于全省后四分之一，且量尺分均分表现也在本地区后四分之一的学生称为“弱势学生”；将家庭社会经济地位处于全省前四分之一，量尺分均分表现在本地区后四分之一的学生称为“落后学生”（因校本数过少，本文中不予研究）；将家庭社会经济地位在本地区前四分之一，且量尺分均分表现也在全省前四分之一的高家庭社会经济地位和高学业表现学生称为“双高学生”。

（二）研究对象

参加2019年浙江省初中质量监测的八年级学生共41590名，在本次研究中剔除变量缺失值样本，最终有效人数为38600人，分布在城市、县城、乡镇农村学校。其中抗逆学生2951名，弱势学生2849名，双高学生2027名。

（三）研究工具

2019年浙江省初中教育质量监测开发了语文、数学、科学纸笔测试卷，语文主要考查阅读能力，数学侧重考查学生的问题解决能力，包括信息收集与理解、计划探索与制订、方案实施与改进、结果反思与评判四个维度。科学侧重考查学生的科学探究能力，包括提出科学问题、设计探究方案、获取和解释证据、科学解释现象、评价科学探究五个维度。经对科学试题的进一步研究可知“科学探究”就是以问题解决为导向，数学与科学都着重呈现问题新颖、内容综合、指向目标、立足能力、关注策略等特点，故本研究按测试框架与命题意图合并数学、科学两学科的相近能力维度，以数学学科的名称为主干，组成本文中所称的问题解决能力框架，见下页表1。

---

① 学业量尺分是指依据学生原始作答模式将其在学科上的得分依据项目反应理论模型转化为平均分为500分、标准差为100的量尺分，每个学科分维度转化为平均分为300、标准差为50的量尺分。与原始分相比，量尺分的优越性在于对不同时间、内容和难度的测试结果，可采用统一的标准进行衡量、比较。

表1　问题解决能力的分析维度

数学学科的能力维度	科学学科的能力维度	问题解决能力的维度
信息收集与理解	提出科学问题	信息收集与提问
计划探索与制订	设计探究方案	计划探索与制订
方案实施与改进	获取和解释证据	方案实施与改进
	科学解释现象	
结果反思与评判	评价科学探究	结果反思与评价

二、研究结果与分析

（一）抗逆学生总体得分情况

图1反映了三个群体学生的数学、科学和总的问题解决能力得分率情况。不同群体得分率存在明显差异：抗逆学生和双高学生的得分率相接近，均远远高于弱势学生。

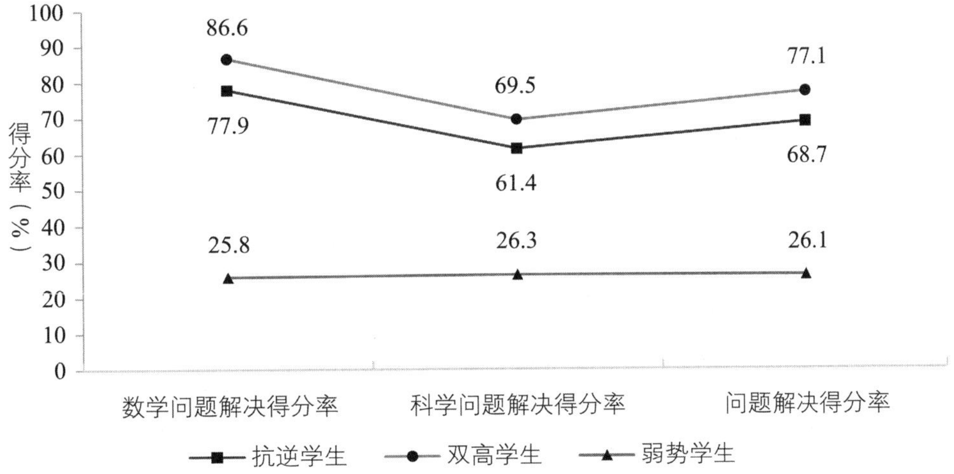

图1　不同类型学生问题解决得分率

下页表2表明本文研究所需的各类得分率针对不同类型的学生均有显著差异性（$p<0.05$）。

表2　不同类型问题解决得分率事后检验表

因变量	抗逆—其他	平均值差值(*I*–*J*)	标准误差	显著性
数学问题解决	抗逆—双高	−0.087	0.0066	0.000
	抗逆—弱势	0.521	0.0060	0.000
科学问题解决	抗逆—双高	−0.081	0.0039	0.000
	抗逆—弱势	0.351	0.0035	0.000

图2反映了三个群体学生数学和科学问题解决能力的得分率情况。同群体在不同维度上的得分率相对比较均衡，但不同群体得分率存在明显差异：抗逆学生与双高学生得分率比较接近，远远高于弱势学生。

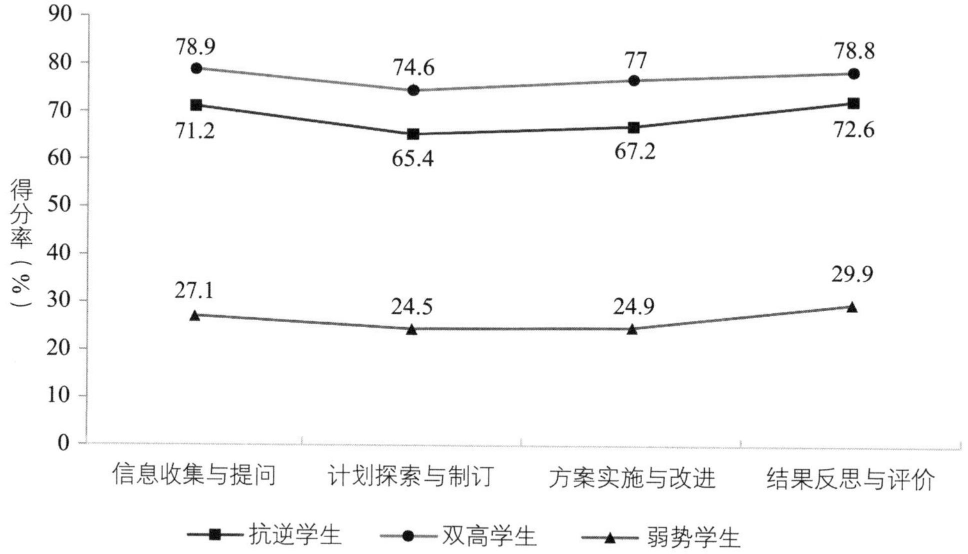

图2　不同类型学生问题解决维度得分率

表3表明本文研究的问题解决各维度对不同类型的学生均有显著差异性($p<0.05$)。

表3　不同类型学生在问题解决维度中的事后检验表

因变量	抗逆—其他	平均值差值(*I*–*J*)	标准误差	显著性
信息收集与提问	抗逆—双高	−0.076	0.0056	0.000
	抗逆—弱势	0.442	0.0051	0.000

续表

因变量	抗逆—其他	平均值差值(*I–J*)	标准误差	显著性
计划探索与制订	抗逆—双高	−0.092	0.0046	0.000
	抗逆—弱势	0.409	0.0042	0.000
方案实施与改进	抗逆—双高	−0.097	0.0045	0.000
	抗逆—弱势	0.423	0.0040	0.000
结果反思与评价	抗逆—双高	−0.062	0.0063	0.000
	抗逆—弱势	0.427	0.0058	0.000

图3综合了图1和图2的内容，纵坐标是各维度中双高与抗逆学生的得分率差值、抗逆与弱势学生的得分率差值情况。结果显示，数学问题解决得分率，抗逆与弱势学生差值高达52.1%，远超问题解决得分率差值(42.7%)。而科学问题解决得分率差值为35.1%，比问题解决得分率(42.7%)要低7.6%。另一个值得注意的现象是，“结果反思与评价”，抗逆与双高学生的得分率差值最小，为6.2%，“方案实施与改进”差值最大，为9.7%。这两条图线从一个侧面说明了抗逆学生在“结果反思与评价”维度上与双高学生水平比较接近，在“方案实施与改进”维度上与双高学生之间尚有差距。

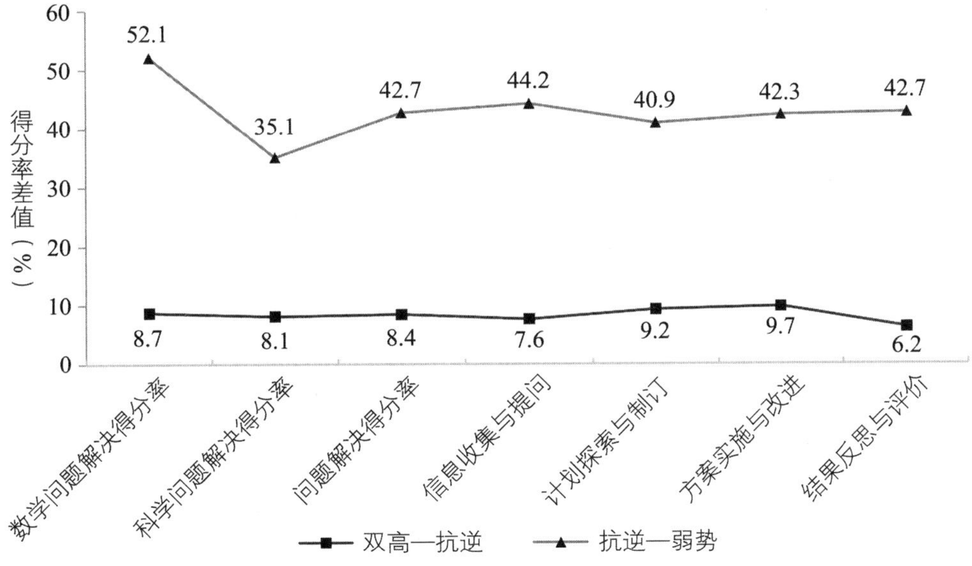

图3　不同类型学生维度得分率差值

（二）各学科能力得分率的相对百分比

由于各科监测难度不同，得分率相差较大，引入得分率的相对百分比容易看出哪个学科的问题解决能力对抗逆的作用更大。为了增加说服力，我们纳入语文阅读的高层次认知能力一起进行比较。

由图4可知，抗逆学生与弱势学生相比，语文阅读高层次能力得分率的相对百分比为51.3%，明显低于数学、科学学科问题解决的62.1%。更显著低于数学问题解决的66.9%，也低于科学的57.1%。而抗逆学生与双高学生相比，各学科的相对百分比比较接近，差异不大。因此可以初步得出结论：抗逆学生之所以能够从弱势学生中脱颖而出，与他们数学和科学的问题解决能力明显较强有关，尤其是数学学科的优势明显所致。

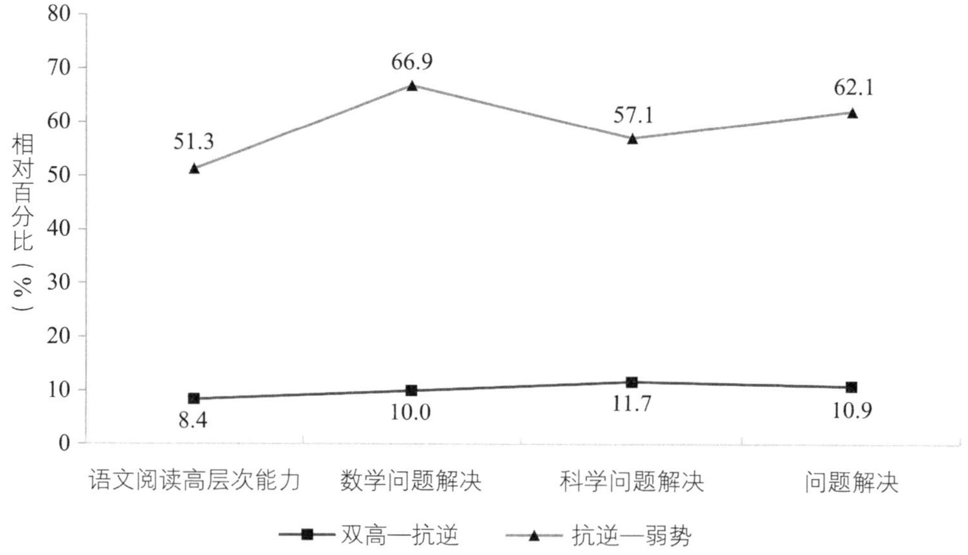

图4　各学科能力得分率相对百分比

由于本次科学监测内容绝大部分由物理和化学组成，本研究仔细分析统计了科学试题中的物理和化学部分，得到下页图5。

可见物理学科中的问题解决能力对抗逆的作用也相当大，仅次于数学学科；化学问题解决维度的得分率相对百分比与语文阅读高层次能力则很接近。因此，数学、物理学科的问题解决能力强是抗逆学生取得优异成绩的重要因素。

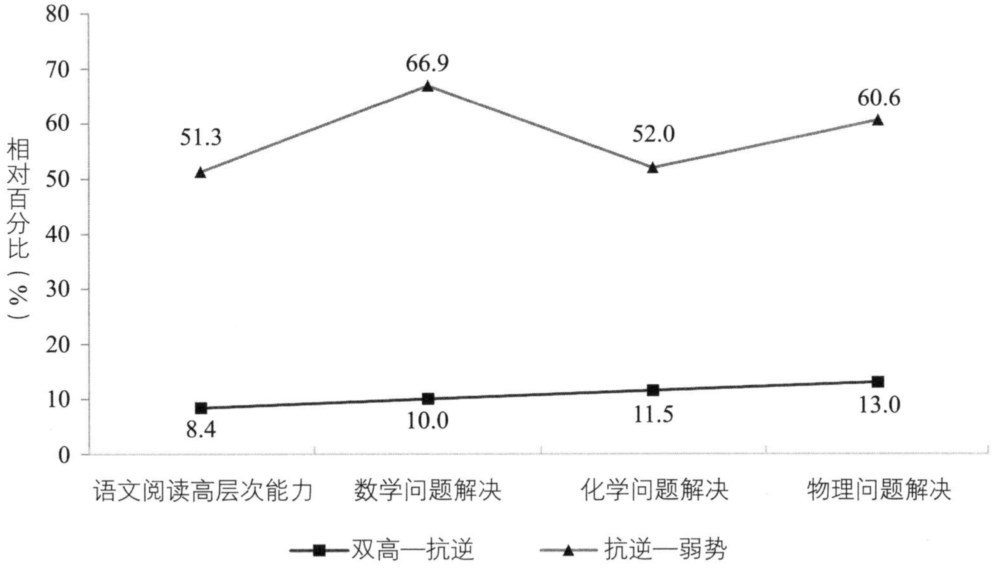

图5　各学科能力得分率相对百分比

（三）问题解决各维度得分率的相对百分比

图6是抗逆学生与弱势学生在问题解决各维度中得分率的相对百分比，从图中发现，在问题解决的四维度中，“方案实施与改进”维度是抗逆学生超过弱势学生最大的亮点，其次是“计划探索与制订”维度，而这两个维度正是问题解决中的核心环节，是需要综合运用多种思维才能突破的关键难点，确实需要学生的创新思维。

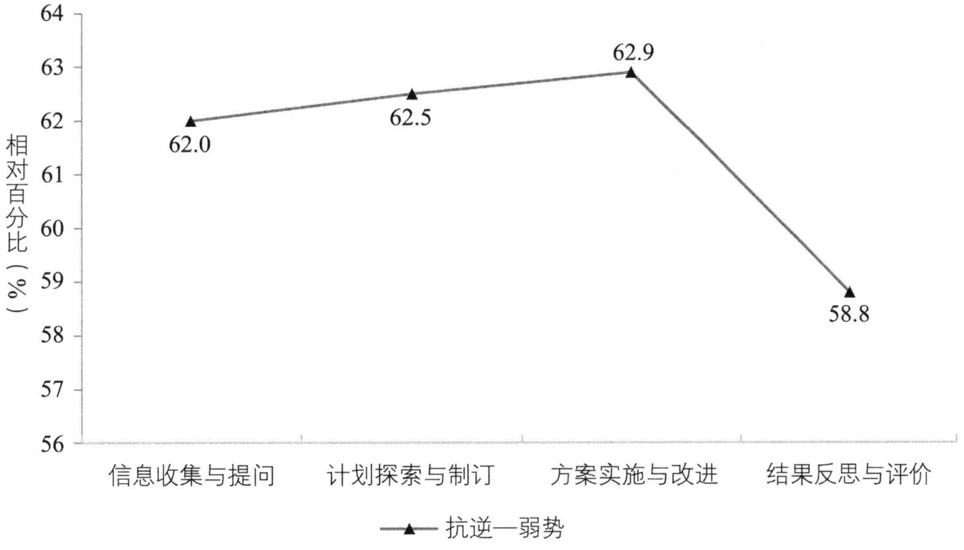

图6　问题解决各维度的相对得分率(抗逆—弱势)

图7反映了双高学生与抗逆学生在问题解决各维度中得分率的相对百分比。可见双高与抗逆学生在“结果反思与评价”维度上比较接近，在“方案实施与改进”维度上还存在着12.7%的差距。这也从另一个侧面说明了抗逆学生与双高学生在高思维要求的维度上还存在着一些差距，而在思维要求不太高的维度上则差距不大。

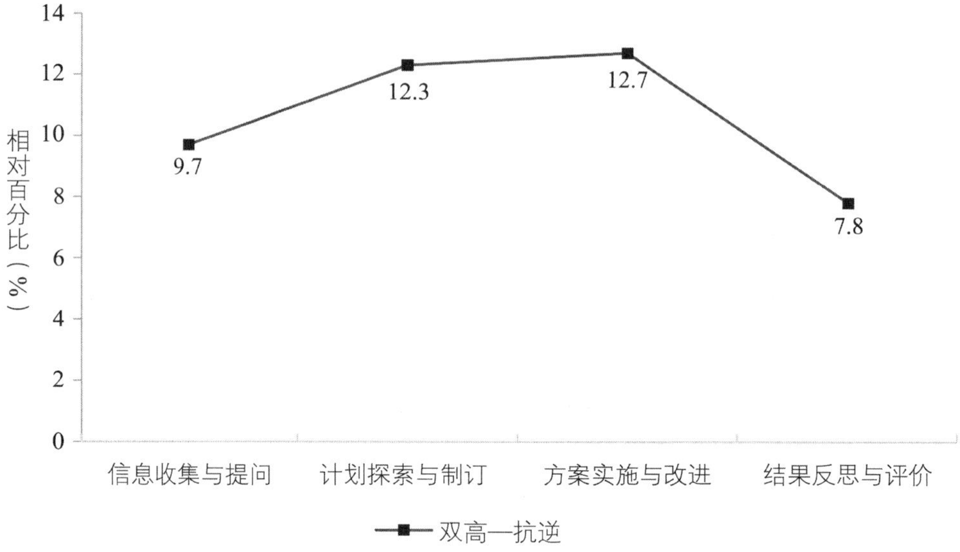

图7　问题解决各维度的相对得分率（双高—抗逆）

从图6和图7中也发现，“结果反思与评价”维度中，无论是抗逆学生与弱势学生的相对优势还是抗逆与双高学生的相对差距，与“计划探索与制订”“方案实施与改进”维度相比都有很明显的压缩。综合研究这三个维度的试题，可发现“结果反思与评价”维度较“计划探索与制订”“方案实施与改进”维度在思维的深度与广度要求方面有明显的降低，弱势学生在“结果反思与评价”维度上的得分率有较大的提高。

（四）综合解决复杂问题能力的得分率差异

在本次监测中，数学、科学的主观题都具有较新的情境，要求学生拥有足够的思维广度和深度，需要学生拥有综合运用所学知识解决复杂问题的能力。下页图8以科学和数学的主观题得分率作为学生综合解决复杂问题的能力指标。从得分率高低可知，双高学生与抗逆学生科学、数学的综合解决复杂问题能力都远远高于弱势学生；从三条图线的斜率可知，抗逆学生与双高学生科学、数学得分率组成的斜率几乎相同，但弱势学生与抗逆学生则差距明显，反映出抗逆学生在数学综合解决复杂问题能力上相对于弱势学生优势更加明显。

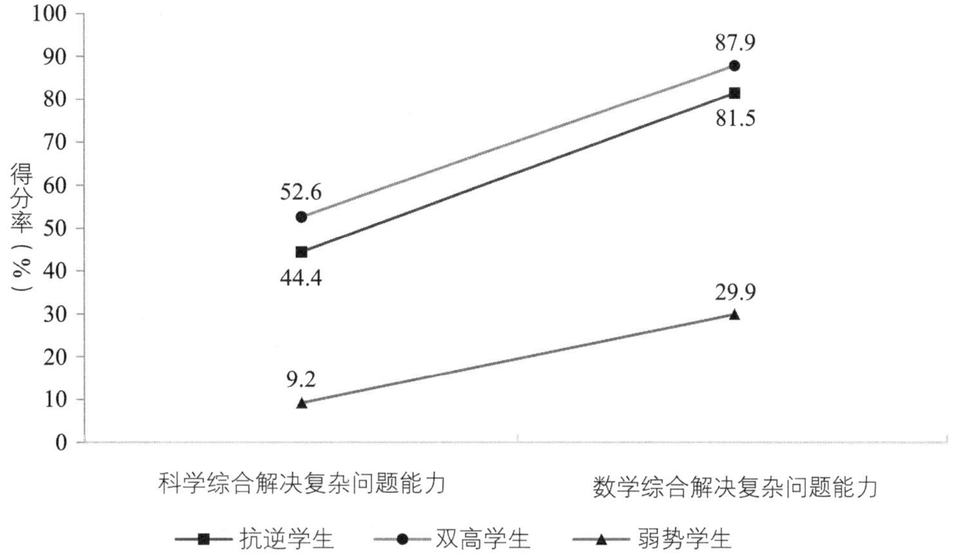

图8　综合解决复杂问题能力得分率差异

（五）男、女抗逆学生的总体情况分析

在本次监测中，2951名抗逆学生中，男生1601名，占54.3%；女生1350名，占45.7%。图9为男、女抗逆学生问题解决维度的得分率情况。从图中可以发现男、女抗逆学生问题解决能力总体比较接近，女生在科学问题解决中略为占优，但差别不大。

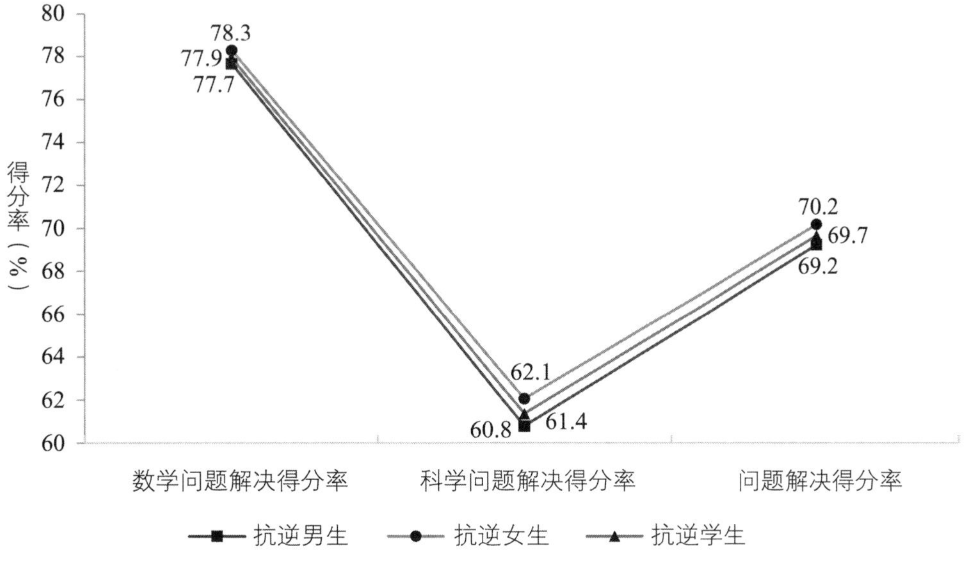

图9　不同性别抗逆学生问题解决得分率

图10为不同性别抗逆学生在问题解决各维度中的得分率情况，可见男、女抗逆学生总体比较接近，女生略有优势，在“计划探索与制订”维度上优势稍明显点，但女生也仅比男生高1.5%。

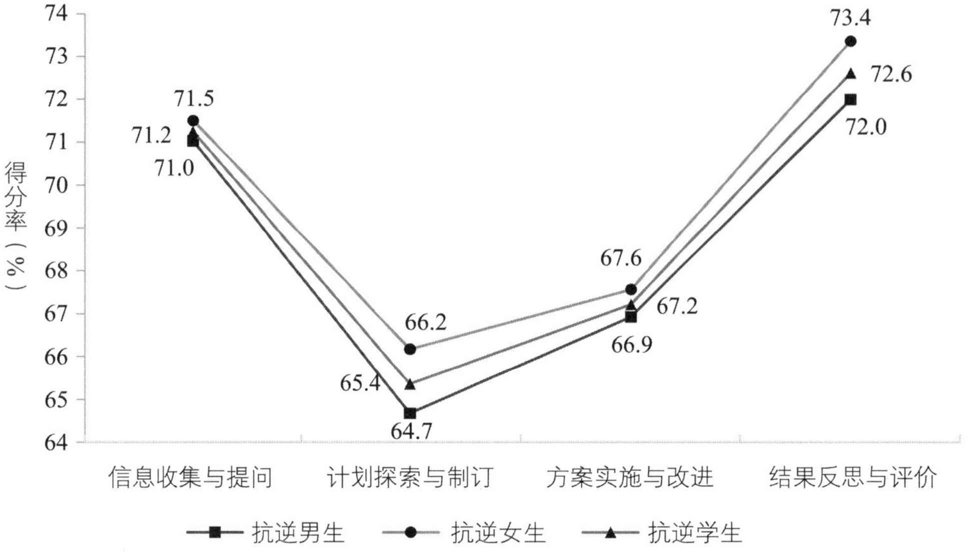

图10　不同性别抗逆学生问题解决维度得分率

三、典型题的分析

为了较形象地考察抗逆学生与其他类型学生在问题解决中的具体表现情况，我们特意研究了他们在一些典型题中的作答情况。

典型题1：如图11，有两张全等的直角三角形硬纸片，它们的两条直角边分别为2和4.用这两张纸片可拼出各种不同的四边形，画出所有符合要求的四边形.(此处四边形不包含凹四边形)

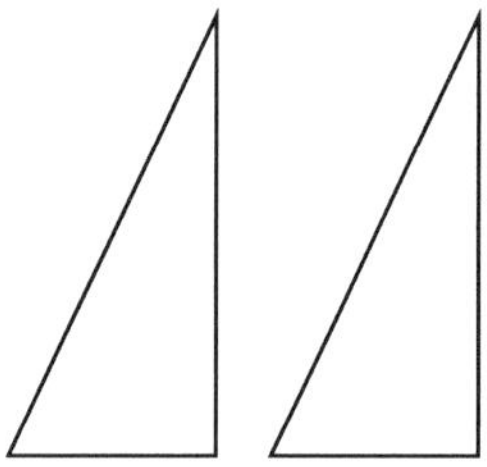

图11

本题的解题过程包含了问题解决的全部维度：着重考查了信息收集与提问、计划探索与制订这两个维度。按照SOLO分类理论评分，学生答题共有18种情况。下页图12的横坐标是不同的得分，纵坐标是相应的人数百分比。

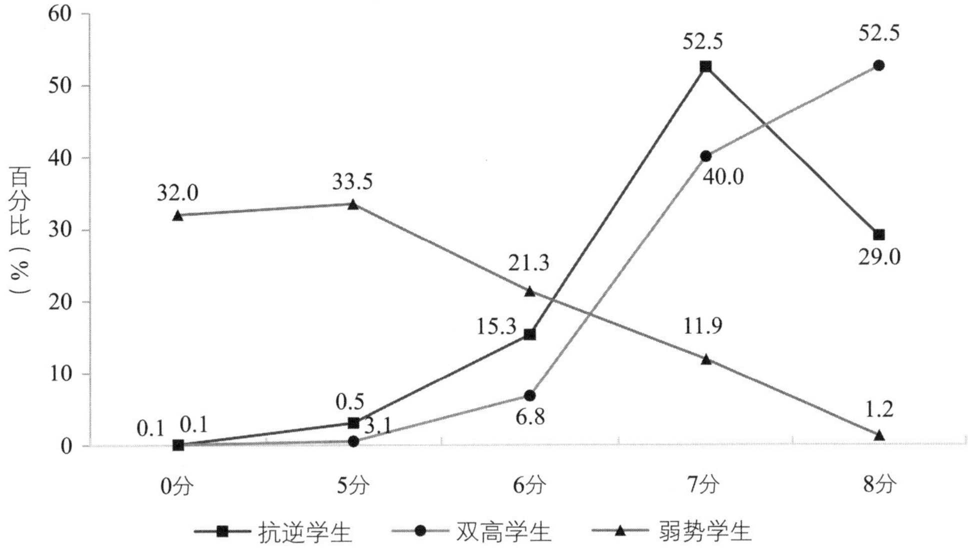

图12　典型题1:不同得分的人数百分比

图12揭示,弱势学生得0分的比例高达32%,得5分的人数最多,占33.5%;抗逆学生得7分的人数最多,占52.5%。抗逆学生在平均约6.2分以上时,各分数的人数百分比均超过弱势学生,7分时与弱势学生拉开了最大的差距,人数百分比差值达到了40.6%,达满分8分的人数百分比则比弱势学生高近28%。可见抗逆学生的思维严密性与深刻度要远胜弱势学生。双高学生得满分8分的人数最多,占52.5%;抗逆学生得5—7分的人数百分比均超过了双高学生,但得满分8分的人数百分比则比双高学生少23.5%! 弱势、抗逆、双高三类学生的人数峰值分别出现在5分、7分和8分,根据IRT(项目反应理论)得到的难度值(下简称为难度值),得5分的难度值为－1.94,得7分的难度值为－0.52,得8分的难度值为1.43,难度值区间范围为[－3,3]。也就是说大多数弱势学生的难度值位于[－3,－1.9],大多数抗逆学生的难度值位于0左右,大多数双高学生的难度值位于1.4附近。可见在难度值要求较高时,抗逆学生会被双高学生拉开一些距离,说明抗逆学生与双高学生相比,思维的严密性和深刻性仍存在着差距。

典型题2:为观测水结冰的过程,某同学进行如图13的实验:在小试管中倒入适量的水,在水中插入并固定温度计,再将此小试管放入加有食盐的碎冰中冷却,每隔1分钟记录温度计的示数及小试管内水的状态,结果如下表。

时间(分)	0	1	2	3	4	5	6	7	8	9	10	11
温度(℃)	7	4	2	0	-1	0	0	0	0	0	-1	-3
状态	液	液	液	液	液	固液	固液	固液	固液	固	固	固

(1) 请根据表中数据在下面方格中画出小试管内水的温度随时间变化的关系图象。

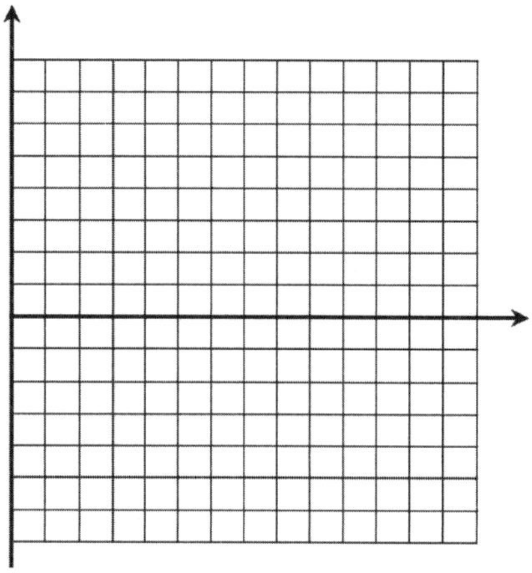

图 13

(2) 根据表中数据,某同学认为冰是晶体,你是否赞同?

(3) 针对第(2)小题的回答,说明理由。

本题全面考查了问题解决中"信息收集与提问、计划探索与制订、方案实施与改进、结果反思与评价"四个维度。按照SOLO分类理论,第(1)小题采用4级评分,第(2)小题采用2级评分,第(3)小题采用4级评分。

根据IRT得到的难度值,本题的第(1)小题得1分难度值-1.34;得2分难度值-1.26;得3分难度值0.48;难度值区间范围为[-3,3]。由下页图14可知,双高学生得3分的人数比例为60.5%,抗逆学生为51.4%,均为各自的最多人数,而弱势学生得3分的比例仅为8.1%,弱势学生最多人数比例出现在2分处,为36.7%,另一个高峰位于0分处,高达35.4%,即1/3弱势学生得0分。可见本小题由于得满分的难度值仅为0.63,难度不大,抗逆学生与双高学生差距不明显,但抗逆学生与弱势学生相比,得满分的学生数百分比几乎是弱势学生得0分和1分的人数百分比总和。

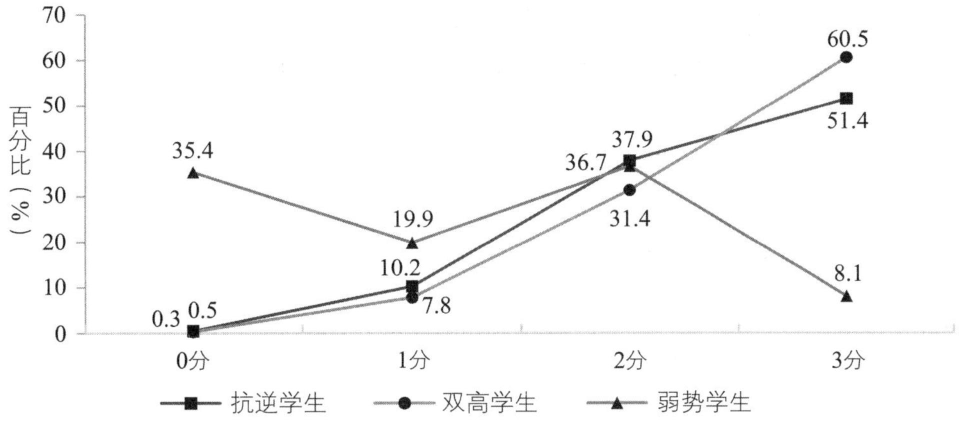

图14　典型题2(1)不同得分的人数百分比

第(2)小题得2分的难度值为0.38,考查问题解决中的"结果反思与评价"环节,答案唯一。但学生的得分率不高。图15反映了双高学生有59.9%得满分,而抗逆学生与弱势学生分别有45.7%和37.9%得满分。从这个比例来看,差距不是很大,但考虑到这是二选一的判断简答题,存在着较大的猜测成分,也就不难理解了。

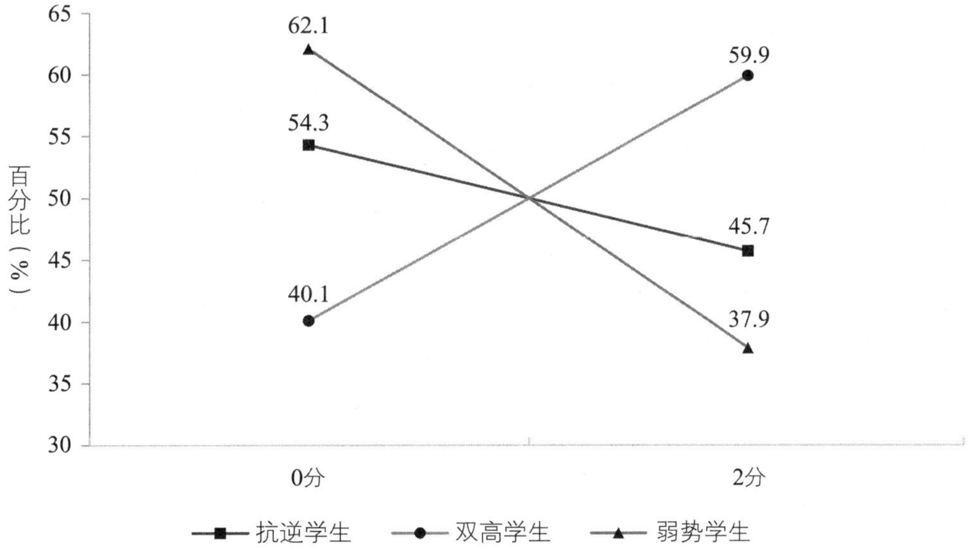

图15　典型题2(2)不同得分的人数百分比

第(3)小题得1分的难度值为2.37,得2分的难度值为2.89,得3分的难度值为3.38。难度值超过3,可见这是难度相当大的问题。三类学生的错误率均极高。本小题采用4级评分。由于要得满分需要用三段论作严谨推理,故只有17.5%的双高学生、8.3%的抗逆学生和0.9%的弱势学生得1分,得2或3分的学生就很少了。不过值得注意的是，在难度值达到2.37的情况下，双高学生的人数百分比是抗逆学生的2倍多，说明双高学生中的顶尖学生比例大幅超过抗逆学生中的顶尖学生比例，如图16所示。

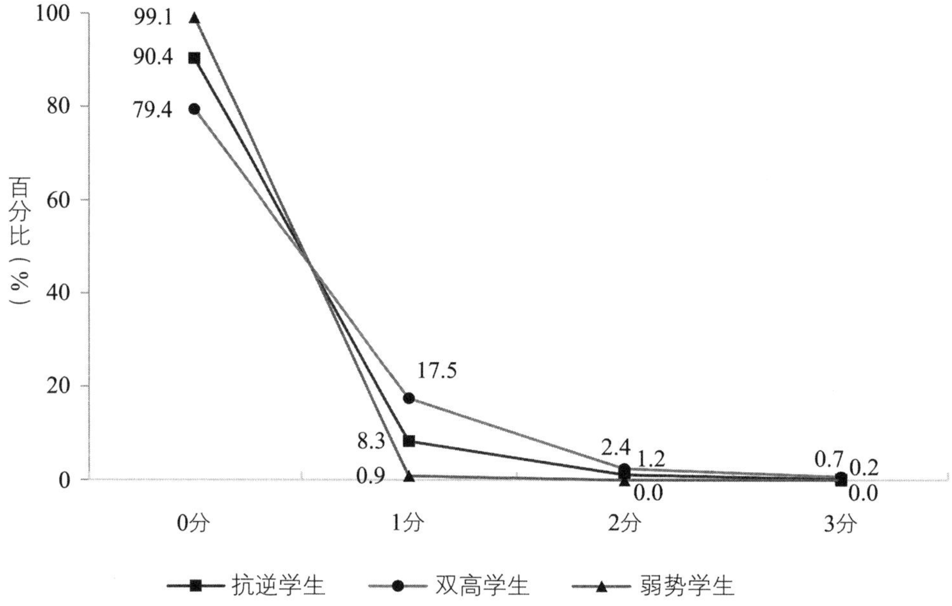

图16　典型题2(3)不同得分的人数百分比

典型题3：某科学小组为了测量容器中氧气的含量随可燃物燃烧的变化情况，利用如下页图17甲所示的实验装置，进行了如下操作：用相同规格的集气瓶收集三瓶空气，依次标为A、B、C；分别往燃烧匙里加入足量的红磷，使红磷依次处于图乙所示标注处；密闭容器并点燃红磷，直至熄灭一段时间后；其中红磷位于图17乙*2处时，图像显示仪显示的容器内氧气含量随时间变化图象如图17丙所示。

（1）将红磷分别置于图乙标注的三个位置进行测量，其目的是________________。

（2）由图丙可得出的结论是____。

（3）请针对燃烧后容器内最终的氧气含量提出一个适合进一步探究的科学问题。

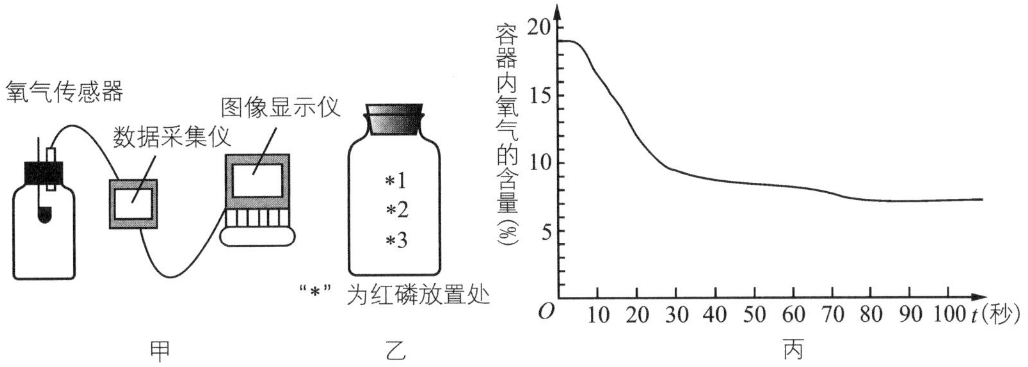

图17

本题着重考查问题解决中的“方案实施与改进”“结果反思与评价”这两个维度。按照SOLO分类理论，第(1)小题采用4级评分，第(2)小题采用2级评分，第(3)小题采用4级评分。从基于IRT的难度值来看，难度相当大，各小题的最高难度值均超过3。

第(1)小题的难度值，得1分为1.19，得2分为2.72，得3分为4.78。从图18可知，90.1%的弱势学生、62.7%的抗逆学生和49.8%的双高学生均得0分！对比得1分的人数，抗逆学生占比为33.2%，双高学生占比为44.7%，但弱势学生仅占8.8%，明显弱于抗逆学生。得2分和3分的学生更少了，全省得3分的只有27人，已无统计学意义。

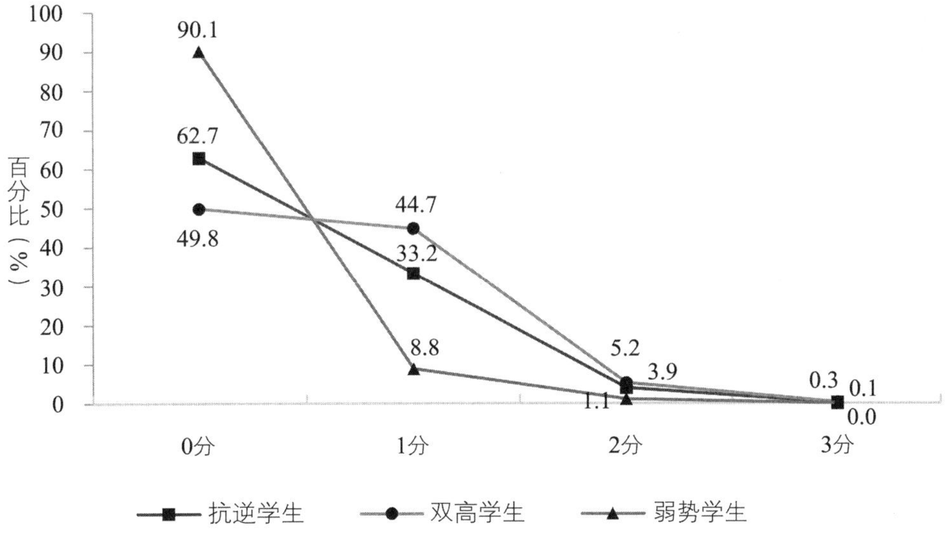

图18 典型题3(1)不同得分的人数百分比

第(2)小题的难度值，得1分为0.10，得2分为2.11，得3分为4.63；本题得0、1、2分的区分度很高，抗逆学生与双高学生在0、1得分中区分不明显，得2分时双高学生人数百分比约比抗逆学生高1倍，但弱势学生得2分的已极少。得3分的情况因为人数太少，已无统计学意义，如图19所示。

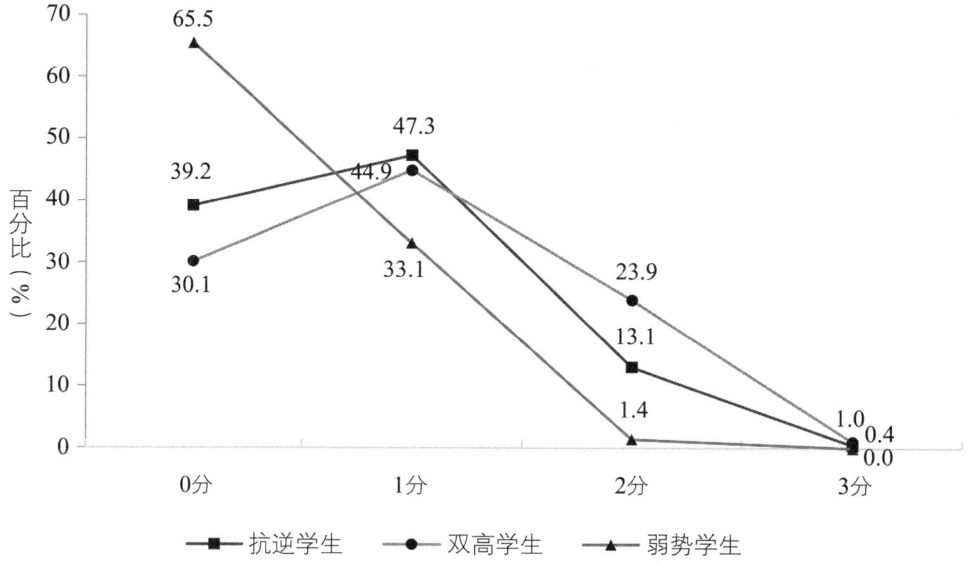

图19　典型题3(2)不同得分的人数百分比

第(3)小题的难度值，得1分为1.64，得2分为2.12，得3分为3.07。由图20可知，大多数学生得0分，18%的双高学生、13.6%的抗逆学生和2.5%的弱势学生得1分。而得2分或3分时，双高学生的人数百分比(10.1%，1.5%)约是抗逆学生(5.2%，0.8%)的2倍，可见，双高学生的顶尖学生的浓度比抗逆学生要高得多。

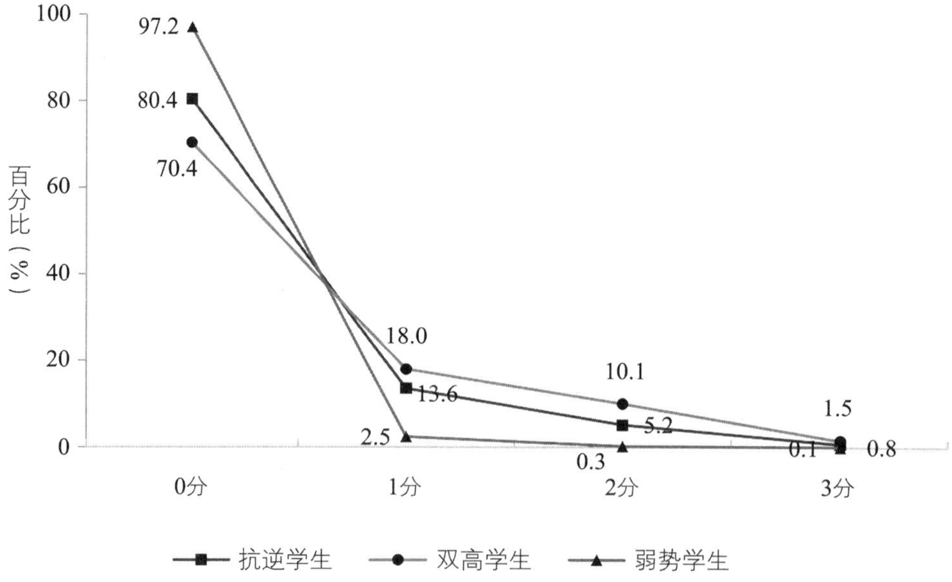

图20　典型题3(3)不同得分的人数百分比

四、启示与反思

（一）数理能力强是抗逆学生展示学业水平的重要因素

本次监测数据表明抗逆学生与弱势学生数学问题解决的得分率差值最大，其次是科学中的物理学科，这两者都远高于语文和化学学科。笔者认为这一现象有一定的合理性。由于社会经济地位的不足，学习的客观条件会有所制约，但逻辑思维能力强、数理推理能力佳的学生仍有可能摆脱自身家庭社会经济地位弱势的影响，在数学和物理这两门需较强逻辑思维推理、却不需要太多资源支撑学习的学科中展示较高水平。

（二）抗逆学生在“方案实施与改进”维度的能力更强

从问题解决能力的四个维度的数据分析可知，“方案实施与改进”维度是抗逆学生超过弱势学生的最大优势处，其次是“计划探索与制订”维度。这两个维度是问题解决的核心能力，是需要综合运用多种思维能力才能解决问题的关键突破点。数据还显示“结果反思与评价”是抗逆学生与弱势学生相对优势收敛的维度。这些揭示的现象也有一定的道理，因为问题解决的难度制高点就在“方案实施与改进”这一维度上，难度次高点就在“计划探索与制订”维度上。

（三）抗逆学生与双高学生总体存在一定差距

无论是从数学和科学问题解决的得分率来看，还是从四个维度的分项得分率来研究，抗逆学生与双高学生的图线都近乎平行折线，存在着较稳定的基础背景式“能级差”。抗逆学生受家庭社会经济地位的制约，存在着学习背景、教育资源等差异，因此在八年级暂时出现在问题解决能力上的“能级差”也是正常的。随着学习的深入和阅历的增加，相信这样的差距总体上会有所减小。

（四）双高学生比抗逆学生拥有更多尖子生

从学生解决各学科复杂问题的实例分析可知，当基于IRT的难度值小于0或约等于0时，抗逆学生得分的人数百分比超过了双高学生得分的人数百分比；当基于IRT的难度值位于1附近时，抗逆学生与双高学生得分率均下降明显，两者存在着一定差距；当基于IRT的难度值大于2时，两者的得分率显著大幅降低，并且之间的差距成倍增长。究其原因，当试题难度在中等或以下时，无论是抗逆学生还是双高学生，学业成绩均处于群体中的前四分之一，故差距不大。但当难度过大时，处于群体中前四分之一的学生也大部分无法应对，只能少数尖子生才能答对，这时若双高学生中尖子生比例高，就会与抗逆学生拉开距离。

（五）男、女抗逆学生总体差异情况不明显

抗逆学生性别比例男生略高于女生，占比分别为54.3%和45.7%。无论是在科学还是数学学科，男、女抗逆学生在问题解决的得分率上都十分接近，女生略高于男生，两者综合解决复杂问题的能力也十分接近。在问题解决各维度中女生略有优势，但总体上差异微乎其微，在差异最大的“计划探索与制订”维度，女生也仅比男生得分率高1.5%。可见性别不是阻碍抗逆的理由。

近年来，随着基于核心素养的课程改革的深入，我们对问题解决能力的研究更多着眼于学校教育和课堂教学，但我们也应该清醒认识到学生问题解决能力的培养是个渐进的过程，是终身学习的目标。由于此能力的综合性，学生成长环境对它的影响必然巨大。因此研究抗逆学生在解决问题中的能力表现有利于我们进一步了解抗逆学生的成功机制，有助于我们思考学生成长的本质，有益于我们降低不必要的教育成本，对各类学生的成长都有着重要的意义。

（原载于《考试研究》2021年第2期）

【参考文献】

[1] 张娜，王玥，范文凤.“抗逆学生”何以实现学业“逆袭”——基于PISA2015中国四省市学生科学素养表现及其影响因素的分析[J].中小学管理，2018(10):52－55.

[2] 李一茗，黎坚.复杂问题解决能力的概念、影响因素及培养策略[J].北京师范大学学报(社会科学版)，2020(5):36－48.

[3] 任明满，郑国民.抗逆学生文学类文本阅读能力表现的实证研究[J].中国考试，2020(4):65－70.

[4] 李强.小学生学习品质实证评价——基于浙江省2018年小学质量监测的数据分析[J].考试研究，2019(6):4－15.

[5] OECD. PISA 2009 Results: Overcoming social background equity in learning opportunities and outcomes(Volume Ⅱ)[EB/OL].(2010－10－07)[2019－05－12]. http://www.oecd-ilibrary.org/10.1787/9789264091504-en.

小学学业抗逆与社会情感抗逆的研究

夏 晶 李菲茗 周孟秋①

【摘要】 本研究基于2019年浙江省中小学教育质量监测数据，使用描述统计、Logistic二元回归分析学业抗逆学生和社会情感抗逆学生的影响因素。研究显示：家长期望、性别、体育锻炼、补课时间及同伴关系等因素是促使学生成为学业抗逆学生及社会情感抗逆学生的关键因素。除此之外，学校类型及学校地区会显著预测学业抗逆学生的概率；纪律风气、师生关系及作业时间则会显著预测出现社会情感抗逆学生的概率。本研究对处境不利学生实现逆袭有参考价值。

【关键词】 教育质量监测；逻辑回归；学业抗逆；社会情感抗逆

一、研究背景

自从20世纪60年代《科尔曼报告》发布以来，人们发现学生家庭背景与学业成就有很强的正相关性。然而在教育实践中，发现有一部分学生虽然来自经济状况较差的家庭，但是他们能克服所处的不利环境，取得优异的成绩，这一部分学生被称为抗逆学生。抗逆学生为何能在学业上取得较好成绩？对该问题的深入研究不仅对提升处境不利的学生学业表现有参考价值，促进教育质量提高以及教育均衡发展。

2010年起经济合作与发展组织开始对学业抗逆学生群体展开研究，学业抗逆学生指的是某一学科成绩在本地区（国家）学生中名列前茅的处境不利学生。2018年在专题报告《教育公平：打破社会流动壁垒》（*Equity in Education: Breaking Down Barriers to Social Mobility*）中首次提出社会情感抗逆学生的概念，下页图1为报告中社会情感抗逆学生的概念框架，涉及衡量学生幸福感的各方面，指的是对生活感到满意、学校融入感以及没有考试焦虑的处境不利学生。

① 夏晶，浙江工业大学硕士研究生；李菲茗，浙江师范大学特聘教授；周孟秋，浙江师范大学硕士研究生。

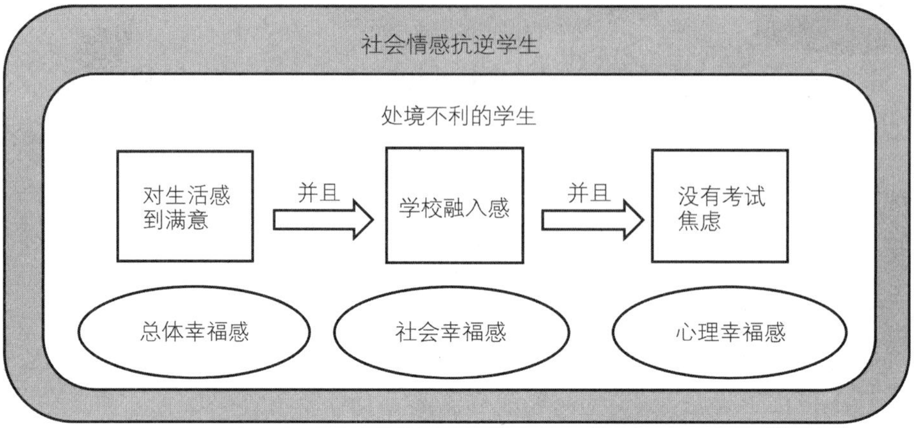

图1　PISA社会情感抗逆学生概念框架

通过对比国内外学者关于抗逆学生群体的研究可以看出,已有研究更多从学业抗逆学生角度切入,研究方法以回归,尤其是逻辑回归为主,由于各个研究着力点不同,学校层面特征及个体层面特征是最主要的研究内容。在学校层面,多以质量、公平为核心,重点关注学校软硬件资源、学校教师情况等对学业成绩的影响。例如阿加西斯蒂(Agasisti)等学者利用2009年PISA(国际学生评价项目)意大利数据,通过建立逻辑回归模型,表明抗逆力养成与个人水平特征(对阅读的喜好程度、性别、是否移民等)以及学校政策和管理有关。张平平和胡咏梅以东部某省初中生为研究对象得出结论:抗逆学生集中的学校的阶层异质性更高、教学质量更高、学校氛围更积极、教育资源更充足。在学生层面上,则高度关注学生背景、学生学习情况对学业成绩的影响。刘乾铭和黄素君利用2015年PISA中国香港数据进行分析得出年级、科学话题兴趣、科学学习享受感及学习成就动机对是否成为抗逆学生有显著影响。张娜、王玥等人利用2015年PISA中国四省市数据对抗逆学生科学素养方面特点及影响因素进行分析,运用线性回归得出结论:科学乐趣、成就动机、自我效能感、科学学习时间、教师支持等对抗逆学生科学素养表现具有正向预测作用。

综上所述,已有研究针对社会情感抗逆的研究较少,而抗逆力不应该仅仅体现在学业上,更应该体现在学生的家庭和学校中,PISA引入社会情感抗逆这一概念,目的就是为了将学生的幸福感作为教育结果的一个重要指标。报告中指出学业抗逆学生成为社会情感抗逆学生的可能性比非学业抗逆学生高78%,也就说明了学生幸福感与学业成绩呈正相关,这两方面是成功的学校体验所相辅相成的两个部分。本研究利用浙江省教育质量监测数据,对全省小学学业抗逆学生和社会情感抗逆学生影响因素进行综合分析。

二、研究设计

（一）数据来源

本研究所采用的数据来自2019年浙江省教育质量监测项目课题的基线调查，研究对象为五年级的学生，以及测试年级相关学科教师、学校校长和参测学生家长。抽样采用多阶段概率比例规模抽样调查法，样本涉及浙江省11个设区市1269所小学的36730名学生。项目严格依据测量学要求开发相关试题与问卷，由专业人员进行施测，具有较好的信效度。项目采集到学生、家长、教师和学校层面较为翔实的调查数据，能够很好地满足本研究需要。剔除缺失变量的样本，最终样本总计29617人。

（二）研究对象

1. 学业抗逆学生。

依据PISA对于学业抗逆学生的筛选标准，本研究对象选取方法：通过数学量尺分数对经济文化社会地位（Economic, Social and Cultural Status，简称ESCS）和ESCS平方的线性回归，计算根据ESCS调整的分数，实际数学分数和调整的分数差值为残差分数，家庭社会经济地位指标位于本地区最低四分之一且残差值位于最高四分之一的学生即为学业抗逆学生。

2. 社会情感抗逆学生。

参考PISA对于社会情感抗逆学生的筛选框架，社会情感抗逆学生选取标准有三条：一是学生对于生活感到满意，将生活满意度相关题目标准化10分，得分越高说明学生对生活越满意，取7—10分的学生样本；二是在学校感到融入，即“我在学校感到孤单”一题中选择“完全不符合”；三是没有考试焦虑，即“每次考试总担心自己考不好”一题中选择“完全不符合”。符合这三条标准的家庭社会经济地位不利学生即为社会情感抗逆学生。

本研究中家庭的社会经济地位计算方式：采用因子分析法，将父母最高受教育程度、父母最高职业地位及家庭拥有物三项得分进行整合，值越高则社会经济地位越高。

（三）变量选择

1. 因变量。

本研究因变量为二分变量“是否为学业抗逆学生/社会情感抗逆学生”，“1”表示为学业抗逆学生/社会情感抗逆学生，"0"表示为非学业抗逆处境不利学生/非社会情感抗逆处境不利学生。

2. 自变量。

本文从问卷中提取相关变量，将各维度对应题目得分相加后取平均分，作为变量的指标，除类别变量外，连续变量均进行标准化。以下是本研究所需变量的说明：

表1　变量说明表

变量类型	变量名	变量说明
因变量	是否为学业抗逆学生/是否为社会情感抗逆学生	1＝学业抗逆学生，0＝非学业抗逆处境不利学生；1＝社会情感抗逆学生，0＝非社会情感抗逆处境不利学生
控制变量	性别	1＝男，0＝女
	办学性质	1＝公办学校，2＝一般民办学校，3＝民办民工子弟学校 公办为对照组
	地区性质	1＝城市，2＝县城，3＝乡镇农村 城市为对照组
自变量	纪律风气	连续变量，得分越高学校纪律风气越好
	师生关系	连续变量，得分越高师生关系越好
	同伴关系	连续变量，得分越高同伴关系越好
	亲子关系	连续变量，得分越高亲子关系越好
	家长期望	连续变量，得分越高家长期望越高
	兴趣爱好	连续变量，得分越高每周花费在兴趣爱好上的时间越多
	补课时间	连续变量，得分越高补课时间越多
	体育锻炼	连续变量，得分越高体育锻炼时间越多

三、研究结果

（一）描述性统计

如表2所示，根据PISA对于抗逆学生的操作定义，浙江省学业抗逆学生占全体处境不利学生的29.1%，社会情感抗逆学生占全体处境不利学生的5.7%，既是学业抗逆学生又是社会情感抗逆学生的人数占处境不利学生的2.4%，具有社会情感抗逆的小学生近乎一半都能成为学业抗逆学生，而学业抗逆学生只有不到十分之一的群体具有良好的幸福感。PISA报告中指出帮助处境不利学生培养对自己的积极态度和行为也会利于其学业发展，学业抗逆还可以促进社会情感抗逆，两者相辅相成，会形成一个积极强化的循环。因此，需要了解两类抗逆学生的影响因素并对比分析。

表2　抗逆学生人数表

	人数	占总体样本比例	占处境不利学生比例
学业抗逆学生	1989	6.7%	29.1%
社会情感抗逆学生	392	1.3%	5.7%
双抗逆学生	167	0.5%	2.4%

从表3可以看出全省小学学业抗逆学生除民办民工子弟学校外，几乎均占各自群体的三分之一，而一般民办学校样本中几乎有40%的抗逆学生，民办民工子弟学校中则只有不到四分之一的比例。而社会情感抗逆学生则约占了各自样本的5%左右，双抗逆学生则占各自样本的2%—3%。

表3　抗逆学生构成比例①

		学业抗逆学生	社会情感抗逆学生	双抗逆学生
性别	男	29.7%	5.9%	2.6%
	女	28.3%	5.5%	2.2%
学校性质	公办学校	30%	5.6%	2.5%
	一般民办学校	37.2%	4.4%	1.8%
	民办民工子弟学校	22.5%	6.6%	2.2%
学校位置	城市	32.6%	5.6%	2.9%
	县城	31.8%	6.1%	2.5%
	乡镇农村	28.1%	5.7%	2.4%
平均ESCS		-1.30	-1.18	-1.2

① 由于学校样本的取样问题，表3中比例为各抗逆学生占相应群体百分比。

（二）成为抗逆学生的相关因素

为了研究哪些因素对浙江省小学学业抗逆学生及社会情感抗逆学生有显著预测作用，采用向后选择法分别建立逻辑回归方程，先将所有变量加入方程中，然后逐步剔除不显著的变量。

1. 成为学业抗逆学生的预测因素。

由表4可以看出，最终进入模型的变量有8个。男生成为学业抗逆学生的可能性是女生的1.195倍，说明男生更容易成为学业抗逆学生。从学校特征来看，民办民工子弟学校的学生成为学业抗逆学生的可能性只有公办学校的65.3%，乡镇农村学校学生成为学业抗逆学生的可能性是城市学校的76.8%。连续变量的自变量中除同伴关系和补课时间外，其余变量均有显著正向预测作用，同伴关系每提高一个单位，学生成为学业抗逆学生的可能性会降低至前者的81.3%；而补课时间每提高一个单位，学生成为学业抗逆学生的可能性会降低至原来的88%。

表4　学业抗逆学生的预测变量

变量	学业抗逆学生模型1		学业抗逆学生模型2	
	b	优势比	***b***	优势比
性别（男—女）	0.178**	1.195	0.081	1.085
办学性质（一般民办—公办）	0.219	1.245	0.401	1.493
办学性质（民办民工—公办）	−0.427***	0.653	−0.256	0.714
地区性质（县城—城市）	−0.141	0.868	0.043	1.044
地区性质（乡镇农村—城市）	−0.264**	0.768	−0.256	0.774
同伴关系	−0.207***	0.813	−0.194***	0.824
家长期望	0.550***	1.733	0.527***	1.694
兴趣爱好	0.272***	1.313	0.246***	1.280
补课时间	−0.128***	0.880	−0.043	0.958
体育锻炼	0.087**	1.091	0.152***	1.164

说明：**代表$p<0.01$，***代表$p<0.001$；b是回归系数值。

2. 成为社会情感抗逆学生的预测因素。

由表5可以看出，最终进入模型的变量有9个。男生成为情感抗逆学生的可能性是女生的1.385倍，这与学业抗逆学生结论一致。学习特征变量均未进入模型中，说明学校类型、学校地区类型并不会影响处境不利学生的幸福感。自变量中除补课时间和作业时间外，其余变量均有显著正向预测作用，同伴关系对其影响与学业抗逆生不同，为正向作用，即同伴关系每提高一个单位，成为社会情感抗逆学生的比例会增至1.5倍。

男、女生存在差异，因此仍将性别变量与自变量交互项放入模型中，发现同伴关系（$b=-0.373$，优势比$=0.688$，$p=0.033$，95%CI：0.488—0.971）、纪律风气（$b=-0.533$，优势比$=0.587$，$p=0.003$，95%CI：0.414—0.831）具有差异，同伴关系每提高一个单位，男生成为社会情感抗逆学生的可能会降至女生的68.8%，纪律风气每提高一个单位，男生成为社会情感抗逆学生的概率将会是女生的58.7%。说明同伴关系和纪律风气这两个因素帮助女生成为社会情感抗逆学生更高效。

表5　社会情感抗逆学生的预测变量

变量	社会情感抗逆学生模型1		社会情感抗逆学生模型2	
	b	优势比	***b***	优势比
性别（男—女）	0.326**	1.385	0.323	1.087
同伴关系	0.423***	1.527	0.635***	1.887
兴趣爱好	0.837***	2.309	0.885***	2.424
体育锻炼	0.132*	1.141	0.155	1.168
补课时间	−0.172**	0.842	−0.069	0.933
纪律风气	0.561***	1.753	0.882***	2.415
家长期望	0.240**	1.271	0.083	1.087
师生关系	0.181*	1.198	0.245	1.278
作业时间	−0.227***	0.797	−0.292**	0.747
常量	−3.814***	0.022	−3.879***	0.021
纪律风气×性别			−0.533**	0.587
同伴关系×性别			−0.373*	0.688

说明：***代表$p<0.001$，**代表$p<0.01$，*代表$p<0.05$；b是回归系数值。

四、讨论

（一）期望、爱好、锻炼及同伴——精准帮扶的关键

对于两种抗逆学生来说，家长期望、兴趣爱好、体育锻炼及同伴关系都会显著预测其概率。

富利尼(Fuligni)指出在亚洲背景的文化中，父母的高学历期望与学生的高积极学业行为有关，马丁(Martin)等学者也指出，中国学生倾向于将学业作为对父母的责任，当孩子了解到父母的期望时，可能会努力学习，因为他们认为接受高等教育是农村学生实现向上的社会流动的唯一机会，所以父母期望会提高学生成为抗逆学生的概率。

兴趣爱好可以提升学生成为抗逆学生的概率，而学业负担感受会负向预测抗逆学生概率，有研究指出培养学生的兴趣爱好会降低学生学业负担感受，并且能够锻炼学生多方面的能力。这不仅对学生学业成就有帮助，对学生积极心态也有显著裨益。

海登(Hayden)等人研究发现，有规律的锻炼者比不锻炼者在较长时间内更少感到焦虑和抑郁，此外，体育活动通过对学生自尊心、情绪、感知觉、内部动机及与创造力相关人格维度等方面均具有积极影响，进而影响其成为抗逆学生。

本研究发现同伴关系对于两类抗逆学生的影响结果相反，正向预测社会情感抗逆学生，但负向预测学业抗逆学生，大量研究指出同伴关系与学业成绩成正相关，被同伴接纳、喜欢会使学生对校园生活产生更加积极的态度，更愿意接受挑战，这也解释了同伴关系越好的学生心态越好，越能成为社会情感抗逆学生，尤其是对于女生群体。通过计算本次监测数据中两类抗逆学生的自我认知得分(标准化为100分的指数分)发现，所有处境不利学生均值为62.82分，而学业抗逆学生均值为65.63分，学业抗逆学生高于处境不利学生。社会认同理论认为，当个体察觉群体间的地位关系是不合理或者不稳定的时候，弱势群体就会采取社会竞争的策略，这种对抗本质上是为了争取积极的群体地位，也就意味着学业抗逆学生并未受到弱势群体的不利社会认同感影响，通过对教育方面的积极行为获取更好的成绩，从而获得在学校方面更高的地位。

（二）学校软环境——小学社会情感抗逆学生的助力

对小学社会情感抗逆学生来说，作业时间、学校纪律风气及师生关系等校园软环境对其有预测作用，这与已有研究结论一致，作业时间越多，学生负担感受就越高，自然会降低学生幸福感指数。尤其对于女生来说，学校软环境更是帮助其超越男生的

一个杠杆。这是因为女生情感更细腻，更善于感受教师的情感支持，有较强的交往倾向和归属感，而男生情感接受和表达较为内敛，更倾向于独立自主。

五、对处境不利学生的教育启示

（一）家长适度期望，学生培养兴趣

家长需要理性看待孩子的成长，要根据孩子的实际情况制订培养目标，合理促进孩子的成长。此外，教师可根据学生的年龄特征及个性差异开发其兴趣特长；学校亦可开设丰富的拓展性课程，重视学生健康生活和体艺特长的发展。最后，作为教育重要组成部分的体育教育，既是素质教育的重要内容，又是实施素质教育的重要手段，具有其他学科不可代替的作用，因此学校体育课教学应保证学生的活动时间，加强对学生锻炼兴趣的培养，激发其健身动机，帮助其养成终身锻炼的习惯。

（二）营造良好校园文化，形成融洽的人际氛围

一个优秀学生不仅在学术上表现良好，并且在学校也应幸福快乐。作为学生获得技能及培养社会情感能力的场所，校园应该具有积极的人际关系（师生关系、学生关系）和纪律氛围。学校应倡导建设一个和谐互助、平等民主的人际关系和秩序、安全的纪律氛围。作为教师应该注意多了解学生的需求，多关心学生，主动帮助学生，相互理解、彼此尊重。

（三）减轻学业负担，作业布置需合理

学校教育在“减负”的同时应重视“增效”和“提质”，要深化课程改革，加强教师作业设计的研究和作业布置的管理。教师要提升课堂效率，提高学生单位时间的学习质量，不要依赖过量的作业训练来提高学生的学业成绩。

（四）抗逆有差异，给予女生更多情感支持

女生成为学业抗逆及社会情感抗逆学生的可能性均低于男生，学校软环境对于减少这种差异有重要作用。因此，学校与教师需要给予女生更多情感支持，家校之间也需要建立起良性的沟通机制，引导建立学习情感共同体，使学生能够感受到对学校的归属感以及教师、同伴之间的支持与爱。

（原载于《上海教育科研》2021年第1期）

【参考文献】

[1] 陆璟.中国四省市学业抗逆和社会情感抗逆学生研究[J].教育发展研究,2020(6):26－35.

[2] 张咏梅,田一,李美娟.学校背景因素和学生个体因素对学业成绩影响的研究——基于大规模测验数据的多层线性模型分析[J].教育科学研究,2012(4):43－48.

[3] 刘乾铭,黄素君.寒门学子如何突破困境——香港抗逆学生的影响因素及启示[J].教育学术月刊,2018(11):80－86.

[4] 张娜,王玥,范文凤."抗逆学生"何以实现学业"逆袭"——基于PISA2015中国四省市学生科学素养表现及其影响因素的分析[J].中小学管理,2018(10):54－57.

[5] 任春荣.学生家庭社会经济地位(SES)的测量技术[J].教育学报,2010(5):77－82.

[6] 马婷.小学生学业负担来源、影响及减负对策分析[J].考试研究,2019(6):17－30.

[7] 漆昌柱,徐培.体育锻炼对学生心理健康的影响及其机制[J].武汉体育学院学报,2003(5):117－119.

[8] 俞睿玮.基于社会认同理论对后进生心理机制及转化策略的探析[J].辽宁教育行政学院学报,2016(3):11－14.

[9] 吴春琼.教师支持方式对15岁学生积极情绪的影响——学校归属感的中介作用[J].上海教育科研,2020(7):28－33, 92.

[10] OECD. Equity in education: Breaking down barriers to social mobility, PISA [M]. Paris: OECD Publishing, 2018.

[11] Agasisti T., Longobardi S. Inequality in education: Can Italian disadvantaged students close the gap[J]. Journal of Behavioral and Experimental Economics, 2014(52):8－20.

[12] Fuligni, Andrew J. Authority, autonomy, and parent-adolescent conflict and cohesion: A study of adolescents from Mexican, Chinese, Filipino, and European backgrounds[J]. Developmental Psychology, 1998(4):782－792.

[13] Andrew J. Martin, Kit-Tai Hau. Achievement motivation among Chinese and Australian school students: Assessing differences of kind and differences of degree [J]. International Journal of Testing, 2010(3):274－294.

[14] Yixuan Wang, Fei Pei, Fuhua Zhai, Qin Gao. Academic performance and peer relations among rural-to-urban migrant children in Beijing: Do social identity and self-efficacy matter[J]. Asian Social Work and Policy Review, 2019(1): 263－273.

探索成长环境影响

父母参与现状及其对子女成长的影响

陈荣荣[1]

【摘要】 本研究从父母关注内容、父母参与行为、亲子相处方式三个维度，探讨父母参与现状及其对子女发展的影响。研究发现：父母对子女成长关注失衡，父母参与行为主要和子女学习有关，亲子相处方式不尽科学；父母参与行为对子女发展的影响效应较大，其次是亲子相处方式，父母关注内容对子女发展的影响效应相对较小。针对以上问题，就父母参与家庭教育方面提出以下建议：家长要转变教育观念，重视参与与陪伴；要读懂孩子，科学参与；要加强自我成长，与孩子共同进步。

【关键词】 父母参与；关注内容；参与行为；亲子相处方式

一、概念界定

父母参与(Parental Involvement)也称“父母卷入”，广义上通常指在教育方面，父母对子女所给予的时间和精力的投入，包括：父母对子女的学业成就期望、父母和子女的沟通、父母对子女的学业监督和辅导、父母对子女日常行为的关注、父母对子女平时活动范围的关注、多种形式的家校合作等。但对于父母参与的可操作化界定，学界尚无统一的说法。帕克(H.Park)等人将父母参与区分为在家庭内部的活动以及与学校有关的活动。斯科特琼斯(D.Scott-Jones)认为父母参与包括4个主要内容：重视、监督、帮助和共同从事。古尔特·德里森(Geert Driessen)等人将父母参与理解为参与学校教育相关的事宜，并把父母参与的行为区分为主动参与和被动参与。主动参与以辅导家庭作业、谈论学习事情、选择学校、制定与学习相关的规则为主；被动参与主要包括家校联系、家长受邀参与学校教育。刘保中等人从教育观念和养育行为两个方面对父母参与探索可操作化下定义，其中，教育观念代表父母对子女学业的期望和态度，养育行为包括文化学习资料的提供、父母与子女的沟通、父母对子女的监督与帮助、父母对子女的关注等日常关怀行为。刘文则从情感参与和事实参与两个方面界定父母参与。

① 陈荣荣，温州市教育评估院，副研究员。

结合上述文献梳理，本研究主要从教育观念、参与行为、亲子相处方式三个维度对父母参与进行可操作化界定。其中，教育观念主要从父母对子女发展各方面的关注内容（或理解为父母比较在意的内容）来体现；参与行为包括父母参与子女学习、生活的内容及相应的频率，亲子相处方式指的是父母和子女在家庭中的日常相处情况。

二、研究方法

本研究以五年级学生及家长为调查对象，研究父母参与现状，以及父母教育观念、父母参与行为、亲子相处方式三个不同维度对子女发展的影响。本研究的数据主要来自浙江省中小学教育质量综合评价监测项目。浙江省11个地市1245所小学的36010名五年级学生参加了语文、数学和科学学科的测试，同时在线完成了相关影响因素的调查问卷；另外还有这些学生所对应的教师、校长和家长分别参与了教师问卷、校长问卷和家长问卷的作答。本研究所涉及的变量情况详见表1。

表1　本研究变量说明

变量	说明
父母关注内容	来自家长问卷的数据。 父亲、母亲对子女成长的关注点，包括：学业成绩、身体状况、心理与性格、与老师和同学的相处、兴趣爱好
父母参与行为	来自学生问卷的数据。 家长对子女成长的陪伴和指导情况
亲子相处方式	来自家长问卷的数据。 根据问卷作答情况，将亲子相处方式分为四类：溺爱型、权威型、放任型和民主型
子女发展	包括品德行为、学业成绩、高层次能力、学习动力、学习策略、运动健康、兴趣爱好、自我认知、同伴交往、师生关系、学业负担感受等方面。 学业成绩将语文、数学、科学测验成绩标准化后求平均值(全省的平均值为500)。 其他指数均采用百分制，指数越大，表示学生的发展情况相对越好(其中，学业负担感受指数越大，表示学生所感受到的负担相对越小)
家庭社会经济地位	将父母受教育程度、父母职业地位及家庭拥有物作为核心变量得出

三、结果分析

(一)父母对子女的关注现状及其对子女成长的影响

1. 父母对子女的关注现状。

表2　父母对子女关注的内容[①]

关注者	学业成绩	身体状况	心理与性格	与老师、同学的相处	兴趣爱好	其他
母亲	58.1%	51.8%	39.6%	22.1%	10.5%	3.6%
父亲	54.8%	45.9%	35.6%	24.1%	22.3%	4.3%

由表2可以看出,五年级学生家长最关心的均是子女的学业成绩,其次是身体状况,关注最低的是兴趣爱好。相比较而言,母亲对子女学业成绩、身体状况、心理与性格方面的关注要高于父亲;父亲对子女与老师、同学的相处,兴趣爱好方面的关注要高于母亲。

2. 父母对子女的关注对子女发展的影响。

由下页表3中的回归系数和R^2可以看出:母亲单方面对学业成绩的关注对子女的学业成绩、高层次能力有显著的正向预测作用;母亲单方面对其他方面的关注对子女相应维度发展均无显著的影响效应;父亲单方面对子女成长各方面的关注,对相应维度发展均无显著的影响效应。

父母双方对子女学业成绩均不关注,对子女的学业负担感受有显著的正向预测作用,对子女的学习策略有显著的负向预测作用;父母双方对子女身体状况均不关注,对子女的运动健康有显著的负向预测作用;父母双方对子女其他方面均不关注,对子女相应维度的发展均无显著的影响效应。

父母双方对子女的学业成绩均关注,对子女的学业成绩、高层次能力有显著的负向预测作用,对子女的学习动力和学习策略有显著的正向预测作用,对子女的学业负担感受无显著的影响效应;父母双方对子女的身体状况均关注时,对子女的运动健康有显著的正向预测作用;父母双方对子女的兴趣爱好均关注时,对子女的兴趣爱好有显著的正向预测作用;父母双方对子女与老师、同学的相处均关注时,对子女的自我

---

① 来自家长问卷的调查,选项最多可以选两项。因此,调查结果各选项百分比加起来超过100%。本次监测的家长问卷中,家长对子女关注的内容,未涉及对品德行为的关注。后续的分析中,不涉及对品德行为关注的相关分析。

认知、同伴交往、师生关系有显著的正向预测作用；父母双方对子女的心理与性格均关注时，对子女的自我认知无显著的影响效应。

表3　家长的关注点与子女发展的回归分析①

关注维度		子女发展维度									
		学业成绩	高层次能力	学习动力	学习策略	学业负担感受	运动健康	自我认知	同伴交往	师生关系	兴趣爱好
母亲单方关注	学业成绩	0.027**	0.028***	−0.008	−0.005	−0.01					
		0.173	0.160	0.080	0.146	0.038					
	身体状况						−0.007				
							0.069				
	心理与性格							−0.003	−0.015	−0.011	
								0.106	0.069	0.071	

① 本回归分析旨在了解父母对子女发展具体内容的关注情况对子女对应发展维度的影响，为此将子女发展维度从学业成绩，身体状况，心理与性格，与老师、同学的相处，兴趣爱好五个方面来分类。其中父母对学业成绩的关注，依次分析其对学业成绩、高层次能力、学习动力、学习策略、学业负担感受维度的影响；父母对身体状况的关注，分析其对运动健康维度的影响；父母对心理与性格的关注，分析其对自我认知维度的影响；父母对与老师、同学的相处的关注，依次分析其对自我认知、同伴交往、师生关系维度的影响；父母对兴趣爱好的关注，分析其对兴趣爱好维度的影响。在子女发展维度中含有的品德行为维度，未纳入分析。

以母亲单方面对子女关注为例。本回归分析将母亲单方面对子女学业成绩关注作为自变量（对于每个关注点，转变成相应的虚拟变量。母亲单方面关注，赋值为1；非单方面关注，赋值为0），依次将子女的学业成绩（高层次能力指数、学习动力指数、学习策略指数、学业负担感受指数）作为因变量做回归分析；将母亲单方面对子女身体状况的关注作为自变量，将子女的运动健康指数作为因变量做回归分析；将母亲单方面对子女兴趣爱好的关注作为自变量，将子女的兴趣爱好指数作为因变量做回归分析；将母亲单方面对子女心理与性格的关注作为自变量，将子女的自我认知指数作为因变量做回归分析；将母亲单方面对子女与老师、同学相处的关注作为自变量，分别将子女的自我认知指数、同伴交往指数、师生关系指数作为因变量做回归分析。用同样的方法将父亲单方关注、双亲均不关注、双亲均关注与相关维度指数做回归分析。

本研究所有的回归分析均控制了学生的家庭社会经济背景，采用标准化回归模型。每一项分析中的第一行为标准化的回归系数，第二行为R^2。***表示$p<0.001$，**表示$p<0.01$，*表示$p<0.05$。下同。

续表

关注维度		子女发展维度									
		学业成绩	高层次能力	学习动力	学习策略	学业负担感受	运动健康	自我认知	同伴交往	师生关系	兴趣爱好
母亲单方关注	与老师、同学的相处								−0.003	0.006	
									0.067	0.068	
	兴趣爱好										0.006
											0.096
父亲单方关注	学业成绩	0.005	0.008	−0.006	−0.005	0.009					
		0.172	0.159	0.080	0.146	0.038					
	身体状况						0.000				
							0.069				
	心理与性格							−0.007			
								0.106			
	与老师、同学的相处								0.001	−0.003	
									0.067	0.068	
	兴趣爱好										0.000
											0.096
双方均不关注	学业成绩	−0.004	−0.007	−0.009	−0.015**	0.012*					
		0.172	0.159	0.080	0.146	0.038					
	身体状况						−0.023***				
							0.070				

续表

关注维度		子女发展维度									
		学业成绩	高层次能力	学习动力	学习策略	学业负担感受	运动健康	自我认知	同伴交往	师生关系	兴趣爱好
双方均不关注	心理与性格							0.011			
								0.106			
	与老师、同学的相处								−0.007	−0.009	
									0.067	0.068	
	兴趣爱好										−0.009
											0.096
双方均关注	学业成绩	−0.023***	−0.024***	0.020***	0.022***	−0.009					
		0.173	0.160	0.080	0.146	0.038					
	身体状况						0.030***				
							0.070				
	心理与性格							−0.003			
								0.106			
	与老师、同学的相处							0.012*	0.016**	0.013*	
								0.106	0.067	0.068	
	兴趣爱好										0.013*
											0.096

（二）父母参与行为及其对子女发展的影响

1. 父母参与行为的现状。

表4　父母参与子女学习、生活的内容与频率

参与行为	频率				
	每天或几乎每天	每周1—3次	每月1—3次	每学期1—3次	从不或几乎从不
聊学校的事情	49.5%	28.7%	9.1%	6.0%	6.6%
聊学习的事情	52.9%	28.9%	9.0%	5.0%	4.2%
聊身边的同学	36.4%	31.5%	13.7%	8.2%	10.3%
辅导学习	46.9%	24.6%	9.2%	6.9%	12.3%
谈论感兴趣的话题	41.7%	27.6%	11.1%	7.2%	12.5%
一起锻炼身体	31.0%	28.8%	13.5%	8.7%	18.0%

父母参与的行为包括聊学校的事情、聊学习的事情、聊身边的同学、辅导学习、谈论感兴趣的话题、一起锻炼身体六个方面。由表4可以看出，在父母参与子女学习、生活中，频率比较高的是聊学习的事情、聊学校的事情、辅导学习，谈论感兴趣的话题、聊身边的同学、一起锻炼身体的频率相对低一些。

表5　家长陪伴子女学习的频率

陪伴者	频率				
	从未或几乎没有	很少（每月1—2次）	偶尔（每周1—2次）	经常（每周3—4次）	每天或几乎每天（每周5—7次）
父亲	5.2%	16.8%	28.4%	28.4%	21.2%
母亲	3.5%	11.5%	24.4%	29.6%	30.9%

由表5可以看出，有60.5%的母亲和49.6%的父亲每周陪伴子女学习3次及以上，有15.0%的母亲和22.0%的父亲很少（包括从未或几乎没有）陪伴子女学习。由此可以看出，母亲的陪伴多于父亲的陪伴；还有相当一部分父母，对子女学习的陪伴不足。

2. 父母参与行为对子女发展的影响。

由下页表6中的回归系数和R^2可以看出，父母与子女聊学习的事情对子女学业成绩、高层次能力、学习动力、学习策略和学业负担感受均有显著的正向预测作用。父母辅导学习对子女学业成绩、高层次能力无显著的影响效应，对学习动力、学习策略和学业负担感受有显著的正向预测作用。父母与子女聊学校的事情对子女的自我认知、同伴交往、师生关系均有显著正向预测作用。父母与子女聊身边的同学对子女的自我认知、同伴交往均有显著正向预测作用。父母与子女一起锻炼身体对子女的运动健康有显著的正向预测作用。父母与子女谈论感兴趣的话题对子女的兴趣爱好有显著正向预测作用。

表6 父母参与行为与子女发展的回归分析①

父母参与行为	子女发展									
	学业成绩	高层次能力	学习动力	学习策略	学业负担感受	运动健康	自我认知	同伴交往	师生关系	兴趣爱好
聊学习的事情	0.134***	0.131***	0.246***	0.261***	0.159***					
	0.189	0.175	0.137	0.210	0.062					
辅导学习	−0.002	−0.005	0.189***	0.187***	0.150***					
	0.172	0.159	0.114	0.179	0.060					
聊学校的事情							0.205***	0.228***	0.209***	
							0.145	0.116	0.109	
聊身边的同学							0.217***	0.230***		
							0.150	0.116		
一起锻炼身体						0.310***				
						0.159				
谈论感兴趣的话题										0.234***
										0.147

① 父母参与行为的频率分为5种：每天或几乎每天、每周1—3次、每月1—3次、每学期1—3次、从不或几乎从不。5种频率从高到低依次赋分为5,4,3,2,1，每天或几乎每天赋分值为5。

将父母与子女聊学习的事情、父母辅导子女学习、父母与子女聊学校的事情、父母与子女聊身边的同学、父母与子女一起锻炼身体和父母与子女谈论感兴趣的话题作为自变量，分别与相关的学生发展的因变量做回归分析。

进一步聚焦父母参与行为对子女学习方面的影响。由表7中的回归系数和R^2可以看出，总体来看，父母与子女聊学习的事情、聊学校的事情、聊身边的同学、谈论感兴趣的话题，对子女的学习方面（学业成绩、高层次能力、学习动力、学习策略、学业负担感受）均有显著的正向预测作用；父母辅导学习对子女的学业成绩、高层次能力无显著影响，但对学习动力、学习策略和学业负担感受有显著的正向预测作用；父母与子女一起锻炼身体对子女的学业成绩有显著的负向预测作用，但对学习动力、学习策略和学业负担感受有显著的正向预测作用。

就子女的学业成绩和高层次能力来看，父母与子女聊学习的事情对其学业成绩影响效应相对最大。父母与子女谈论感兴趣的话题、一起锻炼身体对其学习动力、学习策略的影响效应相对最大。父母参与对子女学业负担感受的影响相对较小。

表7　父母参与行为与子女学习的回归分析

父母参与	学业成绩	高层次能力	学习动力	学习策略	学业负担感受
聊学习的事情	0.134***	0.131***	0.246***	0.261***	0.159***
	0.189	0.175	0.137	0.210	0.062
辅导学习	−0.002	−0.005	0.189***	0.187***	0.150***
	0.172	0.159	0.114	0.179	0.060
聊学校的事情	0.102***	0.098***	0.237***	0.246***	0.167**
	0.182	0.168	0.133	0.203	0.065
聊身边的同学	0.097***	0.093***	0.233***	0.243***	0.158***
	0.181	0.167	0.131	0.201	0.062
谈论感兴趣的话题	0.037***	0.032***	0.315***	0.293***	0.224***
	0.173	0.160	0.173	0.226	0.085
一起锻炼身体	−0.022***	−0.024***	0.315***	0.308***	0.224***
	0.172	0.160	0.173	0.234	0.085

说明：***表示$p<0.001$，**表示$p<0.01$。

再看父母参与辅导学习的不同频率对子女学习的影响。由下页表8可以看出：父母辅导子女学习，并不是频率越高，对学生的学业成绩（高层次能力）促进作用越大；父母每天或几乎每天辅导学习，子女的学习动力、学习策略、学业负担感受指数相对最高。

表8　父母参与辅导学习不同频率与子女学习的回归分析[①]

父母参与辅导学习频率	子女学习				
	学业成绩	高层次能力	学习动力	学习策略	学业负担感受
从不或几乎从不					
每月1—3次	−0.071***	−0.075***	0.011	−0.003	−0.013
每学期1—3次	−0.039***	−0.04***	0.025***	0.001	−0.011
每周1—3次	−0.027**	−0.033***	0.092***	0.077***	0.089***
每天或几乎每天	−0.046***	−0.05***	0.253***	0.239***	0.187***

说明：***表示$p<0.001$，**表示$p<0.01$。

表9　父母陪伴学习与子女学习的回归分析[②]

陪伴者	子女学习				
	学业成绩	高层次能力	学习动力	学习策略	学业负担感受
父亲	0.036***	0.031***	0.098***	0.120***	0.084***
	0.176	0.163	0.091	0.163	0.048
母亲	0.027***	0.020***	0.091***	0.108***	0.074***
	0.165	0.151	0.083	0.149	0.040

说明：***表示$p<0.001$。

由表9中的回归系数和R^2来看，父母陪伴子女学习对子女学习各方面均有显著正向预测作用。相比较而言，父亲陪伴学习对子女学习各方面的影响效应要略大于母亲陪伴子女学习的影响效应。

---

① 本表中，将“从不或几乎从不”选项作为参照，其他选项均与参照类别做比较。

② 将父亲陪伴学习频率作为自变量（将从未或几乎没有、每月1—2次、每周1—2次、每周3—4次、每天或几乎每天，依次赋值为1，2，3，4，5），分别将子女的学业成绩（高层次能力指数、学习动力指数、学习策略指数、学业负担感受指数）作为因变量做回归分析。母亲参与子女学习频率的回归分析同上。本数据来自家长问卷。

（三）亲子相处方式的现状及其对子女成长的影响

1. 亲子相处方式的现状。

表10　亲子相处类型

省份	亲子相处类型			
	溺爱型	权威型	民主型	放任型
浙江省	20.7%	35.0%	40.4%	4.0%

由表10可以看出，浙江省五年级学生家庭有20.7%的家庭亲子相处属于溺爱型，有35.0%的家庭亲子相处属于权威型，有40.4%的家庭亲子相处属于民主型，有4.0%的家庭亲子相处属于放任型。

2. 亲子相处方式对子女发展的影响。

由表11中的回归系数和R^2可以看出，民主型亲子相处方式对子女发展的各方面均有显著的正向预测作用。溺爱型亲子相处方式对子女品德行为、同伴交往有显著的正向预测作用，对子女学业成绩、高层次能力有显著的负向预测作用。权威型、放任型亲子相处方式对子女的各项发展均有显著的负向预测作用。相比较而言，亲子相处方式对子女学业成绩、高层次能力、学习策略的影响更大一些，对品德行为、运动健康、同伴交往、师生关系、学业负担感受的影响相对微弱。

经统计检验，民主型家庭子女在各方面发展指数均显著高于其他相处方式的子女发展指数。放任型家庭子女在各方面发展相对最弱。溺爱型和权威型相比较，溺爱型家庭的子女在品德行为、学习动力、学习策略、运动健康、兴趣爱好、自我认知、同伴交往、师生关系、学业负担感受方面的指数显著高于权威型家庭的子女；但在学业成绩、高层次能力方面，权威型家庭的子女显著高于溺爱型家庭的子女。详见表12。

表11 亲子相处方式和子女发展的回归分析①

亲子相处方式	子女发展										
	品德行为	学业成绩	高层次能力	学习动力	学习策略	运动健康	兴趣爱好	自我认知	同伴交往	师生关系	学业负担感受
溺爱型	0.013^{*}	-0.037^{***}	-0.034^{***}	0.001	0.004	0.001	0.002	0.002	0.012^{*}	0.009	0.01
	0.067	0.173	0.160	0.080	0.146	0.069	0.096	0.106	0.067	0.068	0.038
权威型	-0.051^{***}	-0.023^{**}	-0.022^{**}	-0.034^{***}	-0.042^{***}	-0.026^{***}	-0.033^{***}	-0.041^{***}	-0.054^{***}	-0.050^{***}	-0.062^{***}
	0.070	0.173	0.160	0.081	0.147	0.070	0.097	0.107	0.069	0.070	0.042
放任型	-0.018^{**}	-0.026^{***}	-0.026^{***}	-0.038^{***}	-0.043^{***}	-0.035^{**}	-0.034^{***}	-0.036^{***}	-0.036^{***}	-0.031^{***}	-0.021^{**}
	0.067	0.173	0.160	0.081	0.148	0.070	0.097	0.107	0.068	0.069	0.039
民主型	0.048^{***}	0.066^{***}	0.062^{***}	0.049^{***}	0.057^{***}	0.040^{***}	0.045^{***}	0.054^{***}	0.059^{***}	0.056^{***}	0.062^{***}
	0.069	0.176	0.163	0.082	0.149	0.071	0.098	0.108	0.070	0.071	0.042

① 将溺爱型以虚拟变量形式作为自变量，该家庭亲子相处方式是溺爱型赋值为1，否，则赋值为0；分别将子女发展各维度指数依次作为因变量，控制子女的家庭社会经济背景做回归分析。其他亲子相处方式和子女发展的回归分析同上。***表示$p<0.001$，**表示$p<0.01$，*表示$p<0.05$。

表12　不同亲子相处方式下的子女发展各项指数

亲子相处方式	子女发展										
	品德行为	学业成绩	高层次能力	学习动力	学习策略	运动健康	兴趣爱好	自我认知	同伴交往	师生关系	学业负担感受
全省	77.4	500.0	65.8	76.2	78.1	77.0	81.3	71.5	77.4	74.1	66.1
溺爱型	77.0	489.0	64.6	75.1	76.9	76.0	80.3	70.4	76.9	73.3	65.6
权威型	75.7	496.4	65.3	74.8	76.6	75.8	80.0	69.8	75.5	72.0	63.8
放任型	73.0	471.6	63.4	69.1	70.9	70.0	74.6	64.5	70.9	67.2	61.1
民主型	79.5	515.1	67.3	78.7	80.6	79.3	83.7	74.1	80.0	77.0	68.9

进一步分析父母关注内容、父母参与行为和亲子相处方式三个变量对子女发展的影响（表略），结果发现：总的来看，父母关注内容、父母参与行为和亲子相处方式三个变量对子女发展相应维度有显著的正向预测作用（个别维度除外）。

将模型2与模型1进行比较，结合标准化回归系数，从父母关注子女学业成绩、父母参与聊学习（参与辅导学习）对子女学习的影响来看：父母与子女聊学习的频率对子女学习方面（学业成绩、高层次能力、学习动力、学习策略和学业负担感受）的正向影响效应要大于父母关注子女学业成绩对子女学习方面的影响；父母参与辅导学习对子女学习动力、学习策略和学业负担感受的正向影响效应要大于父母关注学业成绩对子女学习动力、学习策略和学业负担的影响。

从父母关注非学业内容、父母参与行为对子女非学业方面的影响来看：父母参与行为对子女发展相应维度的正向影响效应均要大于父母关注该内容对子女相应维度发展的影响效应，如：父母参与一起锻炼身体对子女运动健康的影响效应要大于父母关注子女身体状况对子女运动健康的影响效应。

将模型3与模型2进行比较，结合标准化回归系数，从父母关注内容、参与行为和亲子相处方式对子女发展的影响来看：父母参与行为对子女发展相应维度的影响效应相对最大，其次是家庭亲子相处方式的影响，父母关注内容对子女发展相应维度的影响效应相对比较微弱。值得关注的是：做父母关注子女学业成绩、辅导学习的频率、民主型家庭对学生学习影响的回归分析时发现：民主型家庭对学生学业成绩和高层次能力的正向影响效应最大，父母关注子女学业成绩对学生学业成绩和高层次能力有显著的负向影响，辅导学习的频率对学生学业成绩和高层次能力无显著影响。

四、结论与讨论

（一）家长对子女成长关注失衡，不同关注内容对子女发展影响有差异

从关注内容来看，家长对子女的关注存在“重智育轻德育”“重身体轻心理”现象。母亲对子女学习成绩、身心健康的关注更多一些，父亲对子女兴趣爱好、人际交往的关注更多一些。

具体来看：父母均关注子女学业成绩，对子女学业成绩和高层次能力有显著的负向预测作用。父母均不关注子女学业成绩，对子女的学业负担感受有显著的正向预测作用，但对子女的学习策略有显著的负向预测作用。父母对子女身体状况均不关注时，对子女的运动健康有显著的负向预测作用。父母仅单方关注某方面时，对子女发展大部分维度的影响不显著。

本研究中的父母关注内容可以理解为对孩子成长有期望或期待的方面，可以在一定程度上反映出家长的教育观念。父母教育观念的不一致会带来家庭教育行为和方式的差异和冲突，这不仅起不到正向影响的作用，反而会给子女的成长带来困惑。父母教育不一致会对子女的发展造成以下负面影响：一是容易养成儿童的双重人格；二是削弱父母权威，降低家庭教育的效果；三是儿童缺乏可以认同的行为标准，阻碍社会性的发展。当然，父母在保持教育观念一致性的同时，也要注意关注的适度性。本研究表明，父母对子女学业成绩均关注，对子女学业成绩、高层次能力有显著的负向预测作用。这个结论的解读可以是多方面的，可能是子女的学业本身处于比较落后的状态，父母双方确实对子女的学业都非常关注；但也有可能父母对子女学业的期待和要求本身就过度。不管哪种情况，孩子学习与生活的时间和空间都是有限的，父母的期望和关注超过子女的承受能力，就会变成子女的高负担，影响子女的健康成长。因此，父母对孩子的学业需要关注，但更需要适度。

（二）家长主要参与的是子女的学习，参与内容和程度对子女发展影响有差异

从参与情况来看，家长主要参与的还是与子女学习有关的内容，且母亲在陪伴子女读书学习方面的程度要高于父亲。总的来看，父母参与行为对子女成长相应维度的发展均有显著正向预测作用(个别维度除外)。从关注内容、参与行为和亲子相处方式三个变量来看，父母参与行为对子女发展的正向影响效应相对更大(除家长辅导学习对子女学习方面的影响)，父母与子女聊学校的事情、聊身边的同学等行为对子女的自我认知、同伴交往均有显著的正向预测作用。

值得关注的是，不仅仅是父母参与子女的学习对子女的学习有影响，父母与子女聊学校的事情、聊身边的同学、谈论感兴趣的话题、一起锻炼身体，对子女的学习也有显著的正向影响。对子女学业成绩影响最大的是父母与子女聊学习的事情，其次是父母与子女聊学校的事情和聊身边的同学。对子女学习动力和学习策略影响效应最大的是父母与子女一起锻炼身体和谈论感兴趣的话题。对子女学业负担感受影响效应最大的是父母与子女一起锻炼身体。而父母辅导学习对子女学业成绩和高层次能力方面无显著的影响。父母辅导子女学习并不是频率越高，对学生的学业成绩(高层次能力)促进作用越大。父母每天或几乎每天辅导学习，子女的学习动力、学习策略、学业负担感受值相对最高。另外值得一提的是，父亲陪伴学习对子女学习的影响效应要略大于母亲陪伴学习所带来的影响效应。

孩子的成长不仅仅只有学业方面；影响孩子学业发展的因素，也不仅仅是学习投入本身，还包括孩子的兴趣爱好、身心健康、人际交往等多方面复杂因素；父母仅就学业成绩谈学习，一味在学习上过度参与，只会剥夺孩子自主学习的空间，增加孩子的负担和压力，不利于孩子学习本身的发展，也不利于孩子全面、健康和可持续的发展。

（三）家庭亲子相处方式不尽科学，不同亲子相处方式对子女成长影响有差异

在本研究所调查的浙江省五年级学生家庭中，仅有40.4%的家庭亲子相处方式属于民主型，权威型、溺爱型占比较高。总的来看，民主型亲子相处方式对子女的发展有显著正向影响，权威型、放任型亲子相处方式对子女的发展有显著负向影响，溺爱型相处方式对子女成长各方面的影响方式和效果不尽相同。

从父母关注内容、参与行为和亲子相处方式三个变量来看，父母参与行为对子女

发展的影响效应相对更大，其次是亲子相处方式（除个别维度外）。在科尔曼看来，父母的经济资本优势和人力资本优势可以为子女的抚育培养和成长发展提供良好的物质资源和认知环境，而良性的亲子关系起到“孵化器”的作用。关于儿童及青少年发展领域的研究也显示了家庭互动及养育实践的重要中介作用。

亲子相处方式不仅影响着子女对外部事件和环境的评估与应对，也影响着子女从父母身上感受到的关爱，进而影响子女的安全感、自尊感和自信心。这也进一步解释了本研究中民主型家庭子女在各方面的发展均显著高于其他相处方式的子女。对于五年级的学生来说，溺爱型亲子相处方式不尽科学，但父母的宠爱在一定程度上给了子女充足的关爱，使他们有稳定的安全感；而在权威型亲子相处方式中，父母的威严和严厉，导致子女缺乏足够的被欣赏和接纳感，造成子女感受到的关爱不足，安全感不足，影响子女身心健康的全面发展。

五、反思与建议

本研究以五年级学生父母参与现状及其对子女成长的影响分析为切入点，但反映出来的问题，是中小学阶段父母在参与子女学习生活、家庭教育方面的共性和典型问题。为此，本研究在上述分析与讨论的基础上，以家长参与为切入点，给中小学阶段家长参与提出相关建议，以期为家庭教育在家庭、学校和社会层面的协同推进提供借鉴和参考。

（一）家长要转变教育观念，重视参与与陪伴

父母的教育观念会影响父母的参与行为和参与方式。为此，家长要树立正确的教育观念。孩子的健康、可持续发展才是家庭的未来，才是社会的未来。家长要尊重子女的完整性、独立性和自主性，不仅要关注子女当下的学业成绩，也要关注子女学业之外的身心健康、兴趣爱好、人际交往、个性发展等方面。

家长要重视自己在孩子成长过程中的参与与陪伴，要从对孩子“成长结果”的关注转变到对孩子“成长过程”的关注。家长要正视父母不同角色在家庭教育中的优点与局限性。母亲细腻的情感、细致的生活细节、有序的生活习惯有助于给子女提供安全、有序的家庭环境，帮助子女养成良好的学习、生活习惯；父亲宽广的视野、冷静的处事方式、粗犷的生活方式，有助于为子女提供社会安全感，培养子女的社会规则，形成大气、坚毅、勇敢等良好品质。父母双方的陪伴参与要互为补充，不可单方面过度或者缺失。尤其要加强父亲的参与与陪伴，充分体现父亲陪伴、参与的优势，改变当前父亲陪伴缺失的普遍现状。

（二）家长要读懂孩子，科学参与

孩子如何学习成长是一门科学，家长如何陪伴、引导孩子成长也是一门科学。家长在子女成长过程中的有效参与与陪伴，需要建立在对孩子充分了解的基础上。只有读懂孩子，才能更好地引导孩子。为此，家长需要拓展参与的途径与内容，通过日常的沟通、交流、观察和互动，了解子女的身心发展特点、学习和生活状况、实际困难和需求。

在此基础上，父母的参与要有一致性和适度性。父母之间要协调一致，包括教育目标、教育态度、教育方式和方法的协调一致。这有助于孩子在一致的环境中，有明确的自我定位、有适当的约束，得到更有针对性的帮助与指导。同时，父母在家庭教育中要注意参与方式与方法的适度性。父母要意识到孩子是独立的个体，孩子有自己的思想与意愿；家长参与的作用是引领和指导，而不是代替和包办。家长切不可以自己的主观意志来要求孩子，也不可以自己的个人经验来代替孩子的成长、包办孩子学习、生活各方面，这样做会剥夺孩子学习成长的机会。家长参与的最高水平、最高境界是通过自身的观念、格局、行为来正面引导孩子，要从“显性的学习参与”转向“隐性的精神陪伴”“隐性的精神引领”。

（三）家长要加强自我成长，与孩子共同进步

父母往往将亲子交往过程中的问题、家长焦虑归结为孩子本身的问题，总是希望通过从孩子身上解决问题来实现父母的想法。而事实上，亲子间的矛盾、家长焦虑往往和父母自身的观念、视野、处事方式、情绪控制等有关。在孩子的家庭教育方面更加独立完整，更加自由开阔，更加民主平等，更加高效参与的家长，更重视将孩子作为一个完整的个体，尊重孩子的独立性和自主性，鼓励孩子通过自己的实践和努力实现想法。他们也更能意识到陪伴孩子以及陪伴的方式和方法的重要性，更加科学、深度、有效地参与孩子的成长。因此，父母转变教育观念、读懂孩子、科学参与，都需要加强自身的学习与成长。唯有父母完善自己，才能有更独立的判断、更强大的内心和更从容的心态来参与孩子的成长。家庭教育最高的境界是家长以自身健康的思想、良好的品行来影响孩子，精神的潜移默化胜过任何刻意的安排。

当然，家庭教育水平的提升不能仅靠家长本身，而需要家长、学校和社会“三位一体”，协同推进。为此，学校层面要加强家庭教育指导，完善家校协作。可通过家长学校、家长会、专家讲座、线上线下交流等多种渠道，为家长普及不同年龄段学生身心发展的特点和问题、家庭教育中需要关注的问题，引导家长建立科学的教育观念、掌握

科学的家庭教育方法和亲子沟通方式。同时,学校要加强家校沟通,既要协同合作,也要合理分工。通过家长开放日、家访等渠道,加强与家长的进一步沟通和协调,避免学校和家长在孩子成长过程中出现角色的错位、越位和失位等现象,为双方的协作达成更高的一致性和有效性。

社会层面要重视并完善区域家庭教育指导工作,形成多渠道推进机制。一方面,要加大家庭教育工作推进力度,要有区域整体推进规划,设立家庭教育工作指导方案,同时确保工作推进有充分的财政和人员保障。对涉及家庭教育工作推进的各部门进行统筹协调,明确责任,协同推进。另一方面,要完善家庭教育社会支持体系。如:建立街道、社区(村)家庭教育指导机构;通过青少年宫、乡村少年宫、儿童活动中心等公共服务场所开展家庭教育指导;对流动儿童、留守儿童、残疾儿童和贫困儿童等特殊群体加强关爱和家庭教育指导;等等。总而言之,要引导全社会重视和支持家庭教育工作,为家庭教育工作营造良好的社会环境和舆论氛围。

(原载于《教育测量与评价》2020年第10期)

【参考文献】

[1] 刘保中,张月云,李建新.家庭社会经济地位与青少年教育期望:父母参与的中介作用[J].北京大学教育评论,2015(7):159-160.

[2] 刘文.教育“拼妈”?——父母参与子代教育的程度差异及其影响[J].当代教育论坛,2019(3):75.

[3] 马韵.父母教育一致性研究[D].广东:华南师范大学,2004.

[4] Caughy,M.O.,Di Pietro,J.A.,& Strobino,D.M. Day-care participation as a protective factor in the cognitive development of low-income children[J].Children Development,1994(65):457-471.

[5] DeGarmo,D.S.,Forgatch,M.S.,& Martinez,C.R. Parenting of divorced mothers as a link between social status and boys' academic outcomes: Unpacking the effects of socioeconomic status[J].Child Development,1999(70):1231-1245.

父母与子女的教育期望偏差及其影响研究

周　鸿[1]

【摘要】 基于2019年浙江省初中教育质量综合评价监测数据，构造“父母与子女的教育期望偏差”核心变量，开展教育期望偏差形成的家庭背景因素以及教育期望偏差与学生学业水平和学生发展的关系实证研究。研究发现：家庭社会经济文化地位、教育投入和家庭教养方式等家庭背景与教育期望偏差的形成密切相关，家长教育期望与子女教育期望的偏离程度和学生发展的很多方面存在关联，低学业表现水平学生父母对子女的期望倾向过高，乡镇农村教育期望偏差较大，教育期望偏差越小越有利于学生发展。基于研究结果提出相应的对策建议。

【关键词】 教育期望；认知偏差；影响因素；学业成绩

一、问题的提出

随着时代的快速发展，人们对教育的需求越来越高，接受过高等教育的人也越来越多，人们的教育期望也开始发生变化，追求高水平教育。胡咏梅、卢珂认为，一个地区教育事业的发展水平会影响到该地区学生的教育期望。尽管期望并不能决定一个人的未来是否成功，但作为一种自我激励的心理暗示，自我期望可以促使青少年积极追求学业上的成就。因此，本文分析2019年浙江省初中教育质量综合评价监测数据，以八年级学生及其家长为研究对象，从个人和家庭两个层面考察父母与孩子的教育期望偏差影响因素。与现有研究不同，本研究通过分析处于青春期的八年级自我教育期望、父母教育期望以及期望之间的偏差程度，开展关于教育期望偏差形成的原因和教育期望偏差如何影响学生发展的定量研究，有助于引导青少年在其早期成长阶段建立良好的教育目标和教育规划并促进其未来发展。

① 周鸿，浙江省丽水市莲都区教研室评价教研员，高级教师。

二、文献综述

关于教育期望的作用主要存在两种观点：首先，认为教育期望本质上是一种获得成功的雄心和抱负，因此是个体用来决定是否继续接受教育的一种心理资源；另一种观点认为，教育期望是个体对于未来接受教育的机会和成功可能性的一种现实估算。教育期望作为个体未来计划行为的信号，是理解教育分层的动机和现实的一个理想切入点。

近年来关于个体特征对教育期望的影响研究发现，女性在考试成绩和教育获得等诸多方面都已超越男性，与男性相比，女性通常拥有更高的教育期望。王香丽研究发现，家庭背景对初中生的教育期望也有显著影响。史密斯（Smith）、戴（Dai）等人研究均发现青少年的教育期望会受到其学业成就的影响，因学业成就而得到提升。另一方面，有学者发现，社会经济地位较高的家庭，父母更重视对子女的学业投资，并且他们有更多的文化资本来参与学校所需的教育实践，这些都有助于提升子女对自身的教育期望。还有学者研究表明，教育期望是一个“动态变化”的过程。

综上，国内外相关文献讨论了教育期望并对其进行研究。国内关于教育期望方面的研究还相对缺乏，从国内文献看，教育期望的相关研究主要集中于性别差异、城乡差异等方面，关于影响因素的定量研究开展较少。当前，国内外大多数研究都低估了教育期望对个体发展的深远意义。

三、研究设计

（一）数据来源

本研究使用2019年10月获得的浙江省初中教育质量综合评价监测数据。有效样本为96个县（市、区）730所初中的41382份学生问卷，38794份参加监测学生的家长问卷。根据监测框架，各监测指数定义为百分制，指数越高，表示该区域学校的该指数相关表现越好。指数水平划分为三个等级，以[87.5，100]为好，[62.5，87.5)为较好，[0，62.5)为一般。指数维度采用5分制分数，维度水平也划分为三级，得分[4.5，5]为好，[3.5，4.5)为较好，[1，3.5)为一般。

（二）变量的定义与描述

1. 教育期望。

学生自我教育期望是指个体基于自我学业水平认知而对自身完成特定教育层级

的主观诉求与心理期待。它既是一种对未来自我教育水平的自主认知，也是触发自主学习的内驱力。根据2018年PISA（国际学生评价项目）调查数据表明，我国四省市学生自我期望完成大学专科及以上高等教育的占学生总体的78.1%，比OECD（经济合作与发展组织）各国平均水平（69.0%）高9.1个百分点。2019年我省八年级学生自我期望完成大学专科及以上高等教育的占学生总体的85.2%，男、女生期望为“初中”（女生0.3%，男生0.8%）或“研究生”（女生31.9%，男生31.0%）的比例几乎无差异，期望为“本科”的女生比例远高于男生（女生46.1%，男生34.7%），期望为“中专或职高”“普通高中”“大专”的男生比例均高于女生。可见，女生比男生拥有更高的教育期望。

家长教育期望是指家长对子女接受最高的教育水平和教育层次的希望和期许。2018年我省四年级学生家长期望孩子完成大学专科及以上高等教育的占家长总体的97.0%，2019年我省八年级学生家长期望孩子完成大学专科及以上高等教育的占家长总体的91.1%。可见，初中生家长的教育期望较小学生家长更趋于理性。

2. 教育期望偏差。

教育期望偏差变量用于测量家长教育期望与子女教育期望的偏离程度。教育期望变量可具体操作化为“希望最高读到什么程度”，其取值为定序型，从低到高依次分为初中、中专或职高、普通高中、大专（大学专科）、本科（大学本科）、研究生及以上6级。教育期望偏差变量具体分类参见表1。

表1　教育期望偏差类型

类型		解释	
上偏型（父母期望高于子女期望）	父母期望过高	父母期望高子女期望2级及以上	例如：父母希望子女上本科，子女只希望读到普通高中
	父母期望略高	父母期望高子女期望1级	例如：父母希望子女上本科，子女只希望读到大专
无偏型（父母期望等于子女期望）		父母期望等于子女期望	例如：父母希望子女读到本科，而子女自己也希望读到本科
下偏型（父母期望低于子女期望）	父母期望略低	父母期望低子女期望1级	例如：父母希望子女上大专，子女希望读到本科
	父母期望过低	父母期望低子女期望2级及以上	例如：父母希望子女上大专，子女希望读到研究生及以上

3. 主要变量的描述统计。

表2数据显示，全省教育期望偏差中，无偏型占比最高(54.6%)，其次是父母期望略高型(20.0%)，父母期望过高或过低型占比均低于10.0%；父母期望略高、过高或过低型的占比男生高于女生，无偏型和父母期望略低型的占比女生高于男生。城乡教育期望偏差中，城市和县城各类占比差异不大，但乡镇农村无偏型和父母期望略低型占比略低于城市，而父母期望略高、过高或过低型的占比高于城市。城乡男、女生教育期望偏差中，无偏型城市男生占比最高，高出乡镇农村男生8.9个百分点；无偏型县城女生占比最高，高出乡镇农村女生5.6个百分点。可见，乡镇农村的教育期望偏差较大，特别是男生更显著。

表2　主要变量的描述统计

(单位:%)

变量	父母期望过高	父母期望略高	无偏型	父母期望略低	父母期望过低
全省(N=35029)	8.9	20.0	54.6	13.6	2.9
男生(N=17409)	11.6	21.6	51.0	12.5	3.3
女生(N=17620)	6.3	18.4	58.2	14.7	2.4
城市	7.0	18.9	57.5	14.6	2.0
县城	6.5	19.4	58.0	14.1	2.1
乡镇农村	11.4	21.0	51.1	12.7	3.8
城市男生	9.4	20.6	55.4	12.3	2.3
城市女生	4.6	17.1	59.7	17.0	1.6
县城男生	8.7	20.9	54.7	13.4	2.4
县城女生	4.4	17.8	61.2	14.8	1.8
乡镇农村男生	14.6	22.5	46.5	12.0	4.4
乡镇农村女生	8.2	19.5	55.6	13.4	3.3

（三）研究方法

问卷数据处理运用SPSS22.0统计软件进行，数据分析采用频数统计、差异显著性检验和多元线性回归模型等统计分析方法。

四、研究结果与分析

根据研究框架，本文从家庭背景对教育期望偏差的影响、教育期望偏差对学生学业水平和学生发展的影响等方面展开分析。

（一）家庭背景对教育期望偏差的影响

教育期望的形成与发展内嵌于既定的家庭结构及其原生环境，也受制于家庭社会经济背景这一先赋性因素。本文从父母受教育水平、家庭年收入、家庭教育投入和家庭教养方式等方面研究其对教育期望偏差的影响。

1. 父母受教育水平。

由表3可知，父母学历占比前五位的依次为初中、高中（含职高/中专）、小学、大专、大学本科。不管父母学历如何，教育期望无偏型占比最高，该比例随父母学历提升而增大。这表明，在父母受教育水平较高的家庭中，父母教育期望与孩子的自我教育期望匹配度较好。

表3 父母不同学历的教育期望偏差分布

（单位：%）

父母学历			教育期望偏差				
学历		占比	父母期望过高	父母期望略高	无偏型	父母期望略低	父母期望过低
父亲	没有上过学	0.6	14.4	22.1	48.2	9.7	5.6
	小学	11.0	12.6	19.5	51.3	12.5	4.2
	初中	45.3	10.0	20.5	52.3	13.6	3.6
	高中（含职高/中专）	24.5	8.2	20.0	55.5	14.3	2.0
	大专	8.9	5.4	19.5	59.0	14.7	1.3
	大学本科	7.7	3.2	18.6	65.0	12.4	0.8
	研究生（硕士/博士）	1.3	5.6	18.0	67.3	8.6	0.5
	不清楚	0.8	13.1	18.7	51.6	11.5	5.2
母亲	没有上过学	1.6	13.8	19.0	51.5	11.8	3.9
	小学	14.2	11.3	19.6	53.3	11.9	3.9
	初中	44.0	10.0	20.6	52.1	13.9	3.5
	高中（含职高/中专）	22.1	7.7	19.7	56.0	14.4	2.2

续表

父母学历			教育期望偏差				
学历		占比	父母期望过高	父母期望略高	无偏型	父母期望略低	父母期望过低
母亲	大专	9.0	5.8	20.3	56.8	15.8	1.3
	大学本科	7.2	3.6	18.4	66.2	11.1	0.7
	研究生(硕士/博士)	0.7	7.1	14.6	70.2	7.1	1.0
	不清楚	1.1	12.1	18.4	54.2	9.8	5.5

表4数据显示,父母职业占比前三位的依次为工人、私营或个体经营者、商业服务业人员。不管父母职业如何,教育期望无偏型占比最高,父母期望略高型次之。父母职业为教育、医务、科研人员、专业技术人员的无偏型占比最高(父亲64%,母亲64.4%),父母职业为工人的无偏型占比相对较低(父亲52.3%,母亲51.7%),父母职业为农民的无偏型占比最低(父亲50.8%,母亲50.4%)。这表明,父母教育期望与孩子的自我教育期望匹配度与孩子父母从事职业有一定关联。

表4　父母不同职业的教育期望偏差分布

父母职业			父母教育期望偏差				
职业		占比	父母期望过高	父母期望略高	无偏型	父母期望略低	父母期望过低
父亲	工人	33.2	10.9	20.2	52.3	13.1	3.5
	农民	8.4	10.1	20.9	50.8	13.8	4.4
	私营或个体经营者	26.6	7.7	20.3	55.7	13.9	2.4
	商业服务业人员	9.0	9.9	20.7	53.5	13.4	2.5
	政府普通工作人员	4.0	4.9	18.3	60.0	15.3	1.5
	教育/医务/科研人员/专业技术人员	4.8	3.6	18.0	64.0	13.4	0.9
	企业管理人员	8.6	6.0	19.7	59.2	13.8	1.3
	政府机构的高级行政人员	0.8	3.1	17.9	63.7	13.0	2.3
	无工作或不知道	4.6	11.8	17.8	51.6	13.5	5.3

续表

父母职业			父母教育期望偏差				
职业		占比	父母期望过高	父母期望略高	无偏型	父母期望略低	父母期望过低
母亲	工人	25.3	11.2	20.7	51.7	13.1	3.3
	农民	7.4	10.7	20.1	50.4	14.4	4.5
	私营或个体经营者	21.9	7.7	20.0	56.4	13.6	2.4
	商业服务业人员	13.2	9.7	19.8	53.9	14.0	2.6
	政府普通工作人员	4.7	5.8	19.4	57.7	15.6	1.6
	教育/医务/科研人员/专业技术人员	7.2	4.4	17.2	64.4	12.4	1.6
	企业管理人员	5.1	7.1	20.8	58.5	12.4	1.3
	政府机构的高级行政人员	0.2	6.0	25.4	55.2	11.9	1.5
	无工作或不知道	15	9.0	20.1	53.2	13.9	3.7

2. 家庭年收入。

通过家长问卷中的"孩子家庭年收入大约是多少"的回答，来分析教育期望偏差类型分布，定义低收入（家庭年收入3万元以下）、中低收入（家庭年收入3万—8万元）、中等收入（家庭年收入8万—15万元）、中高收入（家庭年收入15万—25万元）和高收入（家庭年收入25万元以上）。

由下页图1可知，教育期望无偏型的占比，从中低收入开始，随家庭年收入的增加而提高；父母期望过高或过低型的占比随家庭年收入的增加而降低；父母期望略高的占比稳定在20%左右。这表明，相较于中高或高收入家庭，低或中低收入家庭的父母与子女更容易产生教育期望偏差。

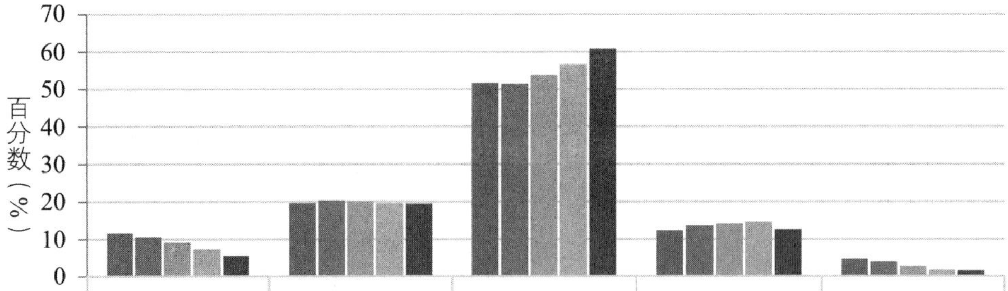

	父母期望过高	父母期望略高	无偏型	父母期望略低	父母期望过低
■ 低收入	11.6	19.7	51.7	12.3	4.7
■ 中低收入	10.6	20.4	51.5	13.6	3.9
■ 中等收入	9.2	20.2	53.8	14.1	2.7
■ 中高收入	7.4	19.6	56.7	14.6	1.7
■ 高收入	5.6	19.5	60.8	12.6	1.5

图1　不同家庭年收入的教育期望偏差分布

3. 家庭教育投入。

本文以非货币性的家庭教育投入,即家长问卷中的"上学日,孩子的父亲或母亲平均每天有多长时间陪孩子?"和"家长和孩子意见不一致时的处理方式"的回答,来分析教育期望偏差类型分布。

由下页图2可知,上学日不同父母陪伴时间的教育期望偏差中,无偏型占比最高,该比例从1小时以下开始,随着陪伴时间的增加而提高;父母期望过低型的占比最低,该比例随着陪伴时间的增加而降低。上学日父母没有陪伴或每周陪伴时间很短(3小时以下)的学生中,教育期望偏差各类型占比相近。每天陪伴时间3小时以上的学生中,无偏型教育期望偏差占比最高(56.5%)。这表明,合适的家庭非货币性资源投入有利于缩小教育期望偏差,且陪伴时间越长越有可能缩小偏差。

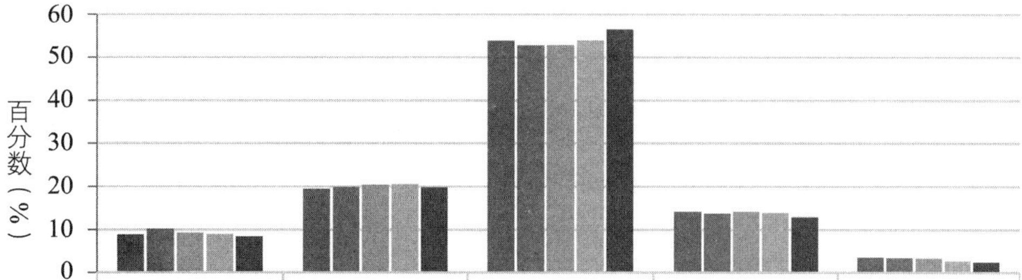

	父母期望过高	父母期望略高	无偏型	父母期望略低	父母期望过低
■ 没有	8.9	19.5	53.9	14.1	3.6
■ 1小时以下	10.2	19.9	52.8	13.7	3.4
■ 1—2小时	9.3	20.5	52.9	14.2	3.3
■ 2—3小时	9.0	20.5	53.9	13.9	2.6
■ 3小时以上	8.4	19.8	56.5	12.9	2.3

图2　上学日不同父母陪伴时间的教育期望偏差分布

表5数据显示，当父母与孩子意见不一致时，无偏型中采用“协商得出共同结论的”占比最高，父母期望略低、父母期望过低和父母期望过高中采用“协商得出共同结论的”占比最低。这表明，通常采用协商得出共同结论这一亲子沟通方式的家庭，父母与孩子的教育期望偏差小。

表5　不同亲子沟通方式的教育期望偏差分布

不同亲子沟通方式	父母期望过高	父母期望略高	无偏型	父母期望略低	父母期望过低
听大人的	9.1%	20.0%	55.5%	12.8%	2.6%
听孩子的	8.1%	20.3%	54.9%	13.3%	3.5%
协商得出共同结论	7.6%	20.1%	57.5%	12.7%	2.1%

4. 家庭教养方式。

家庭背景是影响学生发展的重要因素，甚至可能比学校的作用更大。父代的价值观、偏好和期望会发生代际传递，子代通过家庭社会化会习得父辈珍视教育的行为、态度和观念；心理学认为，父母是子女成长过程中的“重要他人”，在教养过程中，亲子互动的方式和程度会对子女的心理发展产生重要影响，给予更多的教育资源和精力投入，更多的关心、理解、重视与鼓励，使他们更容易形成高自我效能感，激发更高的教育期望。

由图3可知，在教养方式水平不同的家庭中，无偏型和父母期望略低型占比会随家庭教育方式水平的提升而提高；父母期望过高、略高和过低型占比随着家庭教育方式水平的提升而降低。这表明，家庭教育方式好的家庭父母与子女的教育期望偏差小。

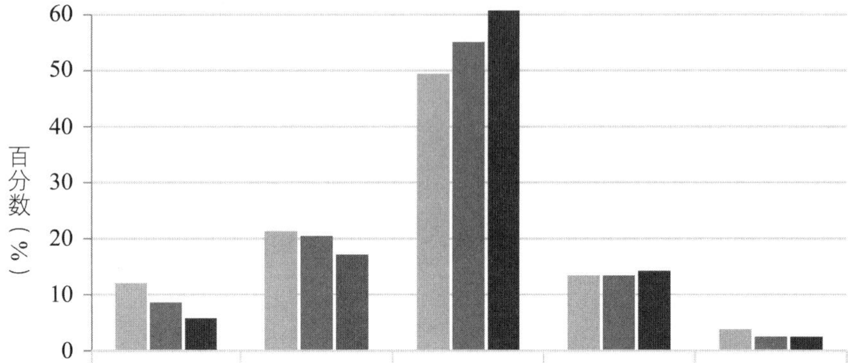

	父母期望过高	父母期望略高	无偏型	父母期望略低	父母期望过低
家庭教养方式一般	12.0	21.4	49.5	13.3	3.8
家庭教养方式较好	8.5	20.5	55.1	13.4	2.5
家庭教养方式好	5.8	17.2	60.3	14.3	2.5

图3　不同家庭教养方式水平的教育期望偏差分布

（二）教育期望偏差与学业水平的关系

1. 教育期望与学业水平的关系。

由下页图4可知，学生教育期望对应的成绩和家长教育期望对应的成绩均随着学历的升高而越来越好。

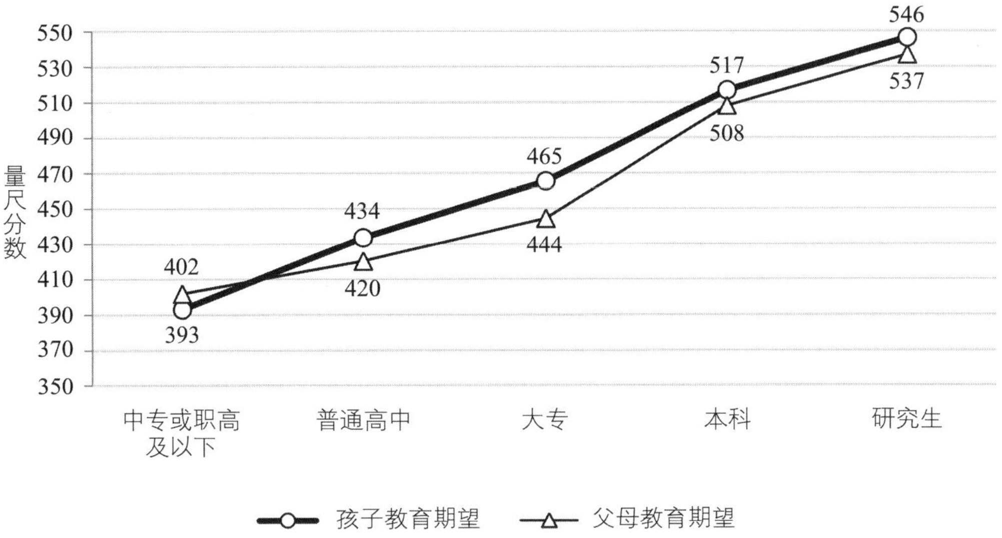

图4　教育期望与学业水平的关系

由图5可知，家长对子女的教育期望分布与学生自我教育期望分布基本一致。家长教育期望本科、研究生的占比高于学生，家长教育期望为大专及以下的占比低于学生。

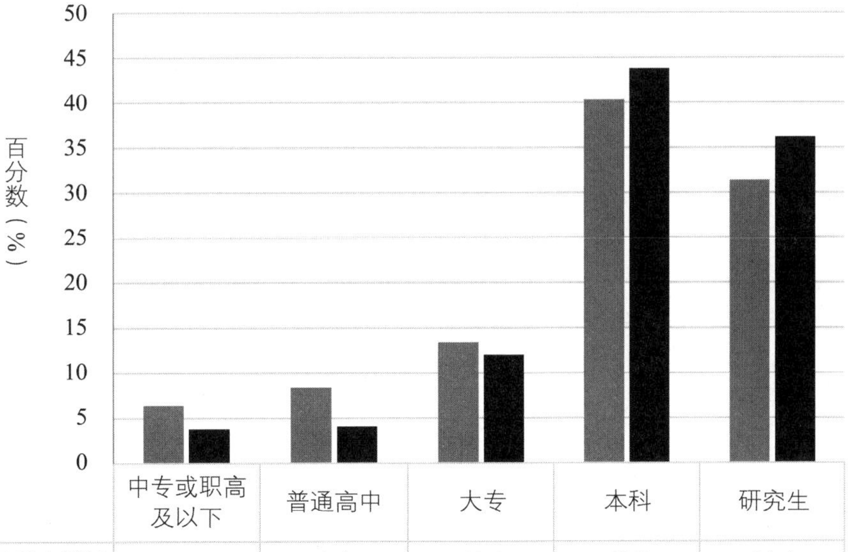

	中专或职高及以下	普通高中	大专	本科	研究生
■ 孩子教育期望	6.4	8.4	13.4	40.3	31.4
■ 父母教育期望	3.8	4.1	12	43.8	36.2

图5　父母与孩子教育期望分布

2. 教育期望偏差与学业水平的关系。

由图6可知,从全省看,无偏型学生学业水平最高,父母期望略低有利于学生获得更好的学业表现,父母期望偏差过大的学生的学业水平最不理想。由此可见,无偏型学生群体的学业水平普遍较好。

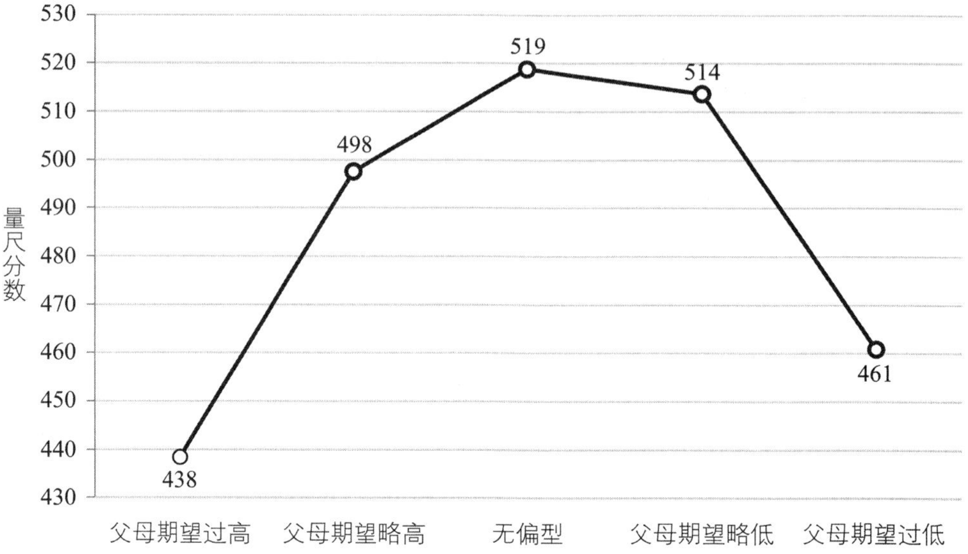

图6　教育期望偏差与学生学业水平的关系

3. 不同学业水平与教育期望偏差的关系。

将学生学业成绩由低到高分为下四分位、第二个四分位、第三个四分位、上四分位4个组别,命名为学业成绩低水平组、中低水平组、中高水平组、高水平组,每个组别的学生数均等。

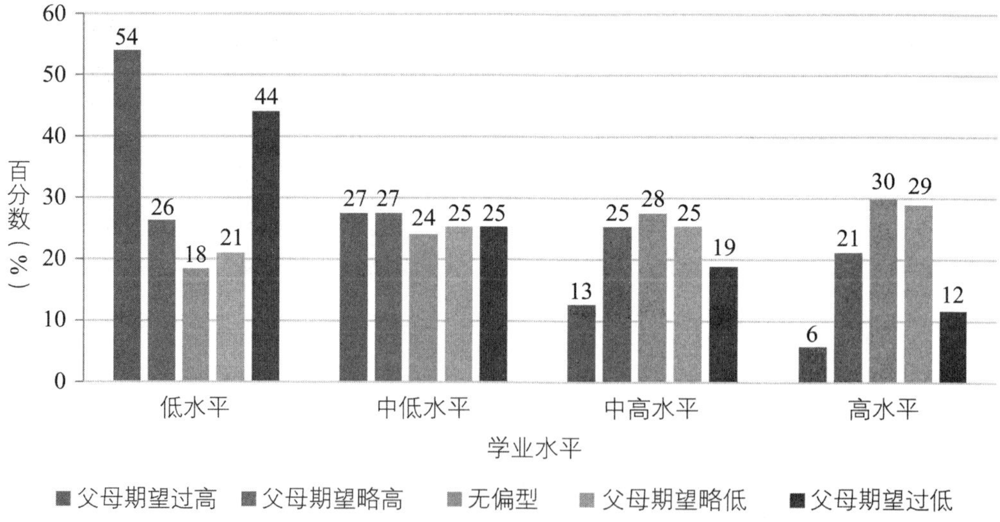

图7　不同学业水平学生的教育期望偏差分布

由图7可知,低水平学生父母期望过高或过低的占比均很高,且无偏型占比最低。而高水平学生的表现恰恰相反,无偏型或父母期望略低的占比均较高,父母期望过高或过低的占比均较低。中高水平学生各类型分布与高水平学生相近,中低水平学生各类型分布相对均衡。可见,家长期望偏差过大对初中生学业成绩有一定的消极影响。

由图8可知,低水平或高水平男、女生无偏型占比最高。低水平男生父母期望过高或略高的占比均超过21%,低水平女生父母期望过高或略高的占比分别为15.8%、21.6%。低水平或高水平男生父母期望过高占比均高于女生。可见,低水平学生父母对子女的期望倾向过高,女生父母对女儿的高期望相对要弱,这样有利于女生更好地轻装上阵,取得更好的学业成绩。

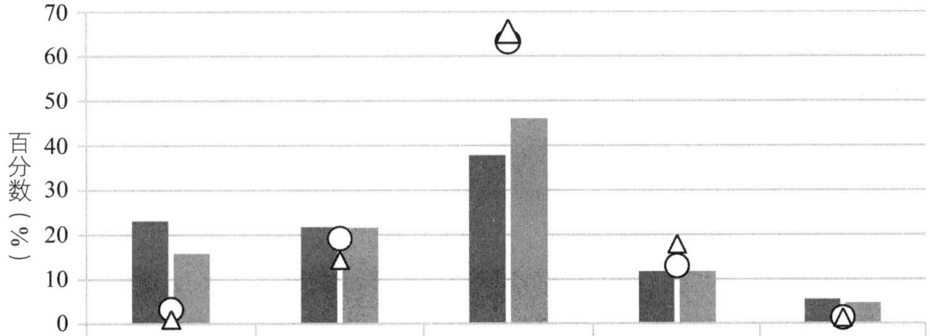

	父母期望过高	父母期望略高	无偏型	父母期望略低	父母期望过低
■ 男生低水平	23.1	21.7	37.9	11.7	5.5
■ 女生低水平	15.8	21.6	46.1	11.7	4.8
○ 男生高水平	3.3	19.2	63.2	13.0	1.4
△ 女生高水平	1.0	14.3	65.6	17.9	1.3

图8 不同性别学生高、低两个学业水平的教育期望偏差分布

(三)教育期望偏差对学生发展的影响

1. 教育期望偏差与学习动力、自我认知和兴趣爱好的关系。

由下页图9可知,父母期望略低型和无偏型学生学习动力、自我认知及兴趣爱好指数得分较高,父母期望过高对学生学习动力、自我认知和兴趣爱好的消极影响较大,尤其是期望偏差对学生学习动力的影响更敏感,过高的父母期望会给子女造成巨大的心理压力,严重者会失去信心,导致学习动力不足。可见,父母的期望偏差会影响学生的学业负担感受，缩小教育期望偏差或适度降低父母期望有助于增强学生的学习动力和自我认知能力，提高学生的学习兴趣。

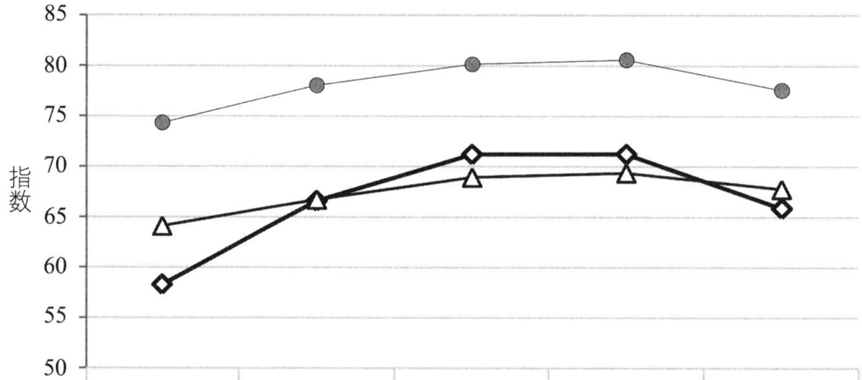

	父母期望过高	父母期望略高	无偏型	父母期望略低	父母期望过低
学习动力指数	58.3	66.6	71.2	71.2	65.9
自我认知指数	64.1	66.7	68.9	69.4	67.8
兴趣爱好指数	74.4	78.1	80.2	80.6	77.6

图9　教育期望偏差与学习动力、自我认知和兴趣爱好指数的关系

2. 教育期望偏差与主观负担感受的关系。

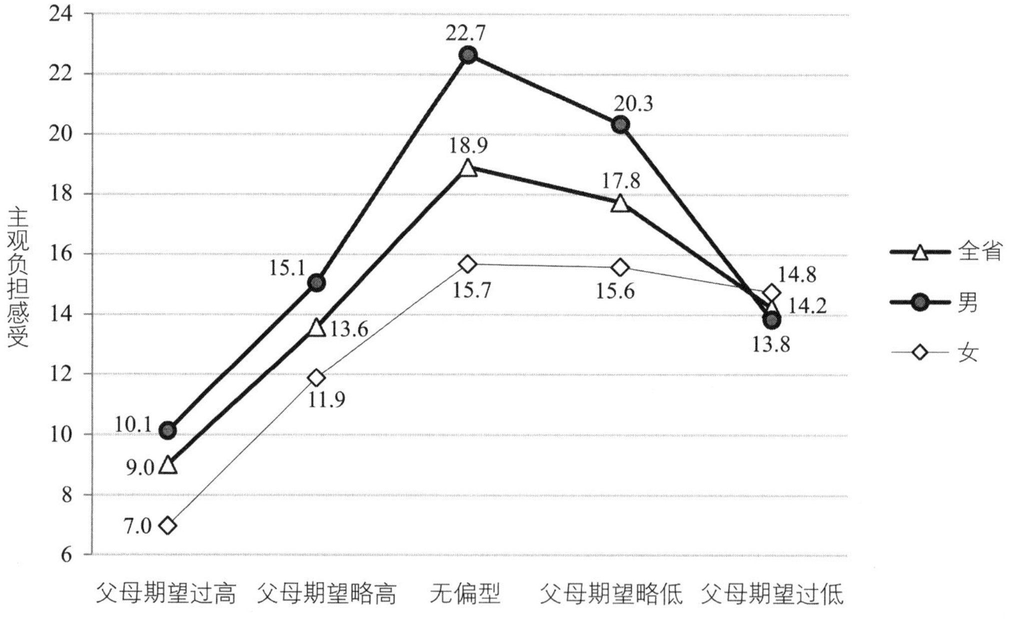

图10　教育期望偏差与学生主观负担感受的关系

由图10可知，从全省看，无偏型学生主观负担感受最轻，父母期望略低型次之，父母期望过高时学生主观负担感受最重。父母期望高于子女，加重学生主观负担感受容易理解，但父母期望低于子女，也出现主观负担感受增加的现象，值得研究。不过考虑性别因素后，这一疑惑便迎刃而解。在父母期望偏差为同一类型时，男生的主观负担感受普遍轻于女生，且变化趋势与总体相近。但女生在父母期望偏低时，主观负担感受与无偏型基本相当。由此表明，父母期望与子女接近时，学生的主观负担感受最轻；父母降低期望，更有利于减轻女生的主观负担感受。

3. 教育期望偏差与学生发展的关系。

采用回归分析法，以学习动力、责任感、兴趣爱好、自我认知和主观负担感受作为结果变量，不同类型教育期望偏差为解释变量，分析在控制家庭社会经济地位的情况下，变量对学生学业水平的预测力。对于教育期望偏差，选取无偏型教育期望偏差的家长为基准组（基准组相当于取0，所有回归里面都把无偏型教育期望组排除出自变量），父母期望略高、父母期望过高、父母期望略低、父母期望过低都与无偏型进行比较，与教育期望偏差对应的系数均为非标准化系数。

由表6可知，父母期望略低组对学生学习动力、责任感、兴趣爱好和自我认知具有正向预测作用，但不显著。其他三种教育期望偏差组对学生发展指数具有显著的负向预测作用。父母期望略低组对学习动力、责任感、兴趣爱好和自我认知的影响度高于无偏型，但教育期望无偏型对主观学习负担的影响高于父母期望略低组。教育期望偏差变量对学习动力、责任感、兴趣爱好、自我认知、主观负担感受的解释率分别为4.0%、2.1%、1.0%、0.9%、0.7%。这表明，教育期望偏差越小，越有利于学生发展。

表6　教育期望偏差变量对学生发展的回归分析

	学习动力	责任感	兴趣爱好	自我认知	主观负担
父母期望过高	−12.469***	−7.532***	−0.204***	−4.777***	−9.723***
父母期望略高	−4.181***	−2.924***	−0.068***	−2.162***	−5.152***
父母期望略低	0.480	0.804**	0.027*	0.499	−0.982
父母期望过低	−4.882***	−2.283***	−0.074***	−1.09***	−4.507***
R^2	0.040	0.021	0.01	0.009	0.007

说明：***表示$p<0.001$，**表示$p<0.01$，*表示$p<0.05$。

五、结论与讨论

本文创造性地构造了“教育期望偏差”这个核心变量，探讨了家庭背景、教育期望偏差与学生学业和发展的关系，具体有以下发现：

第一，家长合理的期望有助于孩子健康成长。初中生家长的教育期望较小学生家长更趋于理性，女生比男生拥有更高的教育期望。全省教育期望偏差中无偏型占比最高，其次是父母期望略低型。乡镇农村的教育期望偏差较大，尤其是在男生家庭中。低学业水平学生父母对子女的期望倾向普遍较高。若家长对子女的教育期望过度或不足，都将对子女的学业成就产生不利的影响。

第二，家庭社会经济文化地位、教育投入和家庭教养方式等家庭背景因素与教育期望偏差的形成密切相关。相较于中高或高收入家庭，低或中低收入家庭的父母与子女更容易产生教育期望偏差。通常采用协商得出共同结论的亲子沟通方式或家庭教养方式水平高的家庭，父母与子女的教育期望偏差小。适当的家庭非货币性资源投入可缩小教育期望偏差，尤其是陪伴时间越长越有可能缩小教育期望偏差。

第三，教育期望偏差越小，越有利于学生发展。教育期望无偏型男生或父母期望略低的女生的学业水平普遍较好。教育期望偏差不同类型的男、女生学业成绩之间存在差异，县城男生无偏型学业水平最高，县城女生无偏型或父母期望略低型学业水平最高。教育期望偏差能影响学生的学业负担感受，缩小教育期望偏差或适度降低父母期望有助于增强学生的学习动力和自我认知能力，提高学生的学习兴趣，促进学生发展。

为了降低父母与子女的教育期望偏差程度，我们可以将着力点放在以下几个方面：

第一，家长要充分认识合理教育期望对孩子发展的重要性，适时调整对孩子的教育期望，增强父母与子女期望的匹配度。在家庭教育过程中，家长是家庭教育的主要责任人与实施者。家长的家庭教育理念和家庭教育方法决定着孩子所接受教育的质量。因此，家长要转变教育角色，调整教养方式。

第二，父母应从改变自身观念出发，给孩子树立正确的示范，保持言行一致，给予孩子信任和理解，及时给予孩子需要的帮助和指导。要重视孩子青春期的家庭教育。父母在进行教育投资时，不仅要关注物质投资，也要注重精神投资。当受限于经济条件，无法为子女提供丰富的学习资源时，父母仍然可以通过自身努力，多与子女交流，给予其积极合理的鼓励以提高其自我教育期望，增强其学习动机和自信心，从而促进子女的学业发展。

第三，家庭和学校合力引导学生树立正确的受教育观念，培养学生的学习兴趣，激发学习动力，提高学习品质。使其能够用心学习，这样才能促进个体合理教育期望的形成。

教育是一场漫长的修行，不只孩子要学习，家长也要不断学习，不断成长。当下中国家长往往存在"望子成龙、望女成凤"或者"任其自然，放手不管"的倾向，这其实是亲子教育期望偏差的现实写照。尤其是对于家庭收入较低、文化程度也较低的家长而言，更需要重视与子女的沟通与交流，以防止家长与子女自身的期望出现偏差。家长与子女双方达成对孩子学业目标的共识，合理增加教育投入，这将对子女的学业水平产生正向影响。

【参考文献】

[1] 胡咏梅，卢珂.教育资源投入对学生学业成绩的影响力评价——基于西部地区基础教育发展项目的研究[J].教育学报，2010(6)：67－76.

[2] 王香丽.我国高等教育入学机会的城乡差异研究——高中阶段教育的视角[J].高教探索，2011(1)：55－58.

[3] 李适源，刘爱玉.家庭背景对学业表现的作用机制研究——以亲子教育期望偏差为解释中介[J].教育探索，2019(6)：1－8.

[4] Domina T., Conley A.M., Farkas G. The link between educational and effort in the college-for-all [J]. Sociology of Education, 2011(2)：93－112.

[5] Smith C.L., Sapp M., Farrell W.C., et al. Psychoeducational correlates of achievement for high school seniors at a private school: The relationship among locus of control, self-esteem, academic achievement, and academic self-esteem[J]. High School Journal, 1998(3): 161－166.

[6] Dai Y. Educational plans after high school: A national survey of high school seniors[J]. Journal of Research & Development in Education, 1996(30)：22－30.

初中生网络依赖特点及家庭影响因素分析

马　婷①

【摘要】 基于2019年浙江省初中教育质量监测结果，分析浙江省初中生网络依赖现状以及网络依赖对学生学习生活的影响，并以"后进生"为例分析家庭层面的影响因素。研究发现，浙江省有一定比例的重度网络依赖学生，且"后进生"和乡镇农村学生所占比重更大。网络依赖不仅对初中生的睡眠时间、运动及参加兴趣爱好活动时的心理体验有影响，也会对其学业成绩和负担感受产生消极作用。亲子间高质量的理解沟通、家长适度降低教育期望、提高家庭教育水平均有助于减轻"后进生"的网络依赖。

【关键词】 网络依赖；家庭因素；初中生

中国互联网络信息中心（CNNIC）第43次《中国互联网络发展状况统计报告》提到，截至2018年年底，我国网民数量已超8.2亿。在不同职业结构的网民中，学生群体最多，占比达25.4%。网络在为学生学习与生活提供极大便利的同时，也成为学生消极逃避的陷阱。初中生是一个自我控制能力相对薄弱的群体，若过分沉迷网络，其正常的学习与生活会受到影响，其身心健康会受到损害。

国内研究者对初中生网络依赖的现象进行过大量研究。一些研究者探讨了网络使用者的人口学特征，如性别、年龄与网络依赖的关系。如郭颖发现，男生比女生更容易网络依赖，年龄越小、年级越低的中学生更容易网络依赖，但也有研究发现，随着科技发展、信息化时代的到来，网络使用已经不受限制，无论性别、年龄，他们接触网络的机会都是均等的，不存在性别和年龄等人口学因素的差异。还有一些研究者对初中生网络依赖的成因进行了分析，大致分为两类，一是与个体有关的自身内部因素，如人格特质、自尊、认知特征等，杨洋、雷雳等人采用自编的"青少年病理性互联网使用量表（APIUS）"对北京市七年级至高二的中学生进行调查，发现青少年责任心、外向性以及宜人性人格对网络使用者有显著的反向预测作用，而神经质人格对网络使用有显著的正向影响。另一类是外部因素，如社会支持、家庭因素等，罗辉萍、彭阳等

① 马婷，浙江省教育厅教研室评价教研员，一级教师。

人深入研究了青少年网络依赖与家庭环境以及依恋的关系,发现消极的家庭依恋关系显著影响青少年网络成瘾的概率。

本研究旨在了解浙江省初中生网络依赖的现状,以及对其学习生活的影响,同时以学业成绩位于后三分之一的学生为对象(简称“后进生”)从家庭层面探讨减轻网络依赖的措施。本研究的数据来源于2019年浙江省中小学教育质量监测。其中学业成绩以学生在语文、数学、科学三科成绩的平均分为依据。

一、网络依赖的基本情况

(一) 网络依赖的现状

本次监测对象为2019年9月升入九年级的学生。全省共有43668名学生参与测试,进入统计分析的有效样本数为41590名。其中,男生有21924名,女生有19666名,分别占52.7%和47.3%。学生在城市、县城与乡镇农村的分布比例分别为25.8%、27.5%和46.7%。

根据学生对其自身网络依赖状况的自我评分,分数区间为1—5分,分数越低,代表依赖程度越严重。全省网络依赖均分为3.52,其中“后进生”网络依赖得分为3.25,明显低于全省平均分。按照学生网络依赖得分的表现,将学生划分为无网络依赖、轻度依赖、重度依赖三类。

由表1可知,浙江省有72.4%的学生无网络依赖倾向,23.6%的学生有轻度依赖倾向,3.9%的学生有重度依赖倾向。“后进生”的网络依赖均分低于全省平均分,依赖程度更严重,其中有7.4%的学生有重度依赖倾向。

表1　浙江省初中生网络依赖现状

	网络依赖均分	网络依赖人数占比		
		无网络依赖	轻度依赖	重度依赖
全省	3.52	72.4%	23.6%	3.9%
“后进生”	3.25	60.2%	32.4%	7.4%
优秀生	3.76	83.2%	15.5%	1.3%

进一步分析发现,在存在轻度依赖倾向的学生中,45.3%的学生学业居于总体的后三分之一,而在存在重度依赖倾向的学生中,66.1%的学生学业居于总体的后三分之一。网络依赖对于学生学业的消极影响不容轻视。

由表2可知，从学生所在学校的区域性质看，乡镇农村学校学生的网络依赖人数比例相对更高，其中轻度依赖的学生的比例比城市和县城的分别高6.5%和6.8%，重度依赖的学生比例分别高2%和1.6%。

表2　不同区域网络依赖人数占比

（单位：%）

	无网络依赖	轻度依赖	重度依赖
城市	77.1	20.3	2.6
县城	77.0	20.0	3.0
乡镇农村	68.5	26.8	4.6

（二）重度网络依赖学生的特征表现

分析重度网络依赖学生在运动健康、兴趣爱好、睡眠时间等方面的特征表现。

1. 运动健康。

经调查发现，重度网络依赖的学生中每天校内几乎没时间运动的人数占比为6.2%，高于浙江省平均的2.2%，每周校外几乎没时间运动的人数占比为27.8%，高于浙江省平均的17.4%。在参加体育运动的重度网络依赖学生中，询问其“在运动中是否感到轻松、愉悦”时，只有51.1%的学生回答“符合”，比全省低11.5%，而且有11.4%的重度依赖学生回答“很不符合”。可见，虽然同样参加体育运动，但是存在网络依赖倾向的学生身心放松的体验不佳。

2. 兴趣爱好。

从下页图1中可以看出，浙江省小学生兴趣爱好前三位的选择依次为“体育类”“美术类”“科技类”，初中生前三位依次为“体育类”“网络游戏类”“音乐类”。可见，从小学到初中，以“网络游戏类”为兴趣爱好的学生比例增幅很大。学生的兴趣倾向从特长发展转向缓解压力。同时，重度网络依赖初中生选择“网络游戏类”的人数占比超过全省平均约33个百分点。

但当询问学生“兴趣爱好是否能给自己带来自信”时，只有69.2%的重度网络依赖学生回答“符合”，远低于全省的82.8%。可见，重度网络依赖学生在自己的兴趣爱好中自信体验较少。

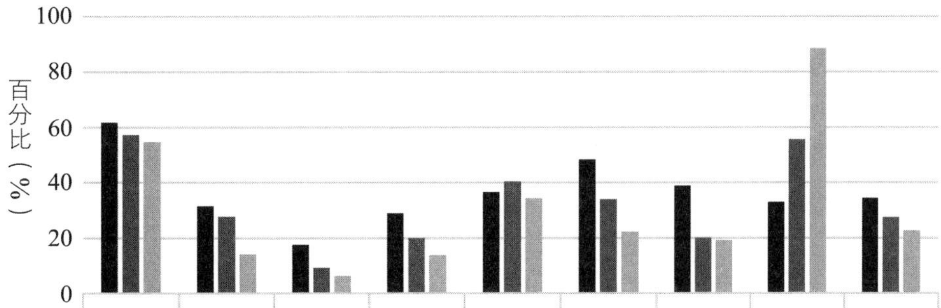

	体育类	文学类	口语交际类	思维训练类	音乐类	美术类	科技类	网络游戏类	棋类
■ 小学生	61.8	31.6	17.7	29.0	36.6	48.4	39.0	33.0	34.5
■ 初中生	57.3	27.8	9.4	20.1	40.4	34.1	20.2	55.6	27.6
■ 重度网络依赖初中生	54.7	14.2	6.4	13.9	34.3	22.2	19.2	88.5	22.7

■ 小学生　■ 初中生　■ 重度网络依赖初中生

图1　学生兴趣爱好类型选择

3. 睡眠时间。

调查发现，重度网络依赖学生的平均睡眠时间为7.9小时，浙江省平均为8.2小时。网络重度依赖学生的睡眠时间在6小时及以下的人数占比为12.2%，远超全省平均占比(2.9%)。其中，重度网络依赖男生的睡眠时间在6小时及以下的人数占比为13.7%，远超过男生平均占比(3.4%)；重度网络依赖女生的睡眠时间在6小时及以下的人数占比为9.3%，也远超女生平均占比(2.6%)；且总体来看，睡眠时间在6小时及以下的人数，男生占比高于女生(见图2)。

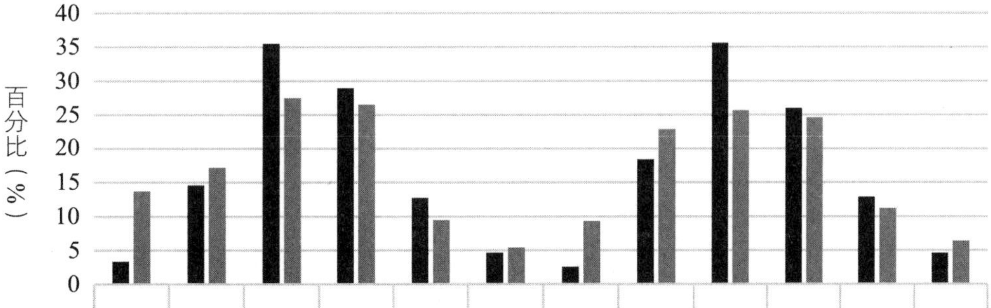

	男生						女生					
	6小时以下	6—7小时	7—8小时	8—9小时	9—10小时	10小时以上	6小时以下	6—7小时	7—8小时	8—9小时	9—10小时	10小时以上
■ 所有学生	3.4	14.6	35.5	29	12.8	4.7	2.6	18.4	35.6	26	12.9	4.6
■ 网络重度依赖学生	13.7	17.2	27.5	26.5	9.5	5.4	9.3	22.9	25.7	24.6	11.2	6.4

■ 所有学生　■ 网络重度依赖学生

图2　初中生睡眠时间分布

二、网络依赖对学生学习生活的影响

以网络依赖程度作为自变量，以学生学业负担感受和学业成绩分别作为因变量进行分析，来推断网络依赖对学生学习生活的影响。学业负担感受通过学生对作业难度、考试难度、考试焦虑等方面的主观体验所合成，定义为5分制，分数越高表明学生学业负担感受越轻。分析结果见图3和图4。

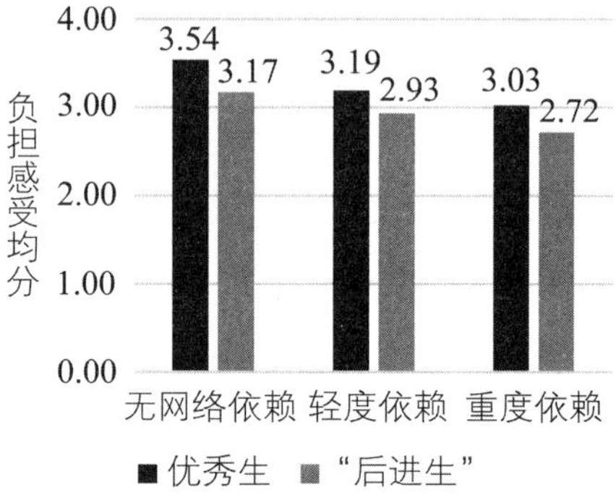

图3　网络依赖与学生负担感受的关系

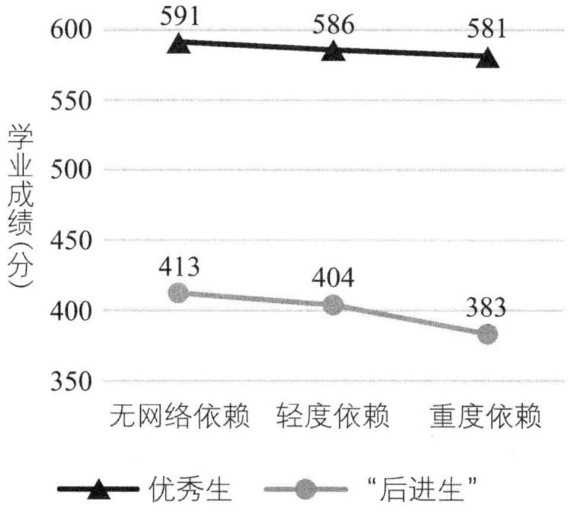

图4　网络依赖与学生学业成绩的关系

由图3和图4可知，不管是"后进生"还是优秀生，网络依赖程度越严重，学生的负担感受越重，学业成绩也越差。而且相对于优秀生，网络依赖对"后进生"的学业成绩(图4)影响更大，其成绩下降趋势更明显。

三、家庭因素对网络依赖的影响

因网络依赖对"后进生"影响较大，故选取这部分学生为样本，从父母工作地点、亲子关系、家长期望、家庭教育方式四方面分析家庭因素对网络依赖现象的影响，探讨有助于减轻“后进生”网络依赖的有效措施。

（一）父母工作地点

按照父亲和母亲在本地工作还是在外地工作，将学生分成四组：父亲本地母亲本地、父亲本地母亲外地、父亲外地母亲本地、父亲外地母亲外地。这四组学生的网络依赖得分见图5。

方差分析结果显示，母亲工作地点主效应显著，$F=14.083$，$p<0.001$，父亲工作地点主效应不显著，$F=0.016$，$p=0.9$，两者间的交互作用不显著，$F=3.481$，$p=0.062$。也就是说，母亲的工作地点对其孩子的网络依赖有显著影响，母亲在本地工作的孩子越不容易网络依赖。父亲的工作地点对孩子网络依赖无显著影响。

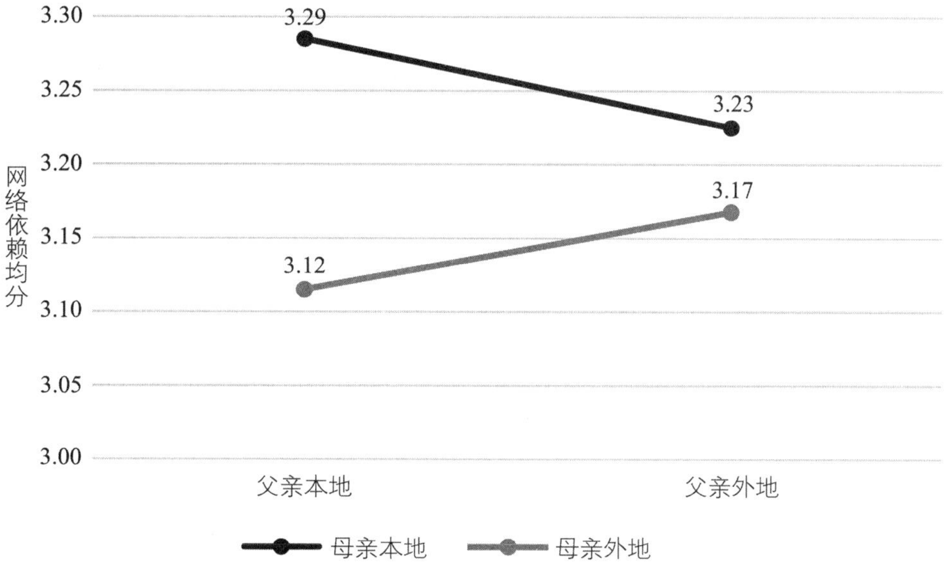

图5　父母不同工作地点的学生网络依赖情况

（二）亲子关系

亲子关系反映的是家长与子女之间的信任、价值肯定、指导、陪伴、情感、亲密与冲突等方面的人际关系。根据学生亲子关系的得分情况，分为亲子关系好、亲子关系较好、亲子关系一般三组。方差分析结果显示，亲子关系不同，学生网络依赖存在显著性差异，亲子关系越好，网络依赖得分越高，依赖程度越轻。结果见下页表3。下页图6呈现了“后进生”亲子关系的具体表现。

表3　不同亲子关系水平下的网络依赖得分

亲子关系	一般	较好	好
网络依赖	2.99	3.33	3.63

由图6可知,“父母和我的关系很融洽”和“父母经常鼓励我”的居多,“比较符合”与“完全符合”的占比约70%。“遇到困难我愿意告诉父母”和“父母能理解我的想法”的较少,“比较符合”与“完全符合”的占比约51%。可见,家长对孩子的支持较多,与孩子的关系较为亲密,但在理解孩子与亲子沟通上表现一般。

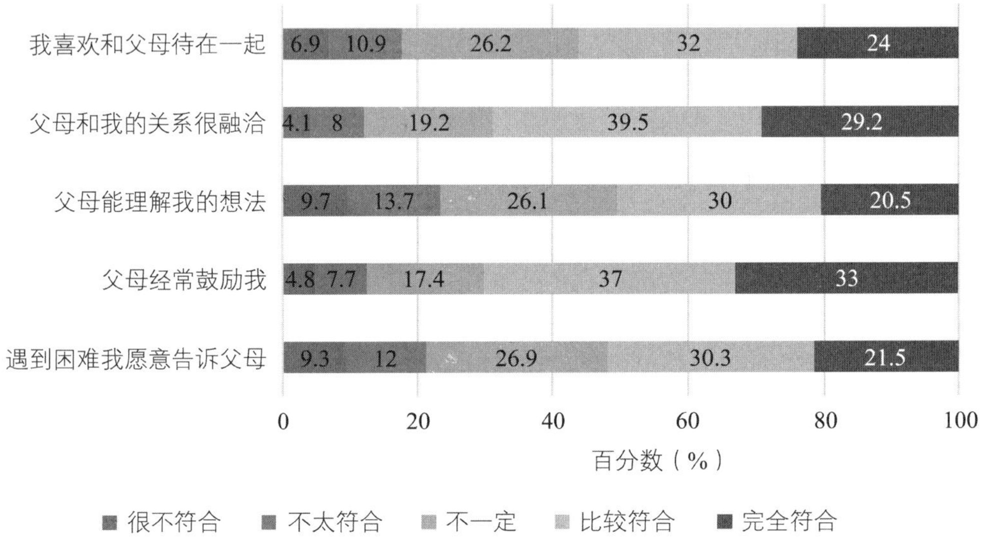

图6　“后进生”亲子关系具体表现

（三）家长期望

家长期望是指家长对子女的升学期望,希望孩子上学到什么程度。下页图7呈现了不同家长教育期望时,子女的网络依赖得分的情况。得分越高,依赖程度越轻。

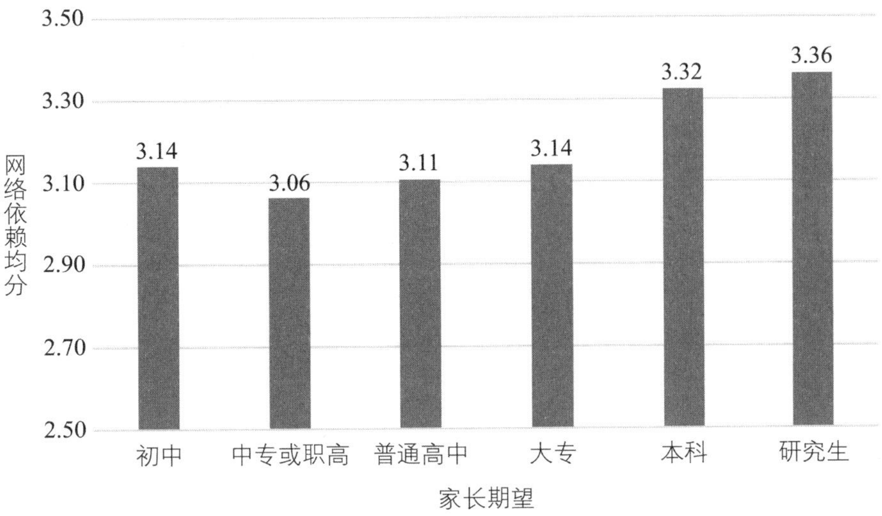

图7 不同家长期望下的学生网络依赖情况

方差分析结果显示,不同家长期望下学生的网络依赖得分差异显著,事后两两比较发现,家长的期望为“初中”“中专或职高”“普通高中”“大专”时,四者之间的学生网络依赖得分无显著性差异,但都明显低于期望为“本科”和“研究生”时,而后两者之间学生的网络依赖得分也无显著性差异。也就是说在一定程度上,家长希望孩子能上本科或研究生时,其子女网络依赖不严重。那是否意味着家长期望越高越好?

考虑到学生也有自己的学历期望,两者的匹配程度或许会对学生网络依赖有影响,于是引入“学历期望偏差”概念(指家长对子女的学历期望与子女自身学历期望的偏离程度),来分析学历期望偏差对学生网络依赖的影响。将学历期望偏差类型做如下定义:父母期望=子女期望,记为无偏型;父母期望高于子女期望1级(如父母期望子女读到研究生,子女希望自己读到本科),记为父母期望略高;高2级,记为父母期望较高;高3级,记为父母期望过高。反之,相应的,父母期望低于子女期望1级、2级、3级,分别记为父母期望略低、较低、过低。不同的学历期望偏差类型,学生的网络依赖均分见图8。

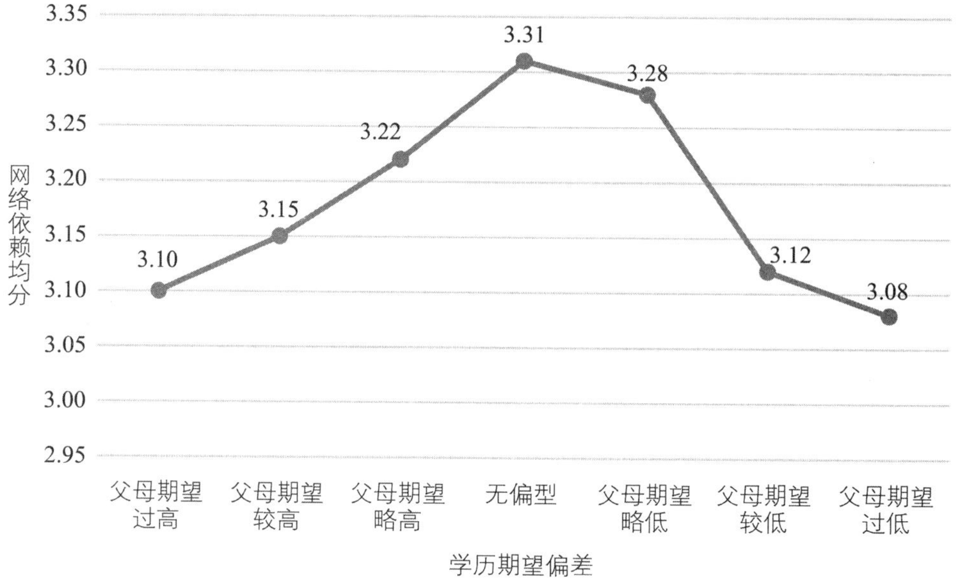

图8　不同学历期望偏差类型下的学生网络依赖情况

方差分析结果显示，两者学历期望偏差不同，学生网络依赖程度有显著差异。无偏型学历期望偏差和父母期望略低时，学生网络依赖得分相对最高，依赖程度最轻。其他不匹配情况下学生的网络依赖程度得分均显著降低，依赖程度均明显加重。这暗示着缩小学历期望偏差或适度降低父母期望有助于减轻学生的网络依赖程度。

（四）家庭教育方式

家庭教育方式指父母在教育和培养子女成长的过程中表现出的一种具有相对稳定的、持续的教育态度和行为模式，涵盖民主与尊重、肯定与鼓励、独立性培养三个子维度。根据家庭教育方式上得分及各子维度得分情况，将学生分为好、较好、一般三组。数据分析发现，无论是总的家庭教育方式还是各子维度，均是教育方式水平越好，学生网络依赖得分越高，依赖程度越轻。即家长越尊重子女，对其采取民主原则，采用肯定与鼓励的方式，注重对其独立性培养，其子女的网络依赖程度也就越轻。进一步分析“后进生”家庭教育方式情况现状，结果如下页表4。

表4 “后进生”家庭教育方式子维度水平分布

（单位:%）

家庭教育方式	一般	较好	好
民主与尊重	40.7	38.5	20.8
肯定与鼓励	29.4	42.2	28.4
独立性培养	27.7	48.4	24.0

由表4可知,“后进生”家庭对其独立性培养好与较好的占比为72.4%,肯定与鼓励好与较好的占比为70.6%,民主与尊重好与较好的占比为59.3%。这表明“后进生”家长目前比较重视独立性培养,但民主与尊重稍弱。

四、结论

网络依赖学生虽能参加体育运动,但很难从中缓解身心疲劳。

网络依赖学生对“网络游戏类”的爱好程度远远超过其他兴趣,但很难从中体验到自信和成功。

网络依赖不仅影响学生的睡眠时间,而且对其学业负担感受和学业成绩产生消极作用。

亲子间高质量的理解沟通与情感支持、家长适度降低教育期望、提高家庭教育水平有助于减轻“后进生”的网络依赖。

五、建议

(一) 正确引导学生热爱体育运动,培养良好的兴趣爱好

长时间玩手机或者电脑不仅容易造成眼睛疲劳、身体不适,情绪也会受到影响。运动原本是一项放松身体、愉悦心情的活动,但是研究发现,网络重度依赖学生虽然也和其他学生一样,能够参加体育运动,但他们很难收获这类积极体验。很可能是网络重度依赖学生对待运动就像例行公事,被迫去参加大课间活动,被迫去上体育课。他们不是真正自愿去参加,自然也就不能全身心投入,也就谈不上身心的放松。我们从数据中也可以看到,分别有6.2%和27.8%的学生几乎没有时间去参加校内和校外运动。因此我们需要正确引导这部分学生,让他们爱上运动,真心、自愿地去参加体育锻炼,愉悦身心,强健体魄。

从前文分析可知，重度依赖的学生兴趣爱好选择“网络游戏类”的人数占比高达88.5%，远远超过位居第二位的“体育运动类”(54.7%)，也比全省平均(55.6%)多约33个百分点。兴趣爱好原本也是和人的积极情感相联系，对某事物的热衷能使人们目标明确、积极主动，从而能自觉克服各种艰难困苦，并能在活动过程中不断体验成功的愉悦感，从而提升自信。但网络依赖学生很难从中收获这类正向体验。这也从侧面反映了网络游戏并非一项“好”的兴趣爱好，而良好的兴趣爱好才是推动人努力学习、积极工作的有效途径。这也提示我们要积极引导学生培养良好的兴趣爱好。

（二）发挥网络的正面效应，引导学生科学上网

随着技术的进步，网络上的学习资源越来越多，合理地使用网络无疑会给学生带来好处。如，网络中丰富的三维图形、音频、视频等多媒体资源，使得学习变得轻松、有趣；网络中的娱乐项目可作为学生学习后的休息和消遣，能让紧张的学生放松一下。但是如果沉迷网络，睡眠时间就得不到保障。数据显示，网络重度依赖学生的睡眠时间在6小时及以下的人数占比为12.2%。睡眠不足，上课时必然就会变得无精打采或者焦躁不安，加重学业负担感受，学习效率也会大打折扣，严重影响学业成绩。因此，我们需要发挥网络的正面作用，引导学生科学上网、绿色上网，让网络给学生带来放松体验的同时，成为帮助学生学习的有力工具，提高其学习效率。

（三）提高亲子沟通质量，适度降低家长教育期望，创造良好的家庭环境

良好的家庭环境是青少年健康成长的重要保证。家庭气氛轻松，人与人之间互相尊重、平等相待，关系和谐等，都是健康家庭所必需的。青少年的一些问题行为如网络依赖往往与不良的家庭因素有关。从前文的分析可知，亲子关系好的学生网络依赖得分(3.63)比亲子关系一般的学生(2.99)高出21.4%，也就是亲子关系越好，网络依赖程度越轻，良好的亲子关系给学生提供了足够的安全感。但如果家庭气氛紧张或冷漠，那么孩子就会提心吊胆，安全感和归属感不能得到满足，很可能寻求网络世界，以此来满足在现实中无法得到的心理需求。而目前，只有约一半的学生在与父母沟通和父母对自己理解方面的情况比较好。研究还发现，母亲的工作地点对孩子网络依赖程度有影响作用，母亲待在孩子身边工作，其网络依赖程度相对较低。可能这与母亲这一角色有关，相比于父亲，母亲与子女的情感交流会更多一点，给予子女的心理支持也会更多一点。这也提示家长，要关注与孩子的情感交流，了解孩子内心真正的需求与渴望，提高亲子沟通质量。

望子成龙、望女成凤，家长普遍都对自己的孩子有着较高的教育期望。研究发

现，只有当父母对孩子的教育期望与孩子对自身的期望相匹配或稍低于孩子自身期望时，其子女的网络依赖程度才会比较轻。这也暗示着，作为家长，不能一味地期望学生一定要取得高学历，应该根据孩子自身的特点，合理期待。除了关注学业成绩外，也要多关注孩子的心理与性格、兴趣与爱好等方面。同时，父母也要采用科学的家庭教育方式，把孩子看作一个具有权利的独立个体，尊重孩子，平等地与孩子相处，秉承民主的原则，涉及孩子的事要和孩子沟通、商量，尊重孩子的想法和意见。当孩子有安全感或信任感时，才会向其信任的成年人说出心中的秘密，父母只有了解孩子的想法才能有效地预防孩子出现一些可能的行为偏差，如网络依赖。发挥家庭教育在孩子健康成长过程中的作用，为孩子创造更好的家庭环境。

（原载于《上海教育科研》2021年第5期）

【参考文献】

[1] 郭颖.中学生网络成瘾量表的编制及相关研究[D].上海师范大学，2004.

[2] 杨洋，雷雳，柳铭心.青少年责任心人格、互联网服务偏好与网络成瘾的关系[J].心理科学，2006(4)：947－950.

[3] 杨洋，雷雳，柳铭心.青少年神经质人格、互联网服务偏好与网络成瘾的关系[J].心理学报，2006(3)：375－381.

[4] 杨洋，雷雳.青少年外向、宜人性人格、互联网服务偏好与网络成瘾的关系[J].心理发展与教育，2007(2)：42－48.

[5] 罗辉萍，彭阳.青少年网络成瘾与家庭环境、依恋的关系研究[J].中国临床心理学杂志，2008(3)：319.

教师工作时间的国际比较与启示

——基于浙江省2019年中小学教育质量监测的数据分析

陈荣荣[①]

【摘要】 本研究借鉴2018年OECD发起的TALIS项目，结合2019年浙江省中小学教育质量综合评价监测，开展有关教师工作时间的调查研究。数据结果发现：浙江初中教师一周工作时间长，教师与学生实际交流时间多；教师工作时间的效益与学校教学管理水平密切相关；浙江初中教师高强度工作的背后，存在专业发展的隐患。本研究据此提出相关建议：一是各级部门要理顺工作机制，为学校减负，为教师减负；二是研训部门要关注对不同阶段教师的专业成长需求，改进研训的内容与方式，加强基于问题驱动的研训活动；三是学校要发挥教学管理的指导功能，提高教师工作品质与效率。

【关键词】 教师工作时间；学生学习；教师工作状态；学校教学管理

一、研究背景与设计

2019年12月，中共中央办公厅、国务院办公厅印发《关于减轻中小学教师负担进一步营造教育教学良好环境的若干意见》，为中小学教师减负、为教育提质增效加油。确实，当前中小学教师的工作负担过重，承担了大量与教育教学不相干的事务，占据了教师本该用于专业工作的时间和精力，造成教师忙于琐事、疲于应付，影响教师的身心健康，阻碍教育教学工作的科学、有效开展。为此，有必要研究当前中小学教师工作总时间、工作时间的分配情况，不同群体教师工作时间的共性与差异情况，及教师工作时间对教师工作状态的影响，教师工作时间对学生学习的影响等。

本研究借鉴了2018年OECD（经济合作与发展组织）发起的TALIS（教师教学国际调查）中有关教师工作时间调查的内容。本研究的数据采集工作来自2019年浙江省中小学教育质量综合评价监测。2019年10月，浙江省11个地市730所初中的43668

---

① 陈荣荣，浙江省教育厅教研室评价研究员，副研究员。

名九年级学生参加了语文、数学和科学学科测试，同时在线完成相关问卷调查；9779名教师和38794名家长分别参加了相应问卷调查。本研究所涉及教师工作时间的变量有：工作总时间、实际教学（不包括备课、批改作业）、备课、批改学生作业、辅导学生、与同事合作或讨论、参与学校管理、一般行政工作、专业发展活动、与家长沟通交流、进行课外活动、其他工作共12项；数据通过教师问卷采集。

将浙江省初中教师工作时间置于国际坐标系中，分析初中教师工作时间的共性与差异，同时也分析浙江省不同群体初中教师的工作时间情况，在此基础上分析教师工作时间对教师工作状态、学生学习的影响情况，以期为教师减负工作、教师专业成长、学校教育教学工作、师训教研工作提供实证依据。

二、结果分析与讨论

（一）教师工作时间基本情况

表1　教师一周工作时间比较①

（单位：小时）

	所有参测成员	OECD成员国	芬兰	日本	韩国	新加坡	中国上海	中国浙江	浙江与OECD差值
工作总时间	40.25	41.29	33.3	56.01	33.98	45.7	45.33	57.91	16.62
实际教学	22.32	22.81	20.69	17.97	18.07	17.93		22.21	-0.6
备课	7.09	6.56	4.9	8.54	6.34	7.22	8.55	10.64	4.08
批改学生作业	4.68	4.6	2.95	4.42	2.95	7.48	7.78	11.25	6.65
辅导学生	2.75	2.52	1.03	2.32	3.71	2.42	5.27	6.97	4.45
与学生实际交流时间②	36.84	36.49	29.57	33.25	31.07	35.05		51.08	14.58

① 表1数据来自 http://www.oecd.org/education/talis/talis－2018－data.htm。实际教学时间不包括备课、批改作业时间，不过上海问卷未涉及，缺该数据。2019年浙江省教育质量监测教师问卷中引入2018年TALIS有关教师工作量的原题，据此采集浙江数据。

② 本研究中将实际教学、备课、批改学生作业、辅导学生归为与学生实际交流时间。

续表

	所有参测成员	OECD成员国	芬兰	日本	韩国	新加坡	中国上海	中国浙江	浙江与OECD差值
与学生实际交流时间占工作总时间百分比	91.5%	88.4%	88.8%	59.4%	91.4%	76.7%		88.2%	-0.2%
与同事合作或讨论	3.11	2.94	2.09	3.56	2.52	3.07	4.07	4.2	1.26
参与学校管理	1.77	1.6	0.27	2.86	1.68	1.42	3.23	5.79	4.19
一般行政工作	2.64	2.7	1.11	5.58	5.45	3.81	2.83	2.68	-0.02
专业发展活动	2.31	1.66	0.82	0.65	2.56	1.79	3.23	3.67	2.01
与家长沟通交流	1.7	1.5	1.19	1.21	1.62	1.27	2.2	3.01	1.51
课外活动	2.39	2.35	0.43	7.48	1.98	2.72	1.88	2.49	0.14
其他工作	3.12	3.64	0.94	2.84	1.82	8.15	2.62	3.29	-0.35

教师工作时间差异比较大。所有参测地区教师的一周工作时间平均是40.25小时。OECD成员国的一周工作时间平均是41.29小时，工作时间最长的是日本(56.01小时)，最短的是意大利(29.96小时)，芬兰教师一周工作时间为33.3小时。中国上海初中教师一周工作时间与新加坡接近，比OECD成员国平均时间长。从浙江省数据来看，浙江省初中教师一周工作时间(57.91小时)比OECD成员国平均时间(16.62小时)长。

从国际数据来看，占据教师工作时间最多的是实际教学(22.32小时)，其次是备课(7.09小时)和批改学生作业(4.68小时)；与学生实际交流时间为36.84小时，占一周工作时间的91.5%。从浙江省数据来看，占据教师工作时间较多的也是实际教学(22.21小时)，其次是批改作业(11.25小时)、备课(10.64小时)和辅导学生(6.97小时)；浙江省初中教师与学生实际交流时间为51.07小时，比OECD成员国(14.58小时)多，占总工作时间的88.2%，与OECD成员国基本持平。

从国际数据来看，除与学生实际交流外，教师在与同事合作或讨论、其他工作上所花的时间相对较多。日本在进行课外活动(7.48小时)、韩国在一般行政工作(5.45小时)、新加坡在其他工作(8.15小时)方面所花的时间相对更多。浙江省初中教师花费在与同事合作或讨论、参与学校管理、专业发展活动、与家长沟通交流方面的时间,比OECD成员国平均时间多,尤其是参与学校管理时间比OECD成员国多4.19小时。

(二)教师工作时间对学生学习的影响

	管理水平一般	管理水平较好	管理水平好
50小时以下	472	472	494
50—55小时	490	503	510
55—60小时	492	499	512
60—65小时	499	507	528
65小时以上	499	507	530

50小时以下　50—55小时　55—60小时　60—65小时　65小时以上

图1　不同学校管理水平、教师一周工作时间下的学生学业成绩①

由图1可知,教师一周工作时间在50小时以下,对应的学生学业成绩相对最低;教师一周工作时间在60小时以上,对应的学生学业成绩相对较高;教师一周工作时间在60—65小时和65小时以上,对应的学生学业成绩差异不大。

从不同学校管理水平来看,教师一周工作时间增加,学生学业成绩的增幅趋势有差异;相对来看,学校管理水平好,教师工作时间增加所带来的学生学业成绩的增幅趋势更加明显。

由下页图2可知,教师一周与学生实际交流时间在40小时以下,对应的学生学业成绩相对最低。从不同学校管理水平来看,管理水平一般的学校,教师与学生实际交

---

① 图1、图2是在学校层面分析,在学校层面取学生三科目平均分均值、家庭社会经济地位均值;控制了学校层面的家庭社会经济地位,分析学校不同教学管理水平下,教师一周工作时间(与学生实际交流时间)所对应的学生学业成绩。

流时间在50—55小时，对应的学生学业成绩最高；对于学校管理水平较好、好的学校，教师与学生实际交流时间在55小时以上，对应的学生学业成绩最高。

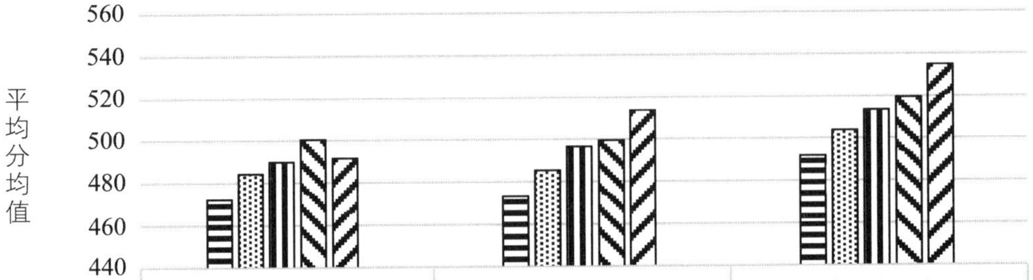

	管理水平一般	管理水平较好	管理水平好
40小时以下	472	478	496
40—45小时	485	486	505
45—50小时	490	497	514
50—55小时	501	500	520
55小时以上	493	514	536

40小时以下　40—45小时　45—50小时　50—55小时　55小时以上

图2　不同学校管理水平、教师与学生实际交流时间下的学生学业成绩

表2　不同学科教师一周工作时间对学生学科学业成绩的回归分析

	工作内容	语文学业成绩		数学学业成绩		科学学业成绩	
		标准系数	*t*值	标准系数	*t*值	标准系数	*t*值
学校教学管理水平一般	实际教学时间	0.003	0.322	0.020	1.914	−0.015	−1.425
	备课	0.003	0.297	0.009	0.761	0.002	0.203
	批改学生作业	0.050	4.397***	0.024	2.164*	0.030	2.671**
	辅导学生	0.003	0.239	0.062	5.332***	0.019	1.639
	与同事合作或讨论	0.016	1.329	−0.006	−0.560	0.024	2.098*
	参与学校管理	0.005	0.455	−0.005	−0.460	−0.018	−1.544
学校教学管理水平一般	一般行政工作	−0.017	−1.524	0	0.008	−0.006	−0.569
	专业发展活动	−0.026	−2.190*	−0.030	−2.650**	−0.049	−4.560***
	与家长沟通交流	0.028	2.130*	0.053	4.603***	0.051	4.146***
	进行课外活动	0.028	2.294*	−0.010	−0.91	0.011	1.008
	其他工作	−0.036	−3.320**	−0.036	−3.439**	−0.009	−0.811
	R^2	0.007		0.011		0.007	

续表

	工作内容	语文学业成绩		数学学业成绩		科学学业成绩	
		标准系数	*t*值	标准系数	*t*值	标准系数	*t*值
学校教学管理水平较好	实际教学时间	0.026	3.130**	0.022	2.618**	0.008	0.925
	备课	0.013	1.370	0.031	3.472**	0.064	6.648***
	批改学生作业	0.036	3.899***	0.039	4.330***	0.005	0.483
	辅导学生	0.002	0.254	0.013	1.404	0.026	2.741**
	与同事合作或讨论	−0.005	−0.526	−0.022	−2.472*	−0.075	−7.747***
	参与学校管理	0.030	3.226**	0.020	2.219*	0.016	1.692
	一般行政工作	−0.009	−0.952	−0.024	−2.818**	0.006	0.663
	专业发展活动	0	−0.041	−0.018	−1.987*	−0.015	−1.668
	与家长沟通交流	0.012	1.193	−0.010	−1.015	−0.010	−1.017
	进行课外活动	−0.020	−1.990*	−0.010	−1.139	−0.010	−1.069
	其他工作	0.001	0.163	0.013	1.617	0.007	0.793
	R^2	0.005		0.005		0.006	
学校教学管理水平好	实际教学时间	0.02	1.862	0.017	1.623	0.033	2.914**
	备课	0.021	1.646	0.032	2.549*	0.049	3.887***
	批改学生作业	0.065	5.157***	0.025	2.004*	0.034	2.784**
	辅导学生	−0.018	−1.444	−0.013	−1.072	−0.026	−2.109*
	与同事合作或讨论	−0.018	−1.425	−0.018	−1.498	0.048	4.030***
	参与学校管理	−0.013	−1.054	−0.019	−1.658	−0.046	−3.956***
	一般行政工作	0.015	1.280	0.002	0.152	0.015	1.309
	专业发展活动	−0.023	−1.721	−0.023	−1.945	0.001	0.051
学校教学管理水平好	与家长沟通交流	0.028	2.122*	0.039	3.226**	−0.012	−0.963
	进行课外活动	−0.057	−4.667***	0.009	0.773	−0.004	−0.354
	其他工作	0.002	0.203	0.015	1.377	0	0.020
	R^2	0.009		0.004		0.011	

说明：***表示$p < 0.001$，**表示$p < 0.01$，*表示$p < 0.05$。

控制学生的家庭社会经济地位，以学生学科学业成绩为因变量，以教师一周工作时间为自变量做回归分析。数据结果显示：

第一，教师一周工作时间对学生学业成绩的影响比较微弱，解释R^2均在2%以内。

第二，从不同内容来看，教师批改作业时间对学生学业成绩均有显著正向预测作用（除学校教学管理水平较好学校，科学教师批改作业时间对学生科学学业成绩无显著影响）。

第三，不同教学管理水平的学校，教师工作时间对学生学业成绩的影响存在差异。

对于教学管理水平一般的学校，批改作业时间、与家长沟通交流时间对学生的学科学业成绩均有显著正向预测作用；专业发展活动时间对学生的学科学业成绩均有显著负向预测作用；语文、数学教师的其他工作时间对学生的学科学业成绩均有显著的负向预测作用。

对于教学管理水平较高的学校，实际教学时间、备课时间、批改学生作业时间、参与学校管理时间对学生的学科学业成绩有显著的正向预测作用（个别学科除外），与同事合作或讨论时间对学生的数学学业成绩、科学学业成绩有显著的负向预测作用。

对于教学管理水平高的学校，备课时间、批改学生作业时间、与家长沟通交流时间对学生的学科成绩有显著的正向预测作用（除个别学科外）。

总的来看，在不同教学管理水平学校，教师的工作时间对学生学业成绩的影响存在差异。

对于教学管理水平较高和水平高的学校，教师实际教学时间、备课时间的增加会促进学生学业成绩的上升；但在教学管理水平一般的学校，教师实际教学时间、备课时间的增加对学生的学业成绩无显著影响；在教学管理水平一般的学校，教师专业发展活动时间、其他工作时间的增加反而对学生的学业成绩有显著的负向预测作用。

（三）教师工作时间对教师工作状态的影响

在分析教师工作时间对学生学业成绩的影响后，进一步分析教师工作时间对教师工作状态[①]的影响。分别以教师满意度，教师职业认同，教、学、评一致性，讲授教学、认知激发、自主学习策略为因变量，教师一周工作时间为自变量做回归分析。（见下页表3）

---

① 教师工作状态主要从教师满意度，教师职业认同，教、学、评一致性，讲授教学策略，认知激发策略，引领学生自主学习策略等方面来反映；均通过教师问卷来采集数据。教师满意度，教师职业认同，教、学、评一致性指数以百分制形式呈现，指数越高，表示情况相对越好；讲授教学、认知激发、自主学习策略指数越高，表示教师运用该策略的频率越高。

表3　对教师工作状态的回归分析

工作内容	教师满意度		教师职业认同		教、学、评一致性		讲授教学		认知激发		自主学习	
	标准系数	t值	标准系数	t值	标准系数	t值	标准系数	t值	标准系数	t值	标准系数	t值
实际教学时间	−0.035	−3.347**	−0.079	−7.543***	−0.026	−2.464*	−0.018	−1.760	0.051	4.873***	0.088	8.495***
备课	0.020	1.669	0.033	2.779**	0.007	0.601	−0.012	−1.002	0.008	0.65	−0.009	−0.784
批改学生作业	−0.069	−6.004***	−0.027	−2.374*	0.028	2.429*	0.011	0.962	−0.033	−2.867**	−0.049	−4.259***
辅导学生	−0.031	−2.734**	0.022	1.899	0.037	3.183**	0.058	5.003***	0.028	2.456*	−0.015	−1.300
与同事合作或讨论	0.032	2.734**	0.021	1.816	0.026	2.163*	0.046	3.936***	0.043	3.706***	0.035	3.005**
参与学校管理	−0.011	−0.933	0	0.024	−0.003	−0.285	0.025	2.214	−0.015	−1.339	−0.015	−1.343
一般行政工作	−0.003	−0.278	0.017	1.489	0.015	1.377	0.011	0.966	0.036	3.209**	0.034	3.058**
专业发展活动	0.055	4.840***	0.048	4.19***	0.04	3.523***	0.045	3.957***	0.058	5.101***	0.046	4.048***
与家长沟通交流	−0.003	−0.283	0.014	1.175	0.055	4.548***	0.050	4.129***	0.051	4.251***	0.058	4.806***
进行课外活动	0.089	7.858***	0.045	3.991***	−0.017	−1.502	0.007	0.642	0.045	4.014***	0.052	4.565***
其他工作	−0.055	−5.188***	−0.032	−2.952**	−0.030	−2.835**	−0.041	−3.804***	−0.017	−1.556	0.001	0.132
R^2	0.018		0.014		0.013		0.020		0.027		0.027	

说明：***表示p<0.001，**表示p<0.01，*表示p<0.05。

表3数据显示：教师工作时间对教师工作状态的影响比较微弱，解释R^2均在3%以内。在上表分析基础上，进一步梳理影响教师工作状态的工作时间，具体如下：

表4　对教师工作状态有显著影响的工作时间

	教师满意度	教师职业认同	教、学、评一致性	讲授教学	认知激发	自主学习
对教师工作状态正向影响的工作时间	课外活动、专业发展活动、与同事合作或讨论	专业发展活动、课外活动、备课	与家长沟通交流、专业发展活动、辅导学生、批改学生作业、与同事合作或讨论	辅导学生、与家长沟通交流、与同事合作或讨论、专业发展活动	专业发展活动、实际教学、与家长沟通交流、课外活动、与同事合作或讨论、一般行政工作、辅导学生	实际教学、与家长沟通交流、专业发展活动、课外活动、与同事合作或讨论、一般行政工作
对教师工作状态负向影响的工作时间	批改学生作业、其他工作、实际教学、辅导学生	实际教学、其他工作、批改学生作业	其他工作、实际教学	其他工作	批改学生作业	批改学生作业

结合表3、表4可以发现：

与同事合作或讨论、专业发展活动、与家长沟通交流、进行课外活动时间对教师工作状态有显著的正向预测作用（除个别维度外）。

实际教学时间对教师满意度，教师职业认同，教、学、评一致性有显著的负向预测作用；批改学生作业时间对教师满意度、教师职业认同、认知激发策略、自主学习策略有显著的负向预测作用；其他工作时间对教师满意度，教师职业认同，教、学、评一致性，讲授教学策略有显著的负向预测作用。

三、结论与分析

（一）浙江省初中教师一周工作时间多，教师与学生实际交流时间多

浙江省初中教师一周工作时间远高于OECD成员国，高于韩国、新加坡，也高于上海。对浙江省初中教师来说，占据教师工作时间较多的是实际教学，其次是批改学生作业、备课和辅导学生；浙江省初中教师在与同事合作或讨论、参与学校管理、专业发展活动、与家长沟通交流方面所花时间相对不多。

同时，浙江省初中教师在与学生实际交流方面所花的时间也相对更多。浙江省初中教师与学生实际交流时间为51.07小时，高出OECD成员国14.58小时，浙江省初

中教师与学生实际交流时间占一周总工作时间88.2%，与OECD成员国基本持平。与上海市相比，浙江省初中教师在实际教学、备课、批改学生作业、辅导学生方面分别高出上海市8.41小时、2.09小时、3.47小时和1.7小时。

上述双“多”现象，和浙江省基础教育的客观现状与发展特点息息相关。浙江省基础教育体量庞大，学校规模大、班级数多、班额大，这势必会加大教师在实际教学、批改学生作业、备课和辅导学生方面的工作量。另外，浙江省重视学校常规管理和教师专业发展管理，家长重视孩子的教育问题，这些因素也加大教师在与同事合作或讨论、参与学校管理、专业发展活动、与家长沟通交流方面的工作量。

但数据研究结果表明，教师一周工作时间对学生学业成绩的影响非常微弱。并不是教师一周工作时间越长，对学生学业成绩的促进作用越大；并不是教师与学生实际交流的时间越长，对学生学业成绩的促进作用越大。

教师是一项专业性、创造性的工作，过度饱和的工作安排势必挤走教师情绪排解和自我调节的时间，挤占教师专业思考和创造的精力，这肯定不利于教师身心健康和专业工作的开展。

（二）教师工作时间的效益与学校教学管理水平密切相关

数据结果表明：教师工作时间对学生学业成绩的影响比较微弱，对教师工作状态的影响比较微弱。结合浙江省初中教师“高投入”的工作时间，在一定程度上反映出，当前教师“高投入”的工作背后，是低效率和低效果的产出。

研究发现，教师工作时间尤其是与学生实际交流时间对教师工作状态、学生学业成绩的影响受学校教学管理水平的影响。影响主要来自以下几个层面：

一是学校教学管理水平决定了学校教学管理的关注点，在很大程度上决定了教师工作内容与时间结构。如数据结果表明：在教学管理一般的学校，教师其他工作时间对学生学业成绩有负向的预测作用。教学管理水平好的学校会将教师工作聚焦于更有价值的内容上，避免过多的非专业性事务的干扰。而教学管理水平一般的学校，在学校教育教学工作的统筹性上不足，容易给教师工作带来更多非专业性的干扰。

二是学校教学管理水平直接影响着教师教育教学行为的规范程度和专业水平，也就决定了教师工作品质与工作效率等。如在教学管理一般的学校，实际教学时间、备课时间的增加对学生学业成绩无显著影响；只有在教学管理水平较高和水平高的学校，实际教学时间、备课时间的增加，才对学生学业成绩有显著的正向影响；在教学管理水平一般学校，教师专业发展时间对学生的学业成绩存在显著的负向影响。在教学管理水平一般的学校，其教学常规管理还不尽科学、有待规范，教师得到的专业指导不足，导致其对课堂教学、备课等核心内容的理解不到位，在实际教学、备课、专业发展中花再多的时间很可能也是徒劳，甚至对教师工作状态、学生的学业成绩起到负向影响。

（三）浙江省初中教师高强度工作的背后，存在专业发展的隐患

从对教师工作状态有正向影响的工作时间来看，主要集中于与同事合作或讨论、专业发展活动、与家长沟通交流、进行课外活动等方面。这充分体现出教师良好的工作状态需要专业发展，需要沟通合作，需要丰富健康的生活方式。从对教师工作状态有负向影响的工作时间来看，主要集中于实际教学时间、批改学生作业时间、其他工作时间等。两者相比较，可以进一步看出，仅仅是实际教学时间、批改学生作业时间、其他工作时间的增加，没有充分促成同伴、师生、家校间的沟通合作，没有促成教师专业上的理解与发展，这些仅是体力劳动；实际教学时间、批改学生作业时间、其他工作时间的增加反而占据了教师用于专业发展的时间和精力，不利于教师的专业提升。这从下页表5的数据中可以得到进一步证实。

从表5数据来看，浙江省初中教师对上述内容的专业发展需求都非常高。除学校行政管理外，教师对其他内容的专业发展中等以上需求比例均在80%以上，其中对个性化学习的教学方法、教师和家长的合作、学科领域的教学能力、评价学生的办法、教学相关的信息和通信技术等方面的专业发展中等以上需求的比例接近90%。

总的来看，浙江省初中教师专业发展动力高，专业发展需求强；为参加专业发展，排除各种干扰的意愿和协调能力也比较强。“高动力、高需求”的背后，一方面反映出浙江省教师积极进取、向上发展的一面；但同时也反映出教师因在工作中遇到困惑与挑战而对专业发展有迫切需求的一面。教师对于学科领域有关的专业知识与能力的高需求，和我们国家基础教育阶段历来重视学科体系有关。因为重视，教师仍对学科领域有关的专业知识与能力有较高的需求。另外，随着教育发展，对学科融合、个性化学习、有特殊需求学生、家校沟通等方面的关注，教师对“跨学科技能的教学”“个性化学习的教学方法”“对有特殊需要学生的教学”“教师和家长的合作”的专业发展需求也在增强。

---

① 对于上述专业发展需求的调查，2018年TALIS教师问卷从目前不需要、低程度需要、中等程度需要、高程度需要四个选项来了解。表格中汇总了中等程度需要和高程度需要的百分比之和。

② 指创造力、批判思维和问题解决等。

表5　教师专业发展需求的比较[①]

	所有参测成员	OECD成员国	芬兰	日本	韩国	新加坡	中国上海	中国浙江	浙江与OECD成员国比较
学科领域的知识和理解	39.9%	31.1%	36.2%	94.8%	63.9%	36.6%	70.4%	86.7%	55.6%
学科领域的教学能力	44.3%	37.5%	31.2%	95.6%	69.6%	51.8%	76.1%	88.6%	51.1%
关于课程的知识	37.0%	29.1%	45.8%	79.4%	61.8%	38.0%	71.7%	84.0%	54.9%
评价学生的办法	47.4%	42.8%	57.8%	90.4%	69.3%	61.8%	76.4%	88.3%	45.5%
教学相关的信息和通信技术(ICT)	58.2%	52.9%	64.2%	86.0%	67.9%	61.8%	73.1%	88.0%	35.1%
学生行为和班级管理	44.6%	37.3%	36.2%	88.2%	67.7%	41.0%	71.2%	85.0%	47.7%
学校行政管理	34.7%	28.4%	10.3%	58.5%	49.7%	35.8%	42.1%	56.2%	27.8%
个性化学习的教学方法	52.5%	50.1%	47.2%	91.8%	66.9%	60.8%	78.0%	89.5%	39.4%
对有特殊需要学生的教学	60.0%	57.0%	51.2%	90.0%	51.4%	63.0%	58.7%	84.4%	27.4%
跨学科技能的教学[②]	52.2%	46.7%	38.8%	83.2%	71.5%	61.5%	68.1%	84.2%	37.5%
评价结果的使用	46.6%	40.8%	40.1%	85.4%	70.2%	60.9%	69.3%	82.1%	41.3%
教师和家长的合作	42.5%	32.4%	16.8%	82.9%	62.2%	31.3%	66.8%	88.0%	55.6%

① 对于上述专业发展需求的调查，2018年TALIS教师问卷从目前不需要、低程度需要、中等程度需要、高程度需要四个选项来了解。表格中汇总了中等程度需要和高程度需要的百分比之和。

② 指创造力、批判思维和问题解决等。

表6　教师专业发展阻碍的比较[①]

	所有参测成员	OECD成员国	芬兰	日本	韩国	新加坡	中国上海	中国浙江	浙江与OECD差值
我未能符合参加条件（如学历、经验、资历）	13.5%	12.9%	5.8%	30.7%	40.3%	13.3%	20.6%	28.1%	15.2%
缺少学校领导的支持	37.1%	33.4%	26.6%	57.3%	71.3%	19.8%	24.9%	24.9%	−8.5%
参加专业发展活动与学校工作安排有冲突	50.9%	55.7%	51.9%	86.9%	88.0%	64.4%	54.9%	51.6%	−4.1%
因为家庭事务而没时间参加	38.4%	42.1%	37.6%	67.0%	64.5%	40.4%	38.5%	22.5%	−19.6%
没有相关的专业发展活动	34.5%	37.1%	41.3%	38.2%	39.5%	21.9%	25.4%	27.1%	−10.0%
没有动力参加专业发展活动	49.4%	53.1%	51.9%	46.3%	65.9%	38.1%	46.3%	18.6%	−34.5%

从表6数据来看，浙江省初中教师认为“参加专业发展活动与学校工作安排有冲突”阻碍专业发展的比例达51.6%，相对较高；认为“没有动力参加专业发展活动”阻碍专业发展的比例仅为18.6%，相对较低。而“我未能符合参加条件”的比例较高，也反映出当前教师培养与培训存在“马太效应”。越是优秀的老师，越是有头衔、荣誉的老师，得到的培训机会越多，得到的培训资源相对更加优质；而对于“默默无闻”的普通教师，本身需要发展，但得到培训学习机会比较少，即便能争取到，其培训课程的质量也相对不高。

① 对于专业发展阻碍的调查，2018年TALIS教师问卷从非常不同意、不同意、同意、非常同意四个层级来调查。表格中汇总了同意和非常同意的百分比之和。

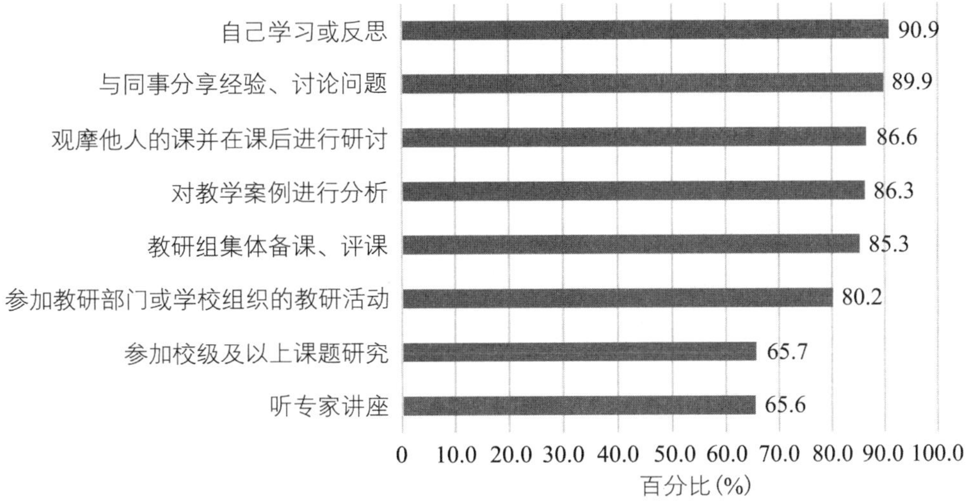

图3　教师对不同专业成长途径有效性的评价[①]

从图3数据来看，教师认为“自己学习或反思”“与同事分享经验、讨论问题”的专业成长效果相对最好，其次是“观摩他人的课并在课后进行研讨”“对教学案例进行分析”“教研组集体备课、评课”“参加教研部门或学校组织的教研活动”，而“听专家讲座”“参加校级及以上课题研究”的专业成长效果相对较差。可以看出，基于具体问题、可操作化、常态化的专业发展路径对教师的专业成长更有针对性，更有实效。

四、反思与建议

（一）要理顺工作机制，为学校减负，为教师减负

《关于减轻中小学教师负担进一步营造教育教学良好环境的若干意见》要求营造全社会尊师重教的浓厚氛围，为教师安心、静心、舒心从教创造更加良好的环境，减轻中小学教师过重的负担。教师负担重，既有教育系统自身的原因，也有治理体系不完善和治理能力不足等深层次原因。从教育外部来说，要严格清理、规范与中小学教育教学无关的事项，实行社会事务进校园审批制、精简规范各类填报工作，让学校专心办学，让教师专心教书育人。从教育内部来说，要严格控制涉及学校的检查评估项目、严格控制借调教师、规范各类教师培训等行为；在此基础上，要进一步协调好学校管理与教育教学的关系，尊重教师工作的专业性和自主性，让专业的人做专业的事，

① 问卷中涉及对专业成长途径有效性的评价，分几乎没有、有一点、比较大、非常大四个选项来了解。上述图表中，汇总了比较大和非常大的百分比之和。

避免将教师宝贵的精力耗费在繁杂的事务性工作中。要把时间和精力还给教师，让他们静下心来研究教学、备课充电、提高专业化水平。

（二）要改进研训的内容与方式，提高教研和培训的质量

教研师训部门的培训要从以下两个方面加强：

1. 要关注不同阶段教师的专业成长需求。

不同阶段教师对专业发展的需求存在差异。教研师训部门要针对不同学段、不同学科教师的特点，设置合理的研训内容，以避免对个别群体"锦上添花"有余，对大部分群体"雪中送炭"不足的问题。研训内容既要关注教师的普适性需求，也要关注教育发展的导向性需求。普适性问题是教师工作中遇到的公共性、常态性的问题，固然需要通过研训部门来加强解决，但教育发展中的导向性问题，更需要研训部门来引导。一线教师深陷日常工作，对教育发展方向、综合性要求把握不足，需要规划引领。比如，教师的人文素养、跨学科教学技能等素养和技能不一定具体到学科教学某个环节，但不管是什么学科教师，其人文素养、跨学科教学技能肯定是教师综合素养的重要体现，对教师综合素养的提升有重要作用。

2. 研训过程要改进方式，开展基于问题驱动的研训活动。

从研究结论来看，指向具体问题、在具体过程中有实践和思考，对教师的专业成长帮助更大；而课题研究、听专家讲座，在专业内容的针对性、参与过程的适切性上难以实现高度的个性化和可操作化，因此难以在较短时间有直接实操性的效果。为此，研训部门要关注教师在实践中的问题和需求，以具体问题为切入点，抓住问题本质，引导教师开展基于问题驱动的研究和实践。

（三）学校要发挥教学管理的指导功能，提高教师工作品质与效率

浙江省初中教师在工作上高付出，在专业发展上高动力、高需求；"三高"的背后，反映出浙江省初中教师工作品质与效率还有进一步提高的空间。

学校要加强教学管理水平，将教学常规管理转化为教师的研修提高活动，加强对教师日常工作的指导性管理。如：备课管理强调教师独立备课能力的重要性，明确教师备课的要点，并就如何改进集体备课和备课检查提出建议；课堂常规管理可从有效学习的评价来梳理课堂教学要求，学校有常态化的指导性的教学调研制度；作业管理关注教师设计作业的能力，其重点在作业的布置、批改与反馈三方面，布置作业须有明确的意图、教师事先须了解学情并试做等等；学校要避免控制取向的管理方式，防止因应付学校形式性、量化的工作要求而加重教师的工作负担。

另外,学校要完善教师专业发展机制。一是学校要有校级层面的顶层设计,制订学校教师专业发展整体规划,对教师进行专业的规划、引领和指导;二要尊重教师的主体性,重在激发教师专业发展内驱力,帮助教师明确自身专业发展的目标与计划;三是学校要有具体的保障机制和活动载体,建立系统的教师专业发展档案,强化教师专业发展考核与反馈,注重研修发展内容和方式的科学性与有效性;等等。学校要通过一系列的政策制度,为教师专业发展排除干扰,提供保障与支持。

图书在版编目（CIP）数据

透过数据 探寻教育发展的力量 : 浙江中小学教育质量监测新构建 / 张丰主编. -- 杭州 : 浙江教育出版社, 2022.4
ISBN 978-7-5722-3250-3

Ⅰ. ①透… Ⅱ. ①张… Ⅲ. ①中小学教育—教育质量—监测—浙江 Ⅳ. ①G630.2

中国版本图书馆CIP数据核字(2022)第046652号

责任编辑 吕涵智 施懿真 周 颖 **美术编辑** 曾国兴
责任校对 何 奕 **封面设计** 刘 欣
责任印务 陆 江

透过数据 探寻教育发展的力量
——浙江中小学教育质量监测新构建
TOUGUO SHUJU TANXUN JIAOYU FAZHAN DE LILIANG
——ZHEJIANG ZHONGXIAOXUE JIAOYU ZHILIANG JIANCE XIN GOUJIAN
张 丰 主编

出 版 浙江教育出版社
(杭州市天目山路40号 电话:0571-85170300-80928)
发 行 浙江省新华书店集团有限公司
图文制作 杭州兴邦电子印务有限公司
印 刷 浙江新华印刷技术有限公司
开 本 787mm×1092mm 1/16
印 张 27.5
字 数 507 000
版 次 2022年4月第1版
印 次 2022年4月第1次印刷
标准书号 ISBN 978-7-5722-3250-3
定 价 90.00元